松亭 金赫濟 校閱

原本備旨 孟子集註 上

明文堂

原本備旨 孟子集註序說

史記列傳、曰孟軻、趙氏、曰孟子、魯公族孟孫之後、漢書註、云字子車、一說、字子輿 趙氏名岐字邠卿東漢京兆人 騶人也 騶、亦作鄒、本邾國也、受業子思之門人、子思、孔子之孫名伋、索隱云王邵、以人、爲衍字、而趙氏註、及孔叢子等書、亦皆云、孟子、親受業於子思、未知是否、道旣通、趙氏、曰孟子、通五經、尤長於詩書、程子、曰孟子、曰可以仕則仕、可以止則止、可以久則久、可以速則速、孔子、聖之時者也、故、知易者、莫如孟子、又曰王者之迹、熄而詩亡、詩亡後春秋作、又曰春秋、無義戰、又曰春秋、天子之事、故、知春秋者、莫如孟子、尹氏、曰以此而言則趙氏、謂孟子、長於詩書而已、豈知孟子者哉、游事齊宣王、宣王、不能用、適梁、梁惠王、不果、所言、則見以爲迂遠而濶於事情 按史記梁惠王之三十五年乙酉、孟子、始至梁、其後二十三年、當齊湣王之十年丁未、齊人、伐燕、而孟子、在齊故、古史、謂孟子、先事齊宣王、後乃見梁惠王、襄王、齊湣王、獨孟子、以伐燕、爲宣王時事、與史記荀子等書、皆不合而通鑑、以伐燕之歲、爲宣王十九年則是、孟子、先遊梁而後至齊、見宣王矣然、考異、亦無他據、又未知孰是也、當是之時、秦用商鞅、倚兩反 楚魏、用吳起、齊用孫子田忌、天下、方務於合從連衡、以攻伐爲賢、而孟軻、乃述唐虞三代之德、是以、所如者、不合、退而與萬章之徒、序詩書、述仲尼之意、作孟子七篇、趙氏曰凡二百六十一章、三萬四千六百八十五字、韓子曰孟軻之書、非軻自著、軻旣沒、其徒萬章公孫丑、相與記軻所言焉耳、愚按二說不同、史記近是、

韓子曰堯以是傳之舜、舜以是傳之禹、禹以是傳之湯、湯以是傳之文武周公、文武周公、傳之孔子、孔子傳之孟軻、軻之死、不得其傳焉、荀與楊也、擇焉而不精、語焉而不詳、程子曰韓子此語、非是蹈襲前人、又非鑿空撰得出、必有所見、若無所見、不知言所傳者何事、○又曰孟氏、醇乎醇者也、荀與楊、大醇而小疵、程子曰韓子論孟子甚善、非見得孟子意、亦道不到、其論荀楊則非也、荀子極偏駁、只一句性惡、大本已失、楊子雖少過、然亦不識性、更說甚道、○又曰孔子之道、大而能博、門弟子不能徧觀而盡識也、故學焉而皆得其性之所近、其後離散、分處(上聲)諸侯之國、又各以其所能、授弟子、源遠而末益分、惟孟軻師子思、而子思之學、出於曾子、自孔子沒、獨孟軻氏之傳、得其宗、故求觀聖人之道者、必自孟子始、程子曰孔子言參也魯、然顔子沒後、終得聖人之道者、曾子也、觀其啓手足時之言、可以見矣、所傳者子思孟子、皆其學也、○又曰楊子雲曰

古者、楊墨塞(先則反)路、孟子、辭而闢之廓(若郭反)如也 夫(音扶)楊墨行、正道廢 孟子、雖賢聖、不得位、空言無施、雖切何補、然、賴其言而今之學者、尙知宗孔氏崇仁義、貴王賤覇而已、其大經大法、皆亡滅而不救、壞爛而不收、所謂存十一於千百、安在其能廓如也、然、向無孟氏則皆服左衽而言侏(音朱)離矣、故、愈、嘗推尊孟氏、以爲功不在禹下者 爲(去聲)此也

或、問於程子曰孟子、還可謂聖人否、程子、曰未敢便道他是聖人、然、學已到至處、 愚按 至字、恐當作聖字、○程子、又曰孟子、有功於聖門 不可勝(平聲)言、仲尼、只說一箇仁字、孟子、開口便說仁義、仲尼、只說一箇志、孟子、便說許多養氣出來、只此二字、其功、甚多 ○又曰孟子、有大功於世、以其言性善也、○又曰孟子、性善養氣之論、皆前聖所未發、又曰學者、全要識時、若不識時、不足以言學、顏子、陋巷自樂、(音洛)以有孔子在焉、若孟子之時、世旣無人、安可不以道自任、○又曰孟子、有些英氣、才有英氣、便

有圭角、英氣、甚害事、如顏子、便渾厚不同、顏子、去聖人、只毫髮間、孟子、大賢、亞聖之次也、或曰英氣、見(形甸反)於甚處、曰但以孔子之言比之便可見(如字)、且如氷與水精 非不光、比之玉、自是有溫潤含畜氣象、無許多光耀也、

楊氏曰孟子一書、只是要正人心、敎人存心養性、收其放心、至論仁義禮智則以惻隱羞惡辭讓是非之心爲之端、論邪說之害、則曰生於其心、害於其政、論事君、則曰格君心之非、一正君而國定、千變萬化、只說從心上來、人能正心、則事無足爲者矣、大學之脩身齊家治國平天下、其本、只是正心誠意而已、心得其正然後、知性之善、故、孟子、遇人便道性善、歐陽永叔(名脩廬陵人)却言聖人之敎人、性非所先、可謂誤矣、人性上不可添一物、堯舜所以爲萬世法、亦是率性而已、所謂率性、循天理、是也、外邊、用計用數、假饒立得功業、只是人欲之私、與聖賢作處 天地懸隔

原本備旨 孟子集註目次

原本備旨 孟子集註目次上

原本備旨 孟子集註目次終

原本備旨孟子集註卷之一

梁惠王章句上

凡七章

孟子ㅣ見梁惠王ᄒᆞ신대

孟子ㅣ梁惠王을보신대

⊙梁惠王、魏侯罃(於耕反)也、都大梁、(趙氏曰按魏初都安邑在漢河東郡安邑縣至惠王徙大梁在漢陳留郡浚儀縣) 僭稱王、謚曰惠、史記、惠王三十五年、(新安倪氏曰按綱目周顯王三十三年乙酉爲惠王三十五年) 卑禮厚幣、以招賢者、而孟軻、至梁、(問孟子不見諸侯其見惠王何也朱子曰不見諸侯不先往見也見惠王答其禮也先王之禮未仕不得見諸侯時士鮮自重而孟子猶守此禮故所居之國未仕必君先就見然後往見異國君不得越境必以禮先焉然後往答其禮耳史記得其事之實矣) [備旨] 昔孟子當時以道自重不見諸侯因惠王卑禮厚幣之招故自鄒至梁而見之蓋將冀其道之行而展其仁義之學也

王曰叟ㅣ不遠千里而來ᄒᆞ시니 亦將有以利吾國乎ㅣ잇가

王이ᄀᆞᆯᄋᆞ샤ᄃᆡ 叟ㅣ千里ᄅᆞᆯ 멀리아니너겨오시니 ᄯᅩᄒᆞᆫ 쟝ᄎᆞᆺ뻐 내國을利케ᄒᆞᆷ이이시리잇가

⊙叟、長(上聲)老之稱、王所謂利、蓋富國彊兵之類、(西山眞氏曰當時王道不明人心陷溺惟知有利而已故惠王利國之問發於見賢之初) [備旨] 惠王溺於功利之習乃問孟子曰齒德惟叟寡人素所仰慕也今自鄒至梁不憚千里之遠而來亦將有富國强兵之策而可以利益吾國乎

孟子ㅣ對曰王은何必曰利잇고亦有仁義而已矣니이다

孟子ㅣ對ᄒᆞ야ᄀᆞᆯᄋᆞ샤ᄃᆡ 王은엇디 반ᄃᆞ시 利ᄅᆞᆯ니ᄅᆞ시ᄂᆞ니잇고 ᄯᅩᄒᆞᆫ 仁義ㅣ이실ᄯᆞᄅᆞᆷ이니이다

●仁者、心之德、愛之理、義者、心之制、事之宜也、朱子曰仁言心之德見得可包四者義者心之制只是說義○心之德是混淪說愛之理方說到親切處心之制是說義之體程子所謂處物為義是也事之宜是就千條萬緒各有所宜處說楊雄言義以宜之韓愈言行而宜之之謂義若只以義為宜則義有在外意思須如程子所言則處物者在心而非外也事之宜雖若在外然所以制其宜則在心也○心之制如利斧事來劈將去可底從這一邊去不可底從那一邊去○仁兼義言者是言體專言者是兼體用而言○仁對義為體用仁又自有仁之體用義又自有義之體用○所謂事之宜方是指那事物當然之理未說到處置合宜處也○問人所以為性者五獨擧仁義何也曰天地所以生物不過陰陽五行而五行實一陰陽也人性雖有五然曰仁義則大端已擧矣以陰陽五行言則木火皆陽金水皆陰而土無不在以性言則禮者仁之餘智者義之歸而信亦無不在也又曰禮者仁之著智者義之藏又曰仁存諸心性之所以為體也義制夫事性之所以為用也然以性言之則皆體也以情言之則皆用也以陰陽言之則義體而仁用也以存心制事言之則仁體而義用也錯綜交羅惟其所當而各有條理焉○疊山謝氏曰夫子罕言仁不過於隨事發見處言孟子仁人心一語直說仁之本體此朱子於論註先言愛而孟註先言心眞得孔孟之要旨○諸葛氏曰語之為仁猶曰行仁以仁之用言故集註先言愛之理孟子此章以仁之體言故集註先言心之德○雲峰胡氏曰心之德是體愛之理是用心之制是體事之宜是用孟子所言仁義是包體用而言論語所謂為仁是以仁之用言 此一句、乃一章之大指、下文、乃詳言之、後多放(與倣同)此、

備旨 孟子對曰王欲圖國事何必以利為言哉亦有仁義之可言而已矣外此別無可言者也

王曰何以利吾國고ᄒᆞ시면大夫ㅣ曰何以利吾家오ᄒᆞ며士庶人이曰何以利吾身고ᄒᆞ야上下ㅣ交征利면而國이危矣리이다萬乘之國애弒其君者ᄂᆞᆫ必千乘之家ㅣ오千乘之國애弒其君者ᄂᆞᆫ必百乘之家ㅣ니

萬取千焉ᄒᆞ며 **千取百焉**이 **不爲不多矣**언마ᄂᆞᆫ **苟爲後義而先利**면
不奪ᄒᆞ야ᄂᆞᆫ **不饜**이니이다 乘去聲饜於豔反

王이ᄀᆞᆯᄋᆞ샤ᄃᆡ 엇디ᄡᅧ내國을利케ᄒᆞ려뇨ᄒᆞ시면ᄃᆡ우ㅣᄀᆞᆯ오ᄃᆡ 엇디ᄡᅧ내家를利케ᄒᆞ려뇨ᄒᆞ며 士와庶人이ᄀᆞᆯ오ᄃᆡ 엇디ᄡᅧ내身을利케ᄒᆞ려뇨ᄒᆞ야 上下ㅣ셜ᄋᆞ利ᄅᆞᆯ征ᄒᆞ면國이危ᄒᆞ리이다萬乘ㅅ國애그君을弑ᄒᆞᄂᆞᆫ者ᄂᆞᆫ반ᄃᆞ시千乘ㅅ家ㅣ오千乘ㅅ國애그君을弑ᄒᆞᄂᆞᆫ者ᄂᆞᆫ반ᄃᆞ시 百乘ㅅ家ㅣ니萬에千을取ᄒᆞ며千에百을取홈이하디아니홈이아니언마ᄂᆞᆫ진실로 義ᄅᆞᆯ後ᄒᆞ고利ᄅᆞᆯ先ᄒᆞ면奪티아니ᄒᆞ야ᄂᆞᆫ饜티아니ᄒᆞᄂᆞ니이다

●此、言求利之害、以明上文。何必曰利之意也、征、取也、上取乎下、下取乎上、故、曰交征、國危、謂將有弑奪之禍、乘、車數也、萬乘之國者、天子畿音祈內、地方千里、出車萬乘、千乘之家者、天子之公卿、采音菜地方百里、出車千乘也、千乘之國、諸侯之國、百乘之家、諸侯之大夫也、 前漢刑法志殷周以兵定天下矣天下既定戢藏干戈敎以文德而猶立司馬之官設六軍之衆司馬掌邦政軍旅屬焉萬二千五百人爲軍王則六軍也因井田而制軍賦地方一里爲井井十爲通通十爲成成方十里成十爲終終十爲同同方百里同十爲封封十爲畿畿方千里有稅有賦稅以足食賦以足兵四井爲邑四邑爲丘丘十六井也有戎馬一匹牛三頭四丘爲甸甸六十四井也有戎馬四匹兵車一乘牛十二頭甲士三人在車上者卒七十二人干戈備具是爲乘馬之法一井八家一甸六十四井計田五百七十六頃五百一十二家出士卒七十五人則殷周之制不及七家給一兵也又兵車一乘有牛馬共十六計三十二家又出一馬或牛也一同百里提封萬井提擧也擧四封之內也除山川沈斥城池邑居園囿術路三千六百井沈斥水田舃鹵也沈謂淵深水之下也斥鹹鹵之地術大道也定出賦六千四百井戎馬四百匹兵車百乘此卿大夫采地之大者也采官也因官食地故曰采地是謂百乘之家一封三百一十六里提封十萬井定出賦六萬四千井戎馬四千匹兵車千乘此諸侯之大者也是謂千乘之國天子畿方千里提封百萬井定出賦六十四萬井戎馬四萬匹兵車萬乘故稱萬乘之主戎馬車徒干戈素具 弒、下殺上也、饜、足也、言臣之於君、每十分扶問反下同而取其一分、新安陳氏曰以制地定法言天子萬乘諸侯取十之一得千乘諸侯千乘大夫取十之一得百乘 亦已多矣、若又以義爲後、而以利爲先、則不弒其君、而盡奪之、其心、未肯以爲足也、慶源輔氏曰集註發明不奪不饜最說得人心求利之意出蓋徇義則循理而有制徇利則橫流而無節故不弒逆而盡奪之其心猶有所不足也○新安陳氏曰此章始末兼言仁義中單言義者蓋仁有溫然慈愛之意義有截然斷制之意取其斷制以勝私去利則義之用爲尤切兼言仁義該體用之全也單言義取功用之切也下文仁施於親義施於君此對君言之故單言義亦通【備旨】夫我所謂王不當言利者正以求利必有害也今王爲一國之主如一旦曰何以使利吾國但見利風一倡人皆效尤則大夫有家者亦將曰何以使利吾家士庶人有身者亦將曰何以使利吾身上欲利其國則取於下下欲利其身家則取於上上與下交相征利其禍終歸於上而國危矣國危何如天子君萬乘之國而或弒其君者必千乘公卿之家諸侯君千乘之國而或弒其君者必百乘大夫之家地位相近則凌奪易生必然之勢也夫先王制地定法天子萬乘其公卿得十之一而取千乘焉諸侯千乘其大夫得十之一而取百乘焉十分取一不爲不多矣揆之於義亦可相安苟爲下者以義爲後而惟利是先其勢不至盡奪其君之利不足以饜其心也求利之害如此

未有仁而遺其親者也ㅣ며 **未有義而後其君者也**ㅣ니이다

仁ᄒᆞ고 그 親을 遺ᄒᆞᆯ 者ㅣ 잇디 아니ᄒᆞ며 義ᄒᆞ고 그 君을 後ᄒᆞᆯ 者ㅣ 잇디 아니ᄒᆞ니이다

(註)此、言仁義 未嘗不利、以明上文、亦有仁義而已之意也、遺、猶棄也、後、不急也、言仁者、必愛其親、義者、必急其君、故、人君、躬行仁義、而無求利之心、則其下化之、自親戴於己也、朱子曰仁者人也其發則專主於愛而愛莫切於愛親故人仁則必不遺其親矣義者宜也其發則事皆得其宜而所宜者莫大於尊君故人義則必不後其君矣○慶源輔氏曰仁義人心之固有人君躬行仁義以感之而無求利之心以誘之則人心之固有者亦皆興起而自然尊君親上有不待外求而勉強爲之也○雲峰胡氏曰人性有五仁義爲先人倫有五君親爲先所以孟子揭此於七篇之首然此二

句本文仁義二字指下之人而言集註必自人君躬行上說來者盖上文先言王而後言大夫士庶惟上之人求利而後下皆求利故集註於此揭人君躬行仁義而無求利之心故其下化之而自有仁義之利也○新安倪氏曰孟子謂何必曰利亦有仁義而已矣是以利對仁義而分言之集註於此節云仁義未嘗不利是以仁義合利而貫言之若與孟子上文有不同者何哉盖有仁義中之利有仁義外之利外仁義以求利孟子之所戒此章之大旨也行仁義而得利集註之所發明亦孟子此節之本意也不遺其親即是親親之仁不後其君即是尊君之義豈非仁義中自然之利乎

備旨 若舍利而言仁義則何如仁主於愛而愛莫先於愛親不仁而遺其親者有之矣未有人君躬行夫仁其下胥化夫仁而反遺其親者也義主於敬而敬莫先於敬君不義而後其君者有之矣未有人君躬行夫義其下胥化夫義而反後其君者也仁義之利又如此

王은 亦曰仁義而已矣니시 何必曰利잇고

王은 ᄯᅩ흔 仁義를 닐ᄋᆞ실 ᄯᆞ롬이니 엇디 반ᄃᆞ시 利를 니ᄅᆞ시ᄂᆞ니잇고

● 重[平聲]言之、以結上文兩節之意、○此章、言仁義、根於人心之固有、天理之公也、利心、生於物我之相形、人欲之私也、[慶源輔氏曰利心人本無之只緣有己有物彼此相形便生出較短量長爭多競少之意遂欲己長人短人少己多偏陂反側惟己是徇故曰人欲之私也] 循天理、則不求利、而自無不利、徇人欲、則求利未得、而害己隨之、[慶源輔氏曰循天理者無所爲而爲故不求利然成己成物各得其宜故自無不利徇人欲者有所爲而爲故雖求利而未必得然妨人害物招尤取禍故害常隨之] 所謂毫釐之差、千里之繆、[靡幼反] 此、孟子之書、所以造端託始之深意、學者、所宜精察而明辨也、[覺軒蔡氏曰學者細玩而已矣與何必之辭見孟子語意嚴厲斬釘截鐵斷斷然只說仁義更不向利上去若董子正其誼不謀其利明其道不計其功意亦得其傳者歟○雲峯胡氏曰子朱子深有取於三山黃登之言曰天下一切人都把害對利事事上只見得利害不問義理須知利字乃對義字明得義利便自無乖爭之事集註所謂循天理則不求利而自無不利是以利字與義字對而利不出乎義之外徇人欲則求利未得而害己隨之是以利字與害字對而害己藏於利之中] ○太史公、曰新安陳氏曰司馬談爲太史令子遷尊其父故謂之公遷繼其職仍稱太史公西漢龍門人 余、讀孟子書、至梁惠王、問何以利吾國、未嘗不廢書而嘆也、曰嗟乎、利誠亂之始也、夫子、罕言利、常防其源也、故、曰放上聲於利、而行多怨、自天子、以至於庶人、好去聲利之弊、何以異哉、問太史公之嘆其果知孟子之學耶朱子曰未必知也以其言之偶得其要是以謹而著之耳 程子、曰君子、未嘗不欲利、但專以利爲心、則有害、惟仁義、則不求利、而未嘗不利也、慶源輔氏曰利者民生所不可無者也故乾之四德曰利書之三事曰利此所謂君子未嘗不欲利但專欲求利則不顧義理專欲利己而必害於人惟能循仁義而行則體順有常而自無不利 當是之時、天下之人、惟利是求、而不復扶又反知有仁義、故、孟子、言仁義而不言利、所以拔本塞先則反源、而救其弊、此、聖賢之心也、龜山楊氏曰君子以義爲利不以利爲利使其民不後其君親則國治矣利孰大焉故曰亦有仁義而已何必曰利〇朱子曰凡事不可先有箇利心才說著利必害於義聖人做處只向義邊做然義未嘗不利但不可先說道利不可先有求利之心蓋緣本來道理只有一箇仁義更無別物事義是事事要合宜以利心爲仁義即非仁義之正不待有不利然後仁義阻也〇雲峰胡氏曰孟子之得於子思者曰仁義所以利之也及告梁王則言仁義而不言利蓋子思所言者利物之利梁王所問者利己之利也程子以爲拔本塞源者所以救當時流弊之極朱子以爲造端託始者所以謹夫學者心術之初〇新安陳氏曰孟子一書以遏人欲存天理爲主何必曰利遏人欲也亦有仁義存天理也自此以後鮮有不可以此六字該貫章旨者〇東陽許氏曰君子利己之心不可有利物之心不可無孟子不言利是專攻人利己之心絕利己之心然後可行利物之事然利物乃所以利己也至於不遺親後君則己亦無不利矣但不可假仁義以求利耳 備旨 夫利與仁義以理欲而論已有當言不當言之辨而況其利害相去之遠耶王亦曰仁義以收尊親之效而已矣何必曰利以啓危亡之禍哉

〇孟子ㅣ見梁惠王ᄒᆞ신대 王이 立於沼上이러시니 顧鴻鴈麋鹿曰賢者도 亦樂此乎ㅣ잇가 樂音洛 篇內同

孟子ㅣ梁惠王을보신대王이沼上에立ᄒᆞ얏더시니鴻鴈과麋鹿을顧ᄒᆞ고ᄀᆞᆯᄋᆞ샤ᄃᆡ

賢者도ᄯᅩᄒᆞᆫ이ᄅᆞᆯ樂ᄒᆞᄂᆞ니잇가

●沼、池也、鴻、鴈之大者、麋、鹿之大者、備旨孟子他日復見梁惠王蓋欲因時啓沃以決其仁義之行也王親近尊禮孟子與之立於沼上顧視鴻雁麋鹿而問曰不知賢者之君亦樂此乎蓋猶自疑之也

孟子ㅣ對曰賢者而後에樂此ㅣ니不賢者는雖有此ㅣ나不樂也ㅣ니이다

孟子ㅣ對ᄒᆞ야ᄀᆞᆯᄋᆞ샤ᄃᆡ賢者ㅣᆫ後에이ᄅᆞᆯ樂ᄒᆞᄂᆞ니賢티몯ᄒᆞᆫ者ᄂᆞᆫ비록이ᄅᆞᆯ두나樂디몯ᄒᆞᄂᆞ니이다

●此、一章之大指、新安陳氏曰揭大指於前而分開照應於後此孟子諸章例也首章及此章皆如此此後當以此法觀之不一一提掇○南軒張氏曰孟子若答云賢者何樂乎此則非惟告人之道不當爾而於理亦有未完也今云然則辭氣不迫而理完矣又曰王所謂樂人欲之私以自逸爲樂也孟子所謂賢者樂此天理之公與民同樂者也○雙峰饒氏曰王意謂賢者未必樂此自家有慚孟子說惟是賢者樂此出王之意外

備旨孟子不縱其欲亦不拂其欲惟因其所樂而引之以當道故對曰王毋謂賢者不樂此也惟賢者之君而後乃樂此者不賢者之君雖有此亦將不樂也

詩云經始靈臺ᄒᆞ야經之營之ᄒᆞ시니庶民攻之라不日成之로다經始勿亟ᄒᆞ시나庶民子來로다王在靈囿ᄒᆞ시니麀鹿攸伏이로다麀鹿濯濯이어ᄂᆞᆯ白鳥鶴鶴이로다王在靈沼ᄒᆞ시니於牣魚躍이라ᄒᆞ니文王이以民力爲臺爲沼ᄒᆞ시나而民이歡樂之ᄒᆞ야謂其臺曰靈臺라ᄒᆞ고謂其沼曰靈沼ㅣ라ᄒᆞ야

樂其有麋鹿魚鼈ᄒᆞ니 **古之人**이 **與民偕樂故**로 **能樂也**ㅣ니이다 亟音棘麀音憂鶴詩作翯戶角反於音烏牣音刃

詩예닐오ᄃᆡ 靈臺ᄅᆞᆯ經ᄒᆞ야始ᄒᆞ야經ᄒᆞ며營ᄒᆞ시니庶民이攻ᄒᆞ논디라日이몯ᄒᆞ야셔成ᄒᆞ놋다經ᄒᆞ야始홈을亟디말라ᄒᆞ시나庶民이子ㅣ來ᄃᆞᆺᄒᆞ놋다王이靈囿에겨시니麀鹿의伏ᄒᆞ얀ᄂᆞᆫ배로다麀鹿은濯濯ᄒᆞ거ᄂᆞᆯ白鳥ᄂᆞᆫ鶴鶴ᄒᆞ도다王이靈沼에겨시니於ㅣ라牣ᄒᆞ야魚ㅣ躍ᄒᆞᆫ다ᄒᆞ니文王이民力으로ᄡᅥ臺ᄅᆞᆯᄒᆞ시며沼ᄅᆞᆯᄒᆞ시나民이歡樂ᄒᆞ야그臺ᄅᆞᆯ닐어ᄀᆞᆯ오ᄃᆡ靈臺라ᄒᆞ고그沼ᄅᆞᆯ닐어ᄀᆞᆯ오ᄃᆡ靈沼ㅣ라ᄒᆞ야그麋鹿과魚鼈이이숌을樂ᄒᆞ니녯사ᄅᆞᆷ이民으로더블어ᄒᆞᆷᄭᅴ樂ᄒᆞᆫ故로能히樂ᄒᆞ니이다

●此、引詩而釋之、以明賢者而後、樂此之意、詩、大雅靈臺之篇、經、量度待洛反也、靈臺、文王臺名也、詩傳國之有臺所以望氛祲察災祥時觀游節勞佚也謂之靈者言其倏然而成如神靈所爲也 營、謀爲也、攻、治也、不日、不終日也、亟、速也、言文王、戒以勿亟也、子來、如子來趨父事也、靈囿、靈沼、臺下、有囿、囿所以域養禽獸 囿中、有沼也、麀、牝婢忍反鹿也、伏、安其所、不驚動也、濯濯、肥澤貌、鶴鶴、潔白貌、於、歎美辭、牣、滿也、孟子、言文王、雖用民力、而民、反歡樂之、既加以美名、而又樂其所有、蓋由文王、能愛其民故、民樂其樂、而文王、亦得以享其樂也、雙峰饒氏曰自樂便不是仁同樂便是仁如文王未嘗無靈臺靈沼然與民同樂便是天理文王畢竟自朝至于日中是不遑暇食用咸和萬民人必得所然後有此樂此所謂後天下之樂而樂

〔備旨〕何以見賢者而後樂此也大雅靈臺之詩有云文王經始於靈臺方其經之以度其地營之以正其位庶民相與攻治之而不終日以成之雖經始之時正恐煩民戒令勿亟而庶民如子趨父事不召自來也臺下有囿王在靈囿則見麀鹿馴伏而

不動麀鹿濯濯而肥澤白鳥鶴鶴而潔白囿中有沼王在靈沼則見於哉充滿之魚躍詩言如此夫文王以民力爲臺之高爲沼之深宜其取民之怨矣而民顧子來趨事而反歡樂之且加以美名謂其臺曰靈臺謂其沼曰靈沼以其成於不日若神靈之所爲也又樂其囿中有麋鹿沼中有魚鼈觀於民情而文王之能樂可知矣此何故哉蓋由古之人平日能施行仁政惠鮮懷保與民偕樂故民樂其樂而文王亦因以能樂也臣故曰賢者而後樂此也

湯誓애 **曰時日**은 **害喪**고 **予及女**로 **偕亡**이라ᄒᆞ니 **民欲與之偕亡**이면 **雖有臺池鳥獸**ㅣ나 **豈能獨樂哉**리잇고 害音曷喪去聲女音汝

湯誓애ᄀᆞᆯ오ᄃᆡ이日은어ᄂᆡ제喪ᄒᆞᆯ고내널로밋ᄒᆞᆷᄭᅴ亡ᄒᆞ리라ᄒᆞ니民이더블어ᄒᆞᆷᄭᅴ亡코쟈ᄒᆞ면비록臺池와鳥獸ㅣ이시나엇디能히ᄒᆞ올로樂ᄒᆞ리잇고

●此、引書而釋之、以明不賢者、雖有此、不樂之意也、湯誓、商書篇名、時、是也、日、指夏桀、害、何也、桀、嘗自言吾有天下、如天之有日、日亡、吾乃亡耳、趙氏曰所引桀語出尚書大傳 民怨其虐故、因其自言、而目之曰此日、何時亡乎、若亡則我寧與之俱亡、蓋欲其亡之甚也、孟子、引此、以明君獨樂而不恤其民、則民怨之、而不能保其樂也、龜山楊氏曰惠王顧鴻鴈麋鹿以問孟子孟子因以謂賢者而後樂此至其論文王夏桀之所以異則獨樂不可也世之君子其賢者乎則必語王以憂民而勿爲臺沼苑囿之觀是拂其欲也其佞者乎則必語王以自樂而廣其侈心是縱其欲也二者皆非能引君以當道唯孟子之言常於毫髮之間剖析利善之所在使人君化焉而不自知夫如是其在朝則可以格君心之非而其君易行矣○南軒張氏曰民一也得其心則子來而樂君之樂失其心則害喪而亾君之亾究其本則由夫順理與徇欲之分而已人君常懷不敢自樂之心則足以遏人欲矣常懷與民偕樂之心則足以擴天理矣○雙峰饒氏曰孟子之書句句是事實說仁義便說未有仁而遺其親未有義而後其君爲仁義事實說賢者樂此不賢者雖有此不樂便說文王靈臺靈沼湯誓時日曷喪爲同樂獨樂事實○新安陳氏曰南軒遏人欲擴天理六字可斷盡孟子七篇謹提出以示學者夫同一臺池苑囿鳥獸魚鼈耳賢者循天理之公愛民而與之同樂則民樂君之樂而君得享其樂不賢者徇人欲之私不恤民而自樂則民欲君之亡君安得有此樂天理人欲同行異情詳見後章 備旨 何以見不賢者雖有此不樂也湯誓之言有曰桀嘗自比於日民怨其虐因指日而言曰是日何時亡乎予寧及汝偕亡由是言觀之爲人君者獨樂而不恤其民至於民怨之而欲與之偕亡則人心離散亡無日矣雖有臺池鳥獸豈能獨享其樂哉臣故曰不賢者雖有此不樂也然則王能以文王爲法以夏桀爲戒民惟恐王之不樂也即沼上之立鴻鴈麋鹿之顧庸何傷

○梁惠王이曰寡人之於國也애盡心焉耳矣로니河內凶則移其民於河東ᄒᆞ며移其粟於河內ᄒᆞ고河東이凶커든亦然ᄒᆞ노니察隣國之政혼ᄃᆡ無如寡人之用心者ㅣ로ᄃᆡ鄰國之民이不加少ᄒᆞ며寡人之民이不加多ᄂᆞᆫ何也잇고

梁惠王이ᄀᆞᆯᄋᆞ샤ᄃᆡ寡人이國에心을盡ᄒᆞ노니河內ㅣ凶ᄒᆞᆫ則그民을河東에移ᄒᆞ며그粟을河內에移ᄒᆞ고河東이凶커든또그리ᄒᆞ노니鄰國의政을察ᄒᆞᆫᄃᆡ寡人의心을用홈ᄀᆞᆮᄐᆞᆫ者ㅣ업소ᄃᆡ隣國의民이더젹디아니ᄒᆞ며寡人의民이더하디아니ᄒᆞᆷ은엇디니잇고

●寡人、諸侯自稱、言寡德之人也、河內、河東、皆魏地、凶、歲不熟也、移民、以就食、移粟、以給其老稚之不能移者、移粟民自移其粟耳 備旨 梁惠王自負其恤民之政誇示孟子曰寡人之於國也所以計安斯民者可謂盡心焉耳矣何以見之河內凶荒猶幸有河東熟也則移其河內之民於河東以就食又移其河東之粟於河內以給老稚之不能移者至於河東凶荒而移民移粟處之亦猶河內焉吾之用心如此察鄰國救荒之政誠無有如寡人之用心者以鄰國之不用心宜民

之少而不加少以寡人之用心宜民之多而不加多其故何也意者歲凶爲災人力無如之何與

孟子ㅣ對曰王이好戰ᄒᆞ실ᄊᆡ請以戰喩호리이다塡然鼓之ᄒᆞ야兵刃旣接이어든棄甲曳兵而走호ᄃᆡ或百步而後에止ᄒᆞ며或五十步而後에止ᄒᆞ야以五十步로笑百步則何如ᄒᆞ니잇고曰不可ᄒᆞ니直不百步耳언뎡是亦走也ㅣ니이다曰王如知此則無望民之多於鄰國也ᄒᆞ쇼서 好去聲 塡音田

孟子ㅣ對ᄒᆞ야ᄀᆞᆯᄋᆞ샤ᄃᆡ 王이戰을好ᄒᆞ실ᄊᆡ 請컨댄戰으로ᄡᅥ喩호리이다塡然히鼓ᄒᆞ야兵刃이이믜接ᄒᆞ얏거든甲을棄ᄒᆞ며兵을曳ᄒᆞ고 走호ᄃᆡ或百步ㄴ後에止ᄒᆞ며或五十步ㄴ後에止ᄒᆞ야 五十步로ᄡᅥ百步를笑ᄒᆞᆫ則엇더ᄒᆞ니잇고 ᄀᆞᆯᄋᆞ샤ᄃᆡ可티아니ᄒᆞ니다ᄆᆞᆫ百步ㅣ 아닐ᄲᅮᆫ이언뎡이ᄯᅩᄒᆞᆫ走ᄒᆞᆷ이니이다 ᄀᆞᆯᄋᆞ샤ᄃᆡ王이만일이를알ᄋᆞ신則民이鄰國에하믈ᄇᆞ라디말ᄋᆞ쇼서

●塡、鼓音也、兵、以鼓進、以金退、直、猶但也、如詩匪直也人之直 言此、以譬隣國、不恤其民、惠王、能行小惠、然、皆不能行王道、以養其民、不可以此而笑彼也、楊氏、曰移民、移粟、荒政之所不廢也、然、不能行先王之道、而徒以是爲盡心焉則末矣、慶源輔氏曰周禮司徒以荒政十有二聚萬民雖無所謂移粟之事然大荒大札則令邦國移民以辟災就賤

【備旨】孟子對曰王嘗好戰請以戰爲喩彼兵以鼓進也方戰之時塡然鼓之兩兵俱進兵刃旣接勝負以分敗者棄甲曳兵而走或走至百步而後止或走至五十步而後止以五十步之近而笑百步之遠爲怯則王以爲何如惠王曰不可夫戰以勝負爲勇怯不以走之遠近爲强弱彼五十步者直偶未至於百步耳要之五十步亦走也安可以此笑彼耶孟子曰王如知五十步之不可

笑百步則無望民之加多於鄰國也蓋治以王道爲盡心猶戰以勝敵爲能勇今王之行小惠是五十步之走也鄰國之不恤民是百步之走也其不能行王道一也又何厚望於民耶

不違農時면穀不可勝食也ㅣ며數罟를不入洿池면魚鼈를不可勝食也ㅣ며斧斤을以時入山林이면材木을不可勝用也ㅣ니穀與魚鼈을不可勝食ᄒᆞ며材木을不可勝用이면是는使民養生喪死에無憾也ㅣ니養生喪死애無憾이王道之始也ㅣ니이다

勝音升數音促罟音古洿音烏

農時를違티아니ᄒᆞ면穀을可히이긔여食디몯ᄒᆞ며數罟ᄅᆞᆯ洿池예入디아니ᄒᆞ면魚鼈을可히이긔여食디몯ᄒᆞ며斧斤을時로ᄡᅥ山林에入ᄒᆞ면材木을可히이긔여用티몯ᄒᆞ리니穀과다ᄆᆞᆺ魚鼈을가히이긔여食디몯ᄒᆞ며材木을可히이긔여用티몯ᄒᆞ면이ᄂᆞᆫ民으로ᄒᆡ여곰生을養ᄒᆞ며死ᄅᆞᆯ喪ᄒᆞᆷ애憾이업게ᄒᆞᆷ이니生을養ᄒᆞ며死ᄅᆞᆯ喪ᄒᆞᆷ애憾이업슴이王道의始니이다

●農時、謂春耕、夏耘、秋收之時、凡有興作、不違此時、至冬、乃役之也、不可勝食、言多也、數、密也、罟、網也、洿、窊烏瓜反下之地、水所聚也、古者、網罟、必用四寸之目、魚不滿尺、市不得粥余六反、人不得食、山林川澤、與民共之、而有厲禁、周禮地官司徒

山虞掌山林之政令物爲之厲而爲之守禁仲冬斬陽木仲夏斬陰木或謂陽木生山南者陰木生山北者凡服耜斬季材以時入之服牝服車之材也季猶穉也服與耜宜用穉材尙柔韌也令萬民時斬材有期日○澤虞掌國澤之政令爲之厲禁使其地之人守其財物以時入之于王府頒其餘于萬民○雲峯胡氏曰文王治岐澤梁無禁此所謂山林川澤與民共之即是澤梁無禁無禁者王者愛民之仁也雖無禁而有厲禁又王者愛物之仁也周禮山虞掌山林

之政令物爲之厲而爲之守禁註物爲之厲每物有藩界也爲之守禁爲守者設禁令也守者謂其地之民占伐林木者也鄭司農云厲遮列守之也以是觀之澤梁無禁者不禁民之取而有厲禁者禁民之不以時取也 草木零落然後、斧斤、入焉、禮記王制獺祭魚然後漁人入澤梁豺祭獸然後田獵鳩化爲鷹然後設罻羅草木零落然後入山林 此、皆爲治(去聲)之初、法制未備、且因天地自然之利、而撙(祖本反)節愛養之事也、然、飮食、宮室、所以養生、祭祀、棺槨、所以送死、皆民所急而不可無者、今皆有以資之、則人無所恨矣、王道、以得民心爲本故、以此、爲王道之始、慶源輔氏曰養生送死乃人事之始終於是二者皆有以濟之則人事之始終一無所憾而民心得矣此其所以爲王道之始也○新安陳氏曰法制未備謂聖人未行井田法以前天地自然之利謂穀魚材木之類撙節愛養謂不違農時不用數罟斧斤時入之類王道之始謂王制未備王道未成不過初焉事下一節集註云是王道之成也正與此王道之始相對 備旨 王欲得民亦惟盡心於王道而已試爲王陳王道當法制未備之初則貴因天地自然之利而以撙節愛養爲先如農時乃穀所自出也苟凡有興作不違三農之時則民得盡力於農畝而五穀不可勝食矣洿池所以畜魚鼈也苟數罟不入洿池則洿池之所產者無窮而魚鼈不可勝食矣山林所以產材木也苟斧斤以時入山林則山林之所生者無盡而材木不可勝用矣夫至穀與魚鼈不可勝食材木不可勝用則飮食宮室之有資祭祀棺槨之有備是使民養生者得以遂其願喪死者得以盡其情而皆無憾也養生喪死無憾則民心得而邦本固紀綱法度可從此次第施行矣此王者治道之始事也

五畝之宅에 樹之以桑이면 五十者ㅣ 可以衣帛矣며 鷄豚狗彘之畜을 無失其時면 七十者ㅣ 可以食肉矣며 百畝之田을 勿奪其時면 數口之家ㅣ 可以無飢矣며 謹庠序之教하야 申之以孝悌之義면 頒白者ㅣ 不負戴於道路矣리니 七十者ㅣ 衣帛食肉하며 黎民이 不飢不寒이오 然而不王者ㅣ 未之有也ㅣ니이다

衣去聲畜許六反數去聲凡有天下者人稱之曰王則平聲據其身臨天下而

言曰王則去聲後皆放此

五畝ㅅ宅애樹호ᄃᆡ桑으로ᄡᅥᄒᆞ면五十인者ㅣ可히ᄡᅥ帛을衣ᄒᆞ며雞豚狗彘의畜을 그時를失ᄒᆞᆷ이업ᄉᆞ면七十인者ㅣ可히ᄡᅥ肉을食ᄒᆞ며百畝ㅅ田을그時를奪티말면 數口ㅅ집이可히ᄡᅥ飢ᄒᆞᆷ이업ᄉᆞ며庠序ㅅ敎를謹ᄒᆞ야申호ᄃᆡ孝悌ㅅ義로ᄡᅥᄒᆞ면頒白ᄒᆞᆫ者ㅣ道路에負ᄒᆞ며戴티아니ᄒᆞ리니七十인者ㅣ帛을衣ᄒᆞ며肉을食ᄒᆞ며黎民이飢티아니ᄒᆞ며寒티아니ᄒᆞ고그러코王티몯ᄒᆞᆯ者ㅣ잇디아니ᄒᆞ니이다

● 五畝之宅、一夫所受、二畝半、在田、二畝半、在邑、田中、不得有木、恐妨五穀、故、於墻下、植桑、以供蠶事、趙氏曰古者一夫一婦受私田百畝公田十畝八家是爲八百八十畝餘公田二十畝八家分之得二畝半以爲廬舍城邑之居亦各得二畝半春令民畢出在野冬則畢入於邑在野曰廬在邑曰里廬各在其田中而里聚居也 五十、始衰、非帛不煖、未五十者、不得衣也、畜、養也、時、謂孕字之時、如孟春、犧牲、毋用牝之類也、禮記月令孟春之月命樂正入學習舞乃脩祭典命祀山林川澤犧牲毋用牝禁止伐木毋覆巢毋殺孩蟲胎夭飛鳥夭烏老反胎懷孕者夭始生者 七十、非肉不飽、未七十者、不得食也、問旣曰魚鼈不可勝食矣又言老者始可食肉何也朱子曰魚鼈自生之物養其小而食其大老幼之所同也至於芻豢之畜人力所爲則非七十之老不得以食之矣○南軒張氏曰衣帛食肉必曰五十七十者民之欲無窮而桑蠶畜養之利有限不爲之制則爭逐其欲而老者或不得衣之食之矣又使知老者之當養其老幼之有別敎亦行乎其中矣日用飮食無非敎也不待庠序而後敎也 百畝之田、亦一夫所受、至此則經界正、井地均、無不受田之家矣、趙氏曰古以百步爲畝今以二百四十步爲畝古百畝當今之四十一畝也經界謂治地分田經畫其溝塗封植之界也 庠序、皆學名也、申、重直用反也、丁寧反覆之意、善事父母、爲孝、善事兄長、上聲下同爲悌、頒、與班同、老人頭半白黑者也、負、任在背、戴、任在首、夫音扶民、衣食不足、則不暇治禮義、而飽煖無敎、則又近於禽獸、故、旣富、而敎以孝悌、則人知愛親敬長、而代其勞、不使之負戴於道路矣、衣帛食肉、但言七十、不言五十 擧重以見 形甸反 輕也、黎、黑也、黎民、黑髮之人、猶秦言黔 其廉反 首也、 史記秦紀始皇三十四年丞相李斯上書有曰惑亂黔首黔首黑頭也 少 去聲 壯之人、雖不得衣帛食肉、然、亦不至於飢寒也 此、言盡法制、品節之詳、 雙峰饒氏曰五畝宅百畝田是法制五十衣帛七十食肉是品節有法制無品節則泛而不足用有品節無法制則於何處取用 極財成輔相 去聲 之道、以左右民、 易泰卦象曰天地交泰后以財成天地之道輔相天地之宜以左右民○左右並去聲如左右手之右本音有 是王道之成也、 慶源輔氏曰註云盡法制品節之詳極財成輔相之道則民情之變故已備見聖人之制作已大成以左右民則不惟制民之產使之有以養其生而又爲之學校之敎使之得以全其性如帝堯所謂正之直之輔之翼之使自得之是爲王道之大成也○新安陳氏曰極財成輔相總言田桑畜養之事以左右民就富敎斯民說乃王道之終事應上文王道之始也一句

備旨 由是因旣固之民心定裁成之法制一夫授以五畝之宅而牆下樹以飼蠶之桑則帛有所出而五十非帛不煖者可以衣帛矣鷄豚狗彘之畜無失其孕字之時則肉有所出而七十非肉不飽者可以食肉矣一夫授以百畝之田勿奪其耕耘收獲之時則粒食有所出而數口之家仰事俯畜者可以無飢矣衣食旣足禮義可興於是納子弟於庠序之中而詩書禮義之敎必致謹焉又以孝悌爲百行之原而丁寧反覆獨申重焉則人皆知愛親敬長而代其勞頒白之老者不至負戴於道路矣夫七十之老者衣帛食肉而享夫飽煖之休黎民之壯者不飢不寒亦足乎衣食之用生養旣遂敎化大行擧天下之大皆將戴之爲君師而就吾之敎養矣然而不興王於天下者未之有也此王者治道之成也非王所宜盡心者哉

狗彘ㅣ 食人食而不知檢ᄒᆞ며 塗有餓莩而不知發ᄒᆞ고 人死則曰非我也ㅣ라 歲也ㅣ라ᄒᆞ나니 是ㅣ 何異於刺人而殺之曰非我也ㅣ라 兵也ㅣ리오 王無罪歲ᄒᆞ시면 斯天下之民이 至焉ᄒᆞ리이다 莩 平表反 刺 七亦反

狗彘ㅣ人의食을食ᄒᆞ거든檢ᄒᆞᆯ주를아디몯ᄒᆞ며塗애餓莩ㅣ잇거든發ᄒᆞᆯ주를아디몯ᄒᆞ고人이死ᄒᆞᆫ則ᄀᆞᆯ오ᄃᆡ내아니라歲라ᄒᆞᄂᆞ니이엇디人을刺ᄒᆞ야殺ᄒᆞ고ᄀᆞᆯ오ᄃᆡ내아니라兵이라홈과다ᄅᆞ리오王이歲를罪홈이업ᄉᆞ시면이예天下人民이至ᄒᆞ리이다

●檢、制也、莩、餓死人也、發、發倉廩以賑(音震通作振起也救也)貸(他代反)也、歲、謂歲之豊凶也、惠王、不能制民之産、又使狗彘、得以食人之食、則與先王制度品節之意、異矣、至於民飢而死、猶不知發、則其所移、特民間之粟而已、乃以民不加多、歸罪於歲凶、是知刃之殺人、而不知操(七刀反)刃者之殺人也、不罪歲、則必能自反、而益脩其政、(即上文所言王道)天下之民、至焉、則不但多於隣國而已○程子、曰孟子之論王道、不過如此、可謂實矣、(新安陳氏曰王道不出農桑敎養等實事豈求之高遠難行者哉)又曰孔子之時、周室、雖微、天下、猶知尊周之爲義、故、春秋、以尊周爲本、至孟子時、七國、爭雄、天下、不復(扶又反)知有周、而生民之塗炭、已極、當是時、諸侯、能行王道、則可以王(去聲)矣、此、孟子所以勸齊梁之君也、蓋王者、天下之義主也、聖賢、亦何心哉、視天命之改與未改耳、(朱子曰孔子尊周孟子不尊周如冬裘夏葛飢食渴飮時措之宜異爾此齊桓不得不尊周亦迫於大義不得不然夫子筆之於經明君臣之義於萬世非專爲美桓公也孔孟易地則皆然得時措之宜則並行而不相悖矣○雲峰胡氏曰不有孔子之論則在下者不知有尊王之義而民可以無君矣不有孟子之論則在上者不知天命之改不改在民心之向背而君可以無民矣○新安陳氏曰天命之改未改驗之人心而已人心猶知尊周可驗天命未改則當守天下之經文王孔子之事是也人心不知有周可驗天命已改不得不達天下之權武王孟子之事是也司馬温公李泰伯尙不達此而非孟子固哉讀者不可不勘破此義 備旨 今王平日不行王道養民無法反使狗彘之畜得以食人之食而不知所檢制至於塗有餓莩又不知發倉廩以賑貸之雖移民移粟而民且飢以死矣乃見人之死而不加多則曰非我不用心之罪也歲凶害之也是何異於操刃刺人而殺之曰非我殺之也兵刃殺之也王誠無歸罪於歲而自反於己擧王道之始終而一一盡心焉斯天下之民至而可以王矣豈特加多於鄰國而已哉

○梁惠王이曰寡人이願安承敎ᄒᆞ노이다

梁惠王이ᄀᆞᆯᄋᆞ샤ᄃᆡ寡人이願컨댄安ᄒᆞ야敎ᄅᆞᆯ承호려ᄒᆞ노이다

●承上章、言願安意、以受敎、 備旨 梁惠王聞孟子之言有感曰夫子之擧王道以敎寡人者至矣然而國政多端善言必再寡人願安意以承受夫子之敎幸盡言而無隱可也

孟子ㅣ對曰殺人以梃與刃이有以異乎ㅣ잇가 曰無以異也ㅣ니이다

孟子ㅣ對ᄒᆞ야ᄀᆞᆯᄋᆞ샤ᄃᆡ人을殺호ᄃᆡ梃과다ᄆᆞᆺ刃으로ᄡᅥ홈이ᄡᅥ달오미인ᄂᆞ니잇가 ᄀᆞᆯᄋᆞ샤ᄃᆡᄡᅥ달오미업ᄉᆞ니이다

梃徒頂反

●梃 杖也、 備旨 孟子以爲虐政除然後仁政擧對曰臣試問王殺人者以梃杖與兵刃有以異乎王曰梃之與刃器雖不同而致人於死則一無以異也

以刃與政이有以異乎ㅣ잇가 曰無以異也ㅣ니이다

刃과다ᄆᆞᆺ政으로ᄡᅥ홈이ᄡᅥ달오미인ᄂᆞ니잇가ᄀᆞᆯᄋᆞ샤ᄃᆡᄡᅥ달오미업ᄉᆞ니이다

●孟子、又問而王、答也、新安陳氏曰政謂虐政梃刃政殺人承上章歲兵之意而敷演之 備旨 孟子又問殺人者以兵刃與虐政有以異乎王曰刃之與政事雖不同而致人於死則一無以異也

曰庖有肥肉ᄒᆞ며廐有肥馬ㅣ오民有飢色ᄒᆞ며野有餓莩ㅣ면此ᄂᆞᆫ率獸

而食人也ㅣ니이다

ᄀᆞᆯᄋᆞ샤ᄃᆡ庖에肥肉이이시며廐에肥馬ㅣ잇고民이飢色이이시며野에餓莩ㅣ이시면이ᄂᆞᆫ獸를率ᄒᆞ야人을食홈이니이다

●厚斂(力驗反)於人、以養禽獸、而使民飢以死、則無異於驅獸、以食人矣、新安陳氏曰此因前章狗彘食人食塗有餓莩之意而究言之卽以虐政殺人也 備旨 孟子因其明直指其虐政曰王旣知虐政無異於梃刃則今日之政當在所革也充王之庖有肥肉焉充王之廐有肥馬焉以此厲民故民有飢餓之色野有餓死之人夫養禽獸而致民之死此無異驅率其獸而食人也梃刃之殺人不過是矣

獸相食을且人이惡之ᄒᆞᄂᆞ니爲民父母ㅣ라行政ᄒᆞ되不免於率獸而食人이면惡在其爲民父母也ㅣ리잇고 惡之之惡去聲 惡在之惡平聲

獸ㅣ서르食홈을ᄯᅩ人이惡ᄒᆞᄂᆞ니民의父母ㅣ되연ᄂᆞᆫ디라政을行호ᄃᆡ獸를率ᄒᆞ야人을食홈애免티몯ᄒᆞ면어ᄃᆡ그民의父母ㅣ되옴이이시리잇고

●君者、民之父母也、惡在、猶言何在也、 備旨 夫率獸食人乃虐政之大者不可不急改也如獸本異類其自相呑噬人之見者且以其同類相殘而惡之況君者民之父母爲民父母行政不免於率獸而食人則是以子民之責而反爲殘民之事惡在其爲民之父母也哉

仲尼曰始作俑者ㅣ其無後乎ᄂᆞᆫ뎌ᄒᆞ시니爲其象人而用之也ㅣ시니如之何其使斯民飢而死也ㅣ리잇고 俑音勇 爲去聲

仲尼ㅣᄀᆞᆯᄋᆞ샤ᄃᆡ비로소俑을作ᄒᆞᆫ者ㅣ그後ㅣ업스린뎌ᄒᆞ시니그人을象ᄒᆞ야用ᄒᆞ

욤을爲ᄒᆞ애시니엇디그이民으로ᄒᆡ여곰飢ᄒᆞ야死케ᄒᆞ리잇고

[備旨]俑、從去聲下同 葬木偶人也、古之葬者、束草爲人、以爲從衛、謂之芻靈、略似人形而已、中古、易之以俑、則有面目機發而太似人矣、趙氏曰木人設機而能踊跳故名曰俑 故、孔子、惡去聲下同 其不仁、而言其必無後也、新安陳氏曰作俑者殺人殉葬之漸孔子惡之者以此○禮記檀弓下孔子謂爲明器者知喪道矣備物而不可用也哀哉死者而用生者之器也不殆於用殉乎哉其曰明器神明之也塗車芻靈自古有之明器之道也孔子謂爲芻靈者善謂爲俑者不仁不殆於用人乎哉 孟子、言此作俑者、但用象人以葬、孔子、猶惡之、況實使民、飢而死乎、○李氏、曰爲人君者、固未嘗有率獸食人之心、然、徇一已之欲、而不恤其民、則其流、必至於此、故、以爲民父母、告之、夫音扶 父母之於子、爲去聲之就利避害、未嘗頃刻而忘于懷、何至視之不如犬馬乎、疊山謝氏曰此章以人對獸極言人君不行仁政視人猶獸也天地間難得者人象人而用之猶不免於無後豈可率獸食人不行王政一至於此乎○新安陳氏曰爲人君者有作民父母之責固未嘗有率獸食人之心惟徇欲而不恤民則其流至此而不自覺故以率獸食人箴其昏迷之錮習而以爲民父母觸其惻隱之本心孟子之言深切著明如此而王不悟亦未如之何也已右二章戒梁王厲民自養率獸食人遏人欲也勉其行王道以爲民父母爲心擴天理也[備旨]獨不聞仲尼之惡不仁者乎仲尼曰始作俑以從葬者最爲不仁此人殆無後乎仲尼何以惡之若此爲其作俑象人而用之以殉葬也夫象人以殉葬孔子猶惡之況以剝民養物實使斯民飢而死也此豈不尤見惡於仲尼耶如之何其可哉吾王有受敎之誠必先除虐政而可也

○梁惠王이曰晉國이天下애莫强焉은叟之所知也ㅣ라及寡人之身ᄒᆞ야東敗於齊예長子ㅣ死焉ᄒᆞ고西喪地於秦七百里ᄒᆞ고南辱於楚ᄒᆞ니寡人이恥之ᄒᆞ야願比死者ᄒᆞ야一洒之ᄒᆞ노니如之何則可ㅣ니잇고 長上

聲喪去聲比必二反洒與洗同

梁惠王이 골ᄋᆞ샤ᄃᆡ 晉國이 天下에 이만强ᄒᆞᆫ이 업슴은 叟의아ᄂᆞᆫ배라 寡人의身에미처 東으로齊에敗홈애 長子ㅣ死ᄒᆞ고 西로地를秦에喪홈을七百里를ᄒᆞ고 南으로楚에辱ᄒᆞ니 寡人이恥ᄒᆞ야 願컨댄 死者를爲ᄒᆞ야ᄒᆞᆫ적洒호려ᄒᆞ노니 엇디ᄒᆞᆫ則可ᄒᆞ니잇고

●魏、本晉大夫魏斯、與韓氏趙氏、共分晉地、號曰三晉、故、惠王、猶自謂晉國、惠王斯之孫也 惠王三十年、齊擊魏、破其軍、虜太子申、史記魏世家惠王三十年魏伐趙趙告急齊齊宣王用孫子計救趙擊魏魏遂大興師使龐涓將而令太子申爲上將軍與齊人戰敗於馬陵齊虜魏太子申殺將軍涓軍遂大破 十七年、秦取魏少去聲梁、史記魏世家惠王十七年魏與秦戰元里秦取我少梁元里少梁皆魏地邑名 後、魏又數音朔獻地於秦、史記商君傳秦孝公使衛鞅將兵伐魏魏使公子卬將而擊之軍既相距衛鞅遺魏將公子卬書曰吾始與公子驩今俱爲兩國將不忍相攻可與公子面相見盟樂飲而罷兵以安秦魏魏公子卬以爲然會盟已飲而衛鞅伏甲士襲虜公子卬因攻其軍盡破之以歸秦魏惠王恐使使割河西之地獻於秦以和而魏遂去安邑徙都大梁 又與楚將去聲昭陽、戰敗、亡其七邑、史記楚世家懷王六年楚使柱國昭陽將兵而攻魏破之於襄陵得邑八〇張存中曰按史記魏襄王十三年楚敗我襄陵不言邑數楚懷王六年得邑八與集註七邑不合未知孰是 比、猶爲去聲也、言欲爲死者、雪其耻也、慶源輔氏曰惠王之志疑若剛勇而有爲者然細考之史則其敗於三國皆非義擧也徒以爭城爭地不失之貪則失之繆事既如此猶不知所以自反乃於見賢之際歷叙其喪敗而欲爲死者一洗之此正如匹夫賤人勢出無聊不勝其忿而求一快者所爲耳豈有君人之度而知所謂大勇之理哉 備旨 梁惠王厚幣招賢原爲報怨起見一心只要富强其國即孟子仁義之談終不能開其迷惑故言曰吾晉國在先人時甲兵稱雄於列國東勝齊西勝秦南勝楚天下莫强於晉焉此叟之所知也及至寡人之身以東則馬陵覆師而戰敗於齊長子申爲其所虜而死焉是晉弱於齊矣以西則取我少梁繼割夫河西喪地於秦者凡七百里是晉弱於秦矣以南則與楚將昭陽戰敗亡其七邑而見辱於楚是晉弱於楚矣此皆寡人貽恥於先人者也今將報齊國之怨摧秦楚之鋒願爲死者一洒其耻使晉復强於天下不知當用何計策而後可

孟子ㅣ對曰地方百里而可以王이니이다

孟子ㅣ對ᄒᆞ야ᄀᆞᆯᄋᆞ샤ᄃᆡ地ㅣ方이百里라도可히ᄡᅥ王ᄒᆞ리이다

● 百里、小國也、然、能行仁政、則天下之民、歸之矣、 [備旨]孟子對曰王無患喪敗之難以自振也雖地方百里之小亦可與王業於天下況魏堂堂千里乎

王如施仁政於民ᄒᆞ샤**省刑罰**ᄒᆞ시며**薄稅斂**ᄒᆞ시면**深耕易耨**ᄒᆞ고**壯者**ㅣ**以暇日**로**修其孝悌忠信**ᄒᆞ야**入以事其父兄**ᄒᆞ며**出以事其長上**ᄒᆞ리니**可使制梃**ᄒᆞ야**以撻秦楚之堅甲利兵矣**리이다 省所梗反斂易皆去聲耨奴豆反長上聲

王이만일仁政을民에施ᄒᆞ샤刑罰을省ᄒᆞ시며稅斂을薄히ᄒᆞ시면기피耕ᄒᆞ며易ᄒᆞ야耨ᄒᆞ고壯者ㅣ暇日로ᄡᅥ그孝悌와忠信을修ᄒᆞ야入ᄒᆞ야ᄡᅥ그父兄을事ᄒᆞ며出ᄒᆞ야ᄡᅥ그長上을事ᄒᆞ리니可히ᄒᆡ여곰梃을制ᄒᆞ야ᄡᅥ秦楚의堅ᄒᆞᆫ甲과利ᄒᆞᆫ兵을撻ᄒᆞ리이다

● 省刑罰、薄稅斂、此二者、仁政之大目也、[新安陳氏曰省刑則不伐民生薄賦則民得養生所以爲仁政之大目] 易、治也、耨、耘也、盡己之謂忠、以實之謂信、君行仁政、則民得盡力於農畝、而又有暇日、以修禮敎、是以、尊君親上而樂(音洛下同)於效死也、朱子曰魏地迫近於秦無時不受兵割地求成無虛日孟子之言似若容易蓋當時之人焦熬已甚率歡

欣皷舞之民而征之自是見效速後來公子無忌率五國師直擣至函谷關可見○慶源輔氏曰仁政在於養民而已省刑罰則民不至無所措其手足而得以安其生薄稅斂則民不至有所闕於衣食而得以保其生故孟子言仁政首及此二者下面數句則又其效驗也深耕易耨則薄稅斂之所致也重稅厚斂則民不聊生民不聊生則其於農事亦苟且鹵莽而已壯者以暇日脩其孝悌忠信入以事父兄出以事長上則省刑罰之所致也嚴刑峻罰則民不樂生民不樂生則其於人道亦何暇脩爲之哉 備旨 所謂百里可王者惟行仁政而已王如果施仁政於民刑罰則省之不戕民命稅斂則薄之以養民生使民得以安業力農春深於耕夏易於耨衣食既足禮義可興而民之壯者又以其閒暇之日修明其孝悌忠信之義入以此事其家之父兄出以此事其國之長上如此則民志孚而忠義奮可使吾孝悌忠信之民斬木爲梃以撻秦楚之堅甲利兵矣無畏於秦楚何齊之足言哉

彼ㅣ奪其民時ᄒᆞ야使不得耕耨ᄒᆞ야以養其父母ᄒᆞ면父母ㅣ凍餓ᄒᆞ며兄弟妻子ㅣ離散ᄒᆞ리니 養去聲

뎌 그 民時를奪ᄒᆞ야히여곰耕ᄒᆞ며耨ᄒᆞ야ᄡᅥ그父母를養티몯ᄒᆞ게ᄒᆞ면父母ㅣ凍餓ᄒᆞ며兄弟와妻子ㅣ離散ᄒᆞ리니

●彼、謂敵國也、 備旨 秦楚之堅甲利兵最稱雄於天下而吾謂制梃可撻者何哉正以彼秦楚之君不行仁政而煩刑厚歛以奪民耕耨之時使民不得深耕易耨以奉養其父母致其父母凍餓而衣食無所仰給兄弟妻子離散而室家不能相保此救死不贍之民奚暇修其孝弟忠信哉

彼ㅣ陷溺其民이어든王이往而征之ᄒᆞ시면夫誰與王敵이리잇고 夫音扶

뎌 그 民을陷溺ᄒᆞ거든王이往ᄒᆞ야征ᄒᆞ시면뉘王으로더블어敵ᄒᆞ리잇고

●陷、陷於阱、(通作穽疾郢才性二反穿地陷獸也) 溺、溺於水、暴虐之意、征、正也、以彼暴虐其民、而率吾尊君親上之民、往正其罪、彼民、方怨其上、而樂歸於我、則誰與我爲敵哉、 備旨 彼爲政不仁以

賂其民於阱溺其民於水如此民怨之深矣王率吾尊君親上之民往而征其虐民之罪彼民方怨其上而樂歸於我夫誰與王敵哉此所以制梃可撻也

故로曰仁者ᄂᆞᆫ無敵이라ᄒᆞ니라王請勿疑ᄒᆞ쇼셔

故로ᄀᆞᆯ오ᄃᆡ仁者ᄂᆞᆫ敵이업다ᄒᆞ니王은請컨댄疑티말으쇼셔

●仁者無敵、蓋古語也、以故曰二字知之 百里可王、以此而已、恐王、疑其迂闊故、勉使勿疑也、○孔氏、曰孔氏名文仲字經父臨江人 惠王之志、在於報怨、孟子之論、在於救民、所謂唯天吏則可以伐之、蓋孟子之本意、南軒張氏曰惠王憤其軍師之敗欲一洒之是乃不勝其忿欲之私耳孟子所以告之者乃爲國之常道其所施爲皆有實事夫王政之所以不行者以時君謀利計功之念深每每致疑而莫肯力行故也使其以先王之治爲必可法以聖賢之言爲必可信而力行之則孰禦焉○慶源輔氏曰註引孔氏之言蓋怨有當報者有不當報者若惠王之事則所謂不當報者也不當報而報則是忿懥者之所爲耳忿懥者之所爲則其心熏灼焚燒愈撲愈熾不至於大敗極壞而不已若所謂志於救民則至誠惻怛成己以成物一日有一日之功其曰唯天吏則可以伐之其所以自治者嚴矣○勿軒熊氏曰當時七雄皆大國也孟子獨惓惓於齊梁者欲得志行乎中國也若秦楚則蠻夷戎狄之裔七篇之書深鄙外之蓋其得志必非天下生民之福自周之衰天下大勢不入于楚必入于秦聖賢己逆知其所趨矣當時孟子止言深耕易耨孝悌忠信則可以制梃而撻秦楚自一等富强而言豈不大迂濶而不切於事情然後來秦亡不過起於揭竿斬木之匹夫堅甲利兵果可恃乎孟子之言不我誣也○新安陳氏曰逞忿報怨私欲也行仁救民公理也行仁則自無敵不得已而用兵亦正之之征也不行仁而惟報私怨忿爭而已矣豈惟怨不可報敗亡常必由之此章亦所以遏人欲擴天理也【備旨】故古語有曰仁者之君天下無敵知仁者之無敵則知百里可王亦惟驗諸仁政之施耳王請勿以臣言爲疑而斷然以施仁政爲務雖以梁而王可矣尙何先人之耻不可雪也哉

○孟子ㅣ見梁襄王ᄒᆞ시고

孟子ㅣ梁襄王을보시고

●襄王、惠王子、名、赫、新安倪氏曰按通鑑愼靚王二年壬寅惠王卒孟子去魏適齊是一見襄王後卽去也[備旨]昔孟子在梁適襄王嗣惠王而卽位孟子見之盖欲觀其動靜以卜其仁政之不能行於其父者或得行於其子也

出語人曰望之不似人君이오 就之而不見所畏焉이러니 卒然問曰天下는惡乎定고ᄒᆞ야ᄂᆞᆯ 吾ㅣ對曰定于一이라호라 語去聲卒七沒反惡平聲

出ᄒᆞ야사ᄅᆞᆷ드려닐어ᄀᆞᆯ으샤ᄃᆡ 望홈애人君ᄀᆞᆮ디아니ᄒᆞ고 就ᄒᆞ얀畏ᄒᆞᆫ바를보디몯ᄒᆞ리러니 卒然히무러ᄀᆞᆯ오ᄃᆡ天下ᄂᆞᆫ어ᄃᆡ定ᄒᆞᆯ고ᄒᆞ야ᄂᆞᆯ내對ᄒᆞ야ᄀᆞᆯ오ᄃᆡ一에定ᄒᆞ리라호라

●語、告也、不似人君、不見所畏、言其無威儀也、新安倪氏曰左氏傳云有威而可畏謂之威有儀而可象謂之儀不似人君無可象之儀也不見所畏無可畏之威也 卒然、急遽之貌、蓋容貌辭氣、乃德之符、新安陳氏曰德存於中容貌辭氣乃德之符驗可見於外者 其外如此、則其中之所存者、可知、王、問列國、分爭、天下、當何所定、孟子、對以必合于一然後、定也 問孟子以梁襄王不似人君不見所畏而譏之然則必以勢位自高而厲威嚴以待物邪朱子曰不然也夫有諸中者必形諸外有人君之德則必有人君之容有人君之容則不必作威而自有可畏之威矣曰言之急遽亦何譏邪曰艮之六五以中正而言有序而呂氏亦曰志定者其言重以舒不定者其言輕以疾然則言貌固皆內德之符不惟可以觀人學者雖以自省可也曰孔子居是邦不非其大夫而孟子誦言其君之失如此何邪曰聖賢之分固不同矣且孔子仕於諸侯而孟子爲之賓師其地有不同也抑七篇之中無復與襄王言者豈孟子自是而不復久於梁邪[備旨]及見襄王容貌辭氣之陋遂知其不足與有爲乃出而語人曰方吾之見王遠而望之不似人君之度近而就之不見所可畏之威焉且卒然急遽而問曰今列國分爭天下當惡平而後定吾對之曰今天下勢分無統此所以不定必合於一而後定也

孰能一之오ᄒᆞ야ᄂᆞᆯ

뉘能히一ᄒᆞᆯ고ᄒᆞ야ᄂᆞᆯ

●王、問也、備旨王又問曰今列國之君勢均力敵孰能合而一之

對曰不嗜殺人者ㅣ能一之라ᄒᆞ라

對ᄒᆞ야ᄀᆞᆯ오ᄃᆡ人을殺ᄒᆞ기를嗜티아니ᄒᆞᄂᆞᆫ者ㅣ能히一ᄒᆞ리라ᄒᆞ라

●嗜、時利反 甘也、覺軒蔡氏曰好生不嗜殺天地生物之心也必得天地此心然後可爲天之子爲民之父母此言萬世人牧之龜鑑也備旨吾對曰必也以不忍爲心以好生爲德而不嗜殺人者爲能統一之

孰能與之오ᄒᆞ야ᄂᆞᆯ

뉘能히與ᄒᆞᆯ고ᄒᆞ야ᄂᆞᆯ

●王、復扶又反 問也、與、猶歸也、備旨王復問曰今天下之民各事其主雖有不嗜殺之君孰能舍彼趨此歸而與之

對曰天下ㅣ莫不與也ㅣ니王은知夫苗乎ㅣ잇가七八月之間이旱則苗ㅣ槁矣라가天이油然作雲ᄒᆞ야沛然下雨則苗ㅣ浡然興之矣ᄂᆞ니其如是면孰能禦之리오今夫天下之人牧이未有不嗜殺人者也ㅣ니如有不嗜殺人者則天下之民이皆引領而望之矣리니誠如是也ㅣ면民歸之ㅣ由水之就下ᄒᆞ리니沛然을誰能禦之리오ᄒᆞ라

夫音扶浡音勃由當作猶古字借用後多倣此

對ᄒᆞ야ᄀᆞᆯ오ᄃᆡ天下ㅣ與티아니ᄒᆞ리업스리니王은그苗ᄅᆞᆯ알ᄋᆞ시ᄂᆞ니잇가七八月人間이旱ᄒᆞ면苗ㅣ槁ᄒᆞ얏다가天이油然히雲을作ᄒᆞ야沛然히雨ᄅᆞᆯ下ᄒᆞ면苗ㅣ浡然히興ᄒᆞᄂᆞ니그이ᄀᆞᄐᆞ면뉘能히禦ᄒᆞ리오이제天下에人牧이人을殺ᄒᆞ기ᄅᆞᆯ嗜티아니ᄒᆞᄂᆞᆫ者ㅣ잇디아니ᄒᆞ니만일人을殺ᄒᆞ기ᄅᆞᆯ嗜티아니ᄒᆞᄂᆞᆫ者ㅣ이시면天下엣民이다領을引ᄒᆞ야望ᄒᆞ리니진실로이ᄀᆞᄐᆞ면民이歸ᄒᆞᆷ이水ㅣ下에就ᄒᆞᆷᄀᆞᄐᆞ리니沛然ᄒᆞᆷ을뉘能히禦ᄒᆞ리오호라

●周七八月、夏五六月也、(孟子內並以周月言與春秋左傳同) 油然、雲盛貌、沛然、雨盛貌、浡然、興起貌、禦、禁止也、人牧、謂牧民之君也、領、頸也、蓋好(去聲下同)生惡(去聲)死、人心所同、故、人君、不嗜殺人則天下、悅而歸之、○蘇氏、曰孟子之言、非苟爲大而已、然、不深原其意、而詳究其實、未有不以爲迂者矣、予觀孟子以來、自漢高祖及光武及唐太宗及我太祖皇帝、能一天下者四君、皆以不嗜殺人、致之、其餘、殺人愈多而天下愈亂、秦晉及隋、力能合之、而好殺不已故、或合而復(扶又反)分、(晉武合之劉石亂而分王江東) 或遂以亡國、(秦隋)孟子之言、豈偶然而已哉、(慶源輔氏曰不嗜殺之對以見理勢之當然非有爲而爲之者也蓋人君之心誠能不嗜殺人則擧天下皆在吾仁愛之中又孰有渙散乖戾而不一歸於我哉固非以不嗜殺人爲一天下之具也○新安陳氏曰嗜殺人欲之殘虐也不嗜殺天理之惻隱也此亦遏人欲存天理也)

【備旨】吾對曰苟有不嗜殺人之君出則天下莫不歸而與我也王亦知夫苗之性乎當七八月之間旱則苗之生意槁矣及天油然作雲沛然下雨則苗之槁者浡然興起矣其苗之興如是孰能禦之使止耶今夫天下之君職爲人牧者肆爲暴虐未有不嗜殺人者也如有一不嗜殺人者則天下之民中心悅服皆引領而望之矣夫誠望之如是也則民

之歸之猶水之就下沛然一往其勢誰能禦之使止耶故曰天下莫不與也吾之與王問答如此然而非能有爲者奈之何哉

○齊宣王이問曰齊桓晉文之事를可得聞乎잇가

齊宣王이묻ᄌᆞ와ᄀᆞᆯᄋᆞ샤ᄃᆡ齊桓과晉文의事를可히시러곰드르리잇가

●齊宣王、姓、田氏、名、辟、音璧彊渠良反○趙氏曰田氏本陳公子完之後初以陳爲氏後改姓田氏至田和始簒齊而有之辟彊和之曾孫是爲宣王 諸侯、僭稱王也、齊桓公、名小白 晉文公、名重耳 皆霸諸侯者、 備旨 齊宣王問曰五霸迭興桓文爲盛其當時取威定霸之事亦可使寡人得聞之乎

孟子ㅣ對曰仲尼之徒ㅣ無道桓文之事者라是以로後世에無傳焉ᄒᆞ니臣이未之聞也ᄒᆞ니無以則王乎ᅟᅵᆫ뎌

孟子ㅣ對ᄒᆞ야ᄀᆞᆯᄋᆞ샤ᄃᆡ仲尼의徒ㅣ桓文의事를니ᄅᆞᆯ者ㅣ업슨디라일로ᄡᅥ後世에傳ᄒᆞ리업ᄉᆞ니臣이듣디몯ᄒᆞ얀노니마디말와뎌ᄒᆞ시면王을홀띤뎌

●道、言也、董子、曰仲尼之門、五尺童子、羞稱五伯、霸同爲去聲其先詐力而後仁義也、亦此意也、新安倪氏曰董子名仲舒西漢廣川人此語見漢書本傳對江都易王問粤有三仁而曰仁人者正其誼不謀其利明其道不計其功是以仲尼之門五尺童子羞稱五伯爲其先詐力而後仁義也○西山眞氏曰孟子後能深闢五伯者惟仲舒爲然 以、已通用、無已、必欲言之而不止也、王、去聲 謂王天下之道、程子曰得天下之正極人倫之至者堯舜之道也用其私心依仁義之偏者霸者之事也王道如砥本乎人情出乎禮義若履大路而行無復回曲霸者崎嶇反側於曲徑之中而卒不可與入堯舜之道故誠心而王則王矣假之而霸則霸矣二者其道不同

在審其初而已○龜山楊氏曰齊宣王見孟子於雪宮曰賢者亦有此樂乎而孟子答以晏子之言則霸者之事非無傳也孟子務引其君以當道則桓文之事特詭遇而已大匠不爲拙工改廢繩墨故曰無己則王乎○范氏曰按論語孔子曰桓公九合諸侯不以兵車管仲之力也微管仲吾其被髮左衽矣孔子美齊桓管仲之功如此孟子言仲尼之門無道桓文之事者聖人於人苟有一善無所不取齊桓管仲有功於天下故孔子稱之若其道則聖人之所不取也○朱子曰無道桓文之事事者營霸之事儒者未嘗講求如桓公霸諸侯一匡天下則誰不知至於經營霸業之事儒者未嘗言也[備旨]孟子對曰臣學本之仲尼仲尼之徒尊王賤霸無有稱道桓文之事者是以後世無傳焉臣未之有聞也王必欲臣言之不已其惟王天下之道乎

曰德이何如則可以王矣리잇고曰保民而王이면莫之能禦也ㅣ리이다

ᄀᆞᆯᄋᆞ샤ᄃᆡ德이엇더ᄒᆞ면可히ᄡᅥ王ᄒᆞ리잇고ᄀᆞᆯᄋᆞ샤ᄃᆡ民을保ᄒᆞ야王ᄒᆞ면能히禦ᄒᆞ리업ᄉᆞ리이다

●保、愛護也、慶源輔氏曰保如保赤子之保○新安陳氏曰王道甚大其要只在保民保民而王一句爲此章之綱領[備旨]宣王曰人君之德當何如則可以王天下矣孟子曰王道甚大其要只在保民誠能愛恤保護斯民勿使失所則可以得民心之歸而王天下莫之能禦也

曰若寡人者도可以保民乎哉잇가曰可ᄒᆞ니이다曰何由로知吾의可也잇고曰臣이聞之胡齕호니曰王이坐於堂上이어시늘有牽牛而過堂下者ㅣ러니王이見之ᄒᆞ시고曰牛는何之오對曰將以釁鐘이니이다王曰舍之ᄒᆞ라吾ㅣ不忍其觳觫若無罪而就死地ᄒᆞ노라對曰然則廢釁鐘與잇가曰何可廢也ㅣ리오以羊易之ᄒᆞ라ᄒᆞ샤소니不識게이다有諸잇가

齕音核釁許刃反舍上聲觳音斛觫音速與平聲

골ᄋᆞ샤ᄃᆡ寡人곧ᄐᆞᆫ者도可히ᄡᅧ民을保ᄒᆞ리잇가골ᄋᆞ샤ᄃᆡ可ᄒᆞ니이다골ᄋᆞ샤ᄃᆡ엇디말미암아내의可ᄒᆞᆫ주를알ᄋᆞ시ᄂᆞ니잇고골ᄋᆞ샤ᄃᆡ臣이胡齕의게들오니골오ᄃᆡ王이堂上에坐ᄒᆞ얏거시ᄂᆞᆯ牛를牽ᄒᆞ고堂下로過ᄒᆞᆫ者ㅣ잇더니王이보시고골ᄋᆞ샤ᄃᆡ牛ᄂᆞᆫ어ᄃᆡ가ᄂᆞ뇨對ᄒᆞ야골오ᄃᆡ쟝ᄎᆞᆺᄡᅧ鐘을釁호려ᄒᆞᄂᆞ니이다王이골ᄋᆞ샤ᄃᆡ舍ᄒᆞ라내그觳觫히無罪ᄒᆞᆫ거시死地예就ᄒᆞᄂᆞᆫᄃᆞᆺᄒᆞᆷ을ᄎᆞᆷ디몯ᄒᆞ노라對ᄒᆞ야골오ᄃᆡ그러면鐘釁홈을廢ᄒᆞ리잇가골ᄋᆞ샤ᄃᆡ엇디可히廢ᄒᆞ리오羊으로ᄡᅧ易ᄒᆞ라ᄒᆞ샤소니아디몯게이다인ᄂᆞ니잇가

● 胡齕、下沒反集註音核核字有二音宜審 齊臣也、釁鐘、新鑄鍾成、而殺牲取血、以塗其釁郄乞逆反也、觳觫、恐懼貌、孟子、述所聞胡齕之語、而問王、不知果有此事否、備旨 宣王因問曰保民乃人君之大德若寡人者可以保民乎哉孟子曰若王者可以保民也宣王曰何由而知吾可也孟子曰臣嘗聞之胡齕曰王一日坐於堂上適有牽牛而過堂下者王見之因問牽牛者曰此牛將何之牽牛者對曰將殺之以爲釁鐘之用也王乃止之曰舍此牛而勿殺之吾不忍其觳觫恐懼似乎無罪而就死地也牽牛者對曰牛旣舍則將廢釁鐘之事與王曰釁鐘大事何可廢也其以羊易之則鐘得以釁而牛得以全矣臣所聞於胡齕者如此不識王果有此事否也

曰有之ᄒᆞ니이다 **曰是心**이 **足以王矣**리이다 **百姓**은 **皆以王爲愛也**ㅣ어니와 **臣**은 **固知王之不忍也**ᄒᆞ노이다

골ᄋᆞ샤ᄃᆡ인ᄂᆞ니이다골ᄋᆞ샤ᄃᆡ이ᄆᆞᄋᆞᆷ이足히ᄡᅧ王ᄒᆞ리이다百姓은다王으로ᄡᅧ愛ᄒᆞ다ᄒᆞ거니와臣은진실로王의忍티몯ᄒᆞ시믈아ᄂᆞ이다

●王、見牛之觳觫而不忍殺、即所謂惻隱之心、仁之端也、擴而充之、則可以保四海矣、故、孟子、指而言之、欲王、察識於此而擴充之也、愛、猶吝也、雲峯胡氏曰孟子一書言心學甚詳此是第一箇心字是心何心也人之本心也即此本心而推之所謂先王有不忍人之心斯有不忍人之政者也須看集註察識擴充四字察識屬知擴充屬行○新安陳氏曰是心足以王矣一句最緊切觀王有此愛物之心即可知王有仁民之心而可以保民矣所以指言王之此心即是足以王天下之本眞氏云王道不外乎保民而保民又不外乎此心是也 備旨 王乃承認曰易牛之事吾誠有之孟子曰王道不外乎保民而保民不外乎不忍是王易牛之心足以保民而王矣然百姓無識皆以王之以羊易牛爲愛惜其財也臣由王不忍其觳觫之言思之固知王之痛其死而不忍也

王曰然ᄒᆞ다誠有百姓者ㅣ로다마ᄂᆞᆫ齊國이雖褊小ㅣ나吾何愛一牛ㅣ리오即不忍其觳觫若無罪而就死地라故로以羊易之也호이다

王이ᄀᆞᆯᄋᆞ샤ᄃᆡ然ᄒᆞ다진실로百姓인者ㅣ잇도다마ᄂᆞᆫ齊國이비록褊ᄒᆞ고小ᄒᆞ나내엇디ᄒᆞᆫ牛를愛ᄒᆞ리오곧그觳觫히無罪ᄒᆞᆫ거시死地예就ᄒᆞᄂᆞᆫᄃᆞᆺᄒᆞᆷ을ᄎᆞᆷ디몯ᄒᆞᆫ디라故로羊으로ᄡᅥ易호이다

●言以羊易牛、其迹、似吝 實有如百姓所譏者、然、我之心、不如是也、雙峰饒氏曰論語小不忍朱子兼婦人之仁匹夫之勇說婦人不能忍其愛匹夫不能忍其忿這箇又是要忍得了○雲峰胡氏曰饒氏發明兩不忍字甚好孟子所謂不忍者如齊宣王見牛之觳觫將死一念之發非有所勉強自然而然者也君子謂之仁論語所謂小不忍者如婦人匹夫一念之發不能有所禁止而一聽其自然者也君子不謂之義○新安倪氏曰論語之小不忍云者不忍之念發於私小常人之所不能禁止者也孟子之不忍云者不忍之念出乎正大君子之所當擴充者也 備旨 王曰夫子之言誠然也盖以羊易牛其迹似吝實有如百姓所譏者但我之心豈如是哉齊國壤地雖云褊小而一牛之利不足爲國之輕重亦明矣吾何愛吝於一牛特不忍其觳觫若無罪而就死地心中不忍故以羊易之耳此心惟夫子知之而百姓不知也

曰王은無異於百姓之以王爲愛也ᄒᆞ쇼셔 以小易大어니彼惡知之리잇고 王若隱其無罪而就死地則牛羊을何擇焉이리잇고 王이笑曰是誠何心哉런고 我非愛其財而易之以羊也ㅣ언마ᄂᆞᆫ 宜乎百姓之謂我愛也ㅣ로다 惡平聲

ᄀᆞᆯᄋᆞ샤ᄃᆡ 王은百姓이王으로ᄡᅥ愛ᄒᆞ다ᄒᆞᆷ을異히 너기디말ᄋᆞ쇼셔 小로ᄡᅥ大를易ᄒᆞ야니 뎨 엇디알리 잇고 王이만일 그 罪업슨거시 死地예 就ᄒᆞᆷ을隱히 너기시면牛와羊을 어ᄂᆡ를擇ᄒᆞ리잇고 王이笑ᄒᆞ고 ᄀᆞᆯᄋᆞ샤ᄃᆡ 이진실로 엇단ᄆᆞᄋᆞᆷ이런고 내그財를愛ᄒᆞ야羊으로ᄡᅥ易ᄒᆞᆫ주리아니언 마ᄂᆞᆫ百姓이나를愛 타닐옴 이맛당 ᄒᆞ도다

●異、怪也、隱、痛也、擇、猶分也、言牛羊、皆無罪而死、何所分別、彼列反而以羊易牛乎、孟子、故設此難、去聲欲王、反求而得其本心、王、不能然故、卒無以自解於百姓之言也、慶源輔氏曰宣王既無講學之功不知反求之理而徒自辯解於百姓之言故孟子又設此以問難之蓋欲王反求而得其本心不忍之實而王猶不能然也○東陽許氏曰上言臣固知王之不忍下言彼惡知之蓋宣王見牛不忍之心雖發而不自知其爲仁之端故以知與惡知相對說以爲常人雖爲利欲所昏而本然之善終未嘗泯但時或發每不自覺而不能充之爾故孟子以爲惟君子爲能知之衆人不能知也是啓王之心使凡遇善心發時便須識得即就此推充自小以及大自近以及遠即其一端推之至其極則仁不可勝用矣【備旨】孟子難之曰王無怪乎百姓之以王爲愛也以羊之小而易牛之大迹有可疑彼百姓惡知王之心爲不忍也王若果不忍其無罪就死地則牛無罪羊亦無罪何所擇而以羊易牛乎王不能自察識也但順其所難之意而笑曰吾以羊易牛不知當時是誠何心哉我實非愛其財而何故以羊之小易牛之大也是吾之心且不能自解矣宜乎百姓不識吾心而謂我愛也

曰無傷也ㅣ라 是乃仁術也ㅣ니 見牛ㅣ코 未見羊也ㅣㄹ시니이다 君子之於禽獸也애 見其生ᄒᆞ고 不忍見其死ᄒᆞ며 聞其聲ᄒᆞ고 不忍食其肉ᄒᆞᄂᆞ니 是以로 君子ᄂᆞᆫ 遠庖廚也ㅣ니이다 遠去聲

ᄀᆞᆯᄋᆞ샤ᄃᆡ 傷홈이 업ᄉᆞ니라 이 仁ᄒᆞᆫ 術이니 牛를 보고 羊을 보디 몯ᄒᆞᆫ 시니이다 君子ㅣ 禽獸에 그 生을 보고 ᄎᆞᆷ아 그 死를 보디 몯ᄒᆞ며 그 聲을 듣고 ᄎᆞᆷ아 그 肉을 食디 몯ᄒᆞᄂᆞ니 일로ᄡᅥ 君子ᄂᆞᆫ 庖廚를 멀리 ᄒᆞᄂᆞ니이다

● 無傷、言雖有百姓之言、不爲害也、術、謂法之巧者、蓋殺牛、旣所不忍、釁鐘、又不可廢、於此、無以處上聲之則此心、雖發、而終不得施矣、然、見牛則此心、已發而不可遏、未見羊則其理未形而無所妨、朱子曰見牛未見羊也未字有意味蓋言其體則無限量言其用則無終窮充擴得去有甚盡時 故、以羊易牛、則二者、得以兩全而無害、此所以爲仁之術也、朱子曰齊王見牛觳觫而不忍之心萌故以羊易之孟子所謂無傷蓋乃護得齊王仁心發見處術猶方便也○術字本非不好底字只緣後來把做變詐看了便道是不好却不知天下事有難處須看有箇巧底道理始得當齊王見牛之時惻隱之心已發乎中又見釁鐘事大似住不得只得以所不見者而易之旣周旋得那事又不抑遏了這不忍之心此心乃得流行若當時無箇措置便抑遏了這不忍之心遂不得而流行矣此乃所謂術也 聲、謂將死而哀鳴也、蓋人之於禽獸、同生而異類、故、用之以禮、而不忍之心、施於見聞之所及、其所以必遠庖廚者、亦以預養是心ㄱ而廣爲仁之術也、 朱子曰君子於物愛之而已食以時用以禮不身翦不暴殄既足以盡吾心矣其愛之者仁也其殺之者義也齊王之不忍施於見聞之所及正合愛物淺深之宜若仁民之心則豈爲其不見之故而忍以無罪殺之哉○慶源輔氏曰唯其不忍之心止施於見聞之所及故古之君子知學問者必遠其庖廚乃所以預養是不忍之心不使之見其生聞其聲以推廣其爲仁之術不必屑屑然以其所不見而易其所見也孟子言此以見宣王之初心本無不善以羊易牛然後仁義之心得以兩全而無害也○雲峰胡氏曰一本心也已發在於擴充未發在於預養備旨孟子因爲之解曰雖百姓皆以王爲愛然亦無傷也王之處此是全好生之德於難處之中乃爲仁之巧術也何者見牛之觳觫則此心已發而不可遏未見羊之觳觫則其理未形而無所妨故以未見之羊易已見之牛使釁鍾不廢而牛得全以遂不忍之心也非仁術乎大凡君子之於禽獸也見其平日之生不忍見其今日之死聞其哀死之聲不忍食其旣死之肉是以君子雖以禮用之有不得已必遠庖廚而不忍於見死聞聲以預養此心而廣爲仁之術也王之所爲正合於君子臣所以知王爲不忍也雖有百姓之言庸何傷

王이說曰詩云他人有心을予忖度之라ᄒᆞ니夫子之謂也ㅣ로소이다夫我乃行之ᄒᆞ고反而求之호ᄃᆡ不得吾心이라니夫子ㅣ言之ᄒᆞ시니於我心애有戚戚焉ᄒᆞ여이다此心之所以合於王者ᄂᆞᆫ何也잇고 說音悅忖七本反度待洛反夫我之夫音扶

王이說ᄒᆞ야ᄀᆞᆯᄋᆞ샤ᄃᆡ詩예닐오ᄃᆡ他人의心둠을내忖度ᄒᆞ다ᄒᆞ니夫子를닐옴이로소이다내行ᄒᆞ고反ᄒᆞ야求호ᄃᆡ내心을得디몯ᄒᆞ엿더니夫子ㅣ닐ᄋᆞ시니내ᄆᆞᄋᆞᆷ애戚戚ᄒᆞᆷ이이셔이다이ᄆᆞᄋᆞᆷ의ᄡᅥ王에合ᄒᆞᆫ바ᄂᆞᆫ엇디니잇고

●詩、小雅巧言之篇ㄱ戚戚、心動貌、王、因孟子之言而前日之心、復扶又反萌、乃知此心ㄱ不從外得、然、猶未知所以反其本而推之也、 南軒張氏曰宣王聞孟子之言有得於心而說謂己雖行之及反而求之則有不能以自得者及孟子抽其端緒以告則戚然有動於中當時不忍之意宛然而形○慶源輔氏曰戚戚心動而有所慘傷也孟子所言曲盡其理故宣王前日之心復動于中而委蛇曲折之意莫不盡見而亦莫非吾心本然之善非從外而得也向非孟子

攄理之極知言之要深得夫開導誘掖之術則亦何能使宣王前日不忍之心復萌也哉宣王此心雖發動而其端尙微其體未充而又未知所以用力推廣之方故孟子此下復以用力用明用恩之說以曉切之○雲峯胡氏曰齊王於其本心畧能察識自此以下孟子皆敎之以擴充○新安陳氏曰此心之所以合於王者何也王此句亦問得緊切與孟子是心足以王矣一句相照應[備旨]王因孟子解其所難而有得於心乃說曰巧言之詩有云他人有心予能忖度而知之正寡人有心夫子忖度之謂也夫以羊易牛之事我乃行之自以爲不忍矣及聞夫子牛羊何擇之難反而永之則又不得其所以不忍者夫子以見牛未見羊言之於我前日不忍之心復戚戚然而又動焉此非夫子能忖度之則我亦何自而得其本心哉然此不忍之心特加於一牛耳夫子乃曰是心足王吾不知其所以合於王者何也

曰有復於王者ㅣ曰吾ㅣ力足以擧百鈞而不足以擧一羽ᄒᆞ며明足以察秋毫之末而不見輿薪이라ᄒᆞ면則王은許之乎ㅣ잇가曰否ㅣ라今에恩足以及禽獸而功不至於百姓者는獨何與ㅣ잇고然則一羽之不擧는爲不用力焉이며輿薪之不見은爲不用明焉이며百姓之不見保는爲不用恩焉이니故로王之不王은不爲也ㅣ언뎡非不能也ㅣ니이다 與平聲爲不之爲去聲

ᄀᆞᆯᄋᆞ샤ᄃᆡ王ᄭᅴ復ᄒᆞᆯ쟈ㅣ이셔ᄀᆞᆯ오ᄃᆡ내力이足히ᄡᅧ百鈞을擧호ᄃᆡ足히ᄡᅧ一羽를擧티몯ᄒᆞ며明이足히ᄡᅧ秋毫의末을察호ᄃᆡ輿薪을보디몯ᄒᆞ노라ᄒᆞ면王은許ᄒᆞ시리잇가ᄀᆞᆯᄋᆞ샤ᄃᆡ아니라今에恩이足히ᄡᅧ禽獸에미초ᄃᆡ功이百姓의게니ᄅᆞ디몯ᄒᆞ욤은호올로엇뎨잇고그러면一羽의擧티몯홈은力을用티아니홈을爲ᄒᆞ얘며輿薪의

보디몯홈은明을用티아니홈을爲ᄒᆞ애며百姓의保홈을보디몯홈은恩을用티아니
홈을爲ᄒᆞ애니故로王의王티몯ᄒᆞ욤은ᄒᆞ디아니홀ᄲᅮᆫ이언뎡能티몯홈이아니니이다

●復、白也、鈞、三十斤、百鈞、至重難擧也、羽、鳥羽、一羽、至輕易去聲下同擧也、秋毫之末、毛至秋而末銳、小而難見也、輿薪、以車載薪、大而易見也、許、猶可也、今恩以下、又孟子之言也、蓋天地之性、人爲貴故、人之與人、又爲同類而相親、是以、惻隱之發、則於民切而於物緩、推廣仁術、則仁民易而愛物難、雙峯饒氏曰集註惻隱之發是就心上說推廣仁術則仁民易而愛物難是就術上說人性靈所以仁民易物無知如何感得他動所以愛物難 今王此心、能及物矣、則其保民而王、非不能也、但自不肯爲耳、南軒張氏曰親親而仁民仁民而愛物此天理之大同由一本而其施有序也豈有於一牛則能不忍而不能保民者蓋方見牛而不忍者無以蔽之而其愛物之端發見也其不能加恩於民者有以蔽之而仁民之理不著也然即夫愛物之端可以知夫仁民之理素具能反而循其不忍之實則其所謂仁民者固可得也○慶源輔氏曰天地之性人爲貴而人之與人又爲同類而相親故惻隱之發於民切於物緩皆自然而然雖至愚之人亦莫不然學者須是臨事體察著數分曉不可模糊率略聽其自然事過便休若夫推廣仁術則仁民易而愛物難所以難所以易者且以凡人言之推廣此心愛及同類者其勢便其事易至於物則有不得已而資以爲用者使之皆被吾之愛而無傷則其勢遠其事難自君人者言之發政施仁使民得以遂其生者其勢便其事易極輔相財成之道使庶類繁殖鳥獸魚鼈咸若者其勢遠其事難今王此心既發於見牛之際而又有以處之而使是心得以流行矣則是於其勢遠而事難者既能有以及之則以是心而施於勢近而事易與之同類而相親所謂保民而王者則豈有不能者哉但自不肯爲耳○新安陳氏曰今恩足以及禽獸而功不至於百姓者獨何與此二句難得最緊切乃是一大章文意警策處下文又以此二句再難以結之王能其緩且難者而失之於切且易者何也使王能自其不忍之形於愛物者充廣之以仁民特擧而措之耳

【備旨】孟子又設喩以啓之曰有人復白於王者曰吾之力足以擧百鈞之重而不足以擧一羽之輕吾之明足以察秋毫之末之小而不足以見輿薪之大則王許之爲誠然乎王曰否人未有擧重而不能擧輕見小而不能見大者也孟子曰王既知此則知保民而王無難事矣蓋民物之待吾仁者有緩急而吾之施仁於民物者有難易今王不忍一牛之死恩足以及禽獸是能擧百鈞察秋毫也而乃坐視斯民之危功不至於百姓是一羽之不擧輿薪之不見也恩能及於所難而獨不能及於所易其故獨何與然則一羽之不擧非無力也爲不用力

焉輿薪之不見非無明也爲不用明焉百姓之不見保非無恩也爲不用恩焉旣不用恩因以不王故王可以王而不王者乃能之而不爲也非欲爲之而不能也

曰不爲者와**與不能者之形**이**何以異**잇고**曰挾太山**ᄒᆞ야**以超北海**를**語人曰我不能**이라ᄒᆞ면**是**ᄂᆞᆫ**誠不能也**ㅣ어니와**爲長者折枝**를**語人曰我不能**이라ᄒᆞ면**是**ᄂᆞᆫ**不爲也**ㅣ언뎡**非不能也**ㅣ니**故**로**王之不王**은**非挾太山以超北海之類也**ㅣ라**王之不王**은**是**ㅣ**折枝之類也**ㅣ니이다 語去聲爲長之爲去聲長上聲折之舌反

골ᄋᆞ샤ᄃᆡ ᄒᆞ디아니ᄒᆞᄂᆞᆫ者와다ᄆᆞᆺ能티몯ᄒᆞᄂᆞᆫ者의形이엇디ᄡᅧ異ᄒᆞ니잇고골ᄋᆞ샤ᄃᆡ太山을挾ᄒᆞ야ᄡᅧ北海를超홈을사ᄅᆞᆷᄃᆞ려語ᄒᆞ야골오ᄃᆡ내能티몯ᄒᆞ노라ᄒᆞ면이ᄂᆞᆫ진실로能티몯홈이어니와長者를爲ᄒᆞ야枝折홈을사ᄅᆞᆷᄃᆞ려語ᄒᆞ야골오ᄃᆡ내能티몯ᄒᆞ노라ᄒᆞ면이ᄂᆞᆫᄒᆞ디아닐ᄲᅮᆫ이언뎡能티몯홈이아니니故로王의王티몯ᄒᆞ욤은太山을挾ᄒᆞ야ᄡᅧ北海를超ᄒᆞᄂᆞᆫ類ㅣ아니라王의王티몯ᄒᆞ욤은이枝를折ᄒᆞᄂᆞᆫ類ㅣ니이다

●形、狀也、挾、以腋持物也、超、躍而過也、爲長者折枝、以長者之命、折草木之枝言不難也、是心、固有、不待外求、擴而充之、在我而已何難之有、[備旨]王問曰夫子謂我之不王是不爲非是不能敢問不爲者與不能者之形何以異孟子曰如挾太山之重以超北海之廣此事之至難者語人曰我不能是誠不能而非誣也至於承長者之命而爲之折枝此本無難事語人曰我不能是怠惰而不肯爲也非力有不足而不能也然則

推吾固有之恩而加同類之人亦何難之有故王之不保民而王非挾太山以超北海之類也王之不保民而王是折枝之類也相異之形如此

老吾老ᄒᆞ야 以及人之老ᄒᆞ며 幼吾幼ᄒᆞ야 以及人之幼ㅣ면 天下ᄂᆞᆫ 可運於掌이니 詩云刑于寡妻ᄒᆞ야 至于兄弟ᄒᆞ야 以御于家邦이라ᄒᆞ니 言擧斯心ᄒᆞ야 加諸彼而已니 故로 推恩이면 足以保四海오 不推恩이면 無以保妻子ㅣ니 古之人이 所以大過人者ᄂᆞᆫ 無他焉이라 善推其所爲而已矣니 今에 恩足以及禽獸而功不至於百姓者ᄂᆞᆫ 獨何與ㅣ니잇고 與平聲

내老를老로ᄒᆞ야뻐人의老에미치며 내幼를幼로ᄒᆞ야뻐人의幼에미치면 天下ᄂᆞᆫ可히掌애運ᄒᆞ리니 詩예닐오ᄃᆡ 寡妻에刑ᄒᆞ야 兄弟예니르러뻐家邦을御다ᄒᆞ니 이ᄆᆞ옴을擧ᄒᆞ야彼예더을ᄯᆞᄅᆞᆷ인주를닐ᄋᆞ니 故로恩을推ᄒᆞ면足히뻐四海ᄅᆞᆯ保ᄒᆞ고 恩을推티몯ᄒᆞ면뻐妻子를保티몯ᄒᆞ리니 녯사ᄅᆞᆷ이뻐키人에過ᄒᆞᆫ바ᄂᆞᆫ他ㅣ업슨디라 그ᄒᆞᄂᆞᆫ바ᄅᆞᆯ善히推ᄒᆞᆯᄯᆞᄅᆞᆷ이니 今에恩이足히뻐禽獸에미초ᄃᆡ 功이百姓의게至티몯ᄒᆞ욤은ᄒᆞ오ᄋᆞᆯ로엇디니잇고

●老、以老事之也、吾老、謂我之父兄、人之老、謂人之父兄、幼、以幼畜許六反之也、吾幼、謂我之子弟、人之幼、謂人之子弟、運於掌、言易去聲下同也、詩、大雅思齊莊皆反之篇、刑、法也、寡妻、寡德之妻、謙辭也、御、治也、不能推恩、則衆叛親離故、無以保妻子、蓋骨肉之親、本同一氣、又非但若人之同類而已、故、古人、必由親親推之然後、及於仁民、又推其餘然後、及於愛物、皆由近以及遠、自易以及難、今王、反之則必有故矣、故、復扶又反推本而再問之 新安陳氏曰末二句再問難以結之十分精神文法亦有照應收拾○和靖尹氏曰善推其所爲學者最要推也因一事則推之大有所益言擧斯心加諸彼

是也○南軒張氏曰孟子非使之以其愛物者及人蓋使之因愛物以循其不忍之實而反其所謂一本者以親親而仁民仁民而愛物此所謂王道也○慶源輔氏曰人之骨肉本同一氣而生又非但若人之同類而已故於心爲至親至切而行仁必自孝弟始然後可以推而及民與物也勢有近遠當由近以及遠事有難易當自易以及難老吾老幼吾幼以及人之老幼刑寡妻至兄弟以御于家邦此皆自然之序而人所不自已者若或反此則必有其故矣是不可不致其克復之功使之循序而進不然則倒行而逆施之如無源之水無根之木不旋踵而乾涸枯瘁矣○雙峰饒氏曰因愛牛之心說到此欲其因愛物之心反而見得仁民因愛人之心反而見得親親又因親親推而至於仁民由仁民推而至於愛物運於掌言其近而易天下雖大只由一家老老幼幼推去又何難且遠之有運於掌與視諸掌不同運屬行視屬知那箇是易知這箇是易行○西山眞氏曰由親以及民由民以及物此古人之善推也能及物而不能及民此宣王之不善推也○魯齋王氏曰善推其所爲一句是孟子平生功夫受用只在此○雲峰胡氏曰須要看集註三節議論貫穿處始言愛物則曰人之於禽獸同生而異類繼言仁民則曰天地之性人爲貴故人之與人又爲同類而相親此言老老幼幼則曰骨肉之親本同一氣又非但若人之同類而已曰同生曰同類曰同氣是爲理一而分殊雖推之有序然皆不過自吾本心而推之是爲分殊而理一也大抵此章凡千餘言大要只二句欲其察識此心於方發之初故曰是心足以王矣欲其擴充此心於已發之後故曰善推其所爲而已矣[備旨]夫王之不王由於不用恩今之欲王惟在於推恩而已必也先盡孝弟以老吾之老而後推之以及人之老使人亦得以老其老焉先施慈惠以幼吾之幼而後推之以及人之幼使人亦得以幼其幼焉如是則擧天下之老與幼無一不被吾老老幼幼之恩其恩之及於天下也特運諸掌耳詩云刑法於寡德之妻至於我之兄弟推之以御於家邦蓋言文王能擧仁心施之於家而家齊施之於國而國治總不外斯心之運用而已然則老老幼幼獨非此心之所推乎故人君能推老老幼幼之恩則包含徧覆足以保四海之大而無難所謂是心足王者此也不能推老老幼幼之恩則衆叛親離且無以保其妻子況四海乎古之聖帝明王其功業隆盛所以大過人者豈有他道哉惟親親而仁民仁民而愛物善推其所爲之序而已矣今王恩足以及禽獸而功乃不至於百姓倒行逆施不能善推者獨何故與

權然後에知輕重ᄒᆞ며度然後에知長短이니物皆然이어니와心爲甚ᄒᆞ니王請度之ᄒᆞ쇼서 度之之度待洛反

權ᄒᆞᆫ然後에輕重을알며 度ᄒᆞᆫ然後에長短을아ᄂᆞ니 物이다그러ᄒᆞ거니와心이甚ᄒᆞ니王은請컨댄度ᄒᆞ쇼서

●權、稱去聲下同錘直垂反也、度、丈尺也、度之、謂稱量之也、言物之輕重、長短、人所難齊、必以權度、度上如字下待洛反下文不度音同之而後、可見、若心之應物、則其輕重長短之難齊、而不可不度以本然之權度、又有甚於物者、今王、恩及禽獸而功不至於百姓、是其愛物之心、重且長、而仁民之心、輕且短、失其當然之序、而不自知也、故、上文、旣發其端、新安陳氏曰指恩足以及禽獸而功不至於百姓二句而於此、請王度之也、

朱子曰物易見心無形度物之輕重長短易度心之輕重長短難度物差了只是一事心差了時萬事差所以心爲甚又曰愛物宜輕仁民宜重此是權度以此去度○本然之權度亦只是此心此心本然萬理皆具應物之時須是子細看合如何便是本然之權度也如齊王見牛而不忍之心見此是合權度處及至與甲兵危士臣結怨於諸侯又却忍爲之便是不合權度失其本心○慶源輔氏曰此指宣王之心偏陂處言之也必先見得其輕重長短如此分明了然後究其所以然之故則吾心之蔽始可去而本然之理始可復此孟子所以引物資權度之說而使王自稱量其心也

備旨王特不裁度之耳彼物有輕重必權以稱之然後知其孰輕孰重物有長短必度以量之然後知其孰長孰短凡物皆有然者況心爲萬化之原其輕重長短之難齊苟不以本然之理爲之權度則所行錯亂又豈但一物之失已哉是心之不可無權度更有甚於物焉今王不忍一牛而忍於百姓是愛物之心反重且長仁民之心反輕且短失其當然之序者亦不度故也王請以本然之權度度之則知巳之處民物者有大不得其平者矣

抑王은興甲兵ᄒᆞ며危士臣ᄒᆞ야構怨於諸侯然後에야快於心與잇가 與平聲

王은甲兵을興ᄒᆞ며士臣을危케ᄒᆞ야怨을諸侯에構ᄒᆞᆫ然後에아心에快ᄒᆞ리잇가

●抑、發語辭、士、戰士也、構、結也、孟子、以王愛民之心、所以輕且短者、必其以是三者、爲快也、然、三事、實非人心之所快、有甚於殺觳觫之牛者故、指以問王、欲其以此而度之也 慶源輔氏曰孟子恐王不知所以稱量之要故擧興甲兵危士臣構怨於諸侯三事使王度之蓋宜王愛民之心所以輕且短者實以是三者之爲快蔽之也夫三事乃人心之所不忍有甚於殺觳觫之牛者王若以是爲快則宜乎愛民心輕且短也○雲峰胡氏曰上一節一心字亦指本心而言蓋謂本心之中有自然之權度非自外來也此節一心字與後數箇欲字便非本心矣本心難於擴充而欲心易於蔽錮此王道所以不行也[備旨]夫愛民之心宜重且長而王反輕且短者豈無故耶抑王必欲興甲兵以示威危士臣以取勝構怨於鄰國之諸侯以稱雄天下然後快足於心與苟以是爲快則殘萬民之命有甚於殺觳觫之牛者曷不於此而度之

王曰否ㅣ라吾何快於是리오將以求吾所大欲也ㅣ로이다

王이ᄀᆞᆯᄋᆞ샤ᄃᆡ 아니라 내 엇디 이예 快ᄒᆞ리오 쟝ᄎᆞᆺ 뻐 내의 키게 欲ᄒᆞ논 바ᄅᆞᆯ 求ᄒᆞ노이다

●不快於此者、心之正也、而必爲此者、欲、誘之也、欲之所誘者、獨在於是、是以、其心、尙明於他、而獨暗於此、此其愛民之心、所以輕短而功不至於百姓也、 慶源輔氏曰辟土地朝秦楚莅中國撫四夷是其本志也與甲兵危士臣構怨於諸侯則末流之禍耳有是志則有是禍矣指其末流之禍則以爲不快於此者心之明也而卒溺於初志之失而不知反者欲誘之也其心尙明於他者謂不忍一牛之觳觫也而獨暗於此者謂功不至於百姓也○新安陳氏曰所大欲者人欲之橫流所以不能仁民而擴天理之公也[備旨]王曰夫子謂我快乎此三者否也吾何快於是而爲之然所以必爲此者將以求吾所大欲故不得已而爲之也

曰王之所大欲을可得聞與잇가王이笑而不言ᄒᆞ신대曰爲肥甘아不

足於口與ㅣ며輕煖이不足於體與잇가抑爲采色이不足視於目與ㅣ며聲音이不足聽於耳與ㅣ며便嬖ㅣ不足使令於前與잇가王之諸臣이皆足以供之ᄒᆞᄂᆞ니而王은豈爲是哉시리잇고曰否ㅣ라吾不爲是也ㅣ로이다曰然則王之所大欲을可知已니欲辟土地ᄒᆞ며朝秦楚ᄒᆞ야莅中國而撫四夷也ㅣ로소이다以若所爲로求若所欲이면猶緣木而求魚也ㅣ니이다

與平聲爲肥抑爲豈爲不爲之爲皆去聲便令皆平聲辟與闢同朝音潮

ᄀᆞᆯᄋᆞ샤ᄃᆡ王의키欲ᄒᆞ시ᄂᆞᆫ바ᄅᆞᆯ可히시러곰들으리잇가王이笑ᄒᆞ고닐ᄋᆞᆺ디아니ᄒᆞ신대ᄀᆞᆯᄋᆞ샤ᄃᆡ肥와甘이口에足디몯ᄒᆞ며輕과煖이體예足디몯홈을爲ᄒᆞ얘니잇가采色이目에視홈이足디몯ᄒᆞ며聲音이耳에聽홈이足디몯ᄒᆞ며便嬖ㅣ前에使令홈이足디몯홈을爲ᄒᆞ얘니잇가王의諸臣이다足히ᄡᅧ供ᄒᆞᄂᆞ니王은엇디이ᄅᆞᆯ爲ᄒᆞ시리잇고ᄀᆞᆯᄋᆞ샤ᄃᆡ아니라내이ᄅᆞᆯ爲티아니ᄒᆞ노이다ᄀᆞᆯᄋᆞ사ᄃᆡ그러면王의키欲ᄒᆞ시ᄂᆞᆫ바ᄅᆞᆯ可히알띠니土地ᄅᆞᆯ辟ᄒᆞ며秦楚ᄅᆞᆯ朝ᄒᆞ야中國을莅ᄒᆞ야四夷ᄅᆞᆯ撫코쟈ᄒᆞ시노소이다이러ᄐᆞᆺ시ᄒᆞᄂᆞᆫ바로ᄡᅧ이러ᄐᆞᆺ시欲ᄒᆞᄂᆞᆫ바ᄅᆞᆯ求ᄒᆞ면木을緣ᄒᆞ야魚ᄅᆞᆯ求홈ᄀᆞᆮᄐᆞ니이다

●便嬖、近習嬖幸之人也、已、語助辭、辟、開廣也、朝、致其來朝也、秦楚、皆大國、莅、臨也、新安陳氏曰所大欲在此所以初發問便欲聞桓文霸圖事 若、如此也、所爲、指興兵結怨之事、緣木求魚、言必不可得、備旨孟子曰王之所大欲可得而聞與王以所欲之大有難以語人者但付之一笑而不言孟子固知大欲之所在姑先詰之曰王之所大欲果爲肥甘之美味不足充於王之口與輕煖之衣服不足被於王之體與抑爲華采之麗色不足視於王之目與靡麗之聲音不足聽於王之耳與便習嬖幸之人不足使令於王之前與凡此數者之欲王之諸臣皆足以供之固無待於求矣而王豈爲是哉王曰否此非吾之所大欲吾原不爲是而興兵構怨也孟子曰王既不爲是然則王之所大欲可知己意者欲辟土地使封疆日廣朝秦楚使大國稱藩莅中國而宅中以圖大撫四夷而荒服皆賓貢也是所欲既大則所以求之者亦大矣若夫以與兵構怨之所爲求若一統無外之所欲猶攀援樹木而求魚豈有可得之理哉

王曰若是其甚與잇가曰殆有甚焉ᄒᆞ니緣木求魚는雖不得魚ㅣ나無後災어니와以若所爲로求若所欲이면盡心力而爲之라도後必有災ᄒᆞ리이다曰可得聞與잇가曰鄒人이與楚人戰則王은以爲孰勝이니잇고曰楚人이勝ᄒᆞ리이다曰然則小固不可以敵大며寡固不可以敵衆이며弱固不可以敵強이니海內之地ㅣ方千里者ㅣ九에齊ㅣ集有其一ᄒᆞ니以一服八이何以異於鄒敵楚哉리잇고蓋亦反其本矣니이다 甚與聞與之與平聲

王이ᄀᆞᆯ으샤ᄃᆡ이러ᄐᆞ시 그甚ᄒᆞ니잇가ᄀᆞᆯ으샤ᄃᆡ甚홈이인ᄂᆞ니 木을緣ᄒᆞ야魚ᄅᆞᆯ求홈은비록魚ᄅᆞᆯ得디몯ᄒᆞ나後ㅅ災ㅣ업스려니와 이러ᄐᆞ시ᄒᆞᄂᆞᆫ바로ᄡᅧ이러ᄐᆞ시欲ᄒᆞᄂᆞᆫ바ᄅᆞᆯ求ᄒᆞ면心力을盡ᄒᆞ야ᄒᆞ여도後에반ᄃᆞ시災ㅣ이시리이다ᄀᆞᆯ으샤ᄃᆡ可히

시려곰들으리잇가 ᄀᆞᆯᄋᆞ샤ᄃᆡ 鄒人이楚人으로더블어 戰ᄒᆞ면王은ᄡᅧ뉘勝ᄒᆞ리라ᄒᆞ시리잇고 ᄀᆞᆯᄋᆞ샤ᄃᆡ楚人이勝ᄒᆞ리이다ᄀᆞᆯᄋᆞ샤ᄃᆡ 그러면小ㅣ 진실로可히ᄡᅧ大ᄅᆞᆯ敵디몯ᄒᆞ며寡ㅣ진실로可히ᄡᅧ衆을敵디몯ᄒᆞ며弱이진실로可히ᄡᅧ強을敵디몯ᄒᆞᄂᆞ니海內ㅅ地ㅣ方이千里ㄴ者ㅣ九에齊ㅣ集ᄒᆞ야 그 一을두니 一로ᄡᅧ 八을服ᄒᆞᆷ이엇디ᄡᅧ鄒ㅣ楚ᄅᆞᆯ敵ᄒᆞᆷ애다ᄅᆞ리잇고ᄯᅩᄒᆞᆫ그本에反ᄒᆞᆯ띠니이다

●殆、蓋、皆發語辭、鄒、小國、楚、大國、齊集有其一、言集合齊地、其方千里、是有天下九分扶問反之一也、新安陳氏曰千里者九齊楚燕秦趙魏韓宋中山也 以一服八、必不能勝、即有敗亡之禍 所謂後災也、反本、說見形甸反下文、

備旨 王曰大欲之求果若是緣木求魚之甚與孟子曰殆有甚於緣木求魚者也何則緣木求魚雖不得魚然止不得魚耳無有後日之災以若與兵構怨之所爲求若一統無外之所欲盡心力而爲之不惟大欲不可得而災且及其後矣此所以爲有甚也王曰所謂後災者可得而聞與孟子曰欲知後災之說當審天下之勢設使鄒人與楚人戰則王以爲誰勝王曰鄒非楚敵也明矣吾以爲楚人勝孟子曰鄒既不可敵楚然則國之小者固不可以敵國之大民之寡者固不可以敵民之衆力之弱者固不可以敵力之強今海內之地方千里者大概有九而齊集合其地僅有其一以齊千里之一服海內千里之八其大小衆寡強弱之不敵何以異於鄒敵楚哉吾知其必敗矣所謂後災者此也王欲求大欲蓋亦反其所以求大欲之本矣何必以與兵構怨爲哉

今王이發政施仁ᄒᆞ샤使天下仕者로皆欲立於王之朝ᄒᆞ며耕者로皆欲耕於王之野ᄒᆞ며商賈로皆欲藏於王之市ᄒᆞ며行旅로皆欲出於王之途ᄒᆞ시면天下之欲疾其君者ㅣ皆欲赴愬於王ᄒᆞ리니其如

是면孰能禦之고리잇 朝音潮賈音古愬與訴同

今에王이政을發ᄒᆞ며仁을施ᄒᆞ샤天下엣仕ᄒᆞᄂᆞᆫ者로ᄒᆞ여곰다王의朝에立고져ᄒᆞ며耕ᄒᆞᄂᆞᆫ者로다王의野에耕코져ᄒᆞ며商賈로다王의市에藏코쟈ᄒᆞ며行旅로다王의途에出코쟈케ᄒᆞ시면天下엣그君을疾코쟈ᄒᆞᄂᆞᆫ者ㅣ다王의게赴ᄒᆞ야愬코쟈ᄒᆞ리니그이ᄀᆞᆮᄐᆞ면뉘能히禦ᄒᆞ리잇고

●行貨曰商、居貨曰賈、發政施仁、所以王去聲天下之本也、近者悅、遠者來、則大小彊弱、非所論矣、蓋力求所欲、則所欲者、反不可得、能反其本、則所欲者、不求而至、與首章意同 南軒張氏曰行王政者心非欲傾他國以自利也惟以民困爲己任爲吾所當爲而天下自歸心焉夫欲朝秦楚莅中國自世俗言則以爲有志自聖賢觀之苟不本乎公理特出於忮求矜伐之私耳齊王惟汲汲於濟其私非惟不克濟而禍患隨之蹈私欲固危道也由孟子所言以發政施仁則公理之所存可大之業自可馴致此天理人欲之分也○慶源輔氏曰力求所欲則徇欲也有爲而爲之也計獲求得用力雖勞而所欲者反不如所期能反其本則循理者也無所爲而爲之也先難後獲先事後得而可大之業自爾循至此天理人欲之分也 備旨 然所謂反本者何也今王誠能發愛民之善政而一皆施愛民之仁心則澤被於一邦聲聞於四海將見仁恩所感使天下之仕者皆欲立於王之朝以行其道耕者皆欲耕於王之野以安其業商賈知王之市廛無征皆欲藏於其市行旅知王之關津不暴皆欲出於其塗天下之欲疾其君之虐者望王之吊民伐罪皆欲來而赴愬於王民之歸仁不約而同如此其如是孰能禦之而使勿歸哉至此則大小衆寡强弱非所論矣臣所謂保民而王莫之能禦者夫豈誣哉

王曰吾惛ᄒᆞ야不能進於是矣로니願夫子ᄂᆞᆫ輔吾志ᄒᆞ야明以敎我ᄒᆞ쇼셔我雖不敏이나請嘗試之호리이다 惛與昏同 曰無恒產而有恒心者ᄂᆞᆫ惟士ㅣ

爲能이어니와若民則無恒產이면因無恒心이니苟無恒心이면放辟邪侈를
無不爲己니及陷於罪然後에從而刑之면是는罔民也니焉有
仁人이在位ᄒᆞ야罔民을而可爲也ㅣ리오 恒胡登反辟與僻同焉於虔反

王이ᄀᆞᆯᄋᆞ샤ᄃᆡ 내惛ᄒᆞ야 能히이예進티몯ᄒᆞ노니願컨댄夫子ᄂᆞᆫ내志ᄅᆞᆯ輔ᄒᆞ야明히
ᄡᅥ나ᄅᆞᆯ敎ᄒᆞ쇼셔내비록敏티몯ᄒᆞ나 請컨댄맛부試호리이다ᄀᆞᆯᄋᆞ샤ᄃᆡ恒產이업서
도恒心을둔ᄂᆞᆫ者ᄂᆞᆫ 오직士ㅣ能히ᄒᆞ거니와 만일民인則恒產이업ᄉᆞ면因ᄒᆞ야恒心
이업ᄂᆞ니진실로恒心이업ᄉᆞ면放辟ᄒᆞ며邪侈홈을ᄒᆞ디아니홈업시ᄒᆞ리니罪예陷
홈애밋ᄎᆞᆫ然後에 조차刑ᄒᆞ면이ᄂᆞᆫ民을罔홈이니엇디仁人이位에이셔民罔홈을可
히홈이이시리오

●恒、常也、產、生業也、恒產、可常生之業也、恒心、人所常有之善心也、士、嘗學問、知義理故、雖無恒產、而有常心、民則不能然矣、罔、猶羅罔、欺其不見而取之也、

慶源輔氏曰恒產常生之業則下文所言五畝之宅百畝之田是也恒心常有之善心則下文所言善與禮義是也善又禮義之總名緣民無常心產所以無常心故不知禮義而陷於放辟邪侈也若遂從而刑之是誠無異於以羅網罔民欺其不見而取之也○雲峯胡氏曰此心字亦指本心而言但指其在士民者言之【備旨】王有感於仁政之言曰王天下誠不外於仁政是仁政大道也惟敏者爲能行之吾賦質惛昧不能有爲而進於是矣願夫子開吾之惛以輔吾欲爲之志政如何而發仁如何而施一一明以敎我我雖惛而不敏請以夫子所敎者嘗試而行之【備旨】孟子曰仁政必先於制產彼無常生之產而有常存之心者惟士嘗學問知義理者能之若凡民則無常生之產因無常存之心苟無常存之心則無以檢其身而放辟邪侈之事無不爲己及陷於罪然後從而刑之以懲其罪猶欺其不見而取之是罔民也焉有保民之仁人在上位罔民之事而可爲也夫民無恒產其弊一至於此則恒產之所繫不洵大乎

是故로明君이制民之產호ᄃᆡ必使仰足以事父母ᄒᆞ며俯足以畜妻子ᄒᆞ야樂歲에終身飽ᄒᆞ고凶年에免於死亡ᄒᆞᄂᆞ니然後에驅而之善故로民之從之也ㅣ輕ᄒᆞ니이다 畜許六反下同

이런故로明君이民의產을制호ᄃᆡ 반ᄃᆞ시ᄒᆞ여곰仰ᄒᆞ야足히ᄡᅥ父母를事ᄒᆞ며俯ᄒᆞ야足히ᄡᅥ妻子를畜ᄒᆞ야樂歲에身이終토록飽ᄒᆞ고凶年에死亡에免케ᄒᆞᄂᆞ니그런後에驅ᄒᆞ야善에之ᄒᆞᄂᆞᆫ故로民의從홈이輕ᄒᆞ니이라

註 輕、猶易去聲也、此、言民有常產而有常心也、 備旨 是故明君知恒產所繫之重如此其制民之產也必度地居民計口授田使仰焉足以奉事其父母俯焉足以畜養其妻子豐樂之歲則終身飽煖即凶荒之年亦可免於死亡蓋民之遂其生如此然後設敎驅而之善故民有所資而無所累其從善也自輕易而無難矣所謂民有恒產因有恒心者也

今也애制民之產호ᄃᆡ仰不足以事父母ᄒᆞ며俯不足以畜妻子ᄒᆞ야樂歲에終身苦ᄒᆞ고凶年에不免於死亡ᄒᆞᄂᆞ니此惟救死而恐不贍이어니奚暇애治禮義哉리오 治平聲凡治字爲理物之義者平聲爲己理之義者去聲後皆倣此

今에民의產을制호ᄃᆡ仰ᄒᆞ야足히ᄡᅥ父母를事티몯ᄒᆞ며俯ᄒᆞ야足히ᄡᅥ妻子를畜다몯ᄒᆞ야樂歲에身이終토록苦ᄒᆞ고凶年에死亡에免티몯게ᄒᆞᄂᆞ니이ᄂᆞᆫ오직死를救

호ᄃᆡ贍티몯ᄒᆞᆯ가恐ᄒᆞ거니어ᄂᆡ겨를에禮義를治ᄒᆞ리오

●贍、時念反足也、此、所謂無常產而無常心者也、備旨今也制民之產不遵古法使民不得盡力於農畝而徒困於徵求仰不足以奉事父母俯不足以畜養妻子雖當樂歲亦終身困苦一遇凶年便不免於死亡當此之時民惟有救死而恐不贍奚暇治禮義以爲善哉此所謂民無恒產因無恆心者也

王欲行之則盍反其本矣니잇고

王이行코자ᄒᆞ시면엇디그本에反티아니ᄒᆞ시ᄂᆞ니잇고

●盍、何不也、使民有常產者、又發政施仁之本也、新安陳氏曰則盍反其本矣與前蓋亦反其本矣當對覲發政施仁是所以王天下之本使民有常產又是發政施仁之本也說見形甸反下文、備旨由此觀之發政施仁是所以王天下之本也王若欲發政施仁而行保民之道則盍反其本而制民之產哉

五畝之宅애樹之以桑이면五十者ㅣ可以衣帛矣며鷄豚狗彘之畜을無失其時면七十者ㅣ可以食肉矣며百畝之田을勿奪其時면八口之家ㅣ可以無飢矣며謹庠序之敎ᄒᆞ야申之以孝悌之義면頒白者ㅣ不負戴於道路矣리니老者ㅣ衣帛食肉ᄒᆞ며黎民이不飢不寒이오然而不王者ㅣ未之有也ㅣ니이다 音見前篇

五畝ㅅ宅애樹호ᄃᆡ桑으로ᄡᅥᄒᆞ면五十인者ㅣ可히ᄡᅥ帛을衣ᄒᆞ며鷄豚狗彘의畜을그時를失홈이업ᄉᆞ면七十인者ㅣ可히ᄡᅥ肉을食ᄒᆞ며百畝ㅅ田을그時를奪티말면

八口ㅅ집이可히ᄡᅧ飢홈이업ᄉᆞ며 庠序ㅅ敎를謹ᄒᆞ야申호ᄃᆡ 孝悌ㅅ義로ᄡᅧᄒᆞ면頒白ᄒᆞᆫ者ㅣ道路에負戴티아니ᄒᆞ리니 老者ㅣ帛을衣ᄒᆞ며肉을食ᄒᆞ며黎民이飢티아니ᄒᆞ며寒티아니ᄒᆞ고그러ᄒᆞ고王티몯ᄒᆞᆯ者ㅣ잇디아니ᄒᆞ니이다

●此、言制民之產之法也、趙氏曰（趙氏名岐詳見序說中註）八口之家、次上農夫也、此、王政之本、常生之道、故、孟子、爲（去聲）齊梁之君、各陳之也、楊氏、曰爲天下者、擧斯心、加諸彼而已、然、雖有仁心仁聞、（去聲）而民不被其澤者、不行先王之道故也、故、以制民之產、告之○此章、言人君、當黜霸功、行王道、而王道之要、不過推其不忍之心、以行不忍之政而已、齊王、非無此心、而奪於功利之私、不能擴充、以行仁政、雖以孟子、反覆曉告、精切如此、而蔽固已深、終不能悟、是可歎也、

南軒張氏曰孟子如對鴻鴈之問及對好樂好色好貨皆徐引之當道何其辭氣不迫也至於利國之問則應以何必曰利桓文之問則對以無道無傳論管晏則曰管仲曾西之所不爲言交兵之不利則曰號則不可又何其嚴也自後世觀之後數說比之前數者宜若未至甚害而攻之反甚切何歟蓋前數者一病爲一事耳故紬繹其性之端以示之使之曉然知反躬之要則天理可明而人欲可遏矣至於霸者功利之說易以惑人人或趨之則大體一差雖有嘉言善道亦何由入戰國諸侯其失正在乎此故闢之不可不嚴也○雲峰胡氏曰此章甚詳集註斷之甚約蓋欲黜霸功則心之所向者正能行王道則心之所充者大先王有不忍人之心斯有不忍人之政今雖有不忍之心而不能推之以行不忍之政無他奪於功利之私也功利二字依舊是向霸功上去入于彼必出於此世安有不能黜霸功而能行王道者哉此孟子所以斷然以爲仲尼之徒所不道也【備旨】集解云此節與前對梁王者不異但彼對小惠言見王者之大道此對霸功言見王者之正道彼對上盡心說此根上保民說

原本備旨孟子集註卷之一終

原本備旨孟子集註卷之二

梁惠王章句下

凡十六章

莊暴ㅣ見孟子曰暴ㅣ見於王호니王이語暴以好樂이어시ᄂᆞᆯ暴ㅣ未有以對也호니曰好樂이何如ᄒᆞ니잇고孟子ㅣ曰王之好樂이甚則齊國은其庶幾乎ㄴ뎌

暴見於之見音現下見於同語字去聲下同好去聲篇內並同

莊暴ㅣ孟子ᄅᆞᆯ보ᄋᆞ와ᄀᆞᆯ오ᄃᆡ暴ㅣ王ᄭᅴ뵈ᄋᆞ오니王이 暴ᄃᆞ려樂好홈으로ᄡᅥ語ᄒᆞ야시ᄂᆞᆯ暴ㅣ ᄡᅥ對티몯ᄒᆞ니ᄀᆞᆯ오ᄃᆡ 樂好홈이엇더ᄒᆞ니잇고 孟子ㅣᄀᆞᆯᄋᆞ샤ᄃᆡ王의樂好ᄒᆞ샴이甚ᄒᆞ면齊國은그거의린뎌

●莊暴、齊臣也、庶幾、近辭也、言近於治、去聲

備旨莊暴見孟子曰暴嘗入見於王王語暴以己之好樂當時可否未決暴未有以對之也敢問好樂果有妨於治乎孟子曰好樂無妨特患王之好未甚耳使王好樂甚而充之以盡其量焉則齊國其庶幾於治乎

他日에見於王曰王이嘗語莊子以好樂ᄒᆞ샤소니有諸잇가王이變乎色曰寡人이非能好先王之樂也ㅣ라直好世俗之樂耳로이다

다ᄅᆞᆫ날애 王ᄭᅴ뵈ᄋᆞ와ᄀᆞᆯᄋᆞ샤ᄃᆡ王이일즉莊子ᄃᆞ려 樂好홈으로ᄡᅥ語ᄒᆞ샤소니인ᄂᆞ

니잇가王이色을變ᄒᆞ야 ᄀᆞᆯᄋᆞ샤ᄃᆡ寡人이能히先王의樂을好ᄒᆞᄂᆞᆫ거시아니라다몬世俗의樂을好ᄒᆞ노이다

● 變色者、慚其好之不正也、 東陽許氏曰王語暴以好樂蓋論及所好之俗樂暴未有以對蓋莊暴亦知俗樂之不足好欲諫而未得其辭故以告孟子○王變色是愧前與暴語者不可聞於孟子故其下直言之 備旨 孟子因暴不能復問以悉其意故他日見於王曰王嘗語莊子以好樂有是事否乎王慚其好之不正而變乎色曰寡人之所好非能進於古而好先王之樂也直囿於今而好世俗之樂耳安可使聞於賢者哉

曰王之好樂이甚則齊其庶幾乎ᆫ뎌 今之樂이由古之樂也ㅣ니이다

ᄀᆞᆯᄋᆞ샤ᄃᆡ王의樂好ᄒᆞ샴이甚ᄒᆞ면齊ᄂᆞᆫ그거의린뎌 이젯樂이녯樂ᄀᆞᄐᆞ니이다

● 今樂、世俗之樂、古樂、先王之樂、 備旨 孟子曰王無以好世俗之樂爲慚也顧王之所好何如耳王之於樂非徒嗜其音而好之甚焉則齊其庶幾於治乎而何論夫樂之今古也古樂好之甚固足以治今樂好之甚亦足以治今之樂猶古之樂也而何異哉

曰可得聞與잇가 曰獨樂樂과與人樂樂이孰樂이니잇고 曰不若與人이니이다 曰與少樂樂과與衆樂樂이孰樂이니잇고 曰不若與衆이니이다 聞與之與平聲樂樂下字音洛孰樂亦音洛

ᄀᆞᆯᄋᆞ샤ᄃᆡ可히시러곰聞ᄒᆞ리잇가ᄀᆞᆯᄋᆞ샤ᄃᆡ호올로ᄒᆞᄂᆞᆫ樂의樂홈과사ᄅᆞᆷ으로더블어ᄒᆞᄂᆞᆫ樂의樂홈이뉘야樂ᄒᆞ니잇고ᄀᆞᆯᄋᆞ샤ᄃᆡ人으로더블어ᄒᆞᄂᆞᆫ이만ᄀᆞᆮ디몯ᄒᆞ니이다ᄀᆞᆯᄋᆞ샤ᄃᆡ 少로더블어ᄒᆞᄂᆞᆫ樂의樂홈과 衆으로더블어ᄒᆞᄂᆞᆫ樂의樂홈이뉘야樂

ᄒᆞ니잇고ᄀᆞᆯᄋᆞ샤ᄃᆡ衆으로더블어ᄒᆞᄂᆞᆫ이만ᄀᆞᆮ디몯ᄒᆞ니이다

● 獨樂、音洛下同 不若與人、與少樂、不若與衆、亦人之常情也、 [備旨] 王曰所謂好樂甚而齊其庶幾者可得聞其說與孟子先即常情以引之曰獨自鼓樂以爲樂與人鼓樂以爲樂二者孰爲樂之甚王曰獨樂則情隔而不孚不若與人之爲甚也孟子曰與少鼓樂以爲樂與衆鼓樂以爲樂二者孰爲樂之甚王曰與少則情孚而未廣不若與衆之爲甚也

臣이請爲王言樂호리이다 爲去聲

臣이請컨댄王을爲ᄒᆞ야樂을言호리이다

● 此以下、皆孟子之言也、 [備旨] 孟子曰王如知此臣請爲王言樂

今王이鼓樂於此ㅣ어시든百姓이聞王의鍾鼓之聲과管籥之音ᄒᆞ고擧疾首蹙頞而相告曰吾王之好鼓樂이여夫何使我로至於此極也오ᄒᆞ야父子ㅣ不相見ᄒᆞ며兄弟妻子ㅣ離散ᄒᆞ며今王이田獵於此ㅣ어시든百姓이聞王의車馬之音ᄒᆞ며見羽旄之美ᄒᆞ고擧疾首蹙頞而相告曰吾王之好田獵이여夫何使我로至於此極也오ᄒᆞ야父子ㅣ不相見ᄒᆞ며兄弟妻子ㅣ離散ᄒᆞ면此ᄂᆞᆫ無他ㅣ라不與民同樂也ㅣ니이다 蹙子六反

頞音遏夫音扶同樂之樂音洛

이제王이樂을이예鼓ᄒᆞ거시든百姓이王의鍾鼓의聲과管籥의音을듣고다首를疾ᄒᆞ며頞을蹙ᄒᆞ야서ᄅᆞ告ᄒᆞ야ᄀᆞᆯ오ᄃᆡ우리王의樂鼓홈을好홈이여엇디우리로ᄒᆞ여곰이極에至케ᄒᆞᄂᆞᆫ고ᄒᆞ야父子ㅣ서ᄅᆞ보디몯ᄒᆞ며兄弟와妻子ㅣ離散ᄒᆞ며이제王이이에田獵ᄒᆞ거시든百姓이王의車馬의音을聞ᄒᆞ며羽旄의美를見ᄒᆞ고다首를疾ᄒᆞ며頞을蹙ᄒᆞ야서ᄅᆞ告ᄒᆞ야ᄀᆞᆯ오ᄃᆡ우리王의田獵을好홈이여엇디우리로ᄒᆞ여곰이極에至케ᄒᆞᄂᆞᆫ고ᄒᆞ야父子ㅣ서ᄅᆞ보디몯ᄒᆞ며兄弟와妻子ㅣ離散ᄒᆞ면이ᄂᆞᆫ他ㅣ업ᄉᆞᆫ디라民으로더블어ᄒᆞᆫ가지로樂디아니홈이니이다

● 鍾、鼓、管、籥、皆樂器也、新安陳氏曰管笙也籥如笛而六孔或曰簫也 擧、皆也、疾首、頭痛也、蹙、聚也、頞、額也、人、憂戚則蹙其額、極、窮也、羽旄、旌屬、趙氏曰春秋傳范宣子假羽旄於齊晉人假羽旄於鄭註析羽爲旌王者游車所建也按周禮司常九旗之數有全羽析羽釋云全羽析羽直有羽而無帛 不與民同樂、謂獨樂其身、而不恤其民、使之窮困也、新安陳氏曰因好樂而及田獵以王亦好田獵故也

備旨 試以好樂未甚者言之今王肆好樂之情鼓樂於此百姓聞王鍾鼓所擊之聲管籥所吹之音擧皆疾痛其首蹙聚其額而相告曰吾王之好鼓樂於己之情適矣夫何使我百姓至於此窮苦之極也以父子則不相見以兄弟妻子則至於離散若是其不樂也不特鼓樂爲然也今王肆馳驅之情田獵於此百姓聞王車馬所馳之音見羽旄所建之美擧皆疾痛其首蹙聚其額而相告曰吾王之好田獵於己之情適矣夫何使我百姓至於此窮苦之極也以父子則不相見以兄弟妻子則至於離散若是其不樂也夫民之疾怨其上有如此者無他盖由乎日獨樂其身不能推好樂之心以行仁政而與民同樂故也此非好樂未甚之所致而不能庶幾於治者乎

今王이鼓樂於此ㅣ어시든百姓이聞王의鍾鼓之聲과管籥之音ᄒᆞ고擧

欣欣然有喜色而相告曰吾王이 庶幾無疾病與아 何以能鼓樂也오ᄒᆞ며 今王이 田獵於此ㅣ어시든 百姓이 聞王의 車馬之音ᄒᆞ며 見羽旄之美ᄒᆞ고 擧欣欣然有喜色而相告曰吾王이 庶幾無疾病與아 何以能田獵也오ᄒᆞ면 此는 無他ㅣ라 與民同樂也ㅣ니이다 病與之與平聲 同樂之樂音洛

이제王이 樂을 이예 鼓ᄒᆞ거시든 百姓이 王의 鍾鼓의 聲과 管籥의 音을 듣고 다 欣欣히 喜色을 두어 서르 告ᄒᆞ야 ᄀᆞᆯ오ᄃᆡ 우리 王이 거의 疾病이 업스신가 엇디 ᄡᅥ 能히 樂을 鼓ᄒᆞ시ᄂᆞᆫ고ᄒᆞ며 이제 王이 이예 田獵ᄒᆞ거시든 百姓이 王의 車馬의 音을 聞ᄒᆞ며 羽旄의 美를 見ᄒᆞ고 다 欣欣히 喜色을 두어 서르 告ᄒᆞ야 ᄀᆞᆯ오ᄃᆡ 우리 王이 거의 疾病이 업스신가 엇디 ᄡᅥ 能히 田獵ᄒᆞ시ᄂᆞᆫ고ᄒᆞ면 이ᄂᆞᆫ 他ㅣ 업ᄉᆞᆫ 디라 民으로 더브어 ᄒᆞᆫ가지로 樂ᄒᆞᆷ이니이다

●與民同樂者、推好樂之心、以行仁政、使民、各得其所也、 雙峯饒氏曰庶幾無疾病民唯恐君不安樂有愛之欲其生之意若時日害喪則惡之欲其死矣田獵雖非樂推類而言之 (備旨) 試以好樂之甚者言之今王鼓樂於此其鍾鼓管籥無異也然百姓聞王所擊鍾鼓之聲所吹管籥之音擧欣欣然有喜色而相告曰吾王遲來庶幾幸無疾病與何以能鼓樂而使吾民得聞至治之聲也不特鼓樂爲然也今王田獵於此其車馬羽旄亦無以異也然百姓聞王所馳車馬之音見所建羽旄之美擧欣欣然有喜色而相告曰吾王遲來庶幾幸無疾病與何以能田獵而使吾民得睹太平之象也夫民之欣喜其上如此者無他蓋由乎日切於愛民能推好樂之心以行仁政而與民同樂故也此非好樂甚者之所感而能庶幾於治者乎

今王이與百姓同樂則王矣시리이다

이제王이百姓으로더블어ᄒᆞᆫ가지로樂ᄒᆞ시면王ᄒᆞ시리이다

●好樂而能與百姓同之、則天下之民、歸之矣、所謂齊其庶幾者、如此、○范氏、曰戰國之時、民窮財盡、人君、獨以南面之樂、音洛下同樂同自奉其身、孟子、切於救民故、因齊王之好樂、開導其善心、深勸其與民同樂、而謂今樂、猶古樂、其實今樂古樂、何可同也、但與民同樂之意、則無古今之異耳、南軒張氏曰與民同樂者固樂之本也好世俗之樂者私欲也與民同樂者公理也孟子不遽詆其所好而獨擴以公理可謂善啓告者若必欲以禮樂、治天下、當如孔子之言、必用韶舞、必放鄭聲、蓋孔子之言、爲邦之正道、孟子之言、救時之急務、所以不同、○楊氏、曰樂以和爲主、使人、聞鍾鼓管絃之音、而疾首蹙頞、則雖奏以咸、英、韶、濩、胡故反無補於治去聲也、前漢禮樂志昔黃帝作咸池顓頊作六莖帝嚳作五英堯作大章舜作招讀作韶禹作夏湯作濩武王作武周公作勺讀作酌以上並樂名勺言能勺先祖之道也武言以功定天下也濩言救民也夏大承二帝也招繼堯也大章章之也五英英華茂也六莖及根莖也咸池備矣故、孟子、告齊王以此、姑正其本而已、朱子曰孟子開導時君故曰今之樂猶古之樂至於言百姓聞樂音欣欣然有喜色處則關閉得甚密如好色好貨亦此類也○慶源輔氏曰范氏辨孔子孟子之說可謂平正明白無餘蘊矣而楊氏論樂以和爲主及與民同樂爲樂之本又可以足范氏之說○新安陳氏曰不恤民而自好世俗之樂以縱其荒樂人欲之縱肆也因賢者之問而自慚所好之不正天理之萠動也齊王慚之孟子不詆而循導之戒其縱獨樂之私而勉其充同樂之公遏人欲而擴天理也王道在遏人欲擴天理而已備旨夫觀民之憂喜係於好樂之公私如此今王誠能推好樂之

心仁以行政與百姓同樂則天下之民歸之而可以王矣所謂好樂甚而齊其庶幾者如此今樂古樂又何擇焉

○齊宣王이問曰文王之囿ㅣ方七十里라ᄒᆞ니有諸잇가孟子ㅣ對曰於傳에有之ᄒᆞ니이다 囿音又傳直戀反

齊宣王이묻ᄌᆞ와ᄀᆞᆯᄋᆞ샤ᄃᆡ文王의囿ㅣ方이七十里라ᄒᆞ니인ᄂᆞ니잇가孟子ㅣ對ᄒᆞ야ᄀᆞᆯᄋᆞ샤ᄃᆡ傳에인ᄂᆞ니이다

囿者、蕃音煩育鳥獸之所、古者、四時之田、皆於農隙、乞逆反以講武事、左傳隱公五年春公將如棠觀魚者臧僖伯諫曰凡物不足以講大事大事謂祀與戎戎兵也其材不足以備器用則君不擧焉君將納民於軌物者也故講事以度軌量謂之軌取材以章物采謂之物不軌不物謂之亂政亂政亟行所以敗也故春蒐夏苗秋獮冬狩四者皆田獵之名蒐索擇取不孕者苗爲除害也獮殺也以殺爲名順秋氣也狩圍守也冬物畢成獲則取之無所擇也皆於農隙以講事也然、不欲馳騖音務於稼穡場圃之中故、度待洛反閒曠之地、以爲囿、然、文王七十里之囿、其亦三分天下、有其二之後也與、音余○南軒張氏曰意齊王欲廣其囿諛佞之徒必有假文王事以逢之者文王豈崇囿如此蓋其蒐田所及民以爲王之囿耳以芻雉得往知其然也傳、謂古書、慶源輔氏曰孟子時有之今不復存孟子所謂於傳有之亦言據古書有此說耳然未必其然否也備旨齊宣王問曰吾聞文王之囿其地方七十里之廣不知果有諸乎孟子對曰於傳所載有之

曰若是其大乎ㅣ잇가曰民이猶以爲小也ㅣ니이다曰寡人之囿는方四十里로ᄃᆡ民이猶以爲大는何也ㅣ잇고曰文王之囿ㅣ方七十里애

芻蕘者ㅣ往焉ᄒᆞ며 雉兎者ㅣ往焉ᄒᆞ야 與民同之ᄒᆞ시니 民이 以爲小ㅣ不亦宜乎ㅣ잇가 芻音初 蕘音饒

ᄀᆞᆯ오샤ᄃᆡ 이러ᄐᆞ시 그 크니잇가 ᄀᆞᆯ오샤ᄃᆡ 民이 오히려 ᄡᅧ 小타 ᄒᆞ더니이다 ᄀᆞᆯ오샤ᄃᆡ 寡人의 囿ᄂᆞᆫ 方이 四十里로ᄃᆡ 民이 오히려 大타 홈은 엇디니잇고 ᄀᆞᆯ오샤ᄃᆡ 文王의 囿ㅣ方이 七十里에 芻蕘ᄒᆞᄂᆞᆫ 者ㅣ 往ᄒᆞ며 雉兎ᄒᆞᄂᆞᆫ 者ㅣ 往ᄒᆞ야 民으로더블어 同ᄒᆞ시니 民이 ᄡᅧ 小타 홈이 ᄯᅩᄒᆞᆫ 맛당티 아니ᄒᆞ니잇가

● 芻、草也、蕘、薪也

備旨 宣王曰文王之囿果若是其七十里之大乎孟子曰當日之民猶以七十里爲小也宣王曰寡人之囿其地方四十里特半於文王耳民猶以爲大其故何也孟子曰文王之囿雖方七十里之大然文王不自私也民之芻以牧養與蕘以採薪者皆往其中以取焉民之雉以逐禽兎以逐獸者皆往其中以取焉以一國之民共此七十里之囿物之所産有限民之取用無窮其以爲小不亦宜乎

臣이 始至於境ᄒᆞ야 問國之大禁然後에 敢入ᄒᆞ니 臣은 聞郊關之內에 有囿ㅣ方四十里에 殺其麋鹿者를 如殺人之罪라ᄒᆞ니 則是方四十里로 爲阱於國中이니 民이 以爲大ㅣ 不亦宜乎ㅣ잇가 阱才性反

臣이 비로소 境에 至ᄒᆞ야 國의 大禁을 무른 然後에 敢히 入ᄒᆞ니 臣은 드로니 郊關內예 囿ㅣ方이 四十里ㅣ 이심애 그 麋鹿殺ᄒᆞᆫ 者를 人殺ᄒᆞᆫ 罪ᄀᆞᆮ티 ᄒᆞᆫ다 ᄒᆞ니 곧 이ᄂᆞᆫ 方이 四

十里로國中에阱을삼아심이니民이뻐크다홈이또흔맛당티아니ᄒᆞ니잇가

● 禮、入國而問禁、禮記曲禮入境而問禁入國而問俗入門而問諱 國外百里、爲郊、郊外、有關 阱、坎地、以陷獸者、言陷民於死也、新安陳氏曰前篇罔民與此爲阱皆是借網取禽阱獸以諷切時君之禽獸其民苑囿一也設禁阱民者人欲之私與民同利者天理之公無非欲遏人欲擴天理而已 [備旨] 若王之囿則異是矣臣始至於王之境必問國之大禁然後敢入臣因問禁而聞郊關之內有囿方四十里之廣但百姓有殺其囿中之麋鹿者即加以重刑如殺人之罪則是方四十里爲陷阱於國中以一國之中而有四十里之阱民以爲大不亦宜乎是則囿一也公之於民雖大亦小私之於己雖小亦大王惟公其樂於民可耳何必以四十里與夫七十里者較大小哉

○齊宣王이 問曰交鄰國이 有道乎가ㅣ잇 孟子ㅣ 對曰有ᄒᆞ니 惟仁者아 爲能以大事小ᄒᆞᄂᆞ니 是故로 湯이 事葛ᄒᆞ시고 文王이 事昆夷ᄒᆞ시니이다 惟智者아ㅣ 爲能以小事大ᄒᆞᄂᆞ니 故로 大王이 事獯鬻ᄒᆞ시고 句踐이 事吳ᄒᆞ니이다 獯音熏鬻音育句音鉤

齊宣王이 묻ᄌᆞ와ᄀᆞᆯᄋᆞ샤ᄃᆡ鄰國交홈이道ㅣ인ᄂᆞ니잇가孟子ㅣ對ᄒᆞ야ᄀᆞᆯᄋᆞ샤ᄃᆡ인ᄂᆞ니오직仁者ㅣ아能히大로뻐小를事ᄒᆞᄂᆞ니이런故로湯이葛을事ᄒᆞ시고文王이昆夷를事ᄒᆞ시니이다오직智者ㅣ아能히小로뻐大를事ᄒᆞᄂᆞ니故로大王이獯鬻을事ᄒᆞ시고句踐이吳를事ᄒᆞ니이다

●仁人之心、寬洪惻怛、當葛反○慶源輔氏曰寬洪仁者之量惻怛仁者之意而無較計大小彊弱之私、故、小國、雖或不恭、而吾所以字之之心、自不能已、程子曰凡人有所計較者皆私意也仁者欲人之善而矜人之惡不計較大小彊弱而事之故能保天下犯而不較亦樂天順理者也○新安陳氏曰惟仁者能忘己之　而事隣國之小實只字之若事之耳

智者、明義理、識時勢、故、大國、雖見侵陵、而吾所以事之之禮、尤不敢廢新安陳氏曰惟智者爲能安己之小而事鄰國之大朱子云智者不特是見得利害明道理自合恁地小之事大弱之事强皆是道理合恁地

湯事、見形甸反下同後篇、文王事、見詩大雅、大王事、見後章、所謂狄人、即獯鬻也、詩緜八章肆不殄厥慍亦不隕厥問柞棫拔柞子洛反棫音域拔蒲貝反矣行道兌吐外反矣混音昆夷駾徒對反矣維其喙于貴反矣駾突也喙息也言大王雖不能殄絕混夷之慍怒亦不隕墜己之聲問蓋雖聖賢不能必人之不怒己但不廢其自脩之實耳然大王始至此岐下之時林木深阻人物鮮少至於其後生齒漸繁歸附日衆則木拔道　昆夷畏之而奔突竄伏維其喙息而已言德盛而昆夷自服也蓋已爲文王之時矣

句踐、越王名、事見國語史記、國語吳語史記越王句踐世家同云越王句踐芊姓興兵伐吳吳王夫差姬姓聞之悉發精兵擊越敗之夫音扶椒今大湖中椒山是也越王乃以餘兵五千人保棲於會古外反稽山名在山陰南七里吳王追而圍之越王乃令大夫種行成於吳成者平也求平於吳也膝行頓首曰君王亡臣句踐使臣種敢告下執事句踐請爲臣妻爲妾吳王將許之子胥言於吳王曰天以越賜吳勿許也種還以報句踐欲殺其妻子燔寶器觸戰而死種止句踐曰夫吳太宰嚭貪可誘以利請行猶微行言之於是句踐乃以美女寶器令種間以獻吳太宰嚭嚭受乃見大夫種於吳王種頓首言曰願大王赦句踐之罪盡入其寶器不幸不赦句踐將盡殺其妻子燔其寶器五千人觸戰必有當也嚭因說吳王曰越以服爲臣若將赦之此國之利也卒赦越罷兵歸○朱子曰仁者自然合理智者知理之當然而敬以循之其大概是如此若細分之則大王句踐意思自不同也○潛室陳氏曰仁者無計較之私忘其孰大而孰小智者有度量之明自知小不能敵大○雲峯胡氏曰本文大事小小事大集註則曰大字小小事大一字字尤見仁人之心然大之字小猶未足以見仁其必小國雖或不恭而字之之心自不能已乃見大者之仁小之事大猶未足以見其智必大國雖見侵陵而事之之禮尤不敢廢乃足以見小者之智

備旨齊宣王問曰當今列國分爭無有寧日不知交鄰國以講信修睦亦有道乎孟子對曰有道惟仁者之君知有理不知有勢即小

國雖或不恭而吾之量足以容之爲能以己之大國而事鄰之小國是故葛小國也而湯事焉昆夷小國也而文王事焉此用仁以交鄰之小國者其一道矣惟智者之君知理之當然又知勢之不得不然即大國時或侵陵而吾且畏而奉之爲能以己之小國而事鄰之大國故獯鬻大國也而太王事焉吳大國也而句踐事焉此用智以交鄰之大國者又一道矣

以大事小者는 樂天者也ㅣ오 以小事大者는 畏天者也ㅣ니 樂天者는 保天下ᄒᆞ고 畏天者는 保其國이니이다 (樂音洛)

大로ᄡᅥ小를事ᄒᆞᄂᆞᆫ者ᄂᆞᆫ天을樂ᄒᆞᄂᆞᆫ者ㅣ오小로ᄡᅥ大를事ᄒᆞᄂᆞᆫ者ᄂᆞᆫ天을畏ᄒᆞᄂᆞᆫ者ㅣ니天을樂ᄒᆞᄂᆞᆫ者ᄂᆞᆫ天下를保ᄒᆞ고天을畏ᄒᆞᄂᆞᆫ者ᄂᆞᆫ그國을保ᄒᆞᄂᆞ니이다

● 天者、理而已矣、大之字小、小之事大、皆理之當然也、自然合理、故、曰樂天、不敢違理、故、曰畏天、包含徧覆、(敷救反) 無不周徧、保天下之氣象也、制節謹度、不敢縱逸、保一國之規模也、

問樂天畏天不同以仁者而居小國固不免爲智者之事使智者而居大國則未必能爲仁者之擧何者智者分別曲直未必能容忍而不與之較如仁者之爲也

朱子曰得之○仁者與天爲一智者聽天所命與天爲一者嘉人之善矜人之惡無所擇於利害故能以大事小聽天所命者循理而行順時而動不敢用其私心故能以小事大○何叔京曰仁者以天下爲度一視而同仁惟欲人各得其所不復計彼此强弱之勢故以大事小而不以爲難如葛與昆夷之無道湯文慇懃而厚恤之及終不可化而禍及於人然後不得已而征伐之仁之至也智者達於事變而知理之當然故以小事大而不敢忽然而必自强於政治期於有以自立如獯鬻與吳之方强大王句踐外卑躬而事之內則治其國家和其民人終焉或興王業或刷其恥此智之明也使湯文保養夷葛惡極而不能去是不仁而縱亂也大王句踐惟斂之畏而終不能自强是無恥而苟安也又何取於仁智哉○慶源輔氏曰天者理而已矣即程子所謂夫天專言之即道也以道理言則大者自當字小此天之所以覆地也小者自當事大此坤之所以承乾也又曰保天下保其國言仁智者之氣象規模有此效也非謂仁者智

者之心欲其如此也○雲峯胡氏曰字之之心自不能已即是自然合理事之之禮无不敢廢卽是不敢違理包含徧覆無不周徧卽其字之之心而其氣象愈充拓愈恢宏制節謹度不敢縱逸即其事之之禮而其規模愈收斂愈嚴謹集註措辭之精微如此 備旨 夫大之事小小之事大皆理也即天也以大事小者是忘其勢之在己誠心愛人自然合理樂天者也以小事大者是順其勢之在人安分自守不敢違理畏天者也樂天者天地爲懷萬物一體非保天下之氣象乎畏天者循理而行順時而動非保一國之規模乎

詩云畏天之威ᄒᆞ야于時保之라ᄒᆞ니이다

詩예닐오ᄃᆡ天의威를畏ᄒᆞ야이에保타ᄒᆞ니이다

●周頌我將之篇、時、是也、新安陳氏曰引詩不及樂天一邊亦偶然耳○朱子曰此智者畏天而保其國之事○雙峯饒氏曰天理當然違之則有禍此便是天威了 備旨 然樂天之仁者究何嘗不畏天周頌我將之詩蓋言保天下也有云人君敬畏上天之威於是保守天命而不失然則能畏天者以此保國不即以此保天下哉仁智交鄰之效如此

王曰大哉라言矣여寡人이有疾ᄒᆞ니寡人은好勇ᄒᆞ노이다

王이ᄀᆞᆯᄋᆞ샤ᄃᆡ크다言이여寡人이疾이인노니寡人은勇을好ᄒᆞ노이다

●言以好勇故、不能事大而恤小也、新安陳氏曰大之事小善待之而已非小事之也集註於大事小必曰字小又曰恤小而於事大不易事字蓋欲發明孟子意不可不畧易此字也 備旨 王曰大哉夫子之言誠交鄰之善道矣但寡人有偏好之疾而疾在於好勇是以事大卹小皆不能也

對曰王請無好小勇ᄒᆞ쇼셔 夫撫劍疾視曰彼惡敢當我哉리오ᄒᆞᄂᆞ니

此ᄂᆞᆫ匹夫之勇이라敵一人者也니王請大之ᄒᆞ쇼셔 夫撫之夫音扶惡平聲

對ᄒᆞ야ᄀᆞᆯᄋᆞ샤ᄃᆡ王은請컨댄小勇을好티말ᄋᆞ쇼셔劍을撫ᄒᆞ고疾視ᄒᆞ야ᄀᆞᆯ오ᄃᆡ뎌

엇디敢히나ᄅᆞᆯ當ᄒᆞ리오ᄒᆞᄂᆞ니이ᄂᆞᆫ匹夫의勇이라一人을敵ᄒᆞᄂᆞᆫ者ㅣ니王은請건댄大히ᄒᆞ쇼서

(註)疾視、怒目而視也、小勇、血氣所爲、大勇、義理所發、趙氏曰血氣所爲之勇如溝澮之水暴集隨涸故謂之小義理所發之勇天開地闢自不能已故謂之大(備旨)孟子對曰好勇無傷也王請無好血氣之小勇耳夫小勇者於人少有所拂遂撫劍疾視而言曰彼惡敢當我而與之敵哉此特匹夫之勇僅足以敵一人者也何足爲好王請於帝王之大勇好之則仁智皆所優爲矣奚至以好勇爲疾乎

詩云王赫斯怒ᄒᆞ샤**爰整其旅**ᄒᆞ야**以遏徂莒**ᄒᆞ야**以篤周祜**ᄒᆞ야**以對于天下**ㅣ라ᄒᆞ니**此**ᄂᆞᆫ**文王之勇也**ㅣ니**文王**이**一怒而安天下之民**ᄒᆞ시니이다

詩예닐오ᄃᆡ王이赫히이예怒ᄒᆞ샤이예그旅ᄅᆞᆯ整ᄒᆞ야ᄡᅥ徂ᄒᆞᄂᆞᆫ莒ᄅᆞᆯ遏ᄒᆞ야ᄡᅥ周人祜ᄅᆞᆯ篤히ᄒᆞ야ᄡᅥ天下ᄅᆞᆯ對타ᄒᆞ니이ᄂᆞᆫ文王의勇이니文王이ᄒᆞᆫ번怒ᄒᆞ샤天下人民을安ᄒᆞ시니이다

(註)詩、大雅皇矣篇、赫、赫然怒貌、爰、於也、旅、衆也、遏、詩、作按、止也、徂、往也、莒、詩、作旅、徂旅、謂密人、侵阮徂共(音恭)之衆也、篤、厚也、祜、福也、對、答也、以答天下仰望之心也、詩皇矣帝謂文王無然畔援無然歆羨誕先登于岸密人不恭敢距大邦侵阮徂共王赫斯怒爰整其旅以按(音遏)徂旅以篤周祜以對于天下(密密須氏姞姓之國在今寧州阮國名在今涇州共阮國之地名今涇州共池是也)此言文王征伐之始也無所畔援歆羨大能先造道之極因密人不恭是以如此 此、文王之大勇也、新安陳氏曰怒者勇之發也因王赫斯怒一怒字發

出一怒安民之說蓋自赫怒舉兵以對于天下而生出此意〔備旨〕吾聞大勇於文王矣大雅皇矣之詩云密人不恭侵阮徂共文王於是赫然斯怒遂爰整其師旅以遏止密人徂共之衆以抑强扶弱篤厚周家之福以對答於天下仰望之心此文王之勇於詩可稽也夫文王赫然一怒遂除密人一方之亂由是四方諸侯强不敢凌弱衆不敢暴寡而天下之民皆賴之以爲安勇何大也

書曰天降下民ᄒᆞ샤作之君作之師ᄒᆞ샨든惟曰其助上帝라寵之四方이시니有罪無罪애惟我ㅣ在커니天下ㅣ曷敢有越厥志리오ᄒᆞ니一人이衡行於天下ㅣ어늘武王이恥之ᄒᆞ시니此는武王之勇也ㅣ니而武王이亦一怒而安天下之民ᄒᆞ시니이다 衡與橫同

書에ᄀᆞᆯ오ᄃᆡ天이下民을降ᄒᆞ샤 君을作ᄒᆞ시며師를作ᄒᆞ샨든오 직ᄀᆞᆯ오ᄃᆡ 그上帝를助ᄒᆞ논디라四方애寵케ᄒᆞ시니罪이시며罪업슴애 오직내잇거니天下ㅣ엇디敢히 그志를越홈이이시리오ᄒᆞ니 一人이天下에衡行ᄒᆞ거늘武王이耻ᄒᆞ시니이는武王의勇이니武王이ᄯᅩᄒᆞᆫᄒᆞᆫ번怒ᄒᆞ샤天下ㅅ民을安ᄒᆞ시니이다

●書、周書泰誓之篇也、然、所引、與今書文小異、雙峰饒氏曰書言寵綏四方指君而言孟子言寵之四方指天而言書之有罪無罪指紂而言孟子之有罪無罪指諸侯而言書之越厥志指君而言孟子之越厥志指民而言二者大段不同想古人之書與今多不同多是人記得人家不常有此本　今且依此解之、寵之四方、寵異之於四方也、有罪者、我得而誅之、無罪者、我得而安之、我既在此則天下、何敢有過越其心志、而作亂者乎、衡行、謂作亂也、孟子、釋書意如此、而言武王、亦大勇也、慶源輔氏曰寵異謂天寵異武王於天下也亶聰明是以天德寵異之也作元后是以天位寵異之也心志謂天下之心志也人之作亂皆過越其心志之故耳若守其心志無所過越則何至有作亂之事乎此武王以天下之重自任也【備旨】吾又聞大勇於武王矣周書泰誓之言曰天降生此下民作之君以治之作之師以敎之惟曰其能助上帝以安民故以君師之位而寵異之於四方也今我既受天之命作民君師則凡有罪者我得而誅之無罪者我得而安之惟我在此天下曷敢有過越厥志而作亂者乎書言如此當時商紂一人橫行作亂於天下武王以爲己耻而擧兵誅之此武王之勇於書可考也武王亦惟一奮其怒除商紂之暴遂能綏定四方而天下之民皆賴之以爲安勇何大也

今王이**亦一怒而安天下之民**ᄒᆞ시면**民**이**惟恐王之不好勇也**ㅣ리이다

이제王이 또ᄒᆞᆫ ᄒᆞᆫ번怒ᄒᆞ샤天下人民을 安ᄒᆞ시면民이 오직王이 勇을 好티 아니ᄒᆞ실까저허ᄒᆞ리이다

●王、若能如文武之爲、則天下之民、望其一怒以除暴亂、而拯己於水火之中、惟恐王之不好勇耳、○此章、言人君、能懲小忿、則能恤小事大、以交鄰國、能養大勇、則能除暴救民、以安天下、慶源輔氏曰君人者必能懲小忿然後能養大勇所謂人能有所不爲然後可以有爲也○新安陳氏曰章旨能懲小忿四字實自寡人好勇一句發出齊王所好之勇小忿也孟子所言之勇大勇也張敬夫、曰小勇者、血氣之怒也、大勇者、理義之怒也、血氣之怒、不可有、理義之怒、不可無、知此則可以見性情之正、而識天理人欲之分矣、龜山楊氏曰人君固不可無勇而齊王以是爲有疾故孟子告以文武之事使廓而大之則安天下無足爲者矣○雙峯饒氏曰怒得是便是天理怒得不是便是人欲孟子之論大槩要分別天理人欲於毫釐之間如同樂獨樂之類○雲峰胡氏曰夫子嘗以智仁勇三者並言此勇字亦當連前仁智字並言仁智中之勇是謂大勇小勇者不仁不智者也不仁者徒逞血氣而於義理之勇必無之不智者不明義理而於血氣之勇必有之【備旨】夫觀文武之大勇惟在於除暴安民如此

今天下之爲暴者多矣斯民之被困也甚矣王亦效文武之一怒與吊伐之師而安天下之民則民皆望王除暴亂以拯己於水火之中惟恐王之不好勇也何以好勇爲疾哉

○齊宣王이見孟子於雪宮이러시니王曰賢者도亦有此樂乎가잇孟子ㅣ對曰有하니人不得則非其上矣니이다 樂音洛下同

齊宣王이孟子를雪宮애보더시니王이ᄀᆞᆯᄋᆞ샤ᄃᆡ賢者도ᄯᅩᄒᆞᆫ이樂이인ᄂᆞ니잇가孟子ㅣ對ᄒᆞ야ᄀᆞᆯᄋᆞ샤ᄃᆡ인ᄂᆞ니人이得디몯ᄒᆞ면그上을외오너기ᄂᆞ니이다

【註】雪宮、離宮名、言人君、能與民同樂、則人皆有此樂、不然則下之不得此樂者必有非其君上之心、明人君、當與民同樂、不可使人、有不得者、非但當與賢者、共之而已也、慶源輔氏曰離猶別也別在其所居宮室之外故曰離宮君能與民同樂則人皆有此樂此釋有之一字下不得此樂者必有非君上之心此釋人不得則非其上矣一句○雲峰胡氏曰觀集註非但當與賢者共之一句便見得梁惠王問賢者亦樂此與齊宣王問賢者亦有此樂兩賢字似同而實有不同孟子答以賢者而後樂此不賢者雖有此不樂所謂賢者皆指君而言此則答以有之一字者謂賢者有此樂也然非特賢者有此樂凡人皆欲有此樂人有不得其樂則必有非其上之心矣是知此樂當與凡人共之不但當與賢者共之也如此則兩處賢字不同又按饒氏謂朱子云賢者亦樂此其辭遜賢者亦有此樂其辭驕以此觀之語錄謂沼上之對其辭遜雪宮之對其辭夸傳錄之誤明矣蓋謂之驕者當以問字言不當以對字言也【備旨】宣王館孟子於雪宮而就見之因誇其禮遇之隆曰雪宮之地寡人時遊以爲樂也今以之處夫子則賢者亦有此樂乎孟子對曰王既以此待賢則賢者得有此樂也然不特當與賢者共之亦當與民共之若使人不得遂其安居之樂則必有起而非其君上之心者矣

不得而非其上者도非也ㅣ며爲民上而不與民同樂者도亦非也ㅣ니이다

得디몯ᄒᆞ야그上을非ᄒᆞᄂᆞᆫ者도외며民의上이되여셔民으로더 블어ᄒᆞᆫ가지로樂디아니ᄒᆞᄂᆞᆫ者도ᄯᅩ와니이다

●下不安分、扶問反 上不恤民、皆非理也、慶源輔氏曰下不得而非其上者不知命也故謂之不安分爲民上而不與民同樂者不知義也故謂之不恤民[備旨]夫人不得其樂而遂非其君上者是不安其分固非理也苟爲民上獨樂於己而不與民同樂者則不恤其民亦非理也然則爲君者安可無恤民之道而使有非上之民哉

樂民之樂者ᄂᆞᆫ 民亦樂其樂ᄒᆞ고 憂民之憂者ᄂᆞᆫ 民亦憂其憂ᄒᆞᄂᆞ니 樂以天下ᄒᆞ며 憂以天下ᄒᆞ고 然而不王者ㅣ 未之有也ㅣ니이다

民의樂을樂ᄒᆞᄂᆞᆫ者ᄂᆞᆫ民이ᄯᅩᄒᆞᆫ그 樂을樂ᄒᆞ고民의憂를憂ᄒᆞᄂᆞᆫ者ᄂᆞᆫ 民이ᄯᅩᄒᆞᆫ그憂를憂ᄒᆞᄂᆞ니樂을天下로ᄡᅥᄒᆞ며憂를 天下로ᄡᅥ ᄒᆞ고 그러코王 티몯ᄒᆞᆯ者ㅣ잇디아니ᄒᆞ니이다

●樂民之樂、而民、樂其樂、則樂以天下矣、憂民之憂、而民、憂其憂、則憂以天下矣、南軒張氏曰憂樂不以己而以天下天理之公也於是擧景公事蓋道其國故典以告之○慶源輔氏曰君以民之樂爲樂則民亦以君之樂爲樂如是則君以民爲體民以君爲心天下雖大兆民雖多其懽忻愉怡痒痾疾痛擧切於吾之身矣君能體仁如此則天下之民其將何往雖欲無王不可得也[備旨]夫不與民同樂則有非之之心能與民同樂豈無感之之效誠使爲君者能所欲與聚而樂民之樂則民見君有可樂之事亦樂君之樂能所惡勿施而憂民之憂則民見君有可憂之事亦憂君之憂夫樂民之樂民亦樂其樂是樂不以一己而以天下矣憂民之憂民亦憂其憂是憂不以一己而以天下矣憂樂相通上下無間如此則天下之民皆歸附於我矣然而不興王者決未之有也

昔者애 齊景公이 問於晏子曰吾欲觀於轉附朝儛ᄒᆞ야 遵海而

南ᄒᆞ야放于琅邪ᄒᆞ노니吾何脩而可以比於先王觀也오 朝音潮 放上聲

네齊景公이晏子의게무러ᄀᆞᆯ오ᄃᆡ내轉附와朝儛에觀ᄒᆞ야海를遵ᄒᆞ야南ᄒᆞ야琅邪애放코자ᄒᆞ노니내엇디脩ᄒᆞ야아可히뻐先王의觀애比ᄒᆞᆯ꼬

●晏子、齊臣、名嬰、轉附朝儛、皆山名也、遵、循也、放、至也、琅邪、余遮反 齊東南境上邑名、觀、游也、

備旨 然與民同樂在齊亦有行之者矣昔者齊景公問於其臣晏子曰省方觀民先王所重吾意欲觀於轉附朝儛之山因遵循海濱而南以至於琅邪之邑庶幾吾國山川之勝都邑之雄與夫民風吏治一歷覽而可得其概焉吾不知何所修爲而後可以比隆於先王之游觀也

晏子ㅣ對曰善哉라問也여天子ㅣ適諸侯曰巡狩ㅣ니巡狩者ᄂᆞᆫ巡所守也오諸侯ㅣ朝於天子曰述職이니述職者ᄂᆞᆫ述所職也ㅣ니無非事者ㅣ오春省耕而補不足ᄒᆞ며秋省斂而助不給ᄒᆞᄂᆞ니夏諺애曰吾王이不遊면吾何以休ㅣ며吾王이不豫면吾何以助ㅣ리오一遊一豫ㅣ爲諸侯度ㅣ라ᄒᆞ니이다 狩舒救反 省悉井反

晏子ㅣ對ᄒᆞ야ᄀᆞᆯ오ᄃᆡ善타問이여天子ㅣ諸侯에適ᄒᆞᆷ을ᄀᆞᆯ온巡狩ㅣ니巡狩ᄂᆞᆫ守ᄒᆞᆫ바애巡ᄒᆞᆷ이오諸侯ㅣ天子ㅅ긔朝ᄒᆞᆷ을ᄀᆞᆯ온述職이니述職은職ᄒᆞᆫ바를述ᄒᆞᆷ이니事ㅣ아니니업고春애耕을省ᄒᆞ야不足을補ᄒᆞ며秋애斂을省ᄒᆞ야不給을助ᄒᆞᄂᆞ니夏諺애ᄀᆞᆯ오ᄃᆡ우리王이遊티아니면우리엇디뻐休ᄒᆞ며우리王이豫티아니면우리엇

디 ᄡᅥ 助ᄒᆞ리오 ᄒᆞᆫ번 遊ᄒᆞ며 ᄒᆞᆫ번 豫ᄒᆞᆷ이 諸侯의 度ㅣ 된다 ᄒᆞ니이다

● 述、陳也、省、視也、歛、收穫也、給、亦足也、夏諺、夏時之俗語也、豫、樂(音洛)也、巡所守、巡行諸侯所守之土也、述所職、陳其所受之職也、(趙氏曰巡所守者自上察下也述所職者自下達上也王十二年一巡狩諸侯六年一朝)皆無有無事而空行者、而又春秋、循行(去聲)郊野、察民之所不足、而補助之、故、夏諺、以爲王者一遊一豫、皆有恩惠以及民、而諸侯、皆取法焉、不敢無事慢遊、以病其民也、(新安陳氏曰以上晏子言先王之法此下言當時之弊 備旨 晏子對曰遊觀而以先王爲法善哉君之問也試以先王之法言之天子十二年而適於諸侯曰巡狩巡狩者巡行諸侯所守之土而察其政事之治否也諸侯六年而朝於天子曰述職述職者自述其所受之職而試其功績於王朝也是一往一來皆無有非事而空行者不特此也蓋天子諸侯又每年春行郊野以省民耕焉耕有不足則爲之補之秋行郊野以省民斂焉斂有不給則爲之助之故夏時之諺有曰吾王若不遊則補助之政不行吾何以蒙其休吾王若不豫則不足不給王無由知吾何以獲其助是王之一遊一豫皆有恩惠以及民而爲四方諸侯之法度焉此先王之法也)

今也애는 不然ᄒᆞ야 師行而糧食ᄒᆞ야 飢者ㅣ 弗食ᄒᆞ며 勞者ㅣ 弗息ᄒᆞ야 睊睊胥讒ᄒᆞ야 民乃作慝이어늘 方命虐民ᄒᆞ야 飮食若流ᄒᆞ야 流連荒亡ᄒᆞ야 爲諸侯憂ᄒᆞᄂᆞ니이다 (睊古縣反)

이제는 그러티 아니ᄒᆞ야 師로 行ᄒᆞ야 糧을 食ᄒᆞ야 飢ᄒᆞᆫ 者ㅣ 食디 몯ᄒᆞ며 勞ᄒᆞᆫ 者ㅣ 息디 몯ᄒᆞ야 睊睊히 서르 讒ᄒᆞ야 民이 慝을 作ᄒᆞ거늘 命을 方ᄒᆞ며 民을 虐ᄒᆞ야 飮食을 流ᄒᆞᆷ ᄀᆞᆮ티 ᄒᆞ야 流ᄒᆞ며 連ᄒᆞ며 荒ᄒᆞ며 亡ᄒᆞ야 諸侯의 憂ㅣ 되ᄂᆞ니이다

● 今、謂晏子時也、師、衆也、二千五百人、爲師、春秋傳、曰君行師從、(左傳定公四年劉文公合諸侯)

于召陵謀伐楚衛侯令祝鮀從辭曰君以軍行祓社釁鼓 師出先有事祓禱於社謂之宜社於是殺牲以血塗鼓釁謂之釁鼓 祝奉以從 奉社主也 於是乎出竟若嘉好之事 謂朝會 君行師從卿行旅從 五百人爲旅 臣無事焉

糧、謂糗 去久反熬米麥 糒 音備 之屬、睊睊、側目貌、胥、相也、讒、謗也、慝、怨惡 烏路反 也、言民不勝 平聲 其勞、而起怨謗也、方、逆也、命、王命也、若流、如水之流、無窮極也、流連荒亡、解見 形甸反 下文、諸侯、謂附庸之國、縣邑之長、 上聲○慶源輔氏曰晏子主言齊事而云爲諸侯憂故知爲附庸之國縣邑之長也王者之命諸侯豈固欲其如此哉不過使之愛養斯民而已逆王命則虐必及其民矣○雙峯饒氏曰師行而糧食君之行也以師其食也以糧一而字在中間見得是兩事方命之命是好底命天子之命必是敎他撫一國之民今也如此則是逆王命了又曰爲諸侯度指先王言爲諸侯憂指時君言[備旨]今也諸侯之遊觀則不然但見君行則師旅從之師行則糧食從之使民疲於供給而飢者弗得食擾於夫征而勞者弗得息由是睊睊然側目胥爲讒謗之言民乃作慝深懷怨惡之心是上逆天子安民之命下虐國家無辜之民其飲食侈靡若水之流無窮極焉而或流或連或荒或亡不勝其勞費之煩徒爲其所屬諸侯之憂而已

從流下而忘反을謂之流ㅣ오 從流上而忘反을謂之連이오 從獸無厭을謂之荒이오 樂酒無厭을謂之亡이니 厭平聲 樂音洛

流를從ᄒᆞ야下ᄒᆞ야 反을忘홈을流ㅣ라닐ᄋᆞ고 流를從ᄒᆞ야上ᄒᆞ야反을忘홈을連이라닐ᄋᆞ고 獸를從ᄒᆞ야厭홈이업슴을荒이라닐ᄋᆞ고 酒를樂ᄒᆞ야厭홈이업슴을亡이라닐ᄋᆞ니

● 此、釋上文之義也、從流下、謂放舟隨水而下、從流上、 時掌反 謂挽舟逆水而上、從獸、田獵也、荒、廢也、樂酒、以飲酒爲樂也、亡、猶失也、言廢時失事也、 雙峯饒氏曰荒是廢時亡是失

事【備旨】流連荒亡之義何如自其放舟隨水而流下縱其情之所如而不反則謂之流自其挽舟逆水而遡上任其意之所適而不知反則謂之連從獸田獵而無厭足則必至於廢時故謂之荒宴樂飲酒而無厭足則必至於失事故謂之亡流連荒亡之義如此安得不病民而爲諸侯之憂乎此今時之弊也

先王은無流連之樂과荒亡之行ᄒᆞ더시니惟君所行也ㅣ니이다 之行之行去聲

先王은流連ᄒᆞᄂᆞᆫ樂과荒亡ᄒᆞᄂᆞᆫ行이업더시니오직君의行ᄒᆞ실배니이다

●言先王之法、今時之弊、二者、惟在君所行耳、【備旨】若先王之遊觀非巡狩則述職非省耕則省斂何嘗有流連之樂荒亡之行乎【備旨】夫遊觀一也在先王如彼在今時如此二者惟在君所行何如耳若能戒今時之弊則何先王之不可法哉晏子之言如此

景公이說ᄒᆞ야大戒於國ᄒᆞ고出舍於郊ᄒᆞ야於是에始興發ᄒᆞ야補不足ᄒᆞ고召大師曰爲我ᄒᆞ야作君臣相說之樂ᄒᆞ라ᄒᆞ니蓋徵招角招ㅣ是也ㅣ라其詩曰畜君何尤ㅣ리오ᄒᆞ니畜君者ᄂᆞᆫ好君也ㅣ니이다 說音悅爲去聲樂如字徵陟里反招與韶同畜勅六反

景公이說ᄒᆞ야키國애戒ᄒᆞ고郊애出舍ᄒᆞ야이예비로소興發ᄒᆞ야不足을補ᄒᆞ고大師ᄅᆞᆯ召 야ᄀᆞᆯ오ᄃᆡ나ᄅᆞᆯ爲ᄒᆞ야君과臣이서르說ᄒᆞᄂᆞᆫ樂을作ᄒᆞ라ᄒᆞ니徵招와角招ㅣ이라그詩예ᄀᆞᆯ오ᄃᆡ君을畜홈이므슴尤ㅣ리오ᄒᆞ니君을畜ᄒᆞᄂᆞᆫ者ᄂᆞᆫ君을好홈이니이다

●戒、告命也、出舍、自責以省悉井反民也、興發、發倉廩也、大師、樂官也、君臣、己與晏子也、樂有五聲、三曰角、爲民、四曰徵、爲事、禮記樂記宮爲君商爲臣角爲民徵爲事羽爲物註宮絃最大用八十一絲聲重而尊故爲君商屬金金爲決斷臣事也○用七十二絲次宮如臣次君者也角觸也物觸地而出載芒角也○用六十四絲聲居宮羽之中屬木以其淸濁中民之象也徵屬夏夏時正長萬物皆成形體事亦有體故配事○用五十四絲羽爲水聚淸

物之象故爲物絃用四十八絲招、舜樂也、其詩、徵招角招之詩也、尤、過也、言晏子、能畜止其君之欲、宜爲君之所尤、然、其心則何過哉、孟子、釋之、以爲臣能畜止其君之欲、乃是愛其君者也、新安陳氏曰上文引援景公晏子事實只末一句是孟子說○西山眞氏曰易之大小畜皆以止爲義凡止君之欲者乃所以爲愛君也縱君之欲者其得爲愛君乎忠臣之心惟恐其君之有欲奸臣之心惟恐其君之無欲○尹氏、曰君之與民、貴賤、雖不同、然、其心、未始有異也、孟子之言、可謂深切矣、齊王、不能推而用之、惜哉、南軒張氏曰孟子羞稱管晏今乃引晏子之言何也蓋羞稱者其大法也言與事有可取亦不可沒也亦見與人爲善至公至平之心也○雲峯胡氏曰齊景能聽晏子之說而齊宣不能受孟子之說是可惜也○新安陳氏曰此章與沼上之對略相似大意主於不自樂而與民同樂耳樂民之樂憂民之憂雖平說然憂樂相反而實相關憂民之憂者必不暇樂己之樂樂己之樂者必不知憂民之憂惟先憂以天下而後能樂以天下也前一截己盡之後不過引一段故實耳不與民同樂人欲也憂樂以天下天理也遊豫爲諸侯度天理也流連爲諸侯憂人欲也無非遏人欲存天理也又舜之韶遺音必有在齊者孔子在齊聞韶景公樂亦名招可見【備旨】景公有感於晏子之言而說轉附朝儛之觀不復行遂大戒於國以示更新出舍於郊示不自安且便省民時正當春於是始興發倉廩補民之不足者景公說晏子之言而見於實事如此則晏子之說景公也可知矣景公乃召太師曰爾爲我作君臣相說之樂以達我君臣相說之情焉其當時所作之樂有取於徵爲事角爲民即今所傳徵招角招是也其詩之被於樂章者則曰畜君何尤蓋言晏子能畜止其君之欲不至於招尤而取罪也臣竊以此詩而思之夫臣能畜止其君之欲乃是愛其君者也旣出於愛君又何尤哉王誠聽臣之言一如景公晏子之相與有成則與民偕樂而民豈復有非其上者哉

○齊宣王이問曰人皆謂我毁明堂이라ᄒᆞᄂᆞ니毁諸아已乎잇가

齊宣王이 묻ᄌᆞ와 ᄀᆞᆯ으샤ᄃᆡ 사ᄅᆞᆷ이 다 날ᄃᆞ려 닐오ᄃᆡ 明堂을 毁ᄒᆞᆯ 꺼시라 ᄒᆞᄂᆞ니 毁ᄒᆞ리잇가 말리잇가

●趙氏、曰明堂、泰山明堂、周天子、東巡守去聲朝音潮諸侯之處、漢時遺址音止尚在、人欲

毁之者、蓋以天子、不復扶又反巡守、諸侯、又不當居之也、王、問當毁之乎、且止乎、

慶源輔氏曰漢書郊祀志武帝元封元年封泰山泰山東北址古有明堂處云欲毁明堂正與子貢欲去告朔餼羊之意同以其無用故欲去之也[備旨]齊宣王問曰明堂之建由來久矣人之議者皆以天子不復巡狩諸侯又不當居謂我毁明堂今從人議而毁諸乎抑已而勿毁乎

孟子ㅣ對曰夫明堂者ᄂᆞᆫ王者之堂也니王欲行王政則勿毁之矣쇼셔 夫音扶

孟子ㅣ對ᄒᆞ야ᄀᆞᆯᄋᆞ샤ᄃᆡ明堂은王者의堂이니王이王政을行코져ᄒᆞ신則毁티말ᄋᆞ쇼셔

●明堂、王者所居、以出政令之所也、能行王政、則亦可以王去聲矣、何必毁哉、朱子明堂說曰論明堂制者非一竊意當有九室如井田之制東之中爲青陽太廟東之南爲青陽右个東之北爲青陽左个南之中爲明堂太廟南之東即東之南爲明堂左个南之西即西之南爲明堂右个西之中爲總章太廟西之南即南之西爲總章左个西之北即北之西爲總章右个北之中爲玄堂太廟北之東即東之北爲玄堂右个北之西即西之北爲玄堂左个中爲太廟太室凡四方之太廟異方所其左个右个則青陽之左个乃玄堂之右个明堂之右个乃總章之左个也總章之右个乃玄堂之左个明堂之左个乃青陽之右个也但隨其時之方位開門耳太廟太室則每季十八日天子屆焉古人制事多用井田遺意此恐然也新安倪氏曰此朱子按禮記月令爲說[備旨]孟子對曰夫明堂者乃王者時巡方岳所居以出政令之堂也今巡狩之禮雖廢而先王之政尙存王欲行王政則亦可以王而居此堂矣何必毁哉

王曰王政을可得聞與가잇對曰昔者文王之治岐也애耕者를九一ᄒᆞ며仕者를世祿ᄒᆞ며關市를譏而不征ᄒᆞ며澤梁을無禁ᄒᆞ며罪人을

不孥ᄒᆞ더시니老而無妻曰鰥이오老而無夫曰寡ㅣ오老而無子曰獨이오
幼而無父曰孤ㅣ니此四者ᄂᆞᆫ天下之窮民而無告者ㅣ어늘文王이
發政施仁ᄒᆞ샤ᄃᆡ必先斯四者ᄒᆞ시니詩云哿矣富人이어니와哀此煢獨이라ᄒᆞ니이다 與平聲孥音奴鰥姑頑反哿工可反煢音瓊

王이ᄀᆞᆯ오샤ᄃᆡ王政을可히시러곰들으리잇가對ᄒᆞ야ᄀᆞᆯ오샤ᄃᆡ녜文王이岐를治ᄒᆞ심애耕者를九애一을ᄒᆞ며仕者를世로祿ᄒᆞ며關과市를譏ᄒᆞ고征티아니ᄒᆞ며澤과梁을禁홈이업ᄉᆞ며罪人을孥티아니ᄒᆞ더시니老ᄒᆞ고妻업ᄉᆞᆫ이를ᄀᆞᆯ온鰥이오老ᄒᆞ고夫업ᄉᆞᆫ이를ᄀᆞᆯ온寡ㅣ오老ᄒᆞ고子업ᄉᆞᆫ이를ᄀᆞᆯ온獨이오幼ᄒᆞ고父업ᄉᆞᆫ이를ᄀᆞᆯ온孤ㅣ니이四者ᄂᆞᆫ天下의窮民이오告ᄒᆞᆯᄃᆡ업ᄉᆞᆫ者ㅣ어늘文王이政을發ᄒᆞ며仁을施ᄒᆞ샤ᄃᆡ반ᄃᆞ시이四者애몬져ᄒᆞ시니詩예닐오ᄃᆡ哿ᄒᆞᆫ이ᄂᆞᆫ富人이어니와이煢獨이哀홉다ᄒᆞ니이다

●岐、周之舊國也、趙氏曰按岐山在漢右扶風美陽縣西北唐屬岐州岐山縣山之南有周原蓋周之舊國 九一者、井田之制也、方一里爲一井、其田、九百畝、中畫井字、界爲九區、一區之中、爲田百畝、中百畝、爲公田、外八百畝、爲私田、八家、各受私田百畝、而同養去聲公田、是、九分扶問反而稅其一也、世祿者、先王之世、仕者之子孫、皆敎之、敎之而成材則官之、如不足用、亦使之不失其祿、蓋其先世、嘗有功德於民、故、報之如此、忠厚之至也、關、謂道路之關、市、謂都邑之市、譏、察也、征、稅也、關市之吏、察異服異言之人、而不征商賈音古之稅也、澤、謂瀦水、梁、謂魚梁、與民同利、不設禁也、問文王治岐關市不征澤梁無禁成周門關市廛皆有限守山林川澤悉有厲禁何也潛室陳氏曰文王因民所利而利之乃王道之始成周經制大備乃王道之成 孥、妻子也、惡惡、止其身、不及妻子也、新安陳氏曰世祿善善長也不孥惡惡短也 先王養民之政、導其妻子、使之養其老而恤其幼、不幸而有鰥寡孤獨之人、無父母妻子之養、則尤宜憐恤故、必以爲先也、詩、小雅正月之篇、哿、可也、煢、困悴秦醉反貌、新安陳氏曰正

月末章之意云亂至於此富人猶或可將煢獨甚矣其可哀也○雙峰饒氏曰都鄙用助法鄉遂用貢法此周所以兼二代之法井田之法坦平處可行江南想從古行貢法關是道路搏節處市是市井澤是水所都處梁是水所通處耕者九一仕者世祿是士農工商皆有所養惟鰥寡孤獨無所告故發政施仁必先斯四者[illegible]十曰夫子所謂王政其實可得聞與孟子對曰王政莫詳於文王昔者文王之治岐也耕者有九一之法但使之助耕公田而不復稅其私田取乎農者薄也仕者有世祿之法官其子孫之成材者固食祿矣而不賢者亦不使之失祿報夫仕者厚也道路之關都邑之市但譏察異言異服之人而不征商賈之稅禦暴而不爲暴也瀦水之澤通魚之梁不設厲禁同利而不專利也人之有罪者但罰及其身而不及其妻孥用法而不苛法也至於老而無妻者謂之鰥老而無夫者謂之寡老而無子者謂之獨幼而無父者謂之孤此四者無父母妻子之養乃天下之窮民而無處告愬者文王發政施仁固無所不周必先加意於斯四者小雅正月之詩有云多財之富人猶之可矣惟此煢獨之人甚可哀也夫惟其煢獨之可哀此文王所以必先之也所謂王政者蓋如此

王曰善哉라 言乎ㅣ여 曰王如善之則何爲不行이니잇고 王曰寡人이 有疾호니 寡人은 好貨호노이다 對曰昔者애 公劉ㅣ 好貨호더시니 詩云乃積乃倉이어늘 乃裹餱糧을 于槖于囊이오아 思戢用光호야 弓矢斯張호며 干戈

戚揚으로爰方啓行이라ᄒᆞ니故로居者ㅣ有積倉ᄒᆞ며行者ㅣ有裹糧也然後에아可以爰方啓行이니王如好貨ㅣ어시든與百姓同之ᄒᆞ시면於王애何有ㅣ리잇고 餱音侯橐音託戢詩作輯音集

王이ᄀᆞᆯᄋᆞ샤ᄃᆡ善타言이여ᄀᆞᆯᄋᆞ샤ᄃᆡ王이만일에善히너기시면엇디行티아니ᄒᆞ시ᄂᆞ니잇고王이ᄀᆞᆯᄋᆞ샤ᄃᆡ寡人이疾이인노니寡人은貨ᄅᆞᆯ好ᄒᆞ노이다對ᄒᆞ야ᄀᆞᆯᄋᆞ샤ᄃᆡ녜公劉ㅣ貨ᄅᆞᆯ好ᄒᆞ더시니詩에닐오ᄃᆡ積ᄒᆞ며倉ᄒᆞ거늘餱糧을裹홈을橐애ᄒᆞ며囊애ᄒᆞ고戢ᄒᆞ야ᄡᅥ光홈을思ᄒᆞ야弓矢ᄅᆞᆯ이예張ᄒᆞ며干과戈와戚과揚으로이예보야흐로行을啓타ᄒᆞ니故로居者ㅣ積倉이이시며行者ㅣ裹糧이이신然後에아可히ᄡᅥ이예보야흐로行을啓홀ᄯᅵ니王이만일에貨ᄅᆞᆯ好ᄒᆞ거시든百姓으로더브러同ᄒᆞ시면王홈애므스거시이시리잇고

●王、自以爲好貨故、取民無制、而不能行此王政、公劉、后稷之曾孫也、詩、大雅公劉之篇、積、露積也、餱、乾音干糧也、無底曰橐、有底曰囊、皆所以盛音成餱糧也、戢、安集也、言思安集其民人、以光大其國家也、戚、斧也、揚、鉞音越也、爰、於也、啓行、言往遷于豳悲巾反也、何有、言不難也、孟子、言公劉之民、富足如此、是、公劉、好貨、而能推己之心、以及民也、今王、好貨、亦能如此、則其於王天下也、何難之有、西山眞氏曰人君豈不事儲峙之富惟能推此心使斯民亦有餱糧之積可也 [備旨] 王曰善哉夫子王政之言乎孟子曰聞言貴於能行王如以此言爲善則何爲而不試之行乎王曰寡人非不欲行之也寡人稟性之偏而有疾寡人之疾在於好貨故取民無制不能行王政也孟子對曰好貨無妨於王政也昔者文王之先有公劉者亦嘗好貨矣大雅公劉之詩有云公劉乃積乃倉以厚其民乃裹盛餱糧於無底之橐有底之囊既有行糧之具於是思安戢其人民用光大其國家遂張大弓矢與夫干戈戚揚之器於是始啓行而往遷於豳焉由此詩觀之可見公劉好貨又能推好貨之心以同於民故民居者有積倉之儲行者有裹糧之備也然後可以爰方啓行而闢王業王如好貨亦能如公劉與百姓同之使皆富足則天下之民歸之矣於王何難之有

王曰寡人이有疾호니寡人은好色ᄒᆞ노이다對曰昔者애大王이好色ᄒᆞ샤愛厥妃ᄒᆞ더시니詩云古公亶父ㅣ來朝走馬ᄒᆞ샤率西水滸ᄒᆞ야至於岐下ᄒᆞ야爰及姜女로聿來胥宇ᄒᆞ니ㅣ라當是時也ᄒᆞ야內無怨女ᄒᆞ며外無曠夫ᄒᆞ니王如好色이어시든與百姓同之ᄒᆞ시면於王애何有ㅣ리잇고 大音泰

王이ᄀᆞᆯᄋᆞ샤ᄃᆡ寡人이疾이인노니寡人은色을好ᄒᆞ노이다 對ᄒᆞ야ᄀᆞᆯᄋᆞ샤ᄃᆡ녜大王이色을好ᄒᆞ샤 그妃를愛ᄒᆞ더시니詩예닐오ᄃᆡ古公亶父ㅣ朝애來ᄒᆞ야馬를走ᄒᆞ샤西水ㅅ滸를率ᄒᆞ야 岐下애니르러이예姜女로밋來ᄒᆞ야宇ᄒᆞᆯᄃᆡ를胥라ᄒᆞ니이時를當ᄒᆞ야內예怨女ㅣ업스며外예曠夫ㅣ업스니王이만일에色을好ᄒᆞ거시든百姓으로더블어同ᄒᆞ시면王홈애므스거시이시리잇고

●王、又言此者、好色、則心志蠱惑、用度奢侈、而不能行王政也、大王、公劉九世孫、詩、大雅緜之篇也、古公、大王之本號、後乃追尊爲大王也、亶父(音甫)大王名也、來朝走馬、避狄人之難(去聲)也、新安陳氏曰來朝其來以朝也古人記事蓋有此例如書曰王朝步自周周公朝至于洛 率、循也、滸、(呼五反)水厓也、岐下、岐山之下也、姜女、大王之妃也、胥、相也、宇、居也、曠、空也、無怨曠者、是、大王、好色、而能推己之心、以及民也、南軒張氏曰齊王好貨好色孟子以公劉大王對但謂公劉好貨大王好色而不知實未嘗好也二君處心平和無一毫物我之私如曰居者有積倉行者有裹糧豈惟欲其國富而亦欲其民富也如曰內無怨女外無曠夫不惟君有室家而民亦欲其有室家也好字雖同而所以爲好則異故孟子曰王如好貨好色與百姓同之於王何有二君之好天理也齊王之好人欲也○新安陳氏曰孟子之言有因其近似而發揮之以足己意者如公劉好貨本無事實只乃積乃倉一句大王好色亦無事實只爰及姜女一句而已然欲開導時君意正當爾 ○楊氏、曰孟子、與人君言、皆所以擴充其善心、(擴天理)而格其非心、(遏人欲)不止就事論事、若使爲人臣者、論事、每如此、豈不能堯舜其君乎、愚、謂此篇、自首章至此、大意皆同、蓋鍾鼓、苑囿、游觀之樂、(音洛與夫音扶)好勇、好貨、好色之心、皆天理之所有、而人情之所不能無者、然、天理人欲、同行異情、循理、而公於天下者、聖賢之所以盡其性也、縱欲、而私於一己者、衆人之所以滅其天也、二者之間不能以髮、而其是非得失之歸、相去遠矣、故、孟子、因時君之問、而剖(普后反)析於幾(平聲)微之際、皆所以遏人欲而存天理、其法、似疏(平聲)而實密、其事、似易(去聲)而實難、慶源輔氏曰法似疎而實密事似易而實難蓋不直禁其好勇好色則似若疎且易矣然必使爲公劉大王之事推己之心以及民循理而不縱欲公天下而不私一己則其實又甚密而且難矣法指孟子之說事指公劉大王之事非孟子據理之極知言之要何能辨析其精微如此哉 學者、以身體之、則有以識其非曲學阿世之言、而知所以克己復禮之端矣、新安陳氏曰克己復禮之端即謂天理人欲二者之間幾微之際也○問孟子答梁惠王問利直掃除之此處却如此引導之何也朱子曰此處亦自分義利特人自不察耳○慶源輔氏曰鐘皷苑囿游觀之樂與夫好勇好貨好色之心固天理人情之所不能無者但有理與欲公與私之異耳故集註擧胡氏天理人欲同行異情之說而辨析之夫聖賢之與衆人其於好貨好色其行雖同而其情則異循理而公天下者聖賢之所以盡其性此即公劉大王與民共欲之事也縱欲而私於一己者衆人之所以滅其天理此即齊王自以爲疾之事也二者同異不過毫髮之間而其終之是非得失則其相去遂有盡性滅天與王絶世之相反集註言此不但贊其理之密正欲使學者因其言以反諸身至誠體察於所謂毫髮之際然後力求所以循天理而克其欲耳○雲峰胡氏曰天理人欲同行異情出五峰胡氏之言朱子平日深取之今引以釋此章者如齊王好色大王亦好色是同行也齊王是行從人欲上去大王是行歸天理上來是異情也同行則天理人欲之幾若不能以髮異情則天理人欲之判不啻霄壤矣凡曲學阿世者非逢君之惡則長君之惡孟子之言無非止君之惡而誘君於善無非遏人欲而存天理也

[備旨]王曰寡人非特好貨也寡人稟性之偏而有疾寡人之疾又在於好色故用度奢侈不能行王政也孟子對曰好色亦無妨於王政也昔者文王之祖有太王者亦嘗好色而愛厥妃矣大雅緜之篇有云古公亶父來朝走馬以避狄人之難率循西水之滸至於岐山之下爰及姜女聿來相與擇宇而居焉由此詩觀之可見太王好色又能推好色之心以及其民故當此播遷時也內無無家之怨女外無無室之曠夫而基王業王如好色亦能如太王與百姓同之使無怨曠則天下之民歸之矣於王又何難之有如是則可以坐明堂而朝諸侯又何必毁之哉

○孟子ㅣ謂齊宣王曰王之臣이有託其妻子於其友而之楚遊者ㅣ比其反也ᄒᆞ야則凍餒其妻子ㅣ어든則如之何ᄒᆞ잇고王曰棄之니이다 比必二反

孟子ㅣ齊宣王ᄭᅴ 닐너ᄀᆞᆯᄋᆞ샤ᄃᆡ王의臣이 그 妻子를그友의게託ᄒᆞ고楚에가놀者ㅣ그反홈애 밋처곧그 妻子를凍餒케ᄒᆞ엿거든곧엇디ᄒᆞ리잇고 王이ᄀᆞᆯᄋᆞ샤ᄃᆡ 棄홀ᄯᅵ니이다

●託、寄也、比、及也、棄、絶也、[備旨]昔齊宣王怠於治國孟子欲納誨以啓其改過也故先設事而謂之曰王之臣有託其妻子之衣食於其友而之楚游者夫以妻子而託於友固欲免乎凍餒也以友而受人妻子之託當使其不至於凍餒比其自楚反也則知彼之凍餒其妻子焉斯友也不知王之臣將何以處之王曰受人之託而負之薄道也奚取於若友爲也以義裁之則棄之而勿與友耳

曰士師ㅣ不能治士ㅣ어든則如之何잇고王曰已之니이다

골ᄋᆞ샤ᄃᆡ士師ㅣ能히 士를治티몯ᄒᆞ거든곧엇디ᄒᆞ리잇고王이골ᄋᆞ샤ᄃᆡ已홀띠니이다

(註)士師、獄官也、其屬有鄉士遂士之官、士師、皆當治之、已、罷去上聲也、周禮秋官司寇刑官之屬士師鄉士遂士縣士註鄉士掌六鄉之獄遂士掌六遂之獄縣士掌縣獄【備旨】孟子又曰士師爲獄官之長其屬有鄉士遂士之官皆士師所當治也苟不能統御所屬之士使刑罰失中不知王將何以處之王曰有官守而不盡其職曠官也奚取於若臣爲也以法論之則已之而勿用焉耳

曰四境之內ㅣ不治어든則如之何잇고王이顧左右而言他ᄒᆞ시다治去聲

골ᄋᆞ샤ᄃᆡ四境內ㅣ治티몯ᄒᆞ거든곧엇디ᄒᆞ리잇고 王이左右를顧ᄒᆞ고 他를言ᄒᆞ시다

(註)孟子、將問此、而先設上二事以發之、及此而王不能答也、其憚於自責、恥於下問如此、不足與有爲、可知矣、慶源輔氏曰顧左右以釋其愧言他事以亂其辭有護疾忌醫之心無責己求言之意○雙峰饒氏曰自責下問集註自爲他開兩條路當言此則寡人之罪也這便是自責又當言如何可以治人這便是下問齊王亦無服善之心故顧左右而言他後來因孔距心之辭則不憚於自責矣然亦恥於下問○趙氏、曰言君臣上下、幷王與士師言各勤其任、無墮許規反其職、乃安其身、【備旨】孟子因王明於處人直指其失而問之曰人君居萬民之上使四境之內人民疲困政事廢弛而不治如此則王當如之何以處之王乃顧左右以釋其慚言他事以亂其辭則其憚於自責恥於下問可知矣尚足與有爲哉

○孟子ㅣ見齊宣王曰所謂故國者ᄂᆞᆫ 非謂有喬木之謂也ㅣ라 有世臣之謂也ㅣ니 王無親臣矣샤소이다 昔者所進을 今日에 不知其亡也온여

孟子ㅣ齊宣王을보ᄋᆞ와 ᄀᆞᆯᄋᆞ샤ᄃᆡ 닐온밧故國은喬木이잇다닐옴을닐은줄이아니라世臣이이숌을닐옴이니王이 親臣도업ᄉᆞ샤소이다네進ᄒᆞᆫ바를今日에 그亡ᄒᆞᆷ을아디몯ᄒᆞ고녀

●世臣、累魯水反世勳舊之臣、與國同休戚者也、親臣、君所親信之臣、與君同休戚者也、此言喬木世臣、皆故國所宜有、然、所以爲故國者、則在此而不在彼也、此謂世臣彼謂喬木昨日所進用之人、今日、有亡去而不知者、則無親臣矣、況世臣乎、【備旨】孟子因宣王輕於進退賢才故見而諷之曰喬木世臣故國宜有然所以謂之故國者非謂有喬木足以壯一國偉觀之謂也以其有累世勳舊之臣足以爲故國倚賴之謂也然世臣之始則爲親臣今王無親臣矣昔者所進將倚之爲腹心者今日有亡去而不知也是親臣且無況世臣乎亦安在其爲故國也

王曰吾何以識其不才而舍之잇고 舍上聲

王이ᄀᆞᆯᄋᆞ샤ᄃᆡ 내엇디ᄡᅧ 그不才를아라舍ᄒᆞ리잇고

●王、意以爲此亡去者、皆不才之人、我初不知、而誤用之、故、今不以其去、爲意耳、因問何以先識其不才、而舍之邪 【備旨】王曰此亡去者皆不才之人我初不知而誤用之故今不以其去爲意耳自今以始吾何以預識其不才遂舍之不用使所用者皆眞才

而可進之爲親臣也

曰國君이進賢호ᄃᆡ如不得已니將使卑로踰尊ᄒᆞ며疏로踰戚이니可不愼與잇가(與平聲)

ᄀᆞᆯᄋᆞ샤ᄃᆡ國君이賢을進호ᄃᆡ시러곰마디몯홈ᄀᆞ티ᄒᆞᄂᆞ니장ᄎᆞᆺ히여곰卑로尊을踰ᄒᆞ며疏로戚을踰케ᄒᆞᄂᆞ니可히愼티아니ᄒᆞ리잇가

○如不得已、言謹之至也、蓋尊尊親親、(用世臣而尊其尊親其親)禮之常也、然、或尊者親者、未必賢則必進疏遠之賢而用之、是、使卑者踰尊、(非尊尊之常)疏者踰戚、(非親親之常)非禮之常故、不可不謹也、朱子曰孟子言昔者所進今日不知其亡故王問何以識其不才而舍之而孟子告以進賢如不得已蓋於進退之間無所不審非但使之致察於去人殺人也○慶源輔氏曰先儒皆以如不得已一句連下文說言不得已則將使卑踰尊疏踰戚故不可不謹雖若可通然如此則是國君用人惟不得已之際方致其謹非孟子意也故集註直以如不得已一句連上文說言如不能得已是至謹之意人君於進退之際皆不可不謹故於下段結之云所謂進賢如不得已者如此至於尊者親者未必賢則又將進其疏遠之賢者而用之至使卑者踰尊疏者踰戚則又非禮之常尤不可不謹也［備旨］孟子曰用人而悔於後者皆因不能謹之於始耳是以國君之進賢也遲疑於遴選之際審之又審有如吾之初心本不欲用而勢之所迫有不得已而用底一般所以如此其謹者何哉蓋自用之而加以不次之位也則謂之尊苟尊非其人則其勢必易以賢之卑者是使卑者踰尊矣自用之而寄以心膂之託也則謂之戚苟戚非其人則其勢必易以賢之疏者是使疏者踰戚矣夫使卑者踰尊疏者踰戚而失尊尊親親之常禮則國君進賢之始可不知所愼與此所以進之如不得已也

左右ㅣ皆曰賢이라도未可也ᄒᆞ며諸大夫ㅣ皆曰賢이라도未可也ᄒᆞ고國人이皆曰賢然後에察之ᄒᆞ야見賢焉然後에用之ᄒᆞ며左右ㅣ皆曰不可

ㅣ라도勿聽ᄒᆞ며諸大夫ㅣ皆曰不可ㅣ라도勿聽ᄒᆞ고國人이皆曰不可然後에察之ᄒᆞ야見不可焉然後에去之ᄒᆞ며 去上聲

左右ㅣ다ᄀᆞᆯ오ᄃᆡ賢타ᄒᆞ야도可티아니ᄒᆞ며諸대우ㅣ다ᄀᆞᆯ오ᄃᆡ賢타ᄒᆞ야도可티아니ᄒᆞ고國人이다ᄀᆞᆯ오ᄃᆡ 賢타ᄒᆞᆫ然後에察ᄒᆞ야賢을본然後에用ᄒᆞ며左右ㅣ다ᄀᆞᆯ오ᄃᆡ可티아니타ᄒᆞ야도聽티말며諸대우ㅣ다ᄀᆞᆯ오ᄃᆡ可티아니타ᄒᆞ야도聽티말고國人이다ᄀᆞᆯ오ᄃᆡ可티아니타ᄒᆞᆫ然後에察ᄒᆞ야可티아니홈을본然後에去ᄒᆞ며

●註 左右、近臣、其言、固未可信、諸大夫之言、宜可信矣、然、猶恐其蔽於私也、至於國人、則其論、公矣、然、猶必察之者、蓋人有同俗而爲衆所悅者、(新安陳氏曰若孟子所論鄉原一鄉皆稱原人是也) 亦有特立而爲俗所憎者、(新安陳氏曰若韓子所論伯夷特立獨行而擧世非之是也) 故、必自察之、而親見其賢否之實然後、從而用舍(上聲)之、則於賢者、知之深 任之重、而不才者、不得以幸進矣、所謂進賢、如不得已者、如此、(慶源輔氏曰所謂察之則必因言以察其心考迹以察其用如孔子之視所以觀所由察所安然後能親見其賢否之實從而用舍之則於賢者非徒知之知之必深而無所疑非徒任之任之必重而不可易至於不才亦不容於幸進矣○新安陳氏曰如此方見進賢謹之之至如必不得已而然者要之用舍之道參之於衆而察之於獨不賢者固去之勿疑矣賢者必任之勿貳是即君所親信之臣也此非親信之以己之私而實親信之以國人之公所謂民之所好好之也今日爲王之親臣他日託孤寄命即爲國家之世臣矣【備旨】所謂如不得已者何如有人於此左右近臣皆稱之曰賢恐其求容於近習未可信其賢也在朝大夫皆稱之曰賢恐其蔽於私昵亦未可信其賢也至於通國之人皆稱之曰賢其論公矣然猶懼其同流而合汙也又從而察之果親見其賢焉然後用之即置之尊親而不爲私也有人於此左右近臣皆曰不可恐其無先容也勿聽之在朝大夫皆曰不可恐其爲私毁也勿聽之至於通國之人皆曰不可其論公矣然猶恐其高世而獨立也必從而察之果親見其不可焉然後去之即屛之疏遠而不爲刻也所謂進賢如不得已者如此

左右ㅣ皆曰可殺이라도 勿聽ᄒᆞ며 諸大夫ㅣ皆曰可殺이라도 勿聽ᄒᆞ고 國人이 皆曰可殺然後에 察之ᄒᆞ야 見可殺焉然後에 殺之니 故로 曰國人이 殺之也ㅣ라ᄒᆞ니이다

左右ㅣ다ᄀᆞᆯ오ᄃᆡ 可히 殺ᄒᆞᆯ꺼시라ᄒᆞ야도 聽티말며 諸대우ㅣ다ᄀᆞᆯ오ᄃᆡ 可히 殺ᄒᆞᆯ꺼시라ᄒᆞ야도 聽티말고 國人이 다ᄀᆞᆯ오ᄃᆡ 可히 殺ᄒᆞᆯ꺼시라ᄒᆞᆫ然後에 察ᄒᆞ야 可히 殺ᄒᆞ얌즉ᄒᆞ믈본然後에 殺ᄒᆞᆯ띠니 故로ᄀᆞᆯ오ᄃᆡ 國人이 殺ᄒᆞᆫ다ᄒᆞᄂᆞ니이다

●此、言非獨以此、進退人才、至於用刑、亦以此道、蓋所謂天命(結上文進人才) 天討、(結此一節) 皆非人君之所得私也、南軒張氏曰既言進退人才之道復及於可殺者蓋如舜之於四凶孔子之於少正卯天討之施有不可已者也曰國人殺之言非己殺之因國人之公心耳然則其用是人去是人亦非吾用之去之國人用之去之也蓋天聰明自我民聰明國人之公心即天理之所存一毫私意加於其間則非天之理矣○新安陳氏曰因用舍而及刑殺亦是孟子敷演以明其意不才者舍之有罪而甚焉者殺之也[illegible]然不獨用人當愼至於用刑亦以此道有人於此左右近臣皆曰可殺恐其私忿也勿聽之在朝諸大夫皆曰可殺恐其私惡也勿聽之至於國人皆曰可殺則其論公矣然後從而察之必實見有可殺之罪焉然後殺之是其殺也非出於一己之私情而出於國人之公論故曰國人殺之也

如此然後에 可以爲民父母ㅣ니이다

이ᄀᆞᆮᄒᆞᆫ然後에 可히ᄡᅥ民의父母ㅣ되ᄂᆞ니이다

●傳、去聲 曰大學傳文 民之所好、好之、民之所惡、惡之、此之謂民之父母、新安陳氏曰總結上文用之去之殺之三節意

備旨 夫人君之命討如此是能好人之所好惡人之所惡即父母愛子之心不是過矣必如此然後可以爲民之父母由此而定尊親之選則世臣自可有而齊不誠爲故國乎

○齊宣王이問曰湯이放桀ᄒᆞ시고武王이伐紂ᄒᆞ니라有諸잇가孟子ㅣ對曰於傳에有之ᄒᆞ니이다 傳直戀反

齊宣王이묻ᄌᆞ와ᄀᆞᆯᄋᆞ샤ᄃᆡ 湯이桀을放ᄒᆞ시고 武王이紂를伐ᄒᆞ시다ᄒᆞ니인ᄂᆞ니잇가孟子ㅣ對ᄒᆞ야ᄀᆞᆯᄋᆞ샤ᄃᆡ傳애인ᄂᆞ니이다

●放、置也、書、曰成湯、放桀于南巢、 備旨 齊宣王有併東周之意乃問孟子曰吾聞成湯放桀於南巢武王伐紂於牧野果有此事乎孟子曰南巢之師載在湯誓牧野之師紀於武成考之於傳誠有之也

曰臣弑其君이可乎잇가

ᄀᆞᆯᄋᆞ샤ᄃᆡ臣이그君을弑홈이可ᄒᆞ니잇가

●桀紂、天子、湯武、諸侯、 備旨 王曰桀紂君也湯武臣也以臣而弑其君可乎

曰賊仁者를謂之賊이오賊義者를謂之殘이오殘賊之人을謂之一夫ㅣ니聞誅一夫紂矣오未聞弑君也케이다

ᄀᆞᆯᄋᆞ샤ᄃᆡ仁을賊ᄒᆞᄂᆞᆫ者를賊이라닐ᄋᆞ고 義를賊ᄒᆞᄂᆞᆫ者를殘이라닐ᄋᆞ고殘賊ᄒᆞᆫ人

을一夫ㅣ라닐으ᄂᆞ니一夫紂를誅ᄒᆞ다홈을듣고君을弒ᄒᆞ다홈을듣디몯게이다

●賊、害也、殘、傷也、害仁者、凶暴淫虐、滅絶天理、故、謂之賊、害義者、顚倒錯亂、傷敗彛倫、故、謂之殘、一夫、言衆叛親離、不復扶又反以爲君也、書、曰獨夫紂、蓋四海歸之、則爲天子、天下叛之、則爲獨夫、所以深警齊王、垂戒後世也、新安陳氏曰紂罪浮於桀故下文單說紂

○朱子曰傷敗彛倫只是小小傷敗常理如不以禮食不親迎之類若是紾兄臂踰東家墻便是絶滅天理周書怠勝敬者滅即賊仁謂賊之意欲勝義者凶即賊義謂殘之意賊義是就一事上說賊仁是就心上說其實賊義便是賊那仁底但分而言之則如此○賊仁是將三綱五常天秩之禮一齊壞了義隨事制宜賊義只是於此一事不是更有他事在○賊仁者無愛心而殘忍之謂也賊義者無羞惡之心之謂也○問賊仁是害心之理賊義是見於所行處傷其理曰以義爲見於所行便是告子義外矣義在內不在外義所以度事亦是心度之然此果何以別蓋賊之罪重殘之罪輕仁義皆是心仁是天理根本處賊仁則大倫大法虧滅了便是殺人底人一般義是就一節一事上言一事上不合宜便是傷義似手足上損傷一般所傷者小尙可以補○慶源輔氏曰賊之爲害深殘之爲害淺凶暴淫虐指發於中者言顚倒錯繆指見於事者言然發於中者必見於外見於事者實生於心絶滅天理則是殄閼其本根傷敗彛倫則是損害其枝葉衆叛親離不復君之此賊仁賊義衆惡皆備之證驗也此事自君言之則理所當然自臣下言之則不得已之大變故集註下文擧王勉之語所以著萬世爲臣者之大戒○新安陳氏曰賊仁賊義細分之有絶本根傷枝葉之殘然仁義皆根於心未有賊仁而不賊義者所以下文只以殘賊之人總言其惡耳孟子此言雖意在警齊王然亦見英氣太露處

○王勉、建安人曰斯言也、惟在下者、有湯武之仁、而在上者、有桀紂之暴、則可、不然、是未免於簒弑之罪也、雲峰胡氏曰無孟子之說無以警後世之爲人君者無王氏之說無以警後世之爲人臣者然孟子曰有伊尹之志則可無伊尹之志則簒王氏之說未嘗不自孟子中來[備旨]孟子曰君者民之主以其能盡仁義之道也賊仁者其存心凶暴滅絶天理則謂之賊賊義者其行事錯亂傷敗彛倫則謂之殘殘賊之人天命己去人心己離謂之一夫吾聞武王牧野誓師所誅一夫紂矣未聞弑君也君而可弑綱常安在觀武而湯可知矣

○孟子ㅣ見齊宣王曰爲巨室則必使工師로求大木ᄒᆞ시리니工師

ㅣ得大木則王이喜ᄒᆞ야以爲能勝其任也ㅣ라ᄒᆞ시고匠人이斲而小之則王이怒ᄒᆞ야以爲不勝其任矣라ᄒᆞ시리니夫人이幼而學之는壯而欲行之니王曰姑舍女의所學ᄒᆞ고而從我ㅣ라ᄒᆞ시면則何如ᄒᆞ니잇고 勝平聲夫音扶舍上聲女音汝下同

孟子ㅣ齊宣王을보ᄋᆞ와ᄀᆞᆯᄋᆞ샤ᄃᆡ巨室을ᄒᆞᆫ則반ᄃᆞ시工師로ᄒᆞ여곰大木을求ᄒᆞ시리니工師ㅣ大木을得ᄒᆞ면王이喜ᄒᆞ야뻐能히 그任을勝ᄒᆞᆫ다ᄒᆞ시고匠人이斲ᄒᆞ야小케ᄒᆞ면王이怒ᄒᆞ야뻐그任을勝티몯ᄒᆞᆫ다ᄒᆞ시리니人이幼ᄒᆞ야學ᄒᆞᆷ은壯ᄒᆞ야行코자ᄒᆞᆷ이니王이ᄀᆞᆯᄋᆞ샤ᄃᆡ 아직너의學ᄒᆞᆫ바ᄅᆞᆯ舍ᄒᆞ고我ᄅᆞᆯ從ᄒᆞ라ᄒᆞ시면엇더ᄒᆞ니잇고

●巨室、大宮也、工師、匠人之長、上聲匠人、衆工人也、姑、且也、言賢人、所學者大、而王、欲小之也、

備旨孟子以齊宣王不能任賢圖治因見而諷之曰爲國之資於賢猶作室之資於木王如爲巨室則必使工師求大木工師得大木則王必喜以爲能勝巨室之任也使匠人誤斲而小之則王必怒以爲不能勝巨室之任矣任木則欲其大如此乃夫人之賢者幼而學夫仁義之道及壯而欲以其所學者見之於行非自小以徇人者王則曰姑舍女所學之仁義而從我所謀之功利是任賢反欲其小如此則視王任木之喜大怒小何如耶

今有璞玉於此ᄒᆞ면雖萬鎰이라도必使玉人彫琢之ᄒᆞ시리니至於治國家ᄒᆞ야는則曰姑舍女의所學ᄒᆞ고而從我ㅣ라ᄒᆞ시면則何以異於敎玉人

彫琢玉哉ㅣ잇고 (鎰音溢)

이제璞玉이이예이시면비록萬鎰이라도반드시玉人으로ᄒᆞ여곰彫琢게ᄒᆞ시리니國家를治홈애니르러는곧ᄀᆞᆯ으샤ᄃᆡ아직너의學ᄒᆞᆫ바를舍ᄒᆞ고나를조ᄎᆞ라ᄒᆞ시면곧엇디ᄡᅧ玉人을敎ᄒᆞ야玉을彫琢홈애달으니잇고

● 璞、玉之在石中者、鎰、二十兩也、(趙氏曰國語云二十四兩爲鎰趙岐誤註集註因之 ○東陽許氏曰萬鎰謂璞玉之價直萬鎰之金也) 玉人、玉工也、不敢自治而付之能者、愛之甚也、治國家則徇私欲而不任賢、是、愛國家、不如愛玉也、(雙峰饒氏曰兩箇譬喩是兩意前譬是說任賢不如任匠後譬是說愛國不如愛玉) ○范氏、曰古之賢者、常患人君、不能行其所學、而世之庸君、亦常患賢者、不能從其所好、(去聲) 是以、君臣相遇、自古以爲難、孔孟、終身而不遇、盖以此耳、(新安陳氏曰前譬王欲小用賢者後譬王不專用賢者所以不能用賢者己之私欲害之庸君必不能行賢者之所學賢者必不肯從庸君之所好此遇合所以難也) 備旨 王不任賢是王不愛國家矣今有未彫未琢之璞玉於此其價雖萬鎰之多然物重則不肯輕予人也王必使玉人彫琢之知己不能而玉人能之也王之愛玉亦甚矣至於治國家宜不啻治一璞玉矣使賢者以治國家宜不啻使玉人治玉矣而王則曰姑舍女所學之仁義而從我所謀之功利則何王之治國家乃異於敎玉人彫琢玉哉是愛萬乘之國不如愛萬鎰之玉也王能反愛玉者愛國自不容不以任木者而任賢矣臣願王其熟計之

○齊人이伐燕勝之어늘

齊人이燕을伐ᄒᆞ야勝ᄒᆞ여늘

● 按史記、燕(平聲)王噲、(音快)讓國於其相(去聲)子之、而國、大亂、齊因伐之、燕士卒、不戰、城門、不閉、遂大勝燕、(史記燕世家燕王噲用其相子之蘇代爲齊使於燕以事激燕王以尊子之於是燕王大信子之鹿毛壽謂燕王不如以國讓相子之人之謂堯賢者以其讓天下於許由許由不

受有讓天下之名而實不失天下今王以國讓於子之子之必不敢受是王與堯同行也燕王因屬國於子之子之南面行王事而噲老不聽政顧爲臣國事皆決於子之三年國大亂百姓恫恐將軍市被與太子平謀將攻子之諸將謂齊湣王曰因而赴之破燕必矣齊王令人告燕太子太子因與市被圍公宮攻子之不克將軍市被及百姓反攻太子平市被死以徇因搆難數月死者數萬衆人恫恐百姓離怨孟軻謂齊王曰今伐燕此文武之時不可失也王因令章子將五都之兵因北地之衆以伐燕士卒不戰城門不閉燕王噲死齊大勝燕子之亡二年而燕人共立太子平是爲燕昭王 [備旨] 昔燕王噲讓國於其相子之國內大亂齊人乘釁而伐之遂大勝燕

宣王이 問曰或謂寡人勿取라ᄒᆞ며 或謂寡人取之라ᄒᆞᄂᆞ니 以萬乘之國으로 伐萬乘之國호ᄃᆡ 五旬而擧之ᄒᆞ니 人力으로 不至於此니 不取ᄒᆞ면 必有天殃이니 取之何如ᄒᆞ니잇고 (乘去聲下同)

宣王이 묻ᄌᆞ와ᄀᆞᆯᄋᆞ샤ᄃᆡ 或寡人ᄃᆞ려닐오ᄃᆡ 取티말라ᄒᆞ며 或寡人ᄃᆞ려닐오ᄃᆡ 取ᄒᆞ라ᄒᆞᄂᆞ니 萬乘ㅅ國으로ᄡᅥ 萬乘ㅅ國을伐호ᄃᆡ 五旬에擧ᄒᆞ니 人力으로이예至티몯ᄒᆞᆯ꺼시니 取티아니ᄒᆞ면반ᄃᆞ시天殃이이시리니 取호ᄃᆡ엇더ᄒᆞ니잇고

● 以伐燕、爲宣王事、與史記諸書、不同、已見(形甸反)序說、何氏曰萬乘之國非諸侯之制也今燕齊互相侵奪而皆有之故以萬乘之齊伐萬乘之燕勢均力敵但以五旬而即擧之若以人力論之不能至於如此之易意者其天乎不取必有天殃齊王本有利燕之心特託天而遂其私耳孟子之對則不歸之天而歸之人 [備旨] 宣王意欲取燕乃託之天意而問曰勝燕之功成矣或謂利不可貪勸寡人勿取固一策也或謂機不可失勸寡人取之又一策也人言不同若此寡人試以意度之以齊萬乘之國伐燕萬乘之國勢均力敵未易勝也今特五旬而擧之吾恐人力不遽至於此或者其天意乎天與不取是逆天也必有天殃今欲取之以順天心夫子以爲何如

孟子ㅣ對曰取之而燕民이 悅則取之ᄒᆞ쇼서 古之人이 有行之者ᄒᆞ니

武王이是也ㅣ니이다取之而燕民이不悅則勿取ᄒᆞ쇼셔古之人이有行之者ᄒᆞ니文王이是也ㅣ니이다

孟子ㅣ對ᄒᆞ야ᄀᆞᆯᄋᆞ샤ᄃᆡ取홈애燕民이悅ᄒᆞᆫ則取ᄒᆞ쇼셔녯사ᄅᆞᆷ이行ᄒᆞᆫ者ㅣ이시니武王이이니이다取홈애燕民이悅티아닌則取티말ᄋᆞ쇼셔녯사ᄅᆞᆷ이行ᄒᆞᆫ者ㅣ이시니文王이이니이다

●商紂之世、文王、三分天下、有其二、以服事商、至武王十三年、乃代紂而有天下、張子、曰此事、間不容髮、一日之間、天命未絕、則是君臣、當日命絕、則爲獨夫、然、命之絕否、何以知之、人情而已、諸侯不期而會者、八百、武王、安得而止之哉、朱子曰此亦是齊王欲取燕故引之於文武之道非謂文王欲取商以商人不悅而止武王見商人悅己遂取之也直是論其理如此耳○慶源輔氏曰文王武王豈有一毫利天下之心哉亦順天命而不敢違焉耳而張子之說爲尤嚴所謂間不容髮之際非理明義精德至聖人者孰能處之而無愧哉纔有一毫利心則失之矣然其命之絕否則亦不過察於人情又與孟子之言實相表裏也[備旨]孟子對曰天意不可知亦決之民心而已使王取之而燕民皆悅是天與齊也則順民心以取之古之人有行之者武王因八百之人心以伐商是也使王取之而燕民有不悅是天不與齊也則順民心而勿取古之人有行之者文王因有二之人心以事殷是也是則燕之可取不可取決之民心足矣紛紛衆論何足據乎

以萬乘之國으로伐萬乘之國이어늘簞食壺漿으로以迎王師는豈有他哉리오避水火也ㅣ니如水ㅣ益深ᄒᆞ며如火ㅣ益熱이면亦運而已矣니이다

簞音丹 食音嗣

萬乘ㅅ國으로써萬乘ㅅ國을伐ᄒᆞ거ᄂᆞᆯ簞食와壺漿으로써 王師를迎홈은엇디他ㅣ이시리오 水火를避홈이니水ㅣ더욱深ᄐᆞᆺᄒᆞ며火ㅣ더욱熱ᄐᆞᆺᄒᆞ면 또ᄒᆞᆫ運ᄒᆞᆯᄯᆞᄅᆞᆷ이니이다

●簞、竹器、食、飯也、運、轉也、言齊若更爲暴虐、則民將轉、而望救於他人矣、○趙氏、曰征伐之道、當順民心、民心、悅則天意、得矣、 新安陳氏曰齊王言天命孟子欲其以人心觀天命欲知天命當觀人心欲得人心當施仁政燕之可取不可取決之以此足矣惟仁可以易暴燕人避燕之虐望齊之仁而歸之齊苟不施仁而益暴得非以暴易暴而益甚之乎盖警之也【備旨】夫欲知天命固當觀人心而欲得人心又當施仁政今以齊萬乘之國伐燕萬乘之國爲燕民者豈遂不可抗齊哉而乃簞食壺漿以迎王師者豈有他哉特以避燕水火之虐而望救於齊耳王宜以仁易暴拯民於水火之中可也若不順其心吏爲暴虐是以水濟水而水益深也以火濟火而火益熱也則燕民始而望齊之救者亦將轉而望救於他人矣烏得有其國而君之哉王欲取燕亦求所以得民心者而已

○齊人이伐燕取之ᄒᆞᆫ대諸侯ㅣ將謀救燕이러니宣王이曰諸侯ㅣ多謀伐寡人者ᄒᆞ니何以待之잇고孟子ㅣ對曰臣은聞七十里로爲政於天下者는湯이是也ㅣ니未聞以千里로畏人者也케이다

齊人이燕을伐ᄒᆞ야 取ᄒᆞᆫ대 諸侯ㅣ쟝ᄎᆞᆺ燕救홈을謀ᄒᆞ더니宣王이ᄀᆞᆯᄋᆞ샤ᄃᆡ 諸侯ㅣ寡人伐홈을謀ᄒᆞᆯ者ㅣ하니엇디ᄡᅥ待ᄒᆞ리잇고 孟子ㅣ對ᄒᆞ야ᄀᆞᆯᄋᆞ샤ᄃᆡ 臣은들오니七十里로ᄡᅥ天下에政을ᄒᆞᆫ者는湯이이니千里로ᄡᅥ人을畏ᄒᆞᆫ者를듣디못게이다

●千里畏人、指齊王也、新安陳氏曰七十里爲政千里畏人立兩句爲柱下文分兩節應之【備旨】齊人伐燕既勝之後不聽孟子順民心之言而竟取之列國諸侯將謀合兵伐齊以救燕宣王乃恐而問曰諸侯以寡人取燕爲過多謀來伐寡人者事勢至此將何以設備而預待之乎孟子對曰臣聞以七十里之小國而伐暴救民爲政於天下而無與敵者成湯是也未聞以千里之大國若齊顧惴惴焉謀所以待敵若是其畏人者也

書에 曰湯이 一征을 自葛로 始ᄒᆞ신대 天下ㅣ 信之ᄒᆞ야 東面而征에 西夷ㅣ 怨ᄒᆞ며 南面而征애 北狄이 怨ᄒᆞ야 曰奚爲後我오ᄒᆞ야 民이 望之ᄒᆞᄃᆡ 若大旱之望雲霓也ᄒᆞ야 歸市者ㅣ 不止ᄒᆞ며 耕者ㅣ 不變이어늘 誅其君而弔其民ᄒᆞ신대 若時雨ㅣ 降이라 民이 大悅ᄒᆞ니 書애 曰徯我后ᄒᆞ다소니 后來ᄒᆞ시니 其蘇ㅣ라ᄒᆞ니이다 霓五稽反 徯胡禮反

書애 ᄀᆞᆯ오ᄃᆡ 湯이 ᄒᆞᆫ번 征홈을 葛로브터 始ᄒᆞ신대 天下ㅣ 信ᄒᆞ야 東으로 面ᄒᆞ야 征ᄒᆞ심애 西夷ㅣ 怨ᄒᆞ며 南으로 面ᄒᆞ야 征ᄒᆞ심애 北狄이 怨ᄒᆞ야 ᄀᆞᆯ오ᄃᆡ 엇디 우리를 後에 ᄒᆞ시ᄂᆞᆫ고 ᄒᆞ야 民이 望호ᄃᆡ 大旱애 雲霓望홈ᄀᆞᆺ티 ᄒᆞ야 市애 歸ᄒᆞᄂᆞᆫ 者ㅣ 止티 아니ᄒᆞ며 耕ᄒᆞᄂᆞᆫ 者ㅣ 變티 아니ᄒᆞ거ᄂᆞᆯ 그 君을 誅ᄒᆞ고 그 民을 吊ᄒᆞ신대 時雨ㅣ 降홈ᄀᆞᆮᄐᆞᆫ디라 民이 키 悅ᄒᆞ니 書애 ᄀᆞᆯ오ᄃᆡ 우리 后를 徯ᄒᆞ다소니 后ㅣ 來ᄒᆞ시니 그 蘇콰라 ᄒᆞ니이다

●兩引書、皆商書仲虺(許偉反)之誥文也、與今書文、亦小異、一征、初征也、天下信之、信其志在救民、不爲暴也、奚爲後我、言湯、何爲不先來征我之國也、霓、虹也、雲合則雨、虹見(形甸反)則止、變、動也、徯、待也、后、君也、蘇、復生也、他國之民、皆以湯、爲我君而待其來、使己、得蘇息也、此、言湯所以七十里而爲政於天下也、[備旨]所謂湯以七十里爲政於天下者觀於書之所言可見矣書曰葛伯無道湯一征實自葛始天下皆信其志在救民非爲暴焉由是東面而征西夷怨南面而征北狄怨怨之者皆曰東南西北均一水火中也何爲不先來征我之國乎由書言觀之可見湯師之未至也民之望之冀其來又恐其不來若大旱之時望其雲又恐其霓也及湯師之既至也師行不擾而民宴然安之商安於市而歸市者不止農安於野而耕者不變湯於是誅其虐民之君而吊其被虐之民若時雨降於大旱之後民樂更生而大悅焉故書又有曰徯我后后來其蘇則其望之切而悅之至也何如哉湯之所以七十里而爲政於天下者此也

今에 燕虐其民이어늘 王往而征之ᄒᆞ시니 民이 以爲將拯己於水火之中也ㅣ라ᄒᆞ야 簞食壺漿으로 以迎王師ㅣ어늘 若殺其父兄ᄒᆞ며 係累其子弟ᄒᆞ며 毁其宗廟ᄒᆞ며 遷其重器ᄒᆞ면 如之何其可也ㅣ리오 天下ㅣ 固畏齊之彊也ㅣ니 今又倍地而不行仁政이면 是는 動天下之兵也ㅣ니이다 (累力追反)

이제燕이 그民을虐ᄒᆞ거늘王이往ᄒᆞ야征ᄒᆞ시니 民이뻐쟝ᄎᆞᆺ己를水火ㅅ가온대拯ᄒᆞ리라ᄒᆞ야簞食와壺漿으로뻐王師를迎ᄒᆞ거늘만일에 그父兄을殺ᄒᆞ며 그子弟를係累ᄒᆞ며 그宗廟를毁ᄒᆞ며 그重器를遷ᄒᆞ면엇디그可ᄒᆞ리오 天下ㅣ진실로齊의彊을

畏ᄒᆞᄂᆞ니이제ᄯᅩ地를倍ᄒᆞ고仁政을行티아니ᄒᆞ면이ᄂᆞᆫ天下ㅅ兵을動홈이니이다

●拯、救也、係累、縶縛也、重器、寶器也、畏、忌也、倍地、并(去聲)燕而增一倍之地也、齊之取燕、若能如湯之征葛、則燕人、悅之、而齊可爲政於天下矣、今乃不行仁政、而肆爲殘虐、則無以慰燕民之望、而服諸侯之心、是以、不免乎以千里而畏人也、(備旨)若齊以千里而畏人者果何故哉要亦不能如湯之師耳今燕暴虐其民與葛無異王往而征之亦與征葛無異燕之民以爲將拯己於水火之中也而簞食壺漿以迎王師又何殊於雲霓之望乎使王之取燕能如湯之征葛有以慰其望則燕民悅而齊亦可以爲政於天下矣乃若此殘殺其父兄係縛其子弟拆毁其宗廟遷徙其重器則是取燕以自利而非成湯時雨之師矣如之何其可爲也夫天下諸侯固畏忌齊之强大也第無釁可乘耳今又倂燕加一倍之地而不行仁政以慰燕民之望故諸侯之忌愈深伐齊之謀遂合是天下之兵王實有以動之也能不以千里而畏人乎

王速出令ᄒᆞ샤反其旄倪ᄒᆞ시며止其重器ᄒᆞ시고謀於燕衆ᄒᆞ야置君而後에去之則猶可及止也ㅣ리이다 旄與耄同 倪五稽反

王이ᄲᆞᆯ리令을出ᄒᆞ샤그旄와倪를反ᄒᆞ시며그重器를止ᄒᆞ시고燕衆에謀ᄒᆞ야君을置ᄒᆞᆫ後에去ᄒᆞ시면오히려可히밋처止ᄒᆞ리이다

●反、還也、旄、老人也、倪、小兒也、謂所虜略之老小也、猶、尙也、及止、及其未發而止之也、雙峰饒氏曰當時只是子噲子之爲亂燕民自無罪齊王只當誅子噲子之別立君而去不當取他國這時只當定亂定亂者取其亂者而誅之如湯十一征不是全滅其國取之則是蹊田而奪之牛齊王殺其父兄係累其子弟毁其宗廟遷其重器是滅其國了○新安陳氏曰此是爲齊畫一策如此區處畧無所利於燕庶幾湯誅君弔民非富天下之爲則可逆止諸侯之兵矣 ○范氏、曰孟子、事齊梁之君、論道德則必稱堯舜、論征伐則必稱湯武、蓋治民、不法堯舜、則是爲暴、行

師、不法湯武、則是爲亂、豈可謂吾君不能、而舍上聲所學以徇之哉、慶源輔氏曰范氏發明孟子此意甚好蓋莫非道也而堯舜之道則正道也莫非師也而湯武之師則天討也集註又益以豈可謂吾君不能而舍所學以徇之哉一句尤爲有功於學者此萬世臣子事君之大法也備旨然此皆已往之事無足論矣爲今之計王速出令以曉告國人反其旄倪之係累者止其重器之未遷者謀於燕國臣民之衆擇其賢而當立者置爲燕君而後引兵去之如是則燕亂已定諸侯不得以救燕爲名齊不爲暴諸侯不得以伐暴爲說猶可及其兵之方動而使之中止也臣所以告王待之之策如此苟是令不出即出而不速則諸侯之謀遂成而救燕之兵且至臣不知所以待之矣王亟圖之

○鄒ㅣ與魯鬨이러니穆公이問曰吾有司死者ㅣ三十三人이로ᄃᆡ而民은莫之死也ᄒᆞ니誅之則不可勝誅ㅣ오不誅則疾視其長上之死而不救ᄒᆞ니如之何則可也잇고 鬨胡弄反勝平聲長上聲下同

鄒ㅣ魯로더브러鬨ᄒᆞ더니穆公이묻ᄌᆞ와ᄀᆞᆯ오ᄉᆞᄃᆡ내有司ㅣ死ᄒᆞᆫ者ㅣ三十三人이로ᄃᆡ民은死티아니ᄒᆞ니誅ᄒᆞᆫ則可히이긔여誅티몯ᄒᆞ고誅티아니ᄒᆞᆫ則그長上의死를疾視ᄒᆞ고救티아니ᄒᆞ니엇디ᄒᆞ면可ᄒᆞ리잇고

●鬨、鬪聲也、穆公、鄒君也、不可勝誅、言人衆、不可盡誅也、長上、謂有司也、民怨其上故、疾視其死而不救也、備旨鄒與魯爲鄰不相睦而有相鬪之鬨聲穆公問曰我師敗績於魯吾有司死於戰者三十三人而民莫肯爲之死以赴有司之難也今將欲誅之則人衆不可勝誅難乎其爲刑不誅則疾視其長上之死而不救無以謝有司不知如之何而可以處此民也穆公此問蓋徒知咎民而不知咎己知愛有司而不知愛民矣

孟子ㅣ對曰凶年饑歲예君之民이老弱은轉乎溝壑ᄒᆞ고壯者는散

而之四方者ㅣ幾千人矣오而君之倉廩이實ᄒᆞ며府庫ㅣ充이어늘有司ㅣ莫以告ᄒᆞ니是는上慢而殘下也니曾子ㅣ曰戒之戒之ᄒᆞ라出乎爾者ㅣ反乎爾者也ㅣ라ᄒᆞ시니夫民이今而後에得反之也ㅣ로소니君無尤焉ᄒᆞ쇼셔 幾上聲 夫音扶

孟子ㅣ對ᄒᆞ야ᄀᆞᆯᄋᆞ샤ᄃᆡ凶年과饑歲예君의民이老弱은溝壑에轉ᄒᆞ고壯者ᄂᆞᆫ散ᄒᆞ야四方애之ᄒᆞᆫ者ㅣ몃千人고君의倉廩이實ᄒᆞ며府庫ㅣ充ᄒᆞ얏거늘有司ㅣ뻐告티아니ᄒᆞ니이ᄂᆞᆫ上이慢ᄒᆞ야下ᄅᆞᆯ殘ᄒᆞᆷ이니曾子ㅣᄀᆞᆯᄋᆞ샤ᄃᆡ戒ᄒᆞ며戒ᄒᆞ라네게出ᄒᆞᆫ者ㅣ네게反ᄒᆞᆫ다ᄒᆞ시니民이이젠後에시러곰反ᄒᆞ도소니君은尤티마ᄅᆞ쇼셔

● 轉、飢餓輾音展轉而死也、充、滿也、上、謂君及有司也、尤、過也、

備旨 孟子對曰民之疾視其長上之死者有由然矣當凶年饑歲君之民老弱者皆飢餓輾轉而死於溝壑之中其壯者則散而之四方以就食者幾千人之多矣民之失所如此豈非爲有司者之所宜加恤哉而君倉廩之穀自實府庫之財自充有司竟無一人陳救荒之策於君而賑恤之是君與有司皆暴慢不仁而殘虐下民也民豈不思所以反之乎曾子嘗有言曰戒之哉戒之哉凡德怨之出於爾者如此則人之反乎爾者亦如此也彼有司莫告民之怨己非一日特未有隙得反耳夫民至於今戰鬪之日而後得疾視有司之死而不救而反之也此爾出爾反之常耳君無尊歸過於民焉

君行仁政ᄒᆞ시면斯民이親其上ᄒᆞ야死其長矣리이다

君이仁政을行ᄒᆞ시면이民이그上을親ᄒᆞ야그長애死ᄒᆞ리이다

●君、不仁而求富、是以、有司、知重斂(力驗反)而不知恤民、故、君行仁政則有司、皆愛其民而民亦愛之矣、(新安陳氏曰有司所以然者皆君不行仁政之故孟子對鄒君言故畧有司而專勉君正本之論也)○范氏、曰書、曰民惟邦本、本固、邦寧、(夏書五子之歌篇) 有倉廩府庫、所以爲(去聲)民也、豊年則斂之、凶年則散之、恤其飢寒、救其疾苦、是以、民、親愛其上、有危難(去聲)則赴救之、如子弟之衛父兄、手足之捍(音汗)頭目也、穆公、不能反己、猶欲歸罪於民、豈不誤哉、(南軒張氏曰有司視民之死而不救故民視有司之死而亦莫之救所以爲得反之也君行仁政而以民爲心民亦將以君爲心而親其上死其長矣此感應之理也曾子戒之戒之之語非特爲人上者不可須臾忘檢身者亦當深體之○新安陳氏曰上之愛民如父母之於子則民之衛上如子弟之衛父兄鄒君知罪民而不知反己孟子惟以行仁政勉之而誅不誅忘言焉得反之之意凜然可畏眞深切之論死其長如回何敢死之死謂忘身救上死且不避也平時親其上當危難則死其長) 備旨 由此觀之民不救有司由有司之不恤民而有司之不恤民皆由於君之不行仁政故也君若平日自反而擧行仁政恤其飢寒救其疾苦則有司皆體君心而各愛其民矣有司既恤其民自然情義相關親其上愛戴而不忘死其長捐軀而不悔矣何至有疾視其長上之死而不救者哉此君之所以當反己而不可過責於民也

○滕文公이問曰滕은小國也라間於齊楚ᄒᆞ니事齊乎잇가事楚乎잇가 (間去聲)

滕文公이묻ᄌᆞ와ᄀᆞᆯᄋᆞ샤ᄃᆡ 滕은小國이라齊楚애間ᄒᆞ여시니 齊를事ᄒᆞ리잇가楚를事ᄒᆞ리잇가

●滕、國名、 備旨 滕文公問曰小國勢孤力弱必託依大國乃能自安今滕地方五十里乃至小之國也間於齊楚而居乎二大國之間非有所事不能自保也將事齊乎抑事楚乎夫子爲我決之

孟子ㅣ對曰是謀는非吾의所能及也ㅣ로소이다無已則有一焉ᄒᆞ니鑿斯池也ᄒᆞ며築斯城也ᄒᆞ야與民守之ᄒᆞ야效死而民弗去則是可爲也ㅣ니이다

孟子ㅣ對ᄒᆞ야ᄀᆞᆯᄋᆞ샤ᄃᆡ이謀ᄂᆞᆫ나의能히及ᄒᆞᆯ배아니로소이다마디말와뎌ᄒᆞ시면一이이시니이池ᄅᆞᆯ鑿ᄒᆞ며이城을築ᄒᆞ야民으로더브러守ᄒᆞ야死ᄅᆞᆯ效호ᄃᆡ民이去티아니ᄒᆞᆫ則이可히ᄒᆞ얌즉ᄒᆞ니이다

●無已、見形甸反前篇、一、謂一說也、效、猶致也、國君、死社稷禮記曲禮國君死社稷大夫死衆士死制衆謂師衆大夫率師敗則死之制謂命令士受命或迫以死寧死而不可棄君命也故、致死以守國、至於民、亦爲去聲之死守而不去、則非有以深得其心者、不能也、○此章、言有國者、當守義而愛民、不可僥倖而苟免、南軒張氏曰與其望二國矜己以求安不若思所以自强而立國鑿池築城與民效死以守之是在我所當爲之事爲吾所當爲而已然固國以得民爲本民心不附雖有金城湯池誰與守之使民效死而不忍去非得之有素不能然也○慶源輔氏曰築城鑿池致死以守者守義也使民亦爲之死守而不去則非愛民者不能也若夫間於二國而徒欲擇强者而事之以覬一日之安則是僥倖苟免而已○雲峰胡氏曰不守義不能效死而不去不愛民不能使民亦效死而不去○新安陳氏曰守義守死社稷之義以倡其民也愛民當在平時○城池地利也民弗去人和也復致死而守義以倡之此守國之正法也【備旨】孟子對曰是事齊事楚之謀非吾智慮之所能及也君必欲言之無已則有一道焉鑿斯池也而浚之使深築斯城也而增之使高爲之君者平日愛養其民與民共守此城池及遇變時君必效死以盡其義而民心固結亦爲之死守而不去則是理之可爲者不過如此如欲依齊楚以爲安特僥倖苟免之計耳豈吾所能及哉

○滕文公이問曰齊人이將築薛ᄒᆞ니吾ㅣ甚恐ᄒᆞ노니如之何則可잇고

滕文公이묻ᄌᆞ와ᄀᆞᆯᄋᆞ샤ᄃᆡ 齊人이장ᄎᆞᆺ薛애築ᄒᆞ니내甚히恐ᄒᆞ노니 엇디ᄒᆞ면可ᄒᆞ니잇고

●薛、國名、近滕、齊取其地而城之故、文公、其偪(與逼同 筆力反) 已而恐也、(備旨)滕文公問於孟子曰滕之與薛本相依之國也今齊人將築薛地而城之其勢必逼於滕吾甚懼其禍之將及不知如之何則可以免併呑之患也

孟子ㅣ對曰昔者애 大王이 居邠ᄒᆞ실ᄉᆡ 狄人이 侵之어늘 去ᄒᆞ시고 之岐山之下ᄒᆞ샤 居焉ᄒᆞ시니 非擇而取之라 不得已也ㅣ시니이다 (邠與豳同)

孟子ㅣ對ᄒᆞ야ᄀᆞᆯᄋᆞ샤ᄃᆡ 녜大王이邠애居ᄒᆞ실ᄊᆡ 狄人이侵ᄒᆞ거늘去ᄒᆞ시고岐山ㅅ下애之ᄒᆞ샤居ᄒᆞ시니擇ᄒᆞ야取ᄒᆞ신줄이아니라말ᄋᆞᆷ을得디몯ᄒᆞ심이니이다

●邠、地名、言大王、非以岐下爲善、擇取而居之也、詳見(形甸反)下章、(備旨)孟子對曰敵國外患自古有之昔者太王居邠猶君之滕也狄人侵之不啻築薛之齊也乃去之岐山之下居焉是非以岐爲興王之地有所擇而取之乃迫於狄人之侵不得已而然也

苟爲善이면 後世子孫이 必有王者矣리니 君子ㅣ 創業垂統ᄒᆞ야 爲可繼也ㅣ라 若夫成功則天也ㅣ니 君如彼예 何哉리오 彊爲善而已矣니이다 (夫音扶 彊上聲)

진실로善을ᄒᆞ면後世예子孫이반ᄃᆞ시王ᄒᆞᆯ者ㅣ이시리니君子ㅣ業을創ᄒᆞ며統을垂ᄒᆞ야可히繼케ᄒᆞᆯᄲᅮᆫ이라만일功을成홈인則天이니君이뎌에엇디리오善ᄒᆞ욤을

彊ᄒᆞᆯᄯᆞᄅᆞᆷ이니이다

●(註) 創、造也、統、緒也、言能爲善、則如大王、雖失其地、而其後世、遂有天下、乃天理也、然、君子、造基業於前而垂統緒於後、但能不失其正、令(平聲)後世、可繼續而行耳、若夫成功則豈可必乎、彼齊也、君之力、既無如之何則但彊於爲善、使其可繼而俟命於天耳、○此章、言人君、當竭力於其所當爲、不可徼幸(徼與僥同、幸與倖通)於其所難必、

朱子曰孟子言若夫成功則天也君如彼何哉彊爲善而已矣初無望報之心也苟爲善後世子孫必有王者矣乃爲大王避狄而言易大傳曰積善之家必有餘慶書曰作善降之百神亦豈望報乎○南軒張氏曰所謂爲善循天理而不爲己私也爲善者初不期後世之有王而必有王者理則然也開久大之基爲其可繼者而已而不必其成功也若有期於成功之意則欲速而見利私意一生無復可繼之實矣○雲峯胡氏曰集註兩章皆言不可僥倖大凡僥倖者不爲天理之所當爲而徒覬夫意外之得者也前章是守義愛民當盡其在我者而不可僥倖其在人者此章是勉強爲善當盡其在我者而不可僥倖其在天者【備旨】苟君能修德行仁以爲善則如太王雖失其地後世子孫必有王天下者矣然此乃天道福善之常理而君子爲善之初心豈如是哉彼君子創基業於前而垂統緒於後惟爲所當爲以不失其正令後世子孫可繼續而行之耳若夫成功而致王則天也人豈可必乎且以君今日之勢如彼齊之強何哉則但勉強於爲善使其可繼以俟命於天而已矣何必爲無益之恐哉

○滕文公이問曰滕은小國也ㅣ라竭力ᄒᆞ야以事大國이라도則不得免焉이로소니如之何則可잇고孟子ㅣ對曰昔者애大王이居邠ᄒᆞ실서狄人이侵之어늘事之以皮幣라도不得免焉ᄒᆞ며事之以犬馬ㅣ라도不得免焉ᄒᆞ며事之以珠玉이라도不得免焉ᄒᆞ야乃屬其耆老而告之曰狄人之

所欲者ᄂᆞᆫ吾土地也니吾ᄂᆞᆫ聞之也니호君子ᄂᆞᆫ不以其所以養人者로害人이라호니二三子ᄂᆞᆫ何患乎無君이리오我將去之호리라ᄒᆞ시고去邠ᄒᆞ시고踰梁山ᄒᆞ샤邑于岐山之下ᄒᆞ샤居焉ᄒᆞ신대邠人이曰仁人也ㅣ라不可失也ㅣ라ᄒᆞ고從之者ㅣ如歸市ᄒᆞ더라 屬音燭

滕文公이묻ᄌᆞ와ᄀᆞᆯᄋᆞ샤ᄃᆡ　은小國이라力을竭ᄒᆞ야ᄡᅥ大國을事ᄒᆞ야도곧시러곰免티몯ᄒᆞ리로소니엇디ᄒᆞᆫ則可ᄒᆞ니잇고孟子ㅣ對ᄒᆞ야ᄀᆞᆯᄋᆞ샤ᄃᆡ녜大王이邠애居ᄒᆞ실ᄡᅵ狄人이侵ᄒᆞ거늘皮幣로ᄡᅥ事ᄒᆞ야도시러곰免티몯ᄒᆞ며犬馬로ᄡᅥ事ᄒᆞ야도시러곰免티몯ᄒᆞ며珠玉으로ᄡᅥ事ᄒᆞ야도시러곰免티몯ᄒᆞ야그耆老를屬ᄒᆞ야告ᄒᆞ야ᄀᆞᆯᄋᆞ샤ᄃᆡ狄人의欲ᄒᆞᄂᆞᆫ바ᄂᆞᆫ우리土地니나ᄂᆞᆫ들오니君子ᄂᆞᆫ그ᄡᅥ人養ᄒᆞᄂᆞᆫ바로ᄡᅥ人을害티아니ᄒᆞᆫ다ᄒᆞ니二三子ᄂᆞᆫ엇디君업슴을患ᄒᆞ리오내쟝ᄎᆞᆺ去호리라ᄒᆞ시고邠을去ᄒᆞ시고梁山을踰ᄒᆞ샤岐山ㅅ下의邑ᄒᆞ샤居ᄒᆞ신대邠人이ᄀᆞᆯ오ᄃᆡ仁人이라可히失티몯ᄒᆞᆯ꺼시라ᄒᆞ고從ᄒᆞᄂᆞᆫ者ㅣ市예歸ᄃᆞᆺᄒᆞ더라

●皮、謂虎豹麋鹿之皮也、幣、帛也、屬、會集也、土地、本生物以養人、今爭地而殺人、是、以其所以養人者、害人也、邑、作邑也、歸市、人衆而爭先也、南軒張氏曰大王之言忠厚不迫其遷本以全民不敢必民之歸而强之從也曰二三子何患乎無君此天地之心眞保民之主也民心自不容釋乎大王戴其仁有素矣然大王之事非德盛而達權不足以與此○東陽許氏曰大王自邠遷岐民從之如歸市史所謂居三月成城郭一年成邑三年成都而民五倍其初蓋非獨邠民近於岐周之民皆歸之也當時西方地近戎狄皆間隙之地非封國之疆界故大王得優遊遷徙若滕在中國又介大國之間無可遷之地民雖或從之亦無所往孟子特舉大王之得民以警文公爾故下文言效死乃其正也【備旨】滕文公問曰滕小國也竭力以事齊楚之大國則不得免其侵伐焉不知如之何而可免也孟子對曰大國非事之所能免也惟有自盡之道焉耳昔者太王居邠狄人侵之始事之以皮幣意其欲我財帛也而不得免焉繼事之以犬馬意其欲我走獸也而不得免焉終事之以珠玉意其欲我貨寶也而不得免焉乃屬其國中耆老而告之曰狄人之所欲者非皮幣犬馬珠玉而在吾土地也夫土地本生物以養人我若以土地之故而爭之則不免於殺人矣吾聞之也君子以愛人爲心不忍以其所以養人者害人而吾能忍之乎汝二三子何患乎無君我將去之而不死於難則汝等皆有君矣於是去邠國而踰梁山之險作邑于岐山之下居焉邠人自相謂曰吾君恩德素深蓋仁人也有君如此奚忍負之相率以遷不可失也但見邠人之衆爭先而從之者如歸市焉此遷國圖存之策己試於太王者如此

或曰世守也ㅣ라 非身之所能爲也ㅣ니 效死勿去ㅣ라ᄒᆞᄂᆞ니

或ᄀᆞᆯ오ᄃᆡ 世로守ᄒᆞᄂᆞᆫ거시라 身의能히ᄒᆞᆯ빼아니니死ᄅᆞᆯ效ᄒᆞ야 去티말께시라ᄒᆞᄂᆞ니

●又言或謂土地、乃先人所受而世守之者、非己所能專、但當致死守之、不可舍上聲去、此、國君死社稷之常法、傳去聲所謂國滅君死之正也、正謂此也、公羊傳襄公六年十有二月齊侯滅萊曷爲不言萊君出奔國滅君死之正也不書殺萊君者舉滅國爲重【備旨】或人又曰土地乃先人所受而世守之者非吾身之所能專爲也但當效死守之國存與存國亡與亡不可舍之而他往也此則守正俟死之義有得於人言者如此

君請擇於斯二者ᄒᆞ쇼서

君은請컨댄이二者애擇ᄒᆞ쇼서

●能如大王則避之、不能則謹守常法、蓋遷國以圖存者、權也、守正而俟死者、義

也、記禮運故國有患君死社稷謂之義大夫死宗廟謂之變○問集註義字當改作經字朱子曰思之誠是蓋義便近權或可如此或可如彼皆義也經則一定而不易旣對權字須著用經字 審己量力、擇而處上聲之、可也慶源輔氏曰遷國以圖存者大王是也守正而俟死者國君死社稷是也在文公惟有此二法故併擧以告之然權非大賢以上不能爲經則人皆當勉也故使文公審己量力擇而取其一焉夫大王之事非文公所能爲然則孟子之意固欲文公勉守其常法耳 ○楊氏、曰孟子之於文公、始告之、以效死而已、禮之正也、至其甚恐、則以大王之事、告之、非得已也、然、無大王之德而去、則民或不從、而遂至於亡、則又不若效死之爲愈、故、又請擇於斯二者、又曰孟子所論、自世俗觀之、則可謂無謀矣、然、理之可爲者、不過如此、舍上聲此則必爲儀秦張儀蘇秦之爲矣、凡事求可、功求成、取必於智謀之末、而不循天理之正者、非聖賢之道也、問孟子對滕文公三段皆是無可奈何只得勉之爲善之辭想見滕國至弱都主張不起故如此朱子曰滕是必亡無可疑者況王政不是一日行得底事他又界在齊楚之間二國視之如太山之壓雞卵耳若教他粗成次第此二國亦必不見容也若湯文之興皆在空閒之地無人來覷他故日漸盛大若滕則實是難保也【備旨】由太王之遷國圖存者觀之則民爲重社稷爲輕一時之權也由人言之守正俟死者觀之則社稷爲重君爲輕萬世之義也君請審己之力觀勢之便擇於斯二者而取其一焉可也外此則僥倖苟且之策豈吾所能及乎

○魯平公이 將出홀시 嬖人臧倉者ㅣ 請曰他日에 君이 出則必命有司所之ㅣ러시니 今애 乘輿ㅣ 已駕矣로ᄃᆡ 有司ㅣ 未知所之ᄒᆞ니 敢請ᄒᆞ노이다 公曰將見孟子호리라 曰何哉잇고 君所爲輕身ᄒᆞ야 以先於匹夫者는 以爲賢乎ㅣ잇가 禮義는 由賢者出이어늘 而孟子之後喪이 踰前喪ᄒᆞ니

君無見焉ᄒᆞ쇼서 公曰諾다 乘去聲

魯平公이장ᄎᆞᆺ出ᄒᆞᆯᄊᆡ嬖人臧倉者ㅣ請ᄒᆞ야ᄀᆞᆯ오ᄃᆡ他日애君이出ᄒᆞ신則반ᄃᆞ시有司의게之ᄒᆞ시ᄂᆞᆫ바ᄅᆞᆯ命ᄒᆞ더시니이제乘輿ㅣ이믜駕ᄒᆞ야쇼ᄃᆡ有司ㅣ之ᄒᆞ실빠ᄅᆞᆯ아디몯ᄒᆞ니敢히請ᄒᆞ노이다公이ᄀᆞᆯᄋᆞ샤ᄃᆡ쟝ᄎᆞᆺ孟子ᄅᆞᆯ見호리라ᄀᆞᆯ오ᄃᆡ엇디니잇고君이身을輕ᄒᆞ야ᄡᅥ匹夫의先ᄒᆞᄂᆞᆫ바ᄂᆞᆫᄡᅥ賢타ᄒᆞ시ᄂᆞ니잇가禮義ᄂᆞᆫ賢者로말ᄆᆡ암아나거ᄂᆞᆯ孟子의後喪이前喪에踰ᄒᆞ니君은見티마ᄅᆞ쇼서公이ᄀᆞᆯᄋᆞ샤ᄃᆡ諾다

◉乘輿、君車也、駕、駕馬也、孟子、前喪父、後喪母、踰、過也、言其厚母、薄父也、諾、應辭也、新安陳氏曰平公將見孟子必得之於樂克所以沮於臧倉後克入見審問不見之故 備旨 魯平公聞樂正子稱孟子之賢將出而就見孟子有嬖人臧倉者佯爲不知而請曰人君一出一入甚不輕也他日君出則必命有司所之誠重之也今乘輿已駕矣有司尙未知所之又何其輕也敢請所之公曰吾將往見孟子臧倉曰何哉君所爲輕身以先加禮於匹夫者無乃以孟子爲賢乎夫賢者擧動必循乎禮作事必合乎義是禮義必由賢者出也而孟子之後喪踰前喪厚其母而薄其父吾不知其於禮義何居也焉有違禮義之人而得爲賢者乎公無輕身見焉公信之曰諾遂止而不見孟子

樂正子ㅣ入見曰君〃이奚爲不見孟軻也ㅣ잇고 曰或이告寡人曰孟子之後喪이踰前喪이라ᄒᆞᆯ서是以로不往見也호라 曰何哉잇고 君所謂踰者ᄂᆞᆫ前以士ㅣ오後以大夫ㅣ며前以三鼎而後以五鼎與ㅣ잇가 曰否ㅣ라 謂棺槨衣衾之美也ㅣ니라 曰非所謂踰也ㅣ라 貧富ㅣ不同也ㅣ니이다

入見之見音現與平聲

樂正子ㅣ入ᄒᆞ야見ᄒᆞ야ᄀᆞᆯ오ᄃᆡ 君이엇디孟軻를보디아니ᄒᆞ시니잇고ᄀᆞᆯᄋᆞ샤ᄃᆡ或이寡人의게告ᄒᆞ야ᄀᆞᆯ오ᄃᆡ孟子의後喪이前喪에踰타ᄒᆞᆯᄊᆡ일로ᄡᅧ往見티아니ᄒᆞ라ᄀᆞᆯ오ᄃᆡ엇디잇고 君의닐온밧踰ᄂᆞᆫ前은士로ᄡᅦ 오後ᄂᆞᆫ태우 로ᄡᅧᄒᆞ며前은三鼎으로ᄡᅦ 오後ᄂᆞᆫ五鼎으로ᄡᅦ니잇가ᄀᆞᆯᄋᆞ샤ᄃᆡ 아니라棺槨과衣衾의美를닐옴이니라ᄀᆞᆯ오ᄃᆡ닐온밧踰ㅣ아니라貧과富ㅣ同티아닐ᄊᆡ니이다

●樂正子、孟子弟子也、雙峰饒氏曰樂正是樂官之長恐其先世曾作樂官來子孫遂以爲姓樂正裘亦是一人以此見樂正是姓如司馬亦是因官以爲姓 仕於魯、三鼎、士祭禮、五鼎、大夫祭禮、㊥雙峰饒氏曰五鼎是大夫之禮羊豕魚腊膚三鼎是士之禮特豕魚腊【補音】樂正子因平公不見孟子故入見而問曰向也乘輿已駕君奚爲中止而不見孟軻也公曰始吾欲見之者爲其賢也乃或告寡人曰孟子之後喪踰前喪則既失禮義之中正而不得爲賢是以不往見之也樂正子曰何哉君之所謂後喪踰前喪者豈謂其前以士之禮祭父後以大夫之禮祭母前以士禮則三鼎爲薄後以大夫五鼎之禮祭母爲厚故謂之踰與公曰否此有定制不得謂之踰謂棺槨衣衾之美過於其父是以謂之踰也樂正子曰若此者非所謂踰也良以貧富之不同耳蓋其喪父之時貧貧則無財不可以爲悅喪母之時富富則不以天下儉其親是皆出於禮義之當然非賢者不能得其宜也君獨奈何不肯往見之哉

樂正子ㅣ見孟子曰克이告於君호니君이爲來見也ㅣ러시니嬖人有臧倉者ㅣ沮君이라君이是以로不果來也ᄒᆞ시니이다曰行或使之며止或尼之나行止는非人의所能也ㅣ라吾之不遇魯侯는天也ㅣ니臧氏之子

ㅣ焉能使予로不遇哉리오 爲去聲沮慈呂反尼女乙反焉於虔反

樂正子ㅣ孟子를보ᄋᆞ와ᄀᆞᆯ오ᄃᆡ克이君ᄭᅴ告ᄒᆞ니君이爲ᄒᆞ야來見ᄒᆞ려ᄒᆞ더시니嬖人臧倉者ㅣ君을沮ᄒᆞᆫ디라君이일로ᄡᅧ果히來티아니ᄒᆞ시니이다ᄀᆞᆯᄋᆞ샤ᄃᆡ行ᄒᆞ욤도或使ᄒᆞ며止ᄒᆞ욤도或尼ᄒᆞ나行止ᄂᆞᆫ人의能히ᄒᆞᆯ배아니라나의魯侯를遇티몯홈은天이니臧氏의子ㅣ엇디能히날로ᄒᆞ여곰遇티몯게ᄒᆞ리오

●克、樂正子名、沮、尼、皆止之之意也、言人之行、必有人使之者、其止、必有人尼之者、然、其所以行、所以止、則固有天命、而非此人所能使、亦非此人所能尼也、然則我之不遇、豈臧倉之所能爲哉○此章、言聖賢之出處、上聲關時運之盛衰、乃天命之所爲、非人力之可及、龜山楊氏曰孟子之遇不遇治亂與衰之所繫天實爲之非人所能也夫何怨尤之有○范氏曰在孟子可以言天在魯侯不可以言天賢者在己者有義在天者有命脩其在己而聽其在天至於人君則當尊用賢德奉行天命不當諉之天也○慶源輔氏曰章旨之說深得聖賢出處之道樂正子亦未免以世俗之心窺孟子故孟子以此發之○雙峰饒氏曰孔子有兩說道之將行也與命也道之將廢也與命也與孟子此章一同皆取必於天天之將喪斯文也後死者不得與於斯文也天之未喪斯文也匡人其如予何這是取必於己言天既欲喪斯文必不使我得與於斯文天既使我得與於斯文則是天必不喪斯文一說是我之命係乎天是以天爲主一說是天命係乎我是以我爲主二者相爲賓主那箇是聖人之言這箇是賢人之言孔子告子服景伯是與常人說話又低得一等【備旨】樂正子見孟子曰克前以夫子之賢告於君君以克之言欲求見夫子也孰意嬖人有臧倉者以後喪踰前喪之言沮君君惑其言是以不果來也孟子援天以曉之曰凡人道之行也或有人先容而使之其止也或有人沮抑而尼之然其所以行所以止則固有天在而非人之所能使亦非人之所能尼也今吾之不遇魯侯不得以行吾道者乃氣數之否天未欲平治天下也彼臧氏之子特人耳焉能尼之而使予不遇哉

原本備旨孟子集註卷之二 終

原本備旨

孟子集註卷之三

公孫丑章句上

凡九章

○公孫丑ㅣ問曰夫子ㅣ當路於齊ᄒᆞ시면 管仲晏子之功을可復(扶又反)許乎가ㅣ잇

公孫丑ㅣ묻ᄌᆞ와ᄀᆞᆯ오ᄃᆡ夫子ㅣ齊에路애 當ᄒᆞ시면管仲과晏子의功을可히다시許ᄒᆞ시리잇가

●公孫丑、孟子弟子、齊人也、當路、居要地也、管仲、齊大夫、名夷吾、相(去聲)桓公、覇諸侯、許、猶期也、孟子、未嘗得政、丑、蓋設辭以問也、

慶源輔氏曰此必丑初見孟子時事觀其語意恐孟子不敢以管晏自許是全未知孟子也○西山眞氏曰齊宣既慕桓文丑復慕管晏蓋覇者功利之說深入人心己久故不惟時君慕之而學者亦慕之[備旨]公孫丑問曰吾夫子固有志用世矣設使今日得居要路而秉齊國之政如當日管仲晏子之功業可復自期許乎蓋戰國之時崇尙覇功多尊管晏故公孫丑之言如此

孟子ㅣ曰子ㅣ誠齊人也ㅣ로다 知管仲晏子而已矣온여

孟子ㅣᄀᆞᆯᄋᆞ샤ᄃᆡ子ㅣ진실로齊人사ᄅᆞᆷ이로다管仲과晏子ᄅᆞᆯ알ᄯᆞᄅᆞᆷ이온여

●齊人、但知其國、有二子而已、不復(扶又反)知有聖賢之事、

慶源輔氏曰世衰道微學不明人不知有學問則亦不復知有聖

賢之事業雖有英才美質不覺溺於時俗之見聞而已此齊人之所以但知其國之有二子也[備旨]孟子因鄙之曰齊人之所知者管仲晏子也子誠齊人也亦惟知有管仲晏子而已矣外此而聖賢之學術事功高出於管晏之上者皆所不知也非誠齊人而何

或이問乎曾西曰吾子ㅣ與子路孰賢고曾西ㅣ蹵然曰吾先子之所畏也ㅣ니라曰然則吾子ㅣ與管仲孰賢고曾西ㅣ艴然不悅曰爾何曾比予於管仲고管仲이得君이如彼其專也ㅣ며行乎國政이如彼其久也ㅣ로ᄃᆡ功烈이如彼其卑也ᄒᆞ니爾何曾比予於是오ᄒᆞ니라

蹵子六反艴音拂又音勃曾並音增

或이曾西ᄃᆞ려무러ᄀᆞᆯ오ᄃᆡ 吾子ㅣ子路로ᄃᆞ려뉘賢ᄒᆞ뇨曾西ㅣ蹵然ᄒᆞ야ᄀᆞᆯ오ᄃᆡ우리先子의畏ᄒᆞ시던배니라ᄀᆞᆯ오ᄃᆡ그러ᄒᆞᆫ則吾子ㅣ管仲으로ᄃᆞ려뉘賢ᄒᆞ뇨曾西ㅣ艴然히悅티아니ᄒᆞ야ᄀᆞᆯ오ᄃᆡ네엇디곧나를管仲애比ᄒᆞᄂᆞ뇨管仲이君을得홈이뎌러ᄐᆞ시그專ᄒᆞ며國政을行홈이뎌러ᄐᆞ시그久호ᄃᆡ功烈이뎌러ᄐᆞ시그卑ᄒᆞ니네엇디곧나를이에比ᄒᆞᄂᆞ뇨ᄒᆞ니라

●孟子、引曾西與或人問答如此、曾西、曾子之孫、蹵、不安貌、先子、曾子也、艴、怒色也、曾之言則也、烈、猶光也、桓公、獨任管仲四十餘年、是專且久也、管仲、不知王道而行霸術、故、言功烈之卑也、楊氏、曰孔子、言子路之才曰千乘之國、可使治其賦也、使其見形甸反於施爲如是而已、其於九合諸侯、一正天下、固有所不逮也、然則曾西、推尊子路如此、而羞比管仲者、何哉、譬之御者、子路則範我馳驅而不獲者也、管仲之功、詭遇而獲禽耳、曾西、仲尼之徒也、故、不道管仲之事、問聖人分明是大管仲之功而孟子硬以爲卑如何朱子曰孟子是不肯做他底是見他做得那規模來低○慶源輔氏曰楊氏斷置得極分明子路之才視管仲誠爲不及然子路之所學則聖人之道其於管仲之事蓋有所不屑爲者或曰楊氏本說但云子路譬之御者則範我馳驅者若管仲蓋詭遇耳此則是以御而譬其所爲未說到功效上今集註增益之曰子路則範我馳驅而不獲者也管仲之功詭遇而獲禽耳則是並與功都說了然按孟子範我馳驅是一人不獲又是一人詭遇是一人獲禽又是一人今若作一人看則似以子路爲御之善而射未善然射御又非一人所能兼者恐不若只從其本說之爲得也曰非是之謂也集註之意蓋謂子路是範我馳驅而不遇王者故不獲管仲則詭遇以逢桓公之爲故得禽多耳○雙峯饒氏曰使王良得善射者而御之則範我馳驅正所以獲禽即詩所謂不失其馳舍矢如破儒以孔孟之道而遇明主則治國平天下皆餘事耳 備旨 獨不聞曾西與或人問答之言乎昔者或人問於曾西曰吾子自視與子路孰賢曾西以其擬己太高蹵然不安曰子路之才之學乃吾先子曾子之所敬畏者也豈予之所敢比乎或人又問曰子既不敢比子路然則吾子自視與管仲孰賢曾西以其擬己太卑艴然怒而不悅曰吾雖不敢比子路爾何曾比予於管仲管仲爲桓公所獨任尊爲仲父其得君如彼其專也且執齊國之權四十餘年其行乎國政如彼其久也既專且久宜其所成就者大矣顧乃會盟征伐不過假仁假義其功烈如彼其卑而無足觀也爾何曾比予於是哉

曰管仲은曾西之所不爲也ㅣ어늘而子ㅣ爲我願之乎아 子爲之爲去聲

ᄀᆞᆯᄋᆞ샤ᄃᆡ管仲은曾西의ᄒᆞ디아니ᄒᆞᄂᆞᆫ배어ᄂᆞᆯ子ㅣ나ᄅᆞᆯ爲ᄒᆞ야願ᄒᆞᄂᆞ냐

●曰、孟子言也、願、望也、 備旨 由曾西與或人問答之言觀之則管仲之功烈乃曾西之所不屑爲者也曾西與我同道曾西不爲則亦我之所不爲也而子乃以復許爲我願望之乎

不爲管仲即不爲晏子可知矣

曰管仲은以其君霸ᄒᆞ고晏子ᄂᆞᆫ以其君顯ᄒᆞ니管仲晏子ᄂᆞᆫ猶不足

爲與잇가 與平聲

ᄀᆞᆯ오ᄃᆡ管仲은그君으로ᄡᅥ霸케ᄒᆞ고晏子ᄂᆞᆫ그君으로ᄡᅥ 顯케ᄒᆞ니管仲과晏子ᄂᆞᆫ오히려足히ᄒᆞ염즉디아니ᄒᆞ니잇가

○顯、顯名也、 備旨 丑乃盛稱管晏曰管仲之在齊也相桓公主盟中國以其君稱霸於當時晏子之在齊也相景公能行古法以其君顯名於天下管仲晏子之功其大如此夫子猶以爲不足爲與

曰以齊로王이由反手也ㅣ니라 王去聲 由猶通

ᄀᆞᆯᄋᆞ샤ᄃᆡ齊로ᄡᅥ王홈이手를反홈ᄀᆞᆮᄐᆞ니라

○反手、言易去聲也、 備旨 孟子曰在我當要路於齊則以齊致王由反手之易也豈獨以霸以顯己哉

曰若是則弟子之惑이滋甚케이다且以文王之德으로百年而後崩ᄒᆞ샤ᄃᆡ猶未洽於天下ㅣ어시ᄂᆞᆯ武王周公이繼之然後에大行ᄒᆞ니今言王若易然ᄒᆞ시니則文王은不足法與잇가 易去聲下同與平聲

ᄀᆞᆯ오ᄃᆡ이러ᄐᆞᆺᄒᆞᆫ則弟子의惑이더옥甚케이다또文王의德으로ᄡᅥ百年인後에崩ᄒᆞ샤ᄃᆡ오히려天下에洽디몯ᄒᆞ거시ᄂᆞᆯ武王과周公이繼ᄒᆞ신然後에ᄏᆡ行ᄒᆞ니이제王을이러ᄐᆞᆺ시쉽다닐ᄋᆞ시니곧文王은足히法디아니ᄒᆞ리잇가

○滋、益也、文王、九十七而崩、言百年、擧成數也、 禮記文王世子文王九十七而終 文王、三分天下、

才有其二、武王、克商、乃有天下、周公、相去聲成王、制禮作樂然後、敎化大行、東陽許氏曰武王周公繼之然後大行此言周公制禮作樂之後雖殷之頑民莫不率化趍善之時也【補註】丑因孟子言齊王反手疑其自許太過曰夫子以管晏爲不足爲弟子旣已惑矣今又言以齊王猶反手若是則弟子之惑滋甚且以文王之德其及於人者盛矣享壽百歲而後崩其德之施也久矣宜乎致王之易然猶三分有二其德只怙冒於西土而已未盡洽於天下及武王周公繼之一則纘緒克商一則制禮作樂然後敎化始大行於天下而王業成焉是文王尙不能及身而王如此今言反手王齊若是之易然則非惟管晏不足爲即文王之德亦不足法與此丑不能無惑也

曰文王은何可當也ㅣ시리오由湯으로至於武丁히賢聖之君이六七이作ᄒᆞ야天下ㅣ歸殷이久矣니久則難變也ㅣ라武丁이朝諸侯有天下ᄒᆞᄃᆡ猶運之掌也ᄒᆞ시니紂之去武丁이未久也ㅣ라其故家遺俗과流風善政이猶有存者ᄒᆞ며又有微子微仲王子比干箕子膠鬲이皆賢人也ㅣ라相與輔相之故로久而後에失之也ᄒᆞ니尺地도莫非其有也ㅣ며一民도莫非其臣也ㅣ어ᄂᆞᆯ然而文王이猶方百里起ᄒᆞ시니是以難也ㅣ니라

朝音潮鬲音隔又音歷輔相之相去聲猶方之猶與由通

ᄀᆞᆯᄋᆞ샤ᄃᆡ 文王은엇디可히當ᄒᆞ시리오湯으로말미암아武丁에니르히賢聖人君이六七이作ᄒᆞ야天下ㅣ殷에歸홈이오라니오라면變홈이難ᄒᆞ니라 武丁이諸侯를朝ᄒᆞ야天下를두ᄃᆡ掌애運홈ᄀᆞᄐᆡᄒᆞ시니紂ㅣ武丁애去홈이 오라디아니ᄒᆞᆫ디라그故

家와遺俗과流風과 善政이오히려存ᄒᆞᆫ者ㅣ이시며ᄯᅩ微子와微仲과 王子ㅣ언比干과箕子와膠鬲이다賢人이라서ᄅᆞ드려輔相ᄒᆞᆫ故로오란後에失ᄒᆞ니 尺地도그둠이아니니업스며一民도그臣이아니니업거늘그러나文王이方百里로말미암아起ᄒᆞ시니일로ᄡᅥ難ᄒᆞ니라

●當、猶敵也、商自成湯、至于武丁、中間、太甲太戊祖乙盤庚、皆賢聖之君、作、起也、自武丁至紂、凡七世、故家、舊臣之家也、雙峰饒氏曰故家舊臣遺俗舊民是說在下底流風之化善政之事是說在上底 [備旨]孟子曰文王之德至盛何可當也但其所以難王者夫亦所遇之難耳商業始於成湯由湯而太甲太戊祖乙盤庚以至於武丁賢聖之君凡六七作其累世德澤浹入人心天下歸殷久矣久則思慕之情浹其心難變而之他也故當武丁之時國運雖衰王業未改一加振作赫然中興遂能朝諸侯有天下猶運之掌也紂之去武丁之世尚未久也其在下則舊臣之故家前民之遺俗其在上則昭代之流風本朝之善政猶有存而未廢者且貴戚之卿又有微子焉微仲焉王子比干焉箕子焉異姓之卿則有膠鬲焉此五人者皆有德之賢人也相與同心匡救以輔相之故紂雖無道國不遽亡必待日久而後失之也是文王所遇之難如此況當紂之時依然一統之天下尺地莫非商之有也一民莫非商之臣也然而文王僅守侯邦猶方百里起焉是文王所處之難又如此是以終不能成一統之大業而致王若斯之難也孰謂文王爲不足法乎

齊人이有言曰雖有知慧나不如乘勢며雖有鎡基나不如待時라ᄒᆞ니今時則易然也ㅣ니라 知音智 鎡音玆

齊人이言을두어ᄀᆞᆯ오ᄃᆡ비록知慧이시나勢ᄅᆞᆯ乘홈만ᄀᆞᆺ디몯ᄒᆞ며비록鎡基ㅣ이시나時ᄅᆞᆯ待홈만ᄀᆞᆺ디몯ᄒᆞ다ᄒᆞ니이제時ㄴ則易ᄒᆞ니라

●鎡基、田器也、時、謂耕種之時、 [備旨]夫觀文王之事則致王誠係乎時勢也齊人嘗有言曰人之作事也雖有智慧之巧不如乘其可爲之勢不得其勢則智慧將安施

平人之治田也雖有鎡基之備不如待其可耕之時不得其時則鎡基將安用乎吾謂以齊王猶反手者亦以今時之時勢則易然也豈若文王所遭時勢之難哉

夏后殷周之盛에 地未有過千里者也ᄒᆞ니 而齊ㅣ 有其地矣며 鷄鳴狗吠ㅣ 相聞而達乎四境ᄒᆞ니 而齊ㅣ 有其民矣니 地不改辟矣며 民不改聚矣라도 行仁政而王이면 莫之能禦也ㅣ리라 辟與闢同

夏后殷周ㅅ盛애 地ㅣ千里예 過ᄒᆞᆫ者ㅣ잇디아니ᄒᆞ니齊ㅣ 그地를두며雞의鳴과狗의吠ㅣ 서르聞ᄒᆞ야 四境에達ᄒᆞ니齊ㅣ 그民을두니地ㅣ고텨辟디아니ᄒᆞ며民이고텨聚티아니ᄒᆞ야도仁政을行ᄒᆞ야王ᄒᆞ면能히禦ᄒᆞ리업스리라

●此、言其勢之易(去聲)也、三代盛時、王畿(音祈)不過千里、今齊已有之、異於文王之百里、又雞犬之聲、相聞、自國都、以至于四境、言居民稠密也、雙峯饒氏曰勢是指事力而言有地則有財有民則有兵地廣則財富民衆則兵强既富且强所以擧事易文王百里地狹民少所以難【備旨】何以見勢之易於王也彼夏后殷周之盛王畿之地未有過千里者也而齊則已有千里之地矣豈但文王百里之地已哉雞鳴狗吠之聲彼此相聞自國都而達乎郊外之四境而齊則已有既庶之民矣豈如文王百里之民已哉有其地則地已辟而不待改辟矣有其民則民已聚而不待改聚矣乘此勢以行仁政而王天下自莫之能禦也夫何難於王哉

且王者之不作이 未有疏於此時者也ᄒᆞ며 民之憔悴於虐政이 未有甚於此時者也ᄒᆞ니 飢者에 易爲食이며 渴者에 易爲飮이니라

ᄯᅩ王者의作디아니홈이이 時만疏ᄒᆞᆫ이잇디아니ᄒᆞ며民의 虐政에憔悴홈이이時만

甚ᄒᆞᆫ이잇디아니ᄒᆞ니飢者애食되옴이쉬오며渴者애飮되옴이쉬오니라

●此、言其時之易也、自文武至此、七百餘年、異於商之賢聖繼作、民苦虐政之甚、異於紂之猶有善政、易爲飮食、言飢渴之甚、不待甘美也、備旨何以見時之易於王也且以文武至今七百餘年王者之君不作未有踈於此戰國之時者也豈若商之賢聖繼作乎自列國分爭無時休息民之憔悴於暴虐之政未有甚於此戰國時者也豈若商之猶有善政乎乘此之時而行仁政則民心易悅猶飢者不待其食之甘而易爲食也猶渴者不待其飮之美而易爲飮也又何難於王哉

孔子ㅣ曰德之流行이速於置郵而傳命이라ᄒᆞ시니 郵音尤

孔子ㅣᄀᆞᆯᄋᆞ샤ᄃᆡ德의流行홈이置郵로命傳홈두곤速다ᄒᆞ시니

●置、驛也、郵、馹音日也、新安陳氏曰如漢五里一置左傳楚子乘馹會師○東陽許氏曰字書馬遞曰置步遞曰郵漢西域傳因騎置以聞師古曰即今驛馬也黃覇傳郵亭師古曰書舍謂傳送文書所止處如今驛舘 所以傳命也、孟子、引孔子之言如此、雙峰饒氏曰德之流行即是應前面文王之德底德字盖德是本全靠時勢不得有智慧而後可以乘勢有鎡基而後可以待時若無德雖有時勢何以行之備旨夫時勢固易於行仁而仁政之行本自速者孔子有言曰德化之流行也心相感通其機不疾而速不行而至殆速於置郵而傳命焉德行之速如此而况有時勢之可乘乎

當今之時ᄒᆞ야萬乘之國이行仁政이면民之悅之ㅣ猶解倒懸也ㅣ리니

故로事半古之人이오功必倍之ᄂᆞᆫ惟此時ㅣ爲然ᄒᆞ니다 乘去聲

이젯時를當ᄒᆞ야萬乘ㅅ國이仁政을行ᄒᆞ면民의悅홈이倒懸을解홈ᄀᆞᆮᄃᆞ리니故로事ㅣ녯사ᄅᆞᆷ애半만ᄒᆞ고功이반ᄃᆞ시倍홈은오직이時ㅣ그러ᄒᆞ니라

●倒懸、諭困苦也、所施之事、半於古人、而功、倍於古人、由時勢易而德行速也、問孟

子旣卑管仲使孟子當管仲之時則如之何雙峰饒氏曰亦只是合諸侯以尊周室但孟子則眞能使王室尊安而諸侯各循王度管仲不過假尊周之名以蓋其摟諸侯之實其所爲實文武之罪人也王覇之分只在誠僞孔子作春秋亦不過欲諸侯尊周室循周制而已○新安陳氏曰丑幷論管晏孟子只及管仲而不及晏蓋晏之事功又在管之下不必言也晏事景公政在陳氏晏未嘗當齊政也晏才不及管而其人稍正於管其人無可譏其事無可言此孟子所以置晏不言而專及管歟(備旨)若以當今易爲飮食之時而兼齊千里萬乘之國則旣有其時又有其勢於此而行仁政之德則民之悅之猶解倒懸之苦也故所施之事雖半於古人不必百年而繼世而致王之功必倍於古人不止三分而有二惟在此時爲能然由其時勢旣易德行自速是以用力少而成功多也齊王反手豈虛語哉而子乃以管晏爲我願乎

○公孫丑ㅣ問曰夫子ㅣ加齊之卿相ᄒᆞ샤 得行道焉ᄒᆞ시면 雖由此覇王이라도 不異矣리니 如此則動心가 否乎ㅣ잇가 孟子ㅣ曰否ㅣ라 我는 四十이라 不動心호라 相去聲

公孫丑ㅣ묻ᄌᆞ와 ᄀᆞᆯ오ᄃᆡ 夫子ㅣ齊人卿相에 加ᄒᆞ샤 시러곰 道ᄅᆞᆯ 行ᄒᆞ시면 비록 일로 말미암아 覇ᄒᆞ며 王ᄒᆞ야도 異티 아니ᄒᆞ리니 이러ᄐᆞᆺᄒᆞᆫ則 心을 動ᄒᆞ실가 아니ᄒᆞ시리잇가 孟子ㅣᄀᆞᆯᄋᆞ샤ᄃᆡ 아니라 나ᄂᆞᆫ 四十이라 心을 動티 아니호라

●此、承上章、又設問孟子、若得位而行道、則雖由此而成覇王之業、亦不足怪、任大責重、如此、亦有所恐懼疑惑而動其心乎、雙峯饒氏曰集註恐懼疑惑四字雖是說心之所以動然恐懼字是爲下文養氣張本疑惑字是爲下文知言張本要之不疑惑然後能不恐懼故集註論心之動則以恐懼居先論心之所以不動則又以無所疑惑居先 四十、彊仕、君子道明德立之時、孔子四十而不惑、亦不動心之謂、朱子曰盡心知性無所疑惑動皆合義無所畏怯雖當盛位行大道亦沛然行其所無事而已何心動之有易所謂不疑其所行者蓋如此而孔子之不惑亦事也公孫丑非謂孟子以卿相富貴動其心謂霸王事大恐孟子擔當不過有所疑懼而動其心耳不知霸王當甚閑事○雙峯饒氏曰道明屬知言德立屬養氣○陵陽李氏曰明則不疑立則不懼然未有不明而能立者故知言養氣雖二事幷進而其序必以知言爲先孔子不惑則自不動矣○雲峯胡氏曰孔子四十而不惑在三十而立之後德立而道明誠而明者也孟子所以四十不動心者先知言而後養氣道明而後德立明而誠者也○東陽許氏曰疑懼即是動心處集註却言有所恐懼疑惑而動其心似疑懼又在動心之外者蓋心本虛靈靜一能明天下之理者此也足以應天下之事亦此也今理有所不能明而疑事有所不能應而懼然則疑懼乃動心之目心因疑懼而動而疑懼非心之所動也【備旨】公孫丑問曰設若夫子一旦加以齊國之卿相而得以行其所學之道焉雖由此卿相之位而致主於霸王之業固夫子之能事亦不足怪異矣但任大責重如此亦有所恐懼疑惑而動其心否乎孟子曰謂我當大任而動心者否也我當四十之時此心已無所疑懼而不動矣而况於今日乎

曰若是則夫子ㅣ過孟賁이遠矣샤소이다 曰是ㅣ不難ᄒᆞ니 告子도先我不動心ᄒᆞ니라 賁音奔

ᄀᆞᆯ오ᄃᆡ 이러ᄐᆞᆺᄒᆞ면 夫子ㅣ孟賁애過ᄒᆞ샴이 遠ᄒᆞ샤소이다 ᄀᆞᆯᄋᆞ샤ᄃᆡ 이難티아니ᄒᆞ니告子도날로몬져心을動티아니ᄒᆞ니라

●孟賁、勇士、（賁齊人能生拔牛角秦武好多力士賁往歸之）告子、名不害、孟賁、血氣之勇、丑蓋借之、以贊孟子不動心之難、孟子、言告子、未爲知道、乃能先我不動心、則此未足爲難也、（朱子曰孟子是義精理明天下之物不足以動其心告子之不動心是硬把定是蠻法强制而能不動非若孟子酬酢萬變而不動也○南軒張氏曰孟子以集義爲本告子則以義爲外故在孟子則心體周流人欲不萌而物各止其所者也在告子則心制其欲專固凝滯而能不動者也○慶源輔氏曰告子外義未爲知道然未四十時已能不動心其不動心又先於孟子以此觀之則不動心未足爲難可知也○新安陳氏曰告子强制其心而能不動孟子有定見有定力而自然心不動此處孟子亦姑借告子以淺說耳【備旨】公孫丑贊之曰夫子當大任而不動心若是則夫子能荷一世之重而過於孟賁擧一物之重者殆遠矣孟子曰不問心之所以不動而但曰不動是亦不難如告子雖未知道乃能先我不動

心不待四十而已然矣何足爲難哉

曰不動心이有道乎가ㅣ잇 曰有ᄒᆞ니라

ᄀᆞᆯ오ᄃᆡ心을動티아니홈이道ㅣ인ᄂᆞ니잇가ᄀᆞᆯᄋᆞ샤ᄃᆡ인ᄂᆞ니라

●程子曰心有主則能不動矣 新安陳氏曰有主二字包得閑下文黝舍曾孟皆是有主但有精粗之分 [備旨]公孫丑又問曰夫子以不動心爲不難不知欲心之不動果有道以主之乎孟子曰人以一心而應天下事惟其有主乃能不動是不動心固有道也

北宮黝之養勇也는不膚撓ᄒᆞ며不目逃ᄒᆞ야思以一毫ㅣ나挫於人이어든若撻之於市朝ᄒᆞ야不受於褐寬博ᄒᆞ며亦不受於萬乘之君ᄒᆞ야視刺萬乘之君호ᄃᆡ若刺褐夫ᄒᆞ야無嚴諸侯ᄒᆞ야惡聲이至커든必反之ᄒᆞ니라

黝伊糾反撓奴效反朝音潮乘去聲

北宮黝의勇을養홈은膚로撓티아니ᄒᆞ며目으로逃티아니ᄒᆞ야思호ᄃᆡ뻐一毫ㅣ나人에挫ᄒᆞ거든市朝애撻홈ᄀᆞᆮ티ᄒᆞ야褐寬博의게受티ᄒᆞ니ᄒᆞ며또ᄒᆞᆫ萬乘人君에受티아니ᄒᆞ야萬乘人君을刺홈을視호ᄃᆡ褐夫刺홈ᄀᆞᆮ티ᄒᆞ야嚴ᄒᆞᆫ諸侯ㅣ업서惡聲이니르거든반ᄃᆞ시反ᄒᆞᄂᆞ니라

●北宮、姓、黝、名、膚撓、肌膚、被刺而撓屈也、目逃、目被刺而轉睛逃避也、挫、猶辱也、褐、毛布、以毳織布 寬博、寬大之衣、賤者之服也、不受者、不受其挫也、刺、殺也、嚴、畏憚也、言無可畏憚之諸侯也、黝、蓋刺客之流、以必勝爲主、而不動心者也、慶源輔氏曰集註云黝蓋刺客之流以其言所謂視刺萬乘之君若刺褐夫而知之也以必勝爲主亦以其言而知之惟其心以必勝人爲主故無有尊貴視之一如匹夫不受其挫必反報之○雙峰饒氏曰惡聲必反不專謂諸侯於褐寬博萬乘皆然○東陽許氏曰一毫挫於人謂所辱者至小也不受者必報之也不惟必報於賤者雖貴者亦必報之惡聲至必反之謂不惟辱來必報雖言小不善亦必報也【備旨】所謂不動心有道者觀於勇士亦可見矣古有北宮黝之養勇也挺身而鬪其膚不至被刺而屈撓怒目而視其目不至被刺而逃避思以一毫挫辱於人即若撻之於市朝之大挫辱而在所必報即其不肯受辱之心不惟不受挫於褐寬博之賤亦不肯受挫於萬乘之君之貴是凡在彼皆不可加於我也而我之視刺萬乘之君之貴一若刺褐夫之賤而不見有可畏之諸侯也且小有惡聲至己己必以惡聲報之是在我必加可於彼也此以必勝爲主而能不動心者

孟施舍之所養勇也ᄂᆞᆫ 曰視不勝호ᄃᆡ 猶勝也ㅣ로니 量敵而後進ᄒᆞ며 慮勝而後會ᄒᆞ면 是ᄂᆞᆫ 畏三軍者也ㅣ니 舍ㅣ 豈能爲必勝哉리오 能無懼而已矣라ᄒᆞ니라 舍去聲下同

孟시舍의 勇을 養ᄒᆞᄂᆞᆫ바ᄂᆞᆫ ᄀᆞᆯ오ᄃᆡ 不勝을 視호ᄃᆡ 勝홈ᄀᆞ티ᄒᆞ노니 敵을 量ᄒᆞᆫ後에 進ᄒᆞ며 勝을 慮ᄒᆞᆫ後에 會ᄒᆞ면 이ᄂᆞᆫ 三軍을 畏ᄒᆞᄂᆞᆫ者ㅣ니 舍ㅣ 엇디 能히 반ᄃᆞ시 勝ᄒᆞ리오 能히 懼홈이 업슬ᄯᆞ름이라ᄒᆞ니라

●孟、姓、施、發語聲、舍、名也、會、合戰也、舍、自言其戰雖不勝、亦無所懼、若量敵慮勝而後、進戰、則是無勇、而畏三軍矣、舍、蓋力戰之士、以無懼爲主、而不動心者也、朱子曰量力慮勝是畏三軍者此舍譏別人舍自云我則能無懼而已問施發語聲曰此古註說後面只稱舍可見問有何例可按曰如孟之反舟之僑尹公之他之類○慶源輔氏曰註云舍蓋力戰之士亦以其言而知之也

惟其心以無懼爲主故不問其徒之衆寡我之勝否遇敵則戰也○新安陳氏曰黝舍皆以心有主而能不動一則主於必勝一則主於無懼蓋是麤猛之不動心孟子此處且敷演粗說○東陽許氏曰黝舍不動心本又在告子之下公孫丑又以孟賁比孟子故孟子亦以勇士之類言之[備旨]古又有孟施舍之所養勇也其自言曰人貴敢戰我之視夫所不勝猶夫能勝勇往直前也設使度量敵人之强弱而後進兵計慮自己之能勝而後合戰則是無勇而畏三軍者也夫勝敗兵家之常舍豈能決其可進可會而爲必勝哉惟是進之會之能無懼而已矣此以無懼爲主而能不動心者

孟施舍는似曾子ᄒᆞ고北宮黝는似子夏ᄒᆞ니夫二子之勇이未知其孰賢이어니와然而孟施舍는守ㅣ約也ㅣ니라 夫音扶

孟ㅅ舍는曾子ᄀᆞᆮ고北宮黝는子夏ᄀᆞᆮᄐᆞ니二子의勇이 그뉘賢홈을아디몯ᄒᆞ거니와 그러나孟ㅅ舍는守ㅣ約ᄒᆞ니라

●黝、務敵人、舍、專守己、慶源輔氏曰黝務敵人謂專以必勝於人爲主也舍專守己謂專以我無所懼爲主也 子夏、篤信聖人、曾子、反求諸己、問子夏篤信聖人朱子曰這箇雖無事實但看他言語如日知其所亡月無忘其所能博學而篤志切問而近思看他此處又把孟子北宮黝來比便見他篤信聖人處○雙峯饒氏曰曾子反求諸己便是聖人與他說話他也未敢便以爲然必要求諸己以審其理而後信子夏篤信聖人則以聖人之言爲必可信不問說得是與未是便信了 故、二子之與曾子子夏、雖非等倫、然、論其氣象則各有所似、賢、猶勝也、約、要也、言論二子之勇、則未知誰勝、論其所守、則舍比於黝、爲得其要也、問如何是孟施舍守約處朱子曰北宮黝便勝人孟施舍却只是能無懼而已矣如曰視不勝猶勝也此是孟施舍自言其勇如此孟子言此二子之勇未知其孰勝但孟施舍所守得其要也盖不論其勇之孰勝但論其守之孰約且二子之似曾子子夏直以其守氣養勇之分量淺深爲有所似耳豈以其德哉○雙峰饒氏曰孟施舍取必於己其氣象似曾子之反求諸己北宮黝取必於人其氣象似子夏之篤信聖人此是論二子之勇有所似非論其是非等級也然將二子所守來比量則孟施舍守其在我者爲得其所守之要耳○凡言守約不是守這約約要也言所守者得其要也守得其約則守字活言守定這約則守字死了【備旨】即二子之氣象而擬之夫豈無所似乎孟施舍以無懼爲主則專於守己氣象有似於曾子之反求諸己北宮黝以必勝爲主則務於敵人氣象有似於子夏之篤信聖人夫黝舍二子皆血氣之勇固未知其孰賢然而論其所守則孟施舍之無懼比於黝之必勝其所守爲得其要約也

昔者애 曾子ㅣ 謂子襄曰子ㅣ 好勇乎아 吾嘗聞大勇於夫子矣로니 自反而不縮이면 雖褐寬博이라도 吾不惴焉이어니와 自反而縮이면 雖千萬人이라도 吾往矣라ᄒᆞ시니라 好去聲惴之瑞反

녜 曾子ㅣ 子襄ᄃᆞ려 닐어ᄀᆞᆯ오ᄉᆞ샤ᄃᆡ 子ㅣ 勇을 好ᄒᆞᄂᆞ냐 내 일즉 大勇을 夫子ᄭᅴ 듣ᄌᆞ오니 ᄉᆞᄉᆞ로 反ᄒᆞ야 縮디 아니ᄒᆞ면 비록 褐寬博이라도 내 惴케 몯ᄒᆞ려니와 ᄉᆞᄉᆞ로 反ᄒᆞ야 縮ᄒᆞ면 비록 千萬人이라도 내 往ᄒᆞ리라ᄒᆞ시니라

●此、言曾子之勇也、子襄、曾子弟子也、夫子、孔子也、縮、直也、檀弓、曰古者、冠、縮縫、今也、衡縫、又曰棺束、縮二衡三、衡與橫同引二說證縮爲直 惴、恐懼之也、往、往而敵之也、

朱子曰儀禮禮記多有縮字每與衡字作對下文直養之說蓋本於此乃一章大指所繫不可失也○自反縮與不縮所以不動只在方寸之間若仰不愧俯不怍看如何大利害皆不足以易之若有一毫不直則此心便索然黝舍是不畏死而不動心告子是不認義理而不動心曾子是自反而縮而不動心○雙峰饒氏曰縮不縮指理言不惴吾往指氣言理者氣之主理直則氣壯理曲則氣餒吾之理不直雖一夫之賤亦爲之屈吾之理直雖千萬人之衆在所必伸孟子因丑有過孟賁之語所以先說黝舍然後說歸曾子來○魯齋王氏曰朱子云孟子養氣之論孔子己道了曰內省不疚夫何憂何懼愚謂與此正相表裏自反則內省也直則不疚矣雖千萬人吾往不憂不懼也○新安陳氏曰此曾子之大勇以義理之直爲主而不動心者也孟子之論至此始精細下文至大至剛以直養而無害之說蓋自此自反而縮發之也【備旨】然要之皆未得爲大勇也昔者曾子謂其門人子襄曰子亦好勇乎吾嘗聞義理之大勇於夫子

矣夫子以天下惟理爲足恃而力不與也苟自反諸己而不縮理屈則氣不伸雖褐寬博之賤吾安得而不惴焉自反諸己而縮理直則氣自壯所敵者雖千萬人之衆吾亦往而敵之矣由曾子所聞之大勇觀之是以理爲主而不動心者也

孟施舍之守ᄂᆞᆫ氣라又不如曾子之守ㅣ約也ㅣ니라

孟人舍의守ᄂᆞᆫ氣라ᄯᅩ曾子의守ㅣ約홈만ᄀᆞᆮ디몯ᄒᆞ니라

●言孟施舍、雖似曾子、然、其所守、乃一身之氣、又不如曾子之反身循理、所守、尤得其要也、孟子之不動心、其原、蓋出於此、下文、詳之、

朱子曰孟子說曾子謂子襄一段已自盡了只爲公孫丑問得無了期故後面有許多說話此一段爲被他轉換問所以答得亦周匝然就前段看語脉氣象雖無後截亦自可見前一截已自具得後面許多意思足○守約只是所守之約言北宮黝之守氣不似孟施舍守氣之約孟施舍之守氣又不如曾子所守之約也孟施舍就氣上做工夫曾子就理上做工夫○慶源輔氏曰論舍之氣象雖大略有似於曾子然舍之所守不過是一身之血氣固未嘗反之於心以自顧其直與不直也其視曾子之自反以縮不縮爲勇怯則其所守之要非舍之所能知所可比也反身謂自反循理爲直○雙峯饒氏曰或問孟子之不動心如何原於曾子曰浩然之氣便是大勇以直養便是自反而縮行有不慊於心則餒便是自反而不縮[備旨]觀此則孟施舍之氣象雖似曾子然其所守乃一身之氣固未嘗反之於心以自顧其直與不直也其約也但約於黝耳又不如曾子之反身循理以縮不縮爲勇怯所守尤得其要約也蓋氣有時而或屈理則無往而不伸此曾子以理爲主而不動心者非尤得其道者哉

曰敢問夫子之不動心과與告子之不動心을可得聞與잇가

告子曰不得於言이어든勿求於心ᄒᆞ며不得於心이어든勿求於氣라ᄒᆞ니不得於心이어든勿求於氣ᄂᆞᆫ可커니와不得於言이어든勿求於心은不可ᄒᆞ니夫志ᄂᆞᆫ氣之帥也ㅣ오氣ᄂᆞᆫ體之充也ㅣ니夫志ㅣ至焉이오氣ㅣ次焉이니故

로 **曰持其志오도 無暴其氣라ᄒᆞ니라** 聞與之與平聲 夫志之夫音扶

ᄀᆞᆯ오ᄃᆡ 敢히 묻ᄌᆞᆸ노이다 夫子의 心을 動티 아니ᄒᆞ심과 다ᄆᆞᆺ 告子와 心을 動티 아니ᄒᆞ심을 可히 시러곰 드르리잇가 告子ㅣ ᄀᆞᆯ오ᄃᆡ 言에 得디 몯ᄒᆞ거든 心에 求티 말며 心에 得디 몯ᄒᆞ거든 氣예 求티 말라ᄒᆞ니 心에 得디 몯ᄒᆞ거든 氣예 求티 말옴은 可커니와 言에 得디 몯ᄒᆞ거든 心에 求티 말옴은 可티 아니ᄒᆞ니 志ᄂᆞᆫ 氣의 帥ㅣ오 氣ᄂᆞᆫ 體의 充이니 志ㅣ 至ᄒᆞ고 氣ㅣ 次ᄒᆞ니 故로 ᄀᆞᆯ오ᄃᆡ 그 志ᄅᆞᆯ 持ᄒᆞ고도 그 氣ᄅᆞᆯ 暴티 말라ᄒᆞ니라

●此一節、公孫丑之問、孟子誦告子之言、又斷丁亂反下同以己意而告之也、告子、謂於言、有所不達、則當舍上聲置其言、而不必反求其理於心、於心、有所不安、則當力制其心、而不必更求其助於氣、此所以固守其心、而不動之速也、 速謂年未四十〇朱子曰告子之意以爲言語之失當直求之於言而不足以動吾之心念慮之失當直求之於心而不必更求之於氣蓋其天資剛勁有過人者力能堅忍固執以守其一偏之見所以學雖不正而能先孟子不動心也觀其論性數章理屈詞窮則屢變其說以取勝終不能從容反覆審思明辨因其所言之失而反之於心以求至當之歸此其不得於言而不求諸心之驗也〇告子只去守箇心得定都不管外面是亦得不是亦得孟子之意謂是心有所失則見於言如肝病見於目相似 孟子、既誦其言而斷之、曰彼謂不得於心、而勿求諸氣者、急於本而緩其末、猶之可也、 慶源輔氏曰不得於心勿求於氣可氣固有時而能動其心然心之不正則未必皆氣使之大抵心是本氣是末故程子亦曰人必有仁義之心然後有仁義之氣睟然達於外此不得於心勿求諸氣所以爲急於本而緩其末猶之可也猶言尙爲可也 謂不得於言、而不求諸心、則旣失於外、而遂遺其內、其不可也、必矣、 朱子曰以下文觀之氣亦能反動其心則勿求於氣之說亦未爲盡善但心動氣之時多氣動心之時少故孟子取其彼善於此而已至於言則雖發於口而實出於心內有蔽陷離窮之病則外有詖淫邪遁之失不得於言而每求諸心則其察理日益精矣孟子所以知言養氣以爲不動心之本者用此道也而告子反之是徒見言之發於外而不知其出於中不知言便不知義所以外義也其害理淡矣故斷然以爲不可於此可見告子之不動心所以異於孟子而亦豈能終不動哉 然、凡曰可者、亦僅可而有所未盡之辭耳、若論其極、則志、固心之所之、而爲氣之將去聲帥、然、氣亦人之所以充滿於身、而爲志之卒徒者也、慶源輔氏曰心有知而氣無知雖云氣一則能動志然大抵是氣隨心動故以志爲氣之將帥氣從志所使猶卒徒之聽命於將帥也不言心而言志者志者心之動而有所之處也但志則就其動處言故尤切耳下文又言是氣也而反動其心亦可見矣心無形而氣有質雖云心爲本氣爲末然人之所以充滿其身而不至餒乏者實賴氣爲志之卒徒也志而無氣則志無所使亦由將帥而無卒徒則亦虛名而已○新安陳氏曰呂與叔克己銘云志以爲帥氣爲卒徒此蓋就帥字上生出卒徒字 故、志固爲至極、而氣即次之、人固當敬守其志、然、亦不可不致養其氣、蓋其內外本末、交相培養、此則孟子之心、所以未嘗必其不動、而自然不動之大略也、潛室陳氏曰集註謂致養其氣即無暴氣發得暴失養故也必言致者見養氣之難須以集義爲本又無正忘助長之弊方爲能致養也○雲峰胡氏曰集註於持志謂守其志可也必曰敬守其志添入一敬字最有意蓋孟子養氣之功在集義而所以集義者在敬敬義夾持方爲成德之事或疑兩言字不同告子不得於言己之言也孟子知言天下之言也愚嘗應之曰理一而已告子於己之言且不能反求其理如何能於天下之言而求其理孟子於天下之言能究極其理則於己之言可知也○新安陳氏曰下文知言養氣其本已安於此告子不得於言即不求其理於心是不知言也不得於心即不求其助於氣是不養氣也孟子告子其不動心之名雖同而其所以不動心之本則相反而全不同者在此

輔註 丑又問曰黝之不動心其道在必勝舍之不動心其道在無懼曾子之不動心其道在反身循理各有其道矣敢問夫子之四十不動心與告子之先夫子不動心其道可得聞與孟子曰欲觀告子之不動心當觀其言告子嘗曰吾有所言而於理有不達則當舍置其言而勿求其理於心若求於心則心反爲之擾矣吾有所爲而於心有不安則當力制其心而勿求其助於氣若求於氣則心反爲之役矣此告子所以固守其心而不動之速也今自其言斷之心本也氣末也旣有本末之分則有緩急之序彼謂不得於心勿求於氣者急於本而緩其末猶之可也若言外也心內也彼謂不得於言勿求於心者則旣失於外而遂遺其內其不可也必矣然要其極而論之則不可者固不可而可者亦未可也何則夫志運於一心主乎氣而爲氣之將帥也若夫氣則爲百體之所充滿而聽役於志者也夫志旣爲氣之帥則以志使氣爲極至者焉氣旣其體之充則以氣擬志即次於志焉吾故曰人當敬持其志使足以爲氣之帥又當無暴其氣使充其體可也彼告子謂不得於心勿求於氣者夫豈可哉

既曰志ㅣ至焉이오氣ㅣ次焉이라ᄒᆞ시고又曰持其志오도無暴其氣者는何也ㅣ잇고曰志壹則動氣ᄒᆞ고氣壹則動志也ㅣ니今夫蹶者趨者ㅣ是氣也而反動其心이니라(夫音扶)

임의ᄀᆞᆯᄋᆞ샤ᄃᆡ志ㅣ至ᄒᆞ고氣ㅣ次라ᄒᆞ시고ᄯᅩᄀᆞᆯᄋᆞ샤ᄃᆡ그志를持ᄒᆞ고도그氣를暴티말라ᄒᆞ심은엇디니잇고ᄀᆞᆯᄋᆞ샤ᄃᆡ志ㅣ壹ᄒᆞ면氣를動ᄒᆞ고氣ㅣ壹ᄒᆞ면志를動ᄒᆞᄂᆞ니이제蹶者와趨者ㅣ이氣로ᄃᆡ도로혀그心을動ᄒᆞᄂᆞ니라

◉公孫丑、見孟子、言志至而氣次、故、問如此則專持其志、可矣、又言無暴其氣、何也、壹、專一也、蹶、(姑衛反又音厥)顚躓(音至)也、趨、走也、孟子、言志之所向、專一則氣固從之、然、氣之所在、專一則志亦反爲之動、(慶源輔氏曰志者心之所之故可言向氣則做出來底便是不可以向言只得下在字下文云氣專在是兩在字相照應察理精矣)如人、顚躓趨走、則氣專在是、而反動其心焉、所以既持其志、而又必無暴其氣也、程子、曰志動氣者、什九、氣動志者、什一、(程子曰告子不得於言勿求於心蓋不知義在內也志帥氣也持定其志無暴亂其氣兩事也志專一則動氣氣專一則動志然志動氣爲多且若志專在淫辟豈不動氣氣專在喜怒豈不動志故蹶者趨者反動其心○朱子曰爲告子將氣說得太低了故說志最緊要氣亦不可緩故曰志至氣次持其志無暴其氣是兩邊做工夫志卽是心之所向而今欲做一件事這便是志持其志便是養心不是持志外別有箇養心如喜怒若當喜也須喜當怒也須怒這便是持志若喜得過分一向喜怒得過分一向怒則氣便暴了志却反爲所動蹶趨是氣也他心本不曾動只忽然喫一跌氣打一暴則其心便動了○問蹶趨反動其心若是志養得堅定莫須蹶趨亦不能動得否曰人之奔走如何心不動曰蹶趨多遇於卒然不虞之際所以易得動心曰是○問在車聞鸞和行鳴佩玉皆所以無暴其氣今旣無此不知如何而爲無暴曰凡人多動作多語笑做力所不及底事且如只行得五十里却硬要行百里皆是暴其氣學者須事事節約莫教過當此便是養氣之道志動氣是源頭濁者故下流亦濁也氣動志者却是下流壅而不泄反濁了上面也○問程氏遺書云志一動則動氣氣一動則動志外書云志專一則動氣氣專一則動志二說孰是曰此必一日之語學者同聽之而所記各有淺深類多如此志一動則動氣氣一動則動志此言未說動氣動志而先言志動氣動反添一動字了固不若後一說所記得其本旨蓋曰志專一固可動氣而氣專一亦可以動其志也○問持志養氣之爲交養何也曰持志所以直其內無暴所以防於外兩者各致其功而無所偏廢則志正而氣自完氣完而志益正其於存養之功且將無一息之不存矣○問養氣次第功夫內外是交盡不可靠自己自守其志便爲無事氣纔不得其平志亦不得其安故孟子以蹶趨形容之告子所謂不得於心勿求於氣是未爲全論程子所以言氣動志者什一正謂是爾曰然兩者相夾著方始德不孤○雙峰饒氏曰志帥也氣卒徒也如周亞夫軍中夜驚亞夫堅臥不起不起固是帥之定處然設或被他驚不已自家如何睡得安於此見持其志又不可不養其氣○君子所以足容重手容恭聲容靜氣容肅行中鸞和步中采齊皆是要無暴其氣○新安陳氏曰前言心與氣忽又變心言志者盖心以全體言志以心之動而有所向處言欲致持之之功則就其動而有所向處用力若心則不可言持矣故志字尤切後云氣壹則動志即以是氣也而反動其心證之可見動其心即是動志矣程子什九什一之說蓋言志動氣之時多十中常有九所以志爲至氣動志之時少十中亦有一所以氣亦次焉也【備旨】丑未達志至氣次之說又問曰夫子旣曰志至焉氣次焉則志重氣輕專持其志可矣乃必兼言曰持其志無暴其氣者何也丑蓋不知孟子所謂次者乃即次之之謂非後而輕之之謂也故告之曰志氣本是相須持養不可偏廢如志之所向專一則足以動氣而使之從然氣之所在專一則亦足以動志而使之馳也今夫人之顚蹶者趨走者是氣之一也而反能震動其心而使之不寧焉此氣一動志之一驗也故志必當持而氣又當無暴也

敢問夫子는惡平長이시니잇고 曰我는知言ᄒᆞ며我는善養吾의浩然之氣ᄒᆞ노라　惡平聲

敢히묻ᄌᆞᆸ노이다 夫子ᄂᆞᆫ어ᄂᆡ거시長이시니잇고ᄀᆞᆯᄋᆞ샤ᄃᆡ나ᄂᆞᆫ言을知ᄒᆞ며 나ᄂᆞᆫ나의浩然ᄒᆞᆫ氣ᄅᆞᆯ善히養ᄒᆞ노라

● 公孫丑、復扶又反問孟子之不動心、所以異於告子如此者、有何所長而能然、而孟子、又詳告之以其故也、知言者、盡心知性、於凡天下之言、無不有以究極其理、而識其是非得失之所以然也、朱子曰知言便是窮理不先窮理見得是非如何養得氣須是道義一一審處得是其氣方充大〇孟子論浩然之氣一段緊要全在知言上所以大學許多工夫全在格物致知格物則能知言誠意則能養氣〇知言養氣雖是兩事其實相關正如致知格物正心誠意之類若知言便見得是非邪正義理昭然則浩然之氣自生〇知是知得此理告子便不理會故以義爲外〇雲峯胡氏曰論語亦曰不知言無以知人但論語爲初學而言故集註但曰言之得失可以知人之邪正孟子則自言也故集註釋之比論語尤詳且重論語之知言爲知人之端入德之事孟子之知言爲養氣之本成德之事 浩然、盛大流行之貌、氣、卽所謂體之充者、本自浩然、失養故、餒、惟孟子、爲善養之、以復其初也、朱子曰浩然之氣乃指其本來體段而言〇酬酢應接擧皆合義則俯仰並無愧怍故其氣自然盛大流行〇慶源輔氏曰盛大言其體流行言其用才怯小則便非氣之本體才欝塞則便非氣之本用氣即天地之氣而人之所以充滿其身者其本然之體用自是浩然由失其養故餒乏而不充乎體〇雙峰饒氏曰孟子之言善養氣是以成德言非是說做工夫下文必有事焉而勿正以下却是說養氣做工夫處〇雲峰胡氏曰集註章句言復其初者凡三論語謂人之性其初本善學者當明善以復其初大學謂人之心其初本自光明學者當明之以復其初此言人之氣其初本自盛大流行惟孟子能善養之以復其初然非學以復此心此性之初者未必能復此氣之初也故孟子養氣先之以知言 蓋惟知言、則有以明夫音扶下同道義、而於天下之事、無所疑、養氣、則有以配夫道義、而於天下之事、無所懼、此其所以當大任而不動心也、慶源輔氏曰集註疑懼二字以應此章第一節註文疑惑恐懼四字也道體也義用也言道義以該體用也知言則於道義究極無餘一事來則以一理應之夫復何疑之有養氣則於道義襯貼得起勇猛果决而不留行夫復何懼之有〇雙峰饒氏曰浩然之氣即達德中之勇不動心即是勇者不懼添一箇知言即是智者不惑〇雲峰胡氏曰章首公孫丑問動心集註以爲有所恐懼疑惑先懼而後疑者懼者心之動疑者心之所由以動也恐懼二字於動字最切而疑惑二字已蘊知言之意此則釋知言養氣二句故先疑而後懼〇東陽許氏曰知言則盡心知性萬理洞然何所疑惑養氣則動皆合義遇事即行何有畏怯二者既全何能動心 告子之學、與此、正相反、其不動心、殆亦冥然無覺、悍然不顧而已爾、問知言養氣之說朱子曰孟子之不動心知言以開其前故無所疑養氣以培其後故無所懼如智勇之將勝敗之形得失之算判然於習中而能虎貔貅百萬之衆又皆望其旌旄聽其金鼓爲之赴湯蹈火有死無二是以千里轉戰所向無前其視告子之不動心正猶勇夫悍卒初無制勝料敵之謀又無蚍蜉蟻子之援徒特其勇而挺身以赴敵也其不爲人所擒者特幸而已告子之學他雖無所考證然以孟子此章之言反覆求之亦曉然可見矣先引告子之言以張本於前後言己之所長以著明於後今以其同者而比之則告子所不得之言即孟子所知之言告子所勿求之氣即孟子所養之氣也以其異者而反之則告子之所以失即孟子之所以得孟子之所以得即告子之所以失也是其彼此之相形前後之相應固有不待安排而不可移易者○慶源輔氏曰孟子能知人言之是非告子乃自以其言爲外而不復考孟子善養其氣而告子乃以氣爲末而不知求此所謂正相反也其不動心者不過是硬把定其心冥冥然都無知覺於一切事皆漠然與之扞格而不顧耳亦豈能終不動哉然其所以能不動者亦幸而已○新安陳氏曰冥然無覺則不能無疑悍然不顧非眞能無懼也【備旨】丑又問曰告子之不動心出於强制如此敢問夫子之不動心所以異於告子者有何所長而能然乎孟子曰告子謂不得於言勿求於心是不能知言也我則知天下之言而究其是非得失之故告子謂不得於心勿求於氣是不能養氣也我則善養吾浩然之氣而復其盛大流行之體蓋惟知言則無所疑養氣則無所懼此我之所以不動心而異於告子也

敢問何謂浩然之氣잇고曰難言也ㅣ니라

敢히 묻잡노이다 엇디 닐온 浩然ᄒᆞᆫ 氣니잇고 ᄀᆞᆯᄋᆞ샤ᄃᆡ 言홈이 難ᄒᆞ니라

【集註】孟子、先言知言、而丑、先問養氣者、承上文、方論志氣而言也、難言者、蓋其心所獨得、而無形聲之驗、有未易(去聲)以言語、形容者、故、程子、曰觀此一言、則孟子之實有是氣、可知矣、

問浩然之氣與血氣如何朱子曰只是一氣義理附于其中則爲浩然之氣不由義理而發則只爲血氣然人所稟氣亦自不同有稟得盛者則爲人强壯隨分亦有立作使之做事亦隨分做得出若稟得衰者則委靡巽懦都不解有所立作惟是養成浩然之氣則却與天地爲一更無限量○孟子先說知言後說養氣而公孫丑先問氣者向來只爲他承上文先論志氣而言也今看來不然乃是公孫丑會問處留得知言在後面問者蓋知言是末後合尖上事如大學說正心誠意只合殺在致知在格物一句蓋是用功夫起頭處【備旨】丑又曰敢問何謂浩然之氣孟子曰浩然之氣乃吾心所獨得而無形聲者固有難以言語形容也

其爲氣也ㅣ至大至剛ᄒᆞ니以直養而無害則塞于天地之間이니라

그氣로오미지극이 大ᄒᆞ며지극이剛ᄒᆞ니直으로뻐 養ᄒᆞ고害홈이업스면天地人間애塞ᄒᆞᄂᆞ니라

●至大、初無限量、去聲至剛、不可屈撓、女巧女教二反蓋天地之正氣、而人得以生者、其體段、本如是也、慶源輔氏曰初無限量便是盛大不可屈撓便是流行即所謂浩然之氣也不言用者擧體則足以該之矣 惟其自反而縮、新安陳氏曰照應本章上文釋之以直之直字即是上文縮字意 則得其所養、而又無所作爲以害之、則其本體、不虧而充塞無間去聲矣、新安陳氏曰充塞彌滿乎天地之間而無有間斷之者矣○程子曰浩然之氣難識須要識得當行不慊於心之時自然有此氣象○問伊川於至大至剛以直點句先生却於剛字點句朱子曰若於直字點句則養字全無骨力○至大至剛氣之本體以直養而無害是用功處塞于天地之間乃是效也○問他書不說養氣只孟子言之何故曰這源流便在那箇心廣體胖內省不疚夫何憂何懼處來大抵只是一氣又不是別將箇甚底去養他但集義便是養氣知言便是知得這義人能仰不愧俯不怍時看這氣自是浩然塞乎天地之間○纔說浩然便有剛果意思如長江大河浩浩然而來也富貴貧賤威武不能淫移屈之類皆低不可以語此丑本意只是設問孟子能擔當得此樣大事否故孟子所答只說許多剛勇故說出浩然之氣只就問答本文看之便見子細○魯齋王氏曰此所謂其爲氣也氣之體下文所謂其爲氣也氣之用 程子、曰天人、一也、更不分別、必列切浩然之氣、乃吾氣也、養而無害、則塞于天地、一爲私意所蔽、則欿音坎然而餒、知其小也、謝氏、曰浩然之氣、須於心、得其正時、識取、又曰浩然、是無虧欠時、朱子曰天地之氣無處不到無處不透是他氣剛雖金石也透過去人便是稟得這箇氣無欠闕所以程子曰天人一也更不分別浩然之氣乃吾氣也○問浩然之氣是稟得底否曰只是這箇氣若不會養得剛底便粗暴弱底便衰怯○問孟子說浩然之氣却不分稟賦清濁說曰此章孟子之意不是說氣稟只因說不動心衮說到這處似今人說氣魄相似有這氣魄便做得這事無氣魄便做不得○慶源輔氏曰浩然之氣本是天地之正氣然天人一理故孟子更不分別直以爲己之氣也養而無害則全其本體而塞乎天地若不務集義而所爲一有私意遮隔了則便不流行而欿然餒乏不足以充乎身而失其正大之體也○雙峰饒氏曰人得天地之氣以生天地之氣如此剛大人之氣亦合如此剛大其所以不能如此者不善養之故也程子曰人與天地一氣也人特自小耳且如文武一怒而安天下之民也只是這氣做出來他底却與天地一般樣至大至剛只是善養故耳○雲峰胡氏曰此氣是天地之正氣心得其正便是不失其所得於天地之正者○東陽許氏曰此氣本得於天故至大至剛剛大天之體段也聖人生知安行無非直道不假乎養衆人知不明自害其剛大故須直以養之直即義也塞天地言其效也【備旨】姑以其體段言之彼天地有正氣而人得之以生其爲氣也至大而不可限量至剛而不可屈撓誠能自反常直以養是氣而無所作爲以害之則剛大之本體不虧而充塞乎天地之間矣何者非吾氣之運用耶

其爲氣也ㅣ配義與道ᄒᆞ니無是면餒也ㅣ니라 餒奴罪反

그氣로오미義와다믓道를配ᄒᆞ니이업스면餒ᄒᆞᄂᆞ니라

【註】配者、合而有助之意、慶源輔氏曰此意本於李先生曰配是襯貼起來朱子謂襯貼二字說配字極親切蓋道義是虛底物本自孤單得這氣襯貼起來便張大無所不達今人做事亦有合於道義者若無此氣則只是一箇衰颯底人李先生又曰氣與道義一衮出來朱子謂一衮出來說得道理好孟子分明說配義與道不是兩物相補貼只是一衮發出來故朱子用此意而就配字說出此句蓋己極於精切矣○雙峰饒氏曰合而有助譬如妻之配夫以此合彼而有助於彼者也蓋理氣不相離氣以理爲主理以氣爲輔大凡人不能爲善爲是無那氣來襯貼氣有那氣來襯貼起做得定是有力○雲峯胡氏曰所謂合即延平所謂一衮出來之意所謂助即延平所謂襯貼起來之意也 義者、人心之裁制、道者、天理之自然、餒、飢乏而氣不充體也、言人能養成此氣、則其氣、合乎道義而爲之助、使其行之勇決、無所疑憚、若無此氣、則其一時所爲、雖未必不出於道義、然、其體、有所不充、則亦不免於疑懼、而不足以有爲矣、新安陳氏曰疑憚疑懼四字仍應前註文疑惑恐懼字意憚即恐懼也○程子曰浩然之氣天地之正氣大則無所不在剛則無所屈以直道順理養而無害則塞乎天地之間有少私意即是氣虧無不義便是集義有私意便是餒○率氣在志養氣在直內有私意則餒無不義則浩然○朱子曰道義別而言則道是物我公共自然之理義即吾心之能斷制者所用以處此理者也○道是擧體統而言義是取此一事所處而言如父當慈子當孝君當仁臣當敬此義也所以孝慈所以仁敬則道也故後面只說集義○道義是公共無形影底物事氣是自家身上底自家若無這氣則道義自道義氣自氣如何助得他○兩箇其爲氣也至大至剛是說此氣之體段配義與道是說此氣可將如

此用是說氣之功用○或問何以言氣之配義與道也曰道體也義用也二者皆理也形而上者也氣也者器也形而下者也以本體言之則有是理而後有是氣而理之所以行又因氣以爲質也以人言之則必明道集義然後能生浩然之氣而義與道又因是氣而後得以行焉蓋三者雖有上下體用之殊然其其渾合而無間也乃如此苟不知所以養而有以害之則理自理氣自氣其浩然而充者且將爲慊然之餒矣或畧知道義之爲貴而欲恃之而有爲亦且散漫蕭索而不能以自振矣○雙峯饒氏曰浩然之氣全靠道義在裏面做骨子無這道義氣便軟弱蓋緣有是理而後有是氣理是氣之主如天地二五之精氣以有太極在裏面做主所以他底常恁地浩然【備旨】誠能養成此氣則其功用果何如哉吾知其爲氣也養成之後自然發奮勇往配合乎道義而爲之助義所當爲者氣即輔之以爲道所當行者氣即輔之以行也若無此氣則體有不充雖道義之所在亦將餒焉而疑懼不決者矣

是集義所生者ㅣ라 **非義**ㅣ **襲而取之也**ㅣ니 **行有不慊於心則餒矣**니 **我**ㅣ **故**로 **曰告子**ㅣ **未嘗知義**라ᄒᆞ노니 **以其外之也**ㄹ서니라 慊口簟反 又口劫反

이義를集ᄒᆞ야生ᄒᆞᆫ배라 義ㅣ襲ᄒᆞ야取홈이아니니行홈애心애慊티몯홈이이시면餒ᄒᆞᄂᆞ니내故로ᄀᆞᆯ오ᄃᆡ 告子ㅣ일즉義를아디몯ᄒᆞᆫ다ᄒᆞ노니그外라홈으로ᄡᅥᆯ서니라

(註) 集義、猶言積善、蓋欲事事、皆合於義也、襲、掩取也、如齊侯襲莒(音擧)之襲、(春秋襄公二十三年秋齊侯伐晋冬齊侯襲莒註輕行掩其不備曰襲因伐晋還襲莒○輕遣政反) 言氣雖可以配乎道義、而其養之之始、乃由事皆合義、自反常直、是以、無所愧怍、而此氣、自然發生於中、非由只行一事、偶合於義、便可掩襲於外而得之也、(朱子曰直只是無私曲集義只是事事上皆直仰不愧於天俯不怍於人便是浩然之氣而今只將自家心體驗到那無私曲處自然有此氣象○以直養是自反而縮集義是以直養然此工夫須積漸集義自然生此浩然之氣不是行一二件合義底事能掩取浩然之氣也集義是歲月積久之功襲取是一朝一夕之事從而掩取終非己有也○此上三句本是說氣下兩句是字與非字對襲字與生字對其意蓋曰此氣

乃集義而自生於中非行義而襲取之於外云爾○生字正與取字對生是自裏面生出取是自外面取來○義襲是於一事之義勇而爲之以壯吾氣然無生底道理只是些客氣耳不久則消矣 慊、快也、足也、言所行、一有不合於義而自反不直、則不足於心而其體、有所不充矣、然則義豈在外哉、朱子曰孟子許多論氣只在集義所生一句上只是件件合宜無一事不求愜是自然積得多則胷中仰不愧俯不怍纔有些子不合道理心下便不足○新安陳氏曰集義則浩然之氣生行有不合義而心不慊則此氣餒可見義在內非由外矣 告子、不知此理、乃曰仁內義外、而不復扶又反以義爲事、則必不能集義、以生浩然之氣矣、上文、不得於言、勿求於心、卽外義之意、詳見形甸反告子上篇、問配義與道是氣助道義而行又曰集義所生是氣又自集義而生朱子曰初下工夫時集義然後生浩然之氣氣已養成又却助他道義而行○告子之病蓋不知心之慊處即是義之所安其不慊處即是不合於義故直以義爲外而不求○告子直是將義屛除去只就心上理會因擧陸子靜云讀書講求義理正是告子義外工夫某曰不然如子靜不讀書不求義理只靜坐澄心却是告子外義○雙峰饒氏曰先說氣配義與道後說集義而不及道者蓋道是體義是用浩然之氣有體有用其體配道其用配義故曰配義與道其體用一也言用則體在其中體上無做工夫處故只說集義○二餒字之分無是餒也是無氣則道義餒行有不慊則餒是無道義則氣餒所指不同蓋二者相資論其用則道義非氣無以行論其體則氣非道義無以生○新安陳氏曰二是字亦不同無是餒也此是字指浩然之氣言是集義所生此是字正與下句非字相呼喚猶言是如此非如彼耳○雲峰胡氏曰集義即是以直養義襲而取之即是有所作爲以害之集註訓慊字與大學音義同自慊則心廣體胖不慊則餒餒字正與廣字胖字相反集註訓以直養則曰自反而縮此則言自反常直自反不直見得孟子養氣之論正自夫子所謂自反而縮來也【備旨】然氣固足以配乎道義而其義之之始當何如以爲功哉是必由一事之合義積而至於事事皆合義則自反常直此氣自然發生非由一事偶合於義便可掩襲於外而取之也若所行一有不合於義則自反不慊於心氣即因之以餒矣夫集義則心慊而氣生不集義則心不慊而氣餒義之非在外也明矣我故曰告子未嘗知義正以其不求義於心而以義爲外也安能集義以生浩然之氣哉

必有事焉而勿正ᄒᆞ야 心勿忘ᄒᆞ며 勿助長也ᄒᆞ야 無若宋人然이어다 宋人이 有閔其苗之不長而揠之者ㅣ러니 芒芒然歸ᄒᆞ야 謂其人曰今

日에病矣와라予ㅣ助苗長矣와라ᄒᆞ야늘其子ㅣ趨而往視之ᄒᆞ니苗則槁矣러라天下之不助苗長者ㅣ寡矣니以爲無益而舍之者ᄂᆞᆫ不耘苗者也오助之長者ᄂᆞᆫ揠苗者也ㅣ니非徒無益이라而又害之니라 長上聲揠烏八反舍上聲

반ᄃᆞ시일사ᄆᆞᆯ두고正티마라心에닛디말며長을助티마라宋人곧티마ᄅᆞᆯ띠어다宋人이그苗의長티아니홈을閔ᄒᆞ야揠ᄒᆞᆫ者ㅣ잇더니芒芒히歸ᄒᆞ야그人ᄃᆞ려닐어ᄀᆞᆯ오ᄃᆡ今日에病콰라내苗의長을助ᄒᆞ과라ᄒᆞ야늘그子ㅣ趨ᄒᆞ야가視ᄒᆞ니苗ㅣ곧槁ᄒᆞ엿더라天下에苗의長을助티아니ᄒᆞᆯ者ㅣ寡ᄒᆞ니써益이업다ᄒᆞ야舍ᄒᆞᄂᆞᆫ者ᄂᆞᆫ苗ᄅᆞᆯ耘티아니ᄒᆞᄂᆞᆫ者ㅣ오長을助ᄒᆞᄂᆞᆫ者ᄂᆞᆫ苗ᄅᆞᆯ揠ᄒᆞᄂᆞᆫ者ㅣ니ᄒᆞᆫ갓益이업슬ᄲᅮᆫ아니라ᄯᅩ害ᄒᆞᄂᆞ니라

● 必有事焉而勿正、趙氏、程子、以七字、爲句、極是 近世、或幷下文心字讀之者、亦通、必有事焉、有所事也、如有事於顓臾之有事、問必有事焉當用敬否程子曰敬只是涵養一事必有事焉須當集義只知用敬不知集義却是都無事也又問義莫是中理否曰中理在事義在心內苟不主義浩然之氣從何而生○朱子曰集義是養氣之丹頭必有事是集義之火法必有事焉言養氣者必以集義爲事須要把做事去做如主敬也須把做事去主如求放心也須把做事去求 正、預期也、春秋傳、曰戰不正勝、是也、公羊傳僖公二十六年夏齊人伐我北鄙公子遂如楚乞師乞者何卑辭也曷爲以外內同若辭重師也曷爲重師師出不正反戰不正勝也不正者不期也反復也勝捷也 如作正心義亦同、此與大學之所謂正心者、語意自不同也、此、言養氣者、必以集義爲事、而勿預期其效、其或未充、則但當勿忘其所有事、而不可作爲、以助其長、乃集義養氣之節度也、閔、憂也、揠、拔也、芒芒、無知之貌、其人、家人也、病、疲倦也、舍之而不耘者、忘其所有事、揠而助之長者、正之不得、而妄有作爲者也、然、不耘則失養而已、揠則反以害之、無是二者、則氣得其養而無所害矣、

朱子曰勿正勿待也勿忘勿忘以集義爲事也助長待之不至而拔之使長也正者等待期望之意如一邊集義一邊在此等待那氣生等來等去却便去助長氣未至於浩然便作起令張王謂己剛毅無所屈撓便要發揮去做事便是助長必有事焉勿忘是論集義工夫勿正勿助長是論氣之本體上添一件物事不得不要等待不要催促○論集義所生則義爲主論配義與道則義爲主一向都欲以義爲主故失之○人能集義以養其浩然之氣故事物之來自有以應之不可萌一期待之心少間待之不得則必出於私意有所作爲而逆其天理矣是助之長也今人之於物苟施種植之功至於日至之時則自然成熟若方種而待其必長不長則從而拔之其逆天害物也甚矣○養氣一章在不動心不動心在勇勇在氣氣在集義勿忘勿助長又是那集義底節度若告子則更不理會言之得失事之是非氣之有平有不平只是硬制壓那心便不動恰如說打硬修行一般○問此氣是稟得天地底來是集義方生曰本自浩然被人自少時壞了今當集義方能生曰有人不知集義合下便恁地剛勇是如何曰此只是麤氣便是黝舍之勇亦終有餒時此章須從頭節節看來看去首尾貫通見得活方是不可只略涉獵說得去便了○南軒張氏曰勿助長者待其自充不可强使之充也此爲循天理之當然而不以人爲加之然欲不忘則近於助長欲不助長則或忘之二者之間守之爲難學者多知忘之爲害不知助長之爲害尤甚故引揠苗爲喩閔苗之不長猶憂氣之未充也揠以助長猶作其氣而使之充也或曰二程多以必有事焉爲有事乎敬而孟子則主於集義有異乎曰無以異也孟子所謂持志即敬之道也非持其志其能以集義乎微義蓋相須而成者也○雙峯饒氏曰有事勿忘是說以直養勿正勿助是說養而無害必有事焉而勿忘勿助長是集義工夫正而助長是要義襲而取集義義襲兩句乃是一段骨子以集義爲無益而忘之者不耘苗者也以義襲爲心預期其效而助長者揠苗者也惟其是集義所生者故當必有事焉心勿忘惟其非義襲而取之故當勿正勿助長以直養而無害是養之之正道集義所生是養之之成功有事勿忘是做工夫處○前說持志無暴氣是兩事後說養氣不及持志言集義則持志在其中今日集義明日又集義則此志全在義上有事勿忘念念在集義上忘便是不能持其志助長便是暴其氣○問天下之不助苗長者寡矣其意何謂曰此是說天下之人平時不能養其氣者皆是臨時助長以暴其氣也似浩然却不是自家集義所生底故乍長乍消易盈易縮適足以戕賊其氣而已不特養氣不可助長凡事皆不可助長如看書未通不能潛心玩索而强探力索之類皆是助長○雲峯胡氏曰必有事焉是念念必合乎義而無一念之不義也事事必合乎義而

無一事之不義也謂之有事是集義之外無他事謂之必有事是此事之外無他念也但必於此者每有所期於彼必而勿正則先事後得集義之心始無間斷期之不得者又易忘其所有事勿正而不忘則集義之心愈無間斷正忘助三字相因皆是爲害助之害愈甚大抵必有事是集義是以直養正忘助是義是襲是害所以孟子始曰無害終曰害之孟子論養氣工夫是一正一反集註亦是一正一反論以直養正說曰自反常直反說曰自反不直論害之正說曰不可作爲以助其長又反說曰正之不得而妄有作爲前後相應學者當字字體認

如告子、不能集義、而欲彊上聲制其心、則必不能免於正助之病、其於所謂浩然者、蓋不惟不善養、而又害之矣、

慶源輔氏曰集義而不忘其所事則氣得其養勿正而不妄作爲則氣無所害如此則日引月長而充塞天地之體沛然流行之用將不期然而然矣又曰所謂揠而反害之者正指告子而言 備旨 夫氣由集義而生其用功當何如必孜孜焉以集義爲事而勿預期其氣之效久之當自充也其或未充則是集義之功未至但當勿忘所事其心只管集義切不可作爲以助氣之長也此則氣得所養而又無所害謂非集義養氣之節度乎然正助之害視忘其有事者爲尤甚養氣者愼無若宋人有閔其苗之不長而揠苗之使長者乃芒芒然昏昧無知而歸謂其家人曰予今日過勞而病矣予用力以助苗長矣其子心有所疑趨而往視之其所揠之苗則已槁矣是宋人助長之弊如此今天下之養氣者不爲宋人之助苗長者寡矣彼以氣爲無益而舍之不養者猶不耘苗者也未甚害也至於助之長者正如揠苗者也非徒無益於氣而反害乎氣矣知助長之害則知當集義而不當義襲矣吾之所謂善養浩然之氣而異於告子者以此

何謂知言이니잇고 曰詖辭애 知其所蔽ᄒᆞ며 淫辭애 知其所陷ᄒᆞ며 邪辭애 知其所離ᄒᆞ며 遁辭애 知其所窮이니 生於其心ᄒᆞ야 害於其政ᄒᆞ며 發於其政ᄒᆞ야 害於其事ᄒᆞᄂᆞ니 聖人이 復起사도 必從吾言矣시리라

詖皮寄反 復扶又反

엇디 닐온言을知홈이니잇고 ᄀᆞᆯᄋᆞ샤ᄃᆡ 詖ᄒᆞᆫ 辭애 그蔽ᄒᆞᆫ바ᄅᆞᆯ알며淫ᄒᆞᆫ辭애 그陷ᄒᆞᆫ바ᄅᆞᆯ알며邪ᄒᆞᆫ辭애 그離ᄒᆞᆫ바ᄅᆞᆯ알며遁ᄒᆞᆫ辭애 그窮ᄒᆞᆫ바ᄅᆞᆯ알디니 그心에生ᄒᆞ야그

政에害ᄒᆞ며그政에發ᄒᆞ야 그事애害ᄒᆞᄂᆞ니聖人이다시起ᄒᆞ샤도반다시내말을조ᄎᆞ시리라

●此、公孫丑、復(扶又反)問而孟子、答之也、詖、偏陂(卑義反)也、淫、放蕩也、邪、邪僻也、遁、逃避也、四者、相因、言之病也、蔽、遮隔也、陷、沈(俗作沉非)溺也、離、叛去也、窮、困屈也、四者、亦相因、則心之失也、人之有言、皆出於心、其心、明乎正理而無蔽然後、其言、平正通達而無病、苟爲不然、則必有是四者之病矣、朱子曰詖淫邪遁蔽陷離窮四者相因心有所蔽只見一邊不見一邊如楊氏爲我墨氏兼愛各只見一邊故其辭詖詖是偏陂此理本平正他只說得一邊字凡從皮皆是一邊意如跛是脚一長一短坡是山一邊斜蔽則陷(陷深入之義也)是身陷在那裏如陷溺於水只見水不見岸了故其辭放蕩而過說得過遮浩翰纔恁地陷入深了於是一向背却正路開去愈遠遂與正路相離了故其辭邪既離去了正路他那物事不成物事畢竟用不得遂至於窮窮是說不去了故其辭遁遁是既離後走脚底話如楊子本是不拔一毛以利天下却說天下非一毛所能利夷子本說愛無差等却說施由親始佛氏本無父母却說父母經皆是遁辭○問楊墨似詖莊列似淫儀秦似邪佛似遁曰不必如此分別有則四者俱有其序自如此○此一章專以知言爲主若不知言則自以爲義而未必是義自以爲直而未必是直是非且莫辨矣然說知言又只說知詖淫邪遁四者蓋天下事只有一箇是與不是而已若辨得那不是底則便識得那是底了然非見得道理十分分明則不能辨得親切且如集義皆是見得道理分明則動靜去處皆循道理無非集義也○蔡氏曰知言則善惡邪正皆當知之此之所知獨詖淫邪遁之辭何也蓋孟子之時楊墨之言盈天下正人心息邪說莫此爲急故曰楊墨之道不息孔子之道不著此其意也○慶源輔氏曰言形於外故以病言心存於中故以失言○雙峯饒氏曰詖淫邪遁雖四件却只是兩件詖淫屬陽邪遁屬陰蓋詖尙有一邊是道理邪則幷這一邊亦離了淫是詖之深遁是邪之極如楊墨初以爲我兼愛爲仁義雖非仁義之全體猶自見得仁義之一偏其終也至於無父無君則其離仁義也遠矣天下道理好底四件不好底亦四件元亨利貞仁義禮智是好底詖淫邪遁意必固我是不好底好底相因不好底亦相因元亨利貞起於元仁義禮智起於仁意必固我起於意詖淫邪遁起於詖當看四箇所字如看病相似詖淫邪遁是病證蔽陷離窮是病源所蔽所陷所離所窮是病源之所在墨氏之蔽在於見仁而不見義楊氏之蔽在於見義而不見仁其蔽雖同而所以蔽則異孟子知言如明

醫然纔見病證使說病源在何處欲治蔽陷離窮之病在先去其蔽無所蔽便無下面三件蔽之源不一有爲氣稟所
蔽有爲物欲所蔽有爲學術所蔽有爲習俗所蔽問去蔽之道當如何曰孔子嘗謂六言六蔽皆基於不好學欲去蔽
者當自好聖賢之學始○雲峯胡氏曰集註釋我知言曰識其是非得失之所以然此所謂言之病者其然也所謂心
之失者卽所以然也特上文汎指天下之言故兼是非得失而知之此則似指告子之言故專於其失者而知之也○
新安倪氏曰集註旣釋蔽陷離窮四者而下文則曰其心明乎正理而無蔽然後其言平正通達而無病
又提出蔽之一字者蓋四者之失必起於蔽饒氏謂無所蔽便無下面三件亦其深得集註之意者歟　卽其言之
病而知其心之失、又知其害於政事之決然而不可易者、如此、非心通於道、而無疑於
天下之理、其孰能之、問孟子知言處說生於其心害於其政先政而後事闢楊墨處說作於其心害於其事
先事而後政朱子曰先事而後政是自微而至著先政而後事是自大綱而至節目○
慶源輔氏曰孟子之所以能知言也因其言之病而知其心之失是卽其用而知其體也又知其害於政事之決然而
不可易者如此是據其始而知其終也非心與理一其於天下之事如燭照數計略無所疑者何能如是哉不然則知
其用者或不知其體見其始者或不見其終者有矣○雙峯饒氏曰政者事之大體事者政之條目心纔不正到處有
害政事皆心之所發於大體旣有害則小者可知故曰發於其政害於其事後篇說作於其事害於其政是條目上旣
有害則大者亦可知○雲峯胡氏曰所謂害者皆指異端之害而言詖淫邪遁之言卽異
端之言也其害或先政而後事或先事而後政但言無大無小無不有害不必拘先後也　彼告子者、不得於
言、而不肯求之於心、至爲義外之說、則自不免於四者之病、其何以知天下之言而
無所疑哉、新安陳氏曰集註於養氣知言兩節皆解上告子身上以終前不得於言至勿求於心不可之說　程子、曰心通乎道然後、能辨是非、如
持權衡以較音敎輕重、孟子所謂知言、是也、又曰孟子知言、正如人在堂上、方能辨
堂下人曲直、新安陳氏曰此言必有超於衆人之見然後能知衆人之言也　若猶未免雜於堂下衆人之中、則不能辨決矣、
問程子之說莫直是喩心通於道者否朱子曰此只是言見識高似他方能辨他是非得失若見識與他一般如何觧
辨得他○雙峯饒氏曰知言當如何用功程子心通乎道之說便是發明知言之要亦須格物上做來道便是箇權衡
以道觀人如持權衡以較輕重無有能逃之者知言便是知道孟子不欲以知道自謂所以只說知言告子以義爲外
所以只取必於口全不反求諸心如杞柳之說孟子闢之則又移爲湍水之說第一說用不得又換第二說是之謂遁

辭○新安陳氏曰此章甚長頭緒頗多其要旨未易究也知言養氣下集註標出綱領而未及所以能知言養氣之本朱子與郭冲卿帖云孟子之學蓋以窮理集義爲始不動心爲效蓋惟窮理爲能知言惟集義爲能養氣理明而無所疑氣充而無所懼故能當大任而不動心考於本章次第可見矣此章要指惟此帖盡之而無餘蘊集義故能養氣孟子所已言窮理故能知言孟子所未言心通乎道而無疑於天下之理程子固言之而提綱挈領以示後學未有如朱子此帖之明的周備者也明理以知言知之之事集義以養氣行之之事不出乎知行二者而已此章雖未終於此而正意止於此【備旨】丑又問曰養氣之說旣聞命矣敢問何謂知言孟子曰人之有言皆本於心如其辭之所發倚於一偏是爲詖辭吾則知其心有所蔽故其辭詖也詖之不已至於放蕩是爲淫辭吾則知其心有所陷故其辭淫也淫之不已至無正說是爲邪辭吾則知其心有所離故其辭邪也邪之不已必變其說是爲遁辭吾則知其心有所窮故其辭遁也抑不特卽其言之病而知其心之失已也又知蔽陷離窮之失旣生於其心必且害於其政而大綱因之以壞矣旣發於其政必且害於其事而節目亦因之俱壞矣然是害也乃必然之理雖後世有聖人復起亦必從吾生心害政發政害事之言矣吾所謂知言者如此彼告子不得於言勿求於心則己之言且不能知其何以知人之言也哉

宰我子貢은 善爲說辭ᄒᆞ고 冉牛閔子顏淵은 善言德行이러니 孔子ㅣ 兼之ᄒᆞ샤ᄃᆡ 曰我ㅣ 於辭命則不能也ㅣ로라ᄒᆞ시니 然則夫子ᄂᆞᆫ 旣聖矣乎ㅣ신뎌
行去聲

宰我와子貢은善히說辭를ᄒᆞ고冉牛와閔子와顏淵은善히德行을言ᄒᆞ더니孔子ㅣ兼ᄒᆞ샤ᄃᆡ ᄀᆞᆯᄋᆞ샤ᄃᆡ 내辭命애ᄂᆞᆫ곧能티몯ᄒᆞ노라ᄒᆞ시니그러면夫子ᄂᆞᆫ임의聖이신뎌

●此一節、林氏、以爲皆公孫丑之問、是也、(林氏名之奇字少穎三山人) 說辭、言語也、(說如字或讀如稅者非) 德行、得於心而見(形甸反)於行事者也、三子、善言德行者、身有之故、言之親切而有味也、公孫丑、言數子、各有所長而孔子兼之、然、猶自謂不能於辭命、今孟子、乃自謂我能知言、又善養氣、則是兼言語德行而有之、然則豈不既聖矣乎、此夫子、指孟子也、問善爲說辭則於德行或有所未至善言德行則所言者其自己分上事也朱子曰得之○慶源輔氏曰知言則在我在人一也知其如此則於言語辭命何患不能養氣自集義生豈非德行乎 ○程子、曰孔子、自謂不能於辭命者、欲使學者、務本而已、雲峰胡氏曰此以後因公孫丑提出一聖字爲問故專發明一聖字備旨丑聞孟子知言養氣之說遂以聖擬之曰昔孔門弟子若宰我子貢則善爲說辭然不能於說辭之外有所兼也者冉牛閔子顏淵則善言德行然不能於德行之外有所兼也惟孔子言足爲經行足爲法既兼乎數子之長而猶自謂曰我於辭命則不能也今夫子既自謂我能知言我善養氣則是兼言語德行而有之豈不既聖矣乎

曰惡ㅣ라 是何言也오 昔者애 子貢이 問於孔子曰夫子는 聖矣乎ㅣ신뎌 孔子ㅣ 曰聖則吾不能이어니와 我는 學不厭而敎不倦也ㅣ로라 子貢이 曰學不厭은 智也ㅣ오 敎不倦은 仁也ㅣ니 仁且智ᄒᆞ시니 夫子는 既聖矣신뎌 ᄒᆞ니 夫聖은 孔子도 不居ᄒᆞ시니 是何言也오 惡平聲夫聖之夫音扶

골ᄋᆞ샤ᄃᆡ 惡ㅣ라 이 엇딘 말오 녜 子貢이 孔子ᄭᅴ 묻ᄌᆞ와 골오ᄃᆡ 夫子ᄂᆞᆫ 聖이신뎌 孔子ㅣ 골ᄋᆞ샤ᄃᆡ 聖은 내 곧 能티 몯ᄒᆞ거니와 나ᄂᆞᆫ 學을 厭티 아니ᄒᆞ며 敎를 倦티 아니ᄒᆞ노라 子貢이 골오ᄃᆡ 學을 厭티 아니ᄒᆞᆷ은 智ㅣ오 敎를 倦티 아니ᄒᆞᆷ은 仁이니 仁ᄒᆞ시고 ᄯᅩ 智ᄒᆞ시니 夫子ᄂᆞᆫ 임의 聖이신뎌 ᄒᆞ니 聖은 孔子도 居티 아니ᄒᆞ시니 이 엇딘 말오

● 惡、驚歎辭也、昔者以下、孟子、不敢當丑之言、而引孔子子貢問答之辭、以告之

也、此夫子、指孔子也、學不厭者、智之所以自明、敎不倦者、仁之所以及物、再言是何言也、以深拒之、朱子曰中庸成己仁也是體成物智也是用此學不厭智也是體敎不倦仁也是用○潛室陳氏曰仁智互爲體用義精仁熟之後道理縱看橫看皆可智爲體則仁爲用仁爲體則智爲用○雙峰饒氏曰不厭不倦須粘上聖字說言學聖人之道而不厭又以聖人之道敎人而不倦○子貢此言與中庸不同詳見中庸第二十五章章句或問輯釋論之備旨孟子不敢以聖自居乃驚歎曰惡以我爲聖是何言也昔者子貢問於孔子曰夫子其道全德備之聖矣乎孔子曰聖則吾不能我但以聖人之道學諸己而不厭而又以聖人之道敎諸人而不倦也子貢就其辭而贊之曰學不厭者乃深見道體之無窮智之所以自明也敎不倦者乃渾然物我之無間仁之所以及物也有是仁而且有是智夫子既爲仁智合一之聖矣子貢孔子相問答如此夫聖之名孔子尙不敢自居而子乃謂我爲聖是何言也

昔者애竊聞之ᄒᆞ니子夏子游子張은皆有聖人之一體ᄒᆞ고冉牛閔子顏淵은則具體而微ᄒᆞ니라敢問所安ᄒᆞ노이다

녜 그으기 듣ᄌᆞ오니 子夏와 子游와 子張은 다 聖人의 一體를 두고 冉牛와 閔子와 顏淵은 곧 體를 具호ᄃᆡ 微타 ᄒᆞ니 敢히 安ᄒᆞ실 빠를 묻ᄌᆞᆸ노이다

●此一節、林氏、亦以爲皆公孫丑之問、是也、一體、猶一肢也、具體而微、謂有其全體、但未廣耳、安、處上聲下同也、公孫丑、復扶又反問孟子、既不敢比孔子、則於此數子、欲何所處也、朱子曰聖人道大而能博如游夏得其文學子張得其威儀皆一體也惟顏淵冉閔氣質不偏理義完具獨能具有聖人之全體但未若聖人之大而化之無限量之可言故以爲具體而微耳備旨丑見孟子不敢以聖自居又問曰昔者竊聞之聖人之道大而能博全體渾然者也當時及門之徒如子夏子游子張學焉各得其性之所近皆有聖人之一體是偏而未全者也若冉牛閔子顏淵則氣質不偏義理皆備已具聖人之全體特其形迹尙存而微焉耳夫子既不敢當孔子敢問於此數子果何所安而處之乎

曰姑舍是ᄒᆞ라 舍上聲

ᄀᆞᆯᄋᆞ샤ᄃᆡ아직이를舍ᄒᆞ라

●孟子、言且置是者 不欲以數子所至者、自處也、陵陽李氏曰問如集註之說則孟子猶有不足於顏子歟天台潘氏曰孟子之志願學孔子是誠有不足於顏子者蓋非不足於顏子以顏子不幸短命而未至於聖人之域前輩云纔遜第一等事與別人做便是自棄故人之志大率如此然立志之後須要力行以酬其志不可徒有此志也【備旨】孟子曰立志欲大取法欲高數子雖賢吾姑舍置之也

曰伯夷伊尹은何如ᄒᆞ니잇고曰不同道ᄒᆞ니非其君不事ᄒᆞ며非其民不使ᄒᆞ야治則進ᄒᆞ고亂則退ᄂᆞᆫ伯夷也ㅣ오何事非君이며何使非民이리오ᄒᆞ야治亦進ᄒᆞ며亂亦進은伊尹也ㅣ오可以仕則仕ᄒᆞ며可以止則止ᄒᆞ며可以久則久ᄒᆞ며可以速則速은孔子也ㅣ시니皆古聖人也ㅣ라吾未能有行焉이어니와乃所願則學孔子也ㅣ로라 治去聲

ᄀᆞᆯ오ᄃᆡ伯夷와伊尹은엇더ᄒᆞ니잇고ᄀᆞᆯᄋᆞ샤ᄃᆡ 道ㅣ同티아니ᄒᆞ니그君이아니어든事티아니ᄒᆞ며그民이아니어든使티아니ᄒᆞ야治ᄒᆞ면進ᄒᆞ고亂ᄒᆞ면退ᄒᆞᄂᆞᆫ이ᄂᆞᆫ伯夷ㅣ오어ᄂᆡ를事ᄒᆞ면君이아니며어ᄂᆡ를使ᄒᆞ면民이아니리오ᄒᆞ야治ᄒᆞ야도ᄯᅩᄒᆞᆫ進ᄒᆞ며亂ᄒᆞ야도ᄯᅩᄒᆞᆫ進ᄒᆞᄂᆞᆫ이ᄂᆞᆫ伊尹이오可히ᄡᅧ仕ᄒᆞ얌즉ᄒᆞ면仕ᄒᆞ며可히ᄡᅧ止

ᄒᆞ얌즉ᄒᆞ면止ᄒᆞ며可히ᄡᅥ久ᄒᆞ얌즉ᄒᆞ면久ᄒᆞ며可히ᄡᅥ速ᄒᆞ얌즉ᄒᆞ면速ᄒᆞᄂᆞᆫ이ᄂᆞᆫ孔子ㅣ시니다녯聖人이라내能히行티몯ᄒᆞ거니와願ᄒᆞᄂᆞᆫ밴則孔子ᄅᆞᆯ學ᄒᆞ노라

●伯夷、孤竹君之長上聲子、兄弟遜國、避紂隱居、聞文王之德而歸之、及武王、伐紂、去而餓死、伊尹、有莘之處上聲士、湯、聘而用之、使之就桀、桀不能用、復歸於湯、如是者、五、乃相去聲湯而伐桀也、三聖人事、詳見形甸反此篇之末及萬章下篇、魯齋王氏曰乃所願則學孔子後四段盡在此句○雲峰胡氏曰孟子以顔子具聖人之體而未極其大故欲學其大者以伯夷伊尹有聖人之德而未極其全故欲學其全者故此以下則專言夫子之聖 備旨 丑又問曰夫子既不以數子自處若伯夷伊尹何如其肯處之否乎孟子曰伯夷伊尹與我不同道彼非其可事之君則不事非其可使之民則不使世治則進而仕世亂則退而不仕此伯夷以淸爲其道者也何事非君不必皆明君也何使非民不必皆良民也世治亦進而仕世亂亦進而仕此伊尹以任爲其道者也若夫可以仕則仕而無心於必仕可以止則止而無心於必止可以久則久而無心於必久可以速則速而無心於必速此孔子以時爲其道者也是夷爲聖之淸尹爲聖之任孔子爲聖之時皆古聖人也反之吾身不特孔子之聖未之能行即夷之淸尹之任亦未能有行焉乃吾心之所願者則惟學孔子也我既願學孔子則我之道即孔子之道而與夷尹不同矣豈肯自處之乎

伯夷伊尹이於孔子애若是班乎잇가曰否ㅣ라自有生民以來로未有孔子也ㅣ시니라

伯夷와伊尹이孔子의이러ᄃᆞ시班ᄒᆞ니잇가굴ᄋᆞ샤ᄃᆡ아니라生民이이심으로브터ᄡᅥ오모로孔子만ᄒᆞ시니잇디아니ᄒᆞ니라

●班、齊等之貌、公孫丑、問而孟子、答之以不同也、備旨 丑又問曰伯夷伊尹於孔子既皆爲古之聖人不知其人品亦果若是班乎孟

子曰謂其果若是班者否也自有生民以來其間聖人相繼而作吾不知其凡幾矣皆未有如孔子道德事功之隆者也豈止於夷尹乎

曰然則有同與잇가 曰有ᄒᆞ니 得百里之地而君之면 皆能以朝諸侯有天下ㅣ어니와 行一不義ᄒᆞ며 殺一不辜而得天下는 皆不爲也ㅣ리니 是則同ᄒᆞ니라 與平聲 朝音潮

ᄀᆞᆯ오ᄃᆡ 그러ᄒᆞ면 同홈이 인ᄂᆞ니잇가 ᄀᆞᆯᄋᆞ샤ᄃᆡ 이시니 百里ㅅ地ᄅᆞᆯ 得ᄒᆞ야 君ᄒᆞ면 다 能히 ᄡᅥ 諸侯ᄅᆞᆯ 朝케ᄒᆞ야 天下ᄅᆞᆯ 두려니와 ᄒᆞᆫ 不義ᄅᆞᆯ 行ᄒᆞ며 ᄒᆞᆫ 不辜ᄅᆞᆯ 殺ᄒᆞ야 天下ᄅᆞᆯ 得홈은 다 ᄒᆞ디 아니ᄒᆞ리니 인則同ᄒᆞ니라

● 有、言有同也、以百里而王去聲天下、德之盛也、行一不義、殺一不辜而得天下、有所不爲、心之正也、問伯夷伊尹之行一不義殺一不辜而得天下有所不爲何以言之也朱子曰以其遜國而逃諫伐而餓非道義一介不取與觀之則可見矣○魯齋王氏曰此亦是自反而不縮所以不爲也 聖人之所以爲聖人、其根本節目之大者、惟在於此、於此不同、則亦不足爲聖人矣、新安陳氏曰上文德之盛根本之大也心之正節目之大也大根本節目同而小處不同者可以言聖人若大處不同則大本已非吾何以觀之哉【備旨】丑又問曰孔子既非夷尹可班然則亦有一二之同與孟子曰有同以言其德之盛則得百里小國之地而君之皆能以朝諸侯而奄有天下初不假於土地甲兵之力以言其心之正則行一不義之事殺一不辜之人而可以得天下之大彼皆有所不屑爲也是則根本節目之大者三聖之所同也於此不同烏在爲聖人哉

曰敢問其所以異ᄒᆞ노이다 曰宰我子貢有若은 智足以知聖人이니 汙

不至阿其所好ㅣ니라 汙音蛙 好去聲

ᄀᆞᆯ오ᄃᆡ敢히그ᄡᅧ다ᄅᆞᆫ바ᄅᆞᆯ묻ᄌᆞᆸ노이다ᄀᆞᆯᄋᆞ샤ᄃᆡ宰我와子貢과有若은智ㅣ足히ᄡᅧ聖人을알리니汙ᄒᆞ야도그好ᄒᆞᄂᆞᆫ바애阿홈애ᄂᆞᆫ至티아니ᄒᆞ리니라

●汙、下也、三子、智足以知夫子之道、假使汙下、必不阿私所好、而空譽平聲之、明其言之可信也、朱子曰汙是汙下不平處或是當時方言當屬下句讀○慶源輔氏曰智足以知聖人則其智識高明矣阿私所好而空譽之則其識趣汙下矣高明與汙下正相反高明則不必至汙下矣反覆極言之以明三子之言必可信耳[備旨]丑又問曰夷尹之與孔子其根本節目之同則既聞之矣敢問孔子之所以異於夷尹者何如孟子曰孔子異於羣聖非我一人之私言昔賢己有言之者矣蓋聖人原不易知彼宰我子貢有若智識高明足以知聖人之道假使其智識汙下必不阿私其所好而空譽之況智而非阿者乎其言良可信也

宰我ㅣ曰以予觀於夫子컨댄賢於堯舜이遠矣샷다

宰我ㅣᄀᆞᆯ오ᄃᆡ내夫子ᄅᆞᆯ觀ᄒᆞ욤으로ᄡᅧᄒᆞ건댄堯舜두곤賢홈이遠ᄒᆞ샷다

●程子、曰語聖則不異、事功則有異、夫子、賢於堯舜、語事功也、蓋堯舜、治天下、夫子、又推其道、以垂敎萬世、堯舜之道、非得孔子、則後世、亦何所據哉、問夫子賢於堯舜有論宰我此言之失者南軒張氏曰殊不思孟子引宰我此言爲甚曰遺書謂語聖則不異事功則有異曰便是這箇意思五峰云成一時之勳業有限開萬世之道學無窮亦是此意○慶源輔氏曰語聖則不異以其德言也事功則有異就其所爲事與成功而言也堯舜治天下夫子又推其道以垂敎萬世此言事功久遠之不同也堯舜之道非得孔子則後世亦何所據哉此言事功始終成就之不同也○新安陳氏曰後世聖賢之君不作異端漸熾苟非得孔子祖述堯舜以詔後世則無所據依以入堯舜之道矣輔氏有言當時若無孔子今人連堯舜也不識由此言之則孔子爲天地立心爲生民立命爲往聖繼絶學爲萬世開太平其功業豈不賢於堯舜遠哉宰予此言可謂深知孔子其得在言語之科宜矣此孟子所以表而出之於子貢有若之言之先也歟[備旨]宰我之言曰自古聖人首稱堯舜以予觀之堯舜以道治唐虞之天下夫子又推堯舜之道以垂敎萬世之天下其功之大賢於堯舜蓋甚遠矣此宰我智足知聖而言之可信者也

夫夫子且賢於堯舜而異於夷尹不待言矣

子貢이曰見其禮而知其政ᄒᆞ며聞其樂而知其德이니由百世之後ᄒᆞ야等百世之王컨댄莫之能違也ㅣ니自生民以來로未有夫子也ㅣ시니라

子貢이ᄀᆞᆯ오ᄃᆡ그禮ᄅᆞᆯ보고그政을알며그樂을듣고그德을알ᄯᅥ니百世ㅅ後로말미암아百世ㅅ王을等컨댄能히違ᄒᆞ리업ᄉᆞ니生民으로브터ᄡᅥ옴으로夫子만ᄒᆞ시니잇디아니ᄒᆞ시니라

●言大凡見人之禮、則可以知其政、聞人之樂、則可以知其德、是以、我從百世之後、差楚宜反等百世之王、無有能遁其情者、新安陳氏曰差等猶言品第情實也以見禮知政聞樂知德二句鑒之皆不能逃於洞察之下而見其皆莫若夫子之盛也、問見其禮而知其政聞其樂而知其德是謂夫子是謂他人朱子曰只是大槩如此說子貢之意蓋言見人之禮便可知其政聞人之樂便可知其德所謂由百世之後等百世之王莫之能違我之見者所以斷然謂自生民以來未有孔子此子貢以其所見而知夫子之聖如此也一說夫子見人之禮而知其政聞人之樂而知其德由百世之後等百世之王莫有能逃夫子之見者此子貢所以知其爲生民以來未有也然不如前說之順【輯釋】曰子貢之言曰先王之政雖息苟見其所遺之禮有文質而知其所施之政有煩簡先王之德雖泯苟聞其所遺之樂有美善而知其所存之德有性反我由百世之後以禮樂差等百世之王其德政之汙隆皆莫之能違而遁其情也但見自生民以來未有我夫子一身而備帝王之政一心而兼神聖之德者也豈非萬世莫及者哉此子貢智足知聖而言之可信者也夫百世皆不能及而異於夷尹又不待言矣

有若이曰豈惟民哉리오麒麟之於走獸와鳳凰之於飛鳥와泰山

之於丘垤와 河海之於行潦에 類也ㅣ며 聖人之於民에 亦類也ㅣ시니 出於其類ᄒᆞ며 拔乎其萃ᄒᆞ나 自生民以來로 未有盛於孔子也ㅣ시니라 垤天結反 潦音老

有若이ᄀᆞᆯ오ᄃᆡ 엇디 오직 民뿐이리오 麒麟이 走獸에와 鳳凰이 飛鳥에와 泰山이 丘垤에와 河海ㅣ 行潦에 類ㅣ며 聖人이 民에 ᄯᅩ ᄒᆞᆫ 類ㅣ시니 그 類에 出ᄒᆞ며 그 萃에 拔ᄒᆞ나 生民으로브터 ᄡᅥ 옴으로 孔子만 盛ᄒᆞ시니 잇디 아니ᄒᆞ시니라

●麒麟、毛蟲之長、上聲下同 鳳凰、羽蟲之長、垤、蟻封也、行潦、道上無源之水也、出、高出也、拔、特起也、特挺然孤特也 萃、聚也、衆所聚之中 言自古聖人、固皆異於衆人、新安陳氏曰此聖人字是汎說從古以來之聖人 然、未有如孔子之尤盛者也、○程子、曰孟子此章、擴前聖所未發、指養氣與知言而言也 學者、所宜潛心而玩索色栢反也、雙峰饒氏曰孟子要學聖人故於子游子夏子張冉牛閔子顏淵皆曰姑舍是伯夷伊尹雖是古聖人然伯夷偏於淸伊尹偏於任不若孔子之時中故曰乃所願則學孔子解孟子與解論語不同論語章句短孟子章句長須要識他全章大指所在又須看歎前後血脉貫通而後可○雲峰胡氏曰公孫丑疑孟子動心孟子遂極言養氣知言拔之功公孫丑疑其知言養氣之旣聖孟子遂極言夫子之聖之盛要之夫子之聖不假乎養氣知言孟子之養氣知言乃學而至聖者也前則深斥告子闢異端也後則推尊孔子承聖道也前後之言若不相貫而實相貫學者味之【備旨】有若之言曰天地間豈惟民不能爲異哉即麒麟之祥而比之走獸即鳳凰之靈而比之飛鳥即泰山之高而比之丘垤即河海之深而比之行潦均一飛走流峙類也聖人之於民其形同其性同本均一人亦類也但聖人能踐形盡性雖生乎羣類之中實高出於羣類之上雖處乎羣萃之內實特超乎羣萃之表自古聖人皆異於衆人如此然聖人固異於衆人而孔子尤異於羣聖自生民以來之聖人未有盛於孔子者也蓋聖人固民中之麟鳳山海而孔子尤聖人中之麟鳳山海也聖人固拔出於民之類萃而孔子尤拔出於聖人之類萃也孰有如其尤盛者乎此有若智足知聖而言之可信者也夫羣聖皆不能同而異於夷尹又不待言矣孔子異於夷尹此吾之所以願學而知言養氣其來固有自矣以此而當大任又何足以動其心哉

○孟子ㅣ曰以力假仁者는霸니霸必有大國이오以德行仁者는王이니王不待大라湯이以七十里고文王이以百里시니라

孟子ㅣ골ᄋᆞ샤ᄃᆡ力으로ᄡᅥ仁을假ᄒᆞᄂᆞᆫ者ᄂᆞᆫ霸ᄒᆞᄂᆞ니霸ᄂᆞᆫ반ᄃᆞ시大國을두고德으로ᄡᅥ仁을行ᄒᆞᄂᆞᆫ者ᄂᆞᆫ王ᄒᆞᄂᆞ니王은大ᄅᆞᆯ待티아니ᄒᆞᄂᆞᆫ디라湯이七十里로ᄡᅥᄒᆞ시고文王이百里로ᄡᅥᄒᆞ시니라

●力、謂土地甲兵之力、假仁者、本無是心而借其事、以爲功者也、霸、若齊桓晉文、是也、以德行仁、則自吾之得於心者、推之、無適而非仁也、朱子曰以德行仁德非止謂有救民於水火之誠心這德字說得來闊是自己身上事都做得來是無一不備了所以行出來便是仁且如湯不邇聲色不殖貨利至彰信兆民是先有前面底方能彰信兆民救民水火之中若無前面底雖欲救民不可得也武王亶聰明作元后是亶聰明方能作元后救民水火之中若無這亶聰明雖欲救民其道何由○行仁便自仁中行出皆仁之德若假仁便是恃其甲兵之强財賦之多須有如是資力方可服人是假仁之名以欺其衆非有仁之實也○以力假仁仁與力是兩箇以德行仁仁便是德德便是仁○雙峰饒氏曰或引包茅不入昭王不復是假仁曰此是假義不是假仁請問假仁曰救民仁也尊君義也湯放桀武伐紂以救民爲主其事屬仁齊問罪於楚以尊周爲主其事屬義孟子不說假義却說假仁蓋仁包五常言仁則義在其中如伐原示信大蒐示禮皆是假仁處[備旨]孟子辨王霸之所以異曰王霸之辨辨諸心而已彼心無是仁而以土地甲兵之力假借行仁之名以爲功者此之謂霸霸者必有資於大國然後其仁可得而假也若夫以吾心之德而推之以行利物之仁者此之謂王王者不待於大國而德自足以有爲也不觀之湯文乎湯以德行仁於商特以七十里而九圍是式不待大也文王以德行仁於周特以百里而三分有二不待大也知王者之不待大則霸者之必有大國益明矣

以力服人者ᄂᆞᆫ 非心服也ㅣ라 力不贍也ㅣ오 以德服人者ᄂᆞᆫ 中心이 悅而誠服也ㅣ니 如七十子之服孔子也ㅣ라 詩云自西自東ᄒᆞ며 自南自北이 無思不服이라ᄒᆞ니 此之謂也ㅣ니라

力으로ᄡᅥ 人을 服ᄒᆞᄂᆞᆫ 者ᄂᆞᆫ 心애 服ᄒᆞᄂᆞᆫ줄이 아니라 力이 贍티 몯ᄒᆞᆷ이오 德으로ᄡᅥ 人을 服ᄒᆞᄂᆞᆫ 者ᄂᆞᆫ 中心이 悅ᄒᆞ야 誠으로 服ᄒᆞᆷ이니 七十子의 孔子ᄅᆞᆯ 服ᄒᆞᆷ ᄀᆞᆮᄐᆞᆫ디라 詩예 닐오ᄃᆡ 西로브터 ᄒᆞ며 東으로브터 ᄒᆞ며 南으로브터 ᄒᆞ며 北으로브터 思ᄒᆞ야 服디 아니리 업다 ᄒᆞ니 이를 닐옴이니라

●贍、時驗反 足也、詩、大雅文王有聲之篇、王霸之心、誠僞不同、故、人所以應之者、其不同、亦如此、 慶源輔氏曰以力假仁者僞也假而行之終非己有非僞而何以德行仁者誠也所謂誠者成己成物者也己以僞感人以僞應己以誠感人以誠應如形聲影響之相隨蓋不容於有異也

○鄒氏、曰 鄒氏名浩字志完毗陵人 以力服人者、有意於服人、而人不敢不服、以德服人者、無意於服人、而人不能不服、從古以來、論王霸者多矣、未有若此章之深切而著明者也、 問王霸之別朱子曰以力假仁者不知仁之在己而假之也以德行仁則其仁在我而惟所行矣以執轅濤塗侵曹伐衛之事而視夫東征西怨虞芮質成者則人心之服與不服可見若七十子之從孔子至於流離飢餓而不去此又非有名位勢力以驅之也孟子眞可謂長於譬喩也○慶源輔氏曰鄒氏以有意無意釋力與德字最爲簡要然其所謂無意者非如木石之無意者無期必之私意耳若夫正心修身之道則自有不可已者至論自古論王霸未有如是之深切著明者亦爲得之其視董子美玉珷玞之喩荀子降禮尊賢重法愛民與夫曰粹曰駁諸說皆無優矣○新安陳氏曰王道純乎天理霸之假雜以人欲崇王道黜霸功亦擴天理遏人欲也 備旨 夫霸者以力假仁是以力服乎人者然己以僞

感則人亦以僞應其服之者非心悅而誠服也特屈於力之不贍不得己而服之也王者以德行仁是以德服乎人者然己以誠感則人亦以誠應其服之者中心悅其德之廣被而誠服之也如七十子之服孔子非有勢力以驅而流離困厄相從不二者然也觀於大雅之詩有云自西自東自南自北無思不服夫服盡於東西南北則德之所化者廣服出於思則誠之所孚者深此正王者以德服人而心悅誠服之謂也彼覇者何能如此

○孟子ㅣ曰仁則榮ᄒᆞ고不仁則辱ᄒᆞᄂᆞ니今에惡辱而居不仁이是猶惡濕而居下也ㅣ니라 惡去聲下同

孟子ㅣ골ᄋᆞ샤ᄃᆡ仁ᄒᆞ면榮ᄒᆞ고仁티아니ᄒᆞ면辱ᄒᆞᄂᆞ니이제辱을惡호ᄃᆡ不仁에居홈이이ᄂᆞᆫ濕을惡호ᄃᆡ下에居홈ᄀᆞᆮᄐᆞ니라

●好去聲榮惡辱、人之常情、然、徒惡之、而不去上聲其得之之道、不能免也、朱子曰此亦只是爲下等人言若是上等人他豈以榮辱之故而後行仁哉○蔡氏曰程子易比卦象傳曰且得他畏危亡之禍而求所以比輔其民猶勝於全不顧者此章近之(備旨)孟子勉當時諸侯爲仁曰人情莫不好榮而惡辱亦知榮辱之所由至乎苟人君能修德行善而仁則身尊國顯不期榮而自榮矣若驕奢淫佚而不仁則身危國亂不期辱而自辱矣今國君徒知惡辱而反居不仁則辱必不能免是猶惡濕而反居於下則濕必不能免也

如惡之ㅣㄴ댄莫如貴德而尊士ㅣ니賢者ㅣ在位ᄒᆞ며能者ㅣ在職ᄒᆞ야國家ㅣ閒暇ㅣ어든及是時ᄒᆞ야明其政刑이면雖大國이라도必畏之矣리라 閒音閑

만일에惡홀딘댄德을貴ᄒᆞ며士를尊홈만ᄀᆞᆮᄐᆞ니업스니賢者ㅣ位예이시며能者ㅣ職에이셔國家ㅣ閒暇ᄒᆞ거든이時를及ᄒᆞ야그政刑을明ᄒᆞ면비록大國이라도반ᄃᆞ시畏ᄒᆞ리라

[註]此、因其惡辱之情、而進之以强(上聲)仁之事也、新安倪氏曰禮記表記云畏罪者强仁謂勉强行仁也貴德以下皆强仁之事目 貴德、猶尙德也、士、則指其人而言之、賢、有德者、使之在位、則足以正君而善俗、能、有才者、使之在職、則足以修政而立事、國家閒暇、可以有爲之時也、詳味及字、則惟日不足之意、可見矣、或謂賢者在位能者在職謂賢者有德但使之在位而不任事能者有才所以使之在職而任事雙峰饒氏曰如此說則賢者是箇無能底人蓋凡是賢者皆當使之在位然賢者所能却不同就其間使能敷敎者在敷敎之位能治獄者在治獄之位既有其位便有其職天下豈有無職之位豈有無能之賢○新安陳氏曰春秋傳云及猶汲汲也及是時而明政刑即書所謂吉人爲善惟日不足之意此一節應仁則榮也[備旨]夫辱而不惡則亦已矣如惡之莫如去不仁而爲仁於是所貴在德而尊禮有德之士士之賢者任之在輔弼之位士之能者用之在有司之職是有治人可與圖治道一旦外患少息而國家閒暇則遂及是時而與賢能修明其政凡大綱小紀秩然不亂修明其刑凡五刑五罰咸得其平如是則吾能仁矣仁則邦本已固國勢已强雖大國亦必畏服之矣何榮如之吾所謂仁則榮者如此

詩云迨天之未陰雨ᄒᆞ야徹彼桑土ᄒᆞ야綢繆牖戶ㅣ면今此下民이或敢侮予아ᄒᆞ야ᄂᆞᆯ孔子ㅣ曰爲此詩者ㅣ其知道乎ㅣㄴ뎌能治其國家ㅣ면誰敢侮之리오ᄒᆞ시니라　徹直列反土音杜綢音稠繆武彪反

詩예닐오ᄃᆡ天의陰雨티아니ᄒᆞᆫ저글미처뎌桑土ᄅᆞᆯ徹ᄒᆞ야牖戶ᄅᆞᆯ綢繆ᄒᆞ면이제이下民이或敢히나ᄅᆞᆯ侮ᄒᆞ랴ᄒᆞ야ᄂᆞᆯ孔子ㅣᄀᆞᆯᄋᆞ샤ᄃᆡ이詩ᄅᆞᆯᄒᆞᆫ者ㅣ그道ᄅᆞᆯ안뎌能히그國家ᄅᆞᆯ治ᄒᆞ면뉘敢히侮ᄒᆞ리오ᄒᆞ시니라

[註]詩、豳風鴟(處脂反)鴞(吁驕反)之篇、周公之所作也、迨、及也、徹、取也、桑土、桑根之皮也、

綢繆音矛、纏緜補葺七入反也、牖戶、巢之通氣出入處也、予、鳥自謂也、言我之備患、詳密如此、今此在下之人、或敢有侮予者乎、周公、以鳥之爲巢如此、比君之爲國、亦當思患而預防之、孔子讀而贊之、以爲知道也、雲峯胡氏曰爲此詩者其知道乎孟子凡兩引之彼則爲詩者知率性之道此則爲詩者知治國平天下之道也 備旨 豳風鴟鴞之詩有云迨天之未陰雨則徹彼桑間之土以綢繆補葺夫巢之牖戶其備患之密如此今此在下之民或敢有侮予者乎此周公愛國故託鳥言以喩治也孔子讀此詩而贊之曰爲此詩者其知治國家之道乎人君誠能思患預防以治其國家則內治旣固無隙可乘誰敢玩德抗威而侮之詩人之意如此信乎其知道也由詩及孔子之言觀之所謂强仁而大國必畏者益可信矣

今國家ㅣ閒暇ㅣ어든 及是時ᄒᆞ야 般樂怠敖ᄒᆞᄂᆞ니 是ᄂᆞᆫ 自求禍也ㅣ니라 般音盤 樂音洛 敖音傲

이제 國家ㅣ 閒暇ᄒᆞ거든 이 時ᄅᆞᆯ 미처 般樂ᄒᆞ며 怠敖ᄒᆞᄂᆞ니 이ᄂᆞᆫ ᄉᆞ스로 禍ᄅᆞᆯ 求ᄒᆞᆷ이니라

○言其縱欲偸安、亦惟日不足也、雙峰饒氏曰般樂則不暇明其政刑怠敖則不暇貴德尊士○新安陳氏曰及是時而縱欲偸安亦書所謂凶人爲不善惟日不足之意 此一節應不仁則辱也 備旨 夫何今之爲君者當國家閒暇乃及是時不知用賢修政惟知般樂以縱欲怠敖以偸安政荒而不知問刑虐而不知恤其不仁如此則國非其國而侮之者至矣是自求禍也何辱如之吾所謂不仁則辱者如此

禍福이 無不自己求之者ㅣ니라

禍와 福이 自己로브터 求티 아니ᄒᆞᆫ 者ㅣ 업ᄉᆞ니라

●結上文之意、新安陳氏曰仁榮福也不仁之辱禍也皆自己求之[備旨]由此觀之仁榮福也以己之防於未陰雨者致之不仁之辱禍也以己之怠於閒暇者取之可見禍福無有不自己求之者豈可諉於偶然之數哉

詩云永言配命이 自求多福이라ᄒᆞ며 太甲에 曰天作孽은 猶可違어니와 自作孽은 不可活이라ᄒᆞ니 此之謂也ㅣ니라 孽魚列反

詩예닐오ᄃᆡ 기리 言ᄒᆞ야 命을 配ᄒᆞ욤이 스스로 多福을 求홈이라ᄒᆞ며 太甲애ᄀᆞᆯ오ᄃᆡ 天의 作ᄒᆞᆫ 孽은 오히려 可히 違ᄒᆞ려니와 스스로 作ᄒᆞᆫ 孽은 可히 活티 몯ᄒᆞ리라ᄒᆞ니 이ᄅᆞᆯ 닐옴이니라

●詩、大雅文王之篇、永、長也、言、猶念也、配、合也、命、天命也、此、言福之自己求者、太甲、商書篇名、孽、禍也、違、避也、活、生也、書、作逭、音換 逭、猶緩也、此、言禍之自己求者、蔡氏曰及時明政刑自求福也仁榮者如此及時而樂敖自作孽也不仁之辱如此○新安陳氏曰記云仁者安仁知者利仁畏罪者彊仁此因戰國諸侯惡辱而勉以行仁正畏罪彊仁之事勉之存天理而享仁之榮戒之徇人欲以遠不仁之辱亦遏人欲擴天理也[備旨]文王之詩不云乎人能長言合於天理則多福自我而致之太甲之書不云乎己無罪而天降之灾或猶可得而違自爲不善而陷於惡則不可得而活詩之言即福自己求之謂也書之言即禍自己求之謂也然則好榮惡辱者可不自反而仁乎

○孟子ㅣ曰尊賢使能ᄒᆞ야 俊傑이 在位則天下之士ㅣ皆悅而願立於其朝矣리라 朝音潮

孟子ㅣᄀᆞᆯᄋᆞ샤ᄃᆡ 賢을 尊ᄒᆞ며 能을 使ᄒᆞ야 俊傑이 位예 이신則 天下읫 士ㅣ 다 悅ᄒᆞ야

그朝애立홈을願ᄒᆞ리라

●俊傑、才德之異於衆者、雙峯饒氏曰俊傑謂人中之俊傑者即指賢能而言尊賢使能便是俊傑在位尊非禮貌之虛文與之共天位治天職以至去讒遠色賤貨貴德皆尊賢之道

【備旨】孟子勉當時人君行王政以收人心曰王政在得人心誠使爲人君者能尊禮乎有德之賢任使乎有才之能而賢能之俊傑者皆在於庶位則風聲所感不特吾國之士悅之也擧天下之士皆悅吾待士之厚而願立於其朝矣

市에廛而不征ᄒᆞ며法而不廛則天下之商이皆悅而願藏於其市矣리라

市예廛ᄒᆞ고征티아니ᄒᆞ며法으로ᄒᆞ고廛티아닌則天下읫商이다悅ᄒᆞ야그市예藏홈을願ᄒᆞ리라

●廛、市宅也、張子、曰或賦其市地之廛、而不征其貨、禮記王制古者公田藉而不稅市廛而不稅關譏而不征或治以市官之法、而不賦其廛、周禮地官司徒司市市官掌市之治教政刑量度禁令以次序分地而經市以陳肆辨物而平市以政令禁物靡而均市以商賈音古阜貨而行布以量度成賈價同而徵儥音育以質劑即隨反結信而止訟爾雅劑齊也質劑謂兩書一札而別之也若今手書言保物要還矣以賈音古民禁僞而除詐以刑罰禁虣皮告反而去盜以泉府同貨而斂賖大市日仄昃同而市百族爲主朝市朝時而市商賈爲主夕市夕時而市販夫販婦爲主蓋逐末者、多則廛而抑之、少則不必廛也、朱子曰市廛而不征謂使居市之廛者各出廛賦若干如今人賃鋪面相似更不征稅其所貨之物法而不廛則但治之以市官之法而已雖廛賦亦不取之也問古之爲市者以其所有易其所無者有司者治之耳此是周禮市官之法否曰然如漢之獄市之類皆是古之遺制○問市廛此市在何處曰此都邑之市國都如井田樣畫爲九區面朝背市左祖右社中一區君之宮室宮室前一區爲外朝朝會藏庫之屬皆在焉後一區爲市市四面有門每日市門開則商賈百物皆入惟民得入公卿大夫士皆不得入入則有罰市官之法如周禮司市平物價治爭訟譏察異服異言之類左右各三區皆民所居外朝一區左則宗廟右則社稷此國君都邑規模之大概也【備旨】其於市也或逐末者多則賦其市地之廛而不更征其貨或逐末者少但治以市官之法而並不賦其廛則天下之商

皆悅吾厚商之賓而願藏於其市矣

關애譏而不征則天下之旅ㅣ皆悅而願出於其路矣리라

關애譏ᄒᆞ고征티아니ᄒᆞᆫ則天下읫旅ㅣ다悅ᄒᆞ야그路애出홈을願ᄒᆞ리라

●解見形甸反前篇、雙峯饒氏曰關譏之制凡衆途所會之地則立關以限之行旅有節傳方可度關以此稽考其來歷以防姦宄節是使者所持之節傳如今脚引及州縣移文或用節或用傳周禮所謂以節傳出納之者是也 備旨 其於關也但使關吏譏察異言異服之人以防奸究而不征其往來之貨稅則天下之旅皆悅吾柔遠之有道而願出於其路矣

耕者를助而不稅則天下之農이皆悅而願耕於其野矣리라

耕者를助ᄒᆞ고稅티아니ᄒᆞᆫ則天下읫農이다悅ᄒᆞ야그野에耕홈을願ᄒᆞ리라

●但使出力、以助耕公田、而不稅其私田也、 備旨 其於農之耕者但使之出力以助耕公田而不復稅其私田則天下之農皆悅吾待農之有道而願耕於其野矣

廛無夫里之布則天下之民이皆悅而願爲之氓矣리라 氓音盲

廛에夫와里의布ㅣ업슨則天下읫民이다悅ᄒᆞ야氓되옴을願ᄒᆞ리라

●周禮、宅不毛者、有里布、民無職事者、出夫家之征、鄭氏、謂宅不種桑麻者、罰之、使出一里二十五家之布、民無常業者、罰之、使出一夫百畝之稅、一家力役之征也、周禮地官司徒載師職凡宅不毛者有里布田不耕者出屋粟民無職事者出夫家之征 鄭司農云宅不毛者謂不樹桑麻也里布者布參印書廣二寸長二尺以爲幣貿易物詩云抱布貿絲抱此布也或曰布泉鄭玄曰宅不毛者罰以一里二十五家之泉空田者罰以三家之稅粟以共吉凶二服及喪器也民雖有間無職事者猶出夫稅家稅也夫稅者百畮之稅家稅者出士徒車輦給繇役 今戰國時、一切取之、市宅

之民、已賦其廛、又令平聲出此夫里之布、非先王之法也、氓、民也、問一里二十五家之布朱子曰亦不可考又問民無常產者罰之如何恁地重曰後世之法與此正相反農民賦稅丁錢却重而游手浮浪之民泰然都不管他○慶源輔氏曰先王之政宅不種桑麻與閒民無職事者上之人皆有法以抑之此所以當其盛時民皆著業而無游手與貧困者所謂窮民不過鰥寡孤獨者而已戰國時如夫里之布一切取之皆末流之害縱人欲滅天理者也○雙峰饒氏曰家征是力役之征如今庶役夫征是粟米之征即百畝之稅如今輸租里布是布縷之征即五畝之稅如今納絹[備旨]其於市宅之民已賦其市地之廛則無令出一夫百畝之稅以其與無常業者異也無令出一里二十五家之布以其與不種桑麻者異也則天下之民皆悅吾待民之有恩而願爲之氓矣

信能行此五者則鄰國之民이仰之若父母矣리니率其子弟ᄒᆞ야攻其父母ᄂᆞᆫ自生民以來로未有能濟者也ㅣ니如此則無敵於天下ᄒᆞ리니無敵於天下者ᄂᆞᆫ天吏也ㅣ니然而不王者ㅣ未之有也ㅣ니라

진실로能히이五者를行ᄒᆞᆫ則隣國읫民이仰ᄒᆞᆷ을父母ᄀᆞᆮ티ᄒᆞ리니그子弟를率ᄒᆞ야그父母를攻ᄒᆞᆷ은生民으로브터뼈오모로能히 濟ᄒᆞᆫ者ㅣ잇디아니ᄒᆞ니이러ᄃᆞᆺᄒᆞᆫ則天下애敵이업스리니天下애敵이업ᄉᆞᆫ者ᄂᆞᆫ天吏니그러코王티몯ᄒᆞᆫ者ㅣ잇디아니ᄒᆞ니라

●呂氏、曰奉行天命、謂之天吏、廢興存亡、惟天所命、不敢不從、若湯武、是也、雙峰饒氏曰吏君所命天吏天所命君所命者可以刑人殺人凡有罪者得而刑殺之天所命者可以征人伐人凡暴亂之國皆得而征伐之○此章、言能行王政、則寇戎、爲父

子、不行王政、則赤子、爲仇讐、雙峰饒氏曰無敵於天下一句乃是此章之大旨蓋能行王者之政則可以與王者之治當時諸侯不得民心惟務侵人土地故孟子敎之但行王政以恤其民使吾國之民仰之若父母則天下之民亦仰之若父母矣如此則東征西伐何向不服不然吾國之民亦寇敵也況鄰國乎○新安陳氏曰欲除後世過取以奉其私之弊而一行之以先王之法皆所以遏人欲擴天理也

[備旨]夫王政可以得民如此特慮今之君莫之行耳信能行此五者則鄰國之民若士若農若商若旅皆仰之如父母之親矣吾爲彼之父母則彼皆吾之子弟也苟隣國之君率其子弟以攻其所仰之父母吾見人心在我而不在彼自上古生民以來未有能濟其事者也既不能濟如此則征伐一擧而所行無敵於天下矣無敵於天下者乃奉行天命之天吏也既爲天吏則凡逆天害民之國皆得奉天命而征伐之而王業可必其成矣然而不王於天下者未之有也觀此則王政信乎其可行矣今之君亦何憚而不行哉

孟子ㅣ曰人皆有不忍人之心ᄒᆞ니라

孟子ㅣᄀᆞᆯᄋᆞ샤ᄃᆡ 人이 다 人을 忍티 몯ᄒᆞᄂᆞᆫ 心을 둔ᄂᆞ니라

●天地、以生物爲心、而所生之物、因各得夫(音扶)天地生物之心、以爲心、所以人皆有不忍人之心也、朱子曰無天地生物之心則沒這身纔有這血氣之身便具天地生物之心矣○天地以生物爲心天包著地別無所作爲只是生物而已譬如飯甑蒸飯從裏面蒸上到上面又下來只管在裏面衮便蒸得熟天地即是包得許多氣在這裏無出處衮一番便生一番物所謂爲心者豈切切然做以譬子相似只會磨出這物事○雙峰饒氏曰人心慈愛惻怛纔見人便發將出來更忍不住所以謂之不忍人仁之爲德在天地則爲生物之心在人則爲不忍人之心天地能生物人不能生物但是愛人之心即是生物之心程子云惻隱之心人之生道也正此之謂○西山眞氏曰天地造化無他作爲惟以生物爲事觀夫春夏秋冬往古來今生意周流何嘗一息間斷天地之心於此可見萬物從天地生意中出故物物皆具此理何況人爲最靈宜乎皆有不忍人之心也○新安陳氏曰不忍即是仁忍則非仁性中有此仁發出來便是不忍人之心所以後面提起所以謂人皆有不忍人之心者便指出惻隱之心以當之見孺子將入井而惻隱者何也蓋不忍見此子之如此也若見此而不動心則頑忍非人矣天地之大德曰生人得天地之德曰好生好生之德即所謂得天地生物之心以爲心也

[備旨]孟子勉時君擴充其仁心也曰人之生也自聖人以至常人其品不齊矣而皆有不忍害人之心不以聖人而後有不以常人而或無也

先王이有不忍人之心ᄒᆞ샤斯有不忍人之政矣시니以不忍人之心으로行不忍人之政이면治天下ᄂᆞᆫ可運之掌上이니라

先王이人을忍티몯ᄒᆞᄂᆞᆫ心을두샤이에人을忍티몯ᄒᆞᄂᆞᆫ政을두시니人을忍티몯ᄒᆞᄂᆞᆫ心으로ᄡᅥ人을忍티몯ᄒᆞᄂᆞᆫ政을行ᄒᆞ면天下治홈은可히掌上애運ᄒᆞ리니라

●言衆人、雖有不忍人之心、然、物欲、害之、存焉者寡、故、不能察識而推之政事之間、惟聖人、全體此心、(仁之體)隨感而應、(仁之用)故、其所行、無非不忍人之政也、(雙峰饒氏曰斯猶即也聖人之心無物欲之蔽纔有不忍人之心即有不忍人之政不待充廣而後能也若衆人則須待充廣○西山眞氏曰人有是心而私欲間斷之故不能達之於用惟聖人全體此心私欲不雜故有此仁心便有此仁政自然流出更無壅遏天下雖大運以此心而有餘矣【備旨】然衆人有是心而物欲蔽之故不能察識而推之政事之間惟先王私欲淨盡天理自然流行有是不忍人之心即有是不忍人之政矣夫以不忍人之心行不忍人之政則心以運政而其澤易流政出於心而其澤易遍以養天下以敎天下取足於吾心而有餘矣不猶運之掌上而無難者乎)

所以謂人皆有不忍人之心者ᄂᆞᆫ今人이乍見孺子ㅣ將入於井ᄒᆞ고皆有怵惕惻隱之心ᄒᆞᄂᆞ니非所以內交於孺子之父母也ㅣ며非所以要譽於鄕黨朋友也ㅣ며非惡其聲而然也ㅣ니라(怵音黜內讀爲納要平聲)(惡去聲下同)

ᄡᅥ닐오ᄃᆡ人이다人을忍티몯ᄒᆞᄂᆞᆫ心을두엇다홈은이제사ᄅᆞᆷ이믄득孺子ㅣ쟝ᄎᆞᆺ井

애入홈을보고다 怵惕ᄒᆞ며惻隱ᄒᆞᄂᆞᆫ心을둔ᄂᆞ니써交를孺子의父母의게納ᄒᆞᄂᆞᆫ배아니며써譽를鄕黨과朋友에要ᄒᆞᄂᆞᆫ배아니며그聲을惡ᄒᆞ야그러홈이아니니라

●乍、猶忽也、怵惕、驚動貌、惻、傷之切也、隱、痛之深也、此卽所謂不忍人之心也、慶源輔氏曰怵惕心驚懼而起念之意緣卒乍而見故心驚懼而動也惻隱由傷深而痛深自淺而深皆所以名狀不忍人之心可謂善形容矣 內、結、要、求、聲、名也、言、乍見之時、便有此心、隨見而發、非由此三者而然也、程子、曰滿腔苦江反子、是惻隱之心、朱子曰腔子猶言軀殼耳滿腔子只是言充塞周徧本來如此是就人身上指出理充塞處最爲親切若於此見得則萬物一體更無內外之別若見不得却去腔子外尋則莽莽蕩蕩無交涉矣又曰腔子身裏也言滿身裏皆惻隱之心在腔子裏亦只云心在身裏滿這箇軀殼都是惻隱之心纔觸著便是這箇物事出來大感則大應小感則小應○勉齋黃氏曰陵陽李氏謂腔子指人身言天地間充塞上下渾然生物之意無有空處人得此以爲心則亦四體百骸充塞偏滿無非此惻隱之心觸處即是無有欠缺也此說極是 謝氏、曰人須是識其眞心、方乍見孺子入井之時、其心怵惕、乃眞心也、非思而得、非勉而中、去聲 天理之自然也、內交、要譽、惡其聲而然、卽人欲之私矣、朱子曰方乍見孺子時也著手脚不得纔有許多私意也未暇思量到問心所發處不一便說惻隱如何曰惻隱之心渾身皆是無處不發見如見赤子有惻隱之心見一蟻亦豈無此心○如孺子入井如何不推得其他底出來只推得惻隱之心出來蓋理各有路如做得穿窬底事如何令人不羞惡偶遇一人衣冠而揖我我便亦揖他如何不恭敬事有是非必辨別其是非試看是甚麼去感得他何處一般出來○惡其聲是惡被不救人之名○西山眞氏曰孺子未有所知而將入于井乍見之者無問賢愚皆有傷痛之心方此心驟發之時非欲以此內交非欲以此干譽非欲以避不仁之名也倉卒之間無安排矯飾而天機自動此所謂眞心也○雲峰胡氏曰集註與謝氏皆看得乍見二字緊蓋惟蒼卒忽然而見之時此心便隨所見而發正是本心發見處若旣見之後稍涉安排商畧便非本心矣 備旨 然吾所以謂人皆有不忍人之心者何以驗之今人乍見無知之孺子將陷入於井無問其智愚賢不肖皆有怵惕驚動惻隱傷痛之心是心也感於自然而天機自動非所以結內交情於孺子之父母也蓋乍見之時未暇爲內交計也非所以要求聲譽於鄕黨朋友也蓋乍見之時未暇爲要譽計也非惡其不仁之聲以求免於

毁而然也盖乍見之時未暇爲惡其聲計也此足以驗人皆有不忍人之心矣

由是觀之컨댄 無惻隱之心이면 非人也ㅣ며 無羞惡之心이면 非人也ㅣ며 無辭讓之心이면 非人也ㅣ며 無是非之心이면 非人也ㅣ니라 惡去聲下同

일로말미암아보건댄惻隱ᄒᆞᆫ는心이업스면人이아니며 羞惡ᄒᆞᆫ는心이업스면人이아니며辭讓ᄒᆞᆫ는心이업스면人이아니며 是非ᄒᆞᆫ는心이업스면人이아니니라

●羞、耻己之不善也、惡、憎人之不善也、辭、解使去己也、讓、推吐雷反以與人也、是、知其善而以爲是也、非、知其惡而以爲非也、人之所以爲心、不外乎是四者、故、因論惻隱而悉數上聲之、言人若無此、則不得謂之人、所以明其必有也、問上蔡見明道先生擧史文成誦明道謂其玩物喪志上蔡汗流浹背面發赤色明道云此便是惻隱之心公且道上蔡聞得過失恁地慚惶自是羞惡之心如何却說道見得惻隱之心久之朱子曰惟是有惻隱之心方會動若無惻隱之心却不會動惟是先動方始有羞惡方始有恭敬有是非動處便是惻隱若不會動却不成人若不從動處發出所謂羞惡者非羞惡所謂恭敬者非恭敬是非者非是非天地生生之理這些動意未嘗止息看如何梏亡亦未嘗盡消滅自是有時而動學者只怕間斷了○羞惡辭讓是非雖與惻隱並說但此三者皆是自惻隱中發出來因有惻隱後方有此三者惻隱比三者又較大○或問孟子將論不忍人之心而後乃及乎四端何也曰不忍之心即惻隱之謂也性之德爲仁義禮知而一以包三者仁也情之發爲四端而一以貫三者惻隱也然則其言之安得無先後之別耶○慶源輔氏曰人之所以爲心雖不外是四者然仁則又貫乎三者之中故此因論惻隱而悉數之也至於言人若無此心則非人也者所以明其必有而使人知反求之於己也○西山眞氏曰孟子始言惻隱之心至此則兼羞惡辭讓是非而言者蓋仁爲衆善之長有惻隱則三者從之矣惻隱不存三者亦何有哉然賦形爲人孰無此心苟無此心則非人矣所謂無者豈其固然哉私欲閉塞而失其本眞耳○莆田黃氏曰由是觀之是字指孺子入井一事說論惻隱便引箇羞惡辭讓是非之心出來【備旨】由是乍見孺子一事觀之可見無惻隱之心必其非人之類也人則必本惻隱之心矣既有惻隱之心則羞惡辭讓是非之心皆由此出若無羞惡之心必其非人之類也安有謂之人而無羞惡之心乎無辭讓之心必其非人之類也安有謂之人而無辭讓之心乎無是非之心必其非人之類也安有謂之人而無是非之心乎

惻隱之心은仁之端也오羞惡之心은義之端也오辭讓之心은禮之端也오是非之心은智之端也니라

惻隱ᄒᆞᄂᆞᆫ心은仁의端이오羞惡ᄒᆞᄂᆞᆫ心은義의端이오辭讓ᄒᆞᄂᆞᆫ心은禮의端이오是非ᄒᆞᄂᆞᆫ心은知의端이니라

● 惻隱、羞惡、辭讓、是非、情也、仁義禮知、性也、心、統性情者也、朱子曰性者心之理情者心之用心者性情之主○性是靜情是動心兼動靜而言統如統兵之統心有以主宰之也動靜皆主宰非是靜時無所主及至動時方有主宰也○新安陳氏曰性情字皆從心心涵養此性心統性也心節制此情心統情也性如在營之軍情如臨陣之軍皆將實統之心統性情當以是觀焉又曰此六字橫渠語 端、緒音序也、潛室陳氏曰端者端倪也物之緒也譬之繭絲外有一條緒便知得內有一團絲若其無絲在內則緒何由而見於外○莆田黃氏曰註謂端首也疏謂端本也集註以爲緒也如繅絲然先尋其緒則千絲萬絲續續而出 因其情之發、而性之本然、可得而見、猶有物在中而緒見形甸反於外也、問四端之端集註以爲端緒向見蔡季通說端乃是尾如何朱子曰以體用言之有體而後有用故端亦可謂之尾若以始終言之則四端是始發處故亦可以端緒言之二者各有所指自不相礙也○問孟子說仁義禮智義在第二太極圖以義配利則在第三曰仁義禮智猶言東西南北元亨利貞猶言東西南北一箇是對說一箇是從一邊說起○問元亨利貞自有次第仁義禮智因感而發則無次第曰發時無次第生時自有次第○四端八箇字每字是一意惻是方惻然有此念起隱是惻然後隱痛比惻爲甚羞者羞已之惡惡者惡人之惡辭者辭己之物讓者推與他人是非自是兩樣分明但仁是總名若說仁義便如陰陽若說四端便如四時若分四端八字便如八節○惻隱自是情仁自是性性即是這道理仁本難說中間却是愛之理發出來方有惻隱義却是羞惡之理發出來方有羞惡禮却是辭遜之理發出來方有辭遜智却是是非之理發出來方有是非仁義禮智是未發底道理惻隱羞惡辭遜是非是已發底端倪如桃仁杏仁是仁到得萌芽却是惻隱又曰仁義禮智本體自無形影要捉模不著只得將他發動處看却自見得程子云以其惻隱知其有仁此八字說得最親切分明也不道惻隱便是仁又不道掉了惻隱別取一箇物事說仁○惻隱羞惡多是因逆其理而見惟有所可傷這裏惻隱之端便動惟有所可惡這裏羞惡之端便動若是事親從兄又是自然順處見之○一心之中仁義禮智各有界限而其性情體用又各自有分別須是見得分明然後就此四者之中又自見得仁義兩字是箇大界限如天地造化四序流行而其實不過於一陰一陽而已仁字是箇生底意思通貫周流於四者之中仁固仁之本體義則仁之斷制禮則仁之節文智則仁之分別也正如春之生氣貫徹四時春則生之生也夏則生之長也秋則生之收也冬則生之藏也○北溪陳氏曰四端之說是說外面可見底以驗其中之所有惟是有四者之體故四者端緖自然發見於外○潛室陳氏曰性是太極渾然之全體本不可以各自言孟子時異端蠭起往往以性爲不善孟子苟但曰渾然全體則恐爲無星之稱無寸之尺而終不足以曉天下於是別而言之界爲四破而四端之說於是乎立蓋四端之未發也性雖寂然不動而其中自有條理自有間架不是籠統都是一物所以外邊纔動其中便應如赤子之事感則仁之理便應而惻隱之心形如蹴爾嘑爾之事感則義之理便應而羞惡之心形如過朝廷過宗廟之事感則禮之理便應而恭敬之心形如姸醜美惡之事感則智之理便應而是非之心形蓋由其中間衆理渾然各各分明故外邊所遇隨感隨應析而四之以示學者使知渾然全體之中粲然有條如此則性之善可知矣然四端之未發也渾然全體之理無聲臭之可言無形象之可見何以知其粲然有條如此蓋是理之可驗乃依然就他發處驗得凡物必有本根而後有枝葉見其枝葉則知其本根性之理雖無形而端緖之發則可驗○雙峰饒氏曰孟子論性惟是這一章說得最分曉[備旨]然是心也非自外至也即此惻隱之心乃仁蘊於中而著其端緖於外者也然有是仁則必有是義禮智其羞惡之心乃義蘊於中而著其端緖於外者也辭讓之心乃禮蘊於中而著其端緖於外者也是非之心乃智蘊於中而著其端緖於外者也使無仁義禮智之性又安有是惻隱羞惡辭讓是非之情乎

人之有是四端也ㅣ猶其有四體也ㅣ니有是四端而自謂不能者는自賊者也ㅣ오謂其君不能者는賊其君者也ㅣ니라

人의이四端을둠이그四體를둠ᄀᆞᆮᄐᆞ니이四端을두ᄃᆡ스ᄉᆞ로能히몯ᄒᆞᆯ로다닐ᄋᆞᄂᆞᆫ者ᄂᆞᆫ스ᄉᆞ로賊ᄒᆞᄂᆞᆫ者ㅣ오그君을能티몯ᄒᆞ리라닐ᄋᆞᄂᆞᆫ者ᄂᆞᆫ그君을賊ᄒᆞᄂᆞᆫ者ㅣ니라

◉四體、四肢、人之所必有者也、自謂不能者、物欲、蔽之耳、[備旨]夫人心必有是仁義禮智之四端也猶人身必有是手足之四體也故有是四端而自謂不能全者是不以先王待其身自賊其身者也謂其君不能全者是不以先王待其君而賊其君者也然則卽固不可以賊君君亦安可以自賊哉不安於自賊則當知所以自反而擴充之矣

凡有四端於我者를 知皆擴而充之矣면 若火之始然ᄒᆞ며 泉之始達이니 苟能充之면 足以保四海오 苟不充之면 不足以事父母ㅣ니라 擴音廓

믈읫四端이내게인ᄂᆞᆫ者를知ᄒᆞ야다擴ᄒᆞ야充ᄒᆞ면火ㅣ비로소然ᄒᆞ며泉이비로소達홈ᄀᆞᄐᆞ리니진실로能히 充ᄒᆞ면足히ᄡᅧ四海를保ᄒᆞ고진실로 充티몯ᄒᆞ면足히ᄡᅧ父母도事티몯ᄒᆞᄂᆞ니라

●擴、推廣之意、充、滿也、四端、在我、隨處發見、形甸反 知皆卽此推廣、而充滿其本然之量、去聲 則其日新又新、將有不能自已者矣、能由此而遂充之、則四海雖遠、亦吾度內無難保者、不能充之、則雖事之至近、而不能矣、朱子曰人之一心在外者要收入來如求放心章是也在內者又要推出去此章是也孟子一部書皆是此意大抵一收一放一闔一闢道理森然○問推與充字曰推是從這裏推將去如老吾老以及人之老幼吾幼以及人之幼到得充則塡得來滿了如注水相似推是注水下去充則注得器滿了盖仁義之性本自可以充塞天地若自不能充廣則無緣得這殼子滿只是空殼子○問知字是重字還是輕字曰不能擴充者正爲不知都只是冷過了若能知而擴充其勢甚順如乘快馬放下水船相似○問兩說充字未曉曰上只說知皆擴而充之只說知得了要推廣以充滿此心之量下云苟能充之足以保四海是能充滿此心之量上帶知皆擴字說下就能充滿說惟擴而後能充能充則不必說擴矣○此心之量本足以包括天地兼利萬物只是人自不能充滿其量所以推不去或能推之於一家而不能推之於一國或能推之於一國而不足以及天下此皆是未足以盡其本然之量須是充滿其量自然足以保四海○雙峯饒氏曰集註卽此推廣是釋擴字滿其本然之量是釋充字自親親而仁民而愛

物推至於無一民一物之不愛是充仁之量自一事之得宜推至於無一事之不得宜是充義之量禮智皆然人能充
廣則四端之流行發達常如火始然泉始達其勢方張而不可遏便由此而可以燎原赴海若不能充廣則如火始然
而即滅泉始達而即壅便只恁地休了所以集註云日新又新新字正是發明二始字之意問四端衆人皆有若擴充
似非衆人所能曰知皆擴而充之其緊要在知字皆字衆人之中若有能知所以擴而充之又於四者皆能擴而充之
則便是人中之君子但患人不知不爲耳○張氏彭老曰朱子云若以始終言之則四端是始發處端訓始字尤切如
發端履端開端之類皆始也孟子既言之凡有四端若火始然泉始達始然便是火之端始達便是泉之端惻隱羞惡
便是仁義之端此心始動乃是情可爲善處是心也人皆有之然不能無知愚之異由充與不能充而已如乍見孺子
將入井看是何等人皆有惻隱之心此所謂仁之端苟能因此廣而充之其仁將不可勝用不能充廣天理纔動人欲
便萌於是納交等心生循是而人欲日長天理日消而仁之端斬然矣此自謂不能者也始於充與不能充之分終乃
天壤隔焉○雲峯胡氏曰集註於盡心曰盡其心之量此則曰充滿其本然之量須看朱子如何下一量字蓋體無所
不具用無所不周此心之量本如是其大也知性則有以盡此心本然之量知此性之發而擴充之則有以滿此心本然之量○此章所論、人之性情、心之體用、本
然全具、而各有條理如此、學者、於此反求、默識而擴充之、則天之所以與我者、可
以無不盡矣、慶源輔氏曰集註反求默識者格物致知窮理之事也擴充之者誠意正心力行之事也既能窮理又能力行則天之所以與我仁義禮智之性可以各各充滿其量而無遺憾矣前言日新又新
將有不能自已所以言其推廣之意於其始也此言天之所以與我者可以無不盡矣所以言充滿於其後之意也○程子、曰人皆有是心、惟君子、爲能擴而
充之、不能然者、皆自棄也、然、其充與不充、亦在我而已矣、雲峯胡氏曰性者心之體其未發也本然全具情者心之用其初發也各
有條理反求默識知之事擴充行之事至於天之與我者無不盡即是盡心而知之無不盡盡性而行之無不盡也又曰四端、不言信者、既有誠心爲四端、則信
在其中矣、愚、按四端之信、猶五行之土、無定位、無成名、無專氣、而水火金木、無
不待是以生者、故、土於四行無不在、於四時則寄王去聲焉、其理、亦猶是也、朱子曰四端不言信
如實是惻隱實是羞惡信便在其中○土於四時各寄王十八日或謂王於戊己然季夏乃土之本宮故尤王於夏末
月令載中央土者以此○潛室陳氏曰五行無土位位在四象之中五常無信位位在四端之中○雲峯胡氏曰按饒

氏云以四方論之土無定位無成名無專氣以五方論之亦未嘗無定位成名專氣不可執一看愚見朱子之說是就五方看方見得試以河圖看之五土居中似有定位然三八木位乎東不可以西一六水位乎北不可以南如中間五點則自具五方而於東西南北無所不該似有定位而實無定位也一二三四各因五而後成七八九六故於四季各寄王十八日木火金水各專生長收藏之一氣而各成生長收藏之一名然無土皆不可是則土無專氣而氣無所不貫土無成名而名無所不成就四方看如此就五方看亦如此似不必分也分看則論土於四行之外是猶論信於四端之外合看則土實在四行之中而信在四端之中也○新安陳氏曰此章始專以不忍人之仁言繼因體驗惻隱之心而悉及羞惡辭讓是非之心貫四者一仁也惟聖人能以是心行是政安而行之者也惟君子能知其本有是心而擴充之勉而行之者也若衆人則不能識察不能擴充此心雖發隨發隨泯眞自棄也又按人皆有不忍人之心同此天理也物欲害之則天理之存焉者寡矣見孺子而惻隱天理也內交之類即人欲矣四端能充不能充之分判於擴天理與循人欲而已此章亦在於遏人欲擴天理也[備旨]誠使凡有是四端於我者不敢諉於不能隨其所發之端而察識其爲何心知皆即此推廣之以充其本然之量矣則其發見之端日新不已若火之始然而不可滅也若泉之始達而不可遏也然其功可自己乎苟能因此火然泉達之機而遂充之以極其量則仁無所不愛義無所不宜禮無所不敬智無所不明四海之大自足以保之而無難苟不充之則雖父母之在家庭而且不足以事之矣充之其容已乎人皆有是心者其亦以先王爲法焉可也

○孟子ㅣ曰矢人이豈不仁於函人哉리오마ᄂᆞᆫ矢人은惟恐不傷人ᄒᆞ고函人은惟恐傷人ᄒᆞᄂᆞ니巫匠도亦然ᄒᆞ니故로術不可不愼也ㅣ니라

孟子ㅣ 갈ᄋᆞ샤ᄃᆡ 矢人이 엇디 函人에셔 仁티 아니리오마ᄂᆞᆫ 矢人은 오직 人을 傷케 몯ᄒᆞᆯ까 恐ᄒᆞ고 函人은 오직 人을 傷ᄒᆞᆯ까 恐ᄒᆞᄂᆞ니 巫와 匠도 ᄯᅩᄒᆞᆫ 그러ᄒᆞ니 故로 術은 可히 愼티 아니티 몯ᄒᆞᆯ꺼시니라

●函、甲也、惻隱之心、人皆有之、是、矢人之心、本非不如函人之仁也、巫者、爲(去聲)人祈祝、利人之生、匠者、作爲棺槨、利人之死、新安陳氏曰此只借以術之當擇說起引上人當擇仁而處之[備旨]孟子勉當時諸侯之爲仁也曰人皆有不忍人之心矢人之本心其初豈不仁於函人哉但即其爲矢爲函之心而言之矢人則惟恐其矢之不利而不能傷人函人則惟恐其甲之不堅而至於傷人是矢人之心果不仁於函人矣然不特矢人函人爲然也巫者爲人祈祝利人之生亦猶函人然匠者作爲棺槨利人之死亦猶矢人然是匠人之心果不仁於巫人矣然非其初本心之異也其術使之然耳故人之擇術者不可不愼之於始也

孔子ㅣ曰里仁이爲美ᄒᆞ니擇不處仁이면焉得智리오ᄒᆞ시니 夫仁은天之尊爵也ㅣ며人之安宅也ㅣ어ᄂᆞᆯ莫之禦而不仁ᄒᆞ니是ᄂᆞᆫ不智也ㅣ니라 (焉於虔反 夫音扶)

孔子ㅣᄀᆞᆯᄋᆞ샤ᄃᆡ里ㅣ仁홈이 美ᄒᆞ니擇호ᄃᆡ仁에 處티아니ᄒᆞ면엇디시러곰智라ᄒᆞ리오ᄒᆞ시니仁은天의尊爵이며人의安宅이어ᄂᆞᆯ禦ᄒᆞ리업시仁티아니ᄒᆞ니이ᄂᆞᆫ智티아니홈이니라

●里有仁厚之俗者、猶以爲美、人、擇所以自處(上聲)而不於仁、安得爲智乎、此、孔子之言也、(新安陳氏曰孔子之意本言擇里孟子引之以證擇術微有不同集註於此只以孟子之意釋孔子之言故與語註小異) 仁義禮智、皆天所與之良貴、而仁者、天地生物之心、得之最先而兼統四者、所謂元者、善之長(上聲)也、故、曰尊爵、(問仁天之尊爵先生觧曰仁者天地生物之心得之最先如何是得之最先朱子曰人得那生底道理所謂心生道也有是心斯有是形以生 也○新安陳氏曰元者善之長也此句出易乾卦文言引以爲證元者生意之始爲亨利貞之長) 在人、則爲本心全體之德、有天理自然之安、無人欲陷溺之危、人當常在其中而不可須臾離(去聲)者也、故、曰安宅、此又孟子、釋孔子之意、以爲仁道之大如此、而自不爲之、豈非不智之甚乎、(慶源輔氏曰五性皆人心之德而仁則周貫乎四者之中故爲本心全體之德天理有則而不流故有自然之安人欲橫流而無止故有陷溺之危克盡人欲純是天理方始是仁此所)

以有安而無危也人當常處其中而不可須臾離即所謂依於仁造次必於是顚沛必於是之意此聖門學者必以求仁爲先務也○西山眞氏曰仁乃我所自有苟欲爲之誰能止者乃甘心於不仁豈非不智乎故仁智二者常相須焉不仁斯不智矣下文言之不智斯不仁矣此是也[備旨]所擇爲何亦曰仁而已孔子嘗有言曰里有仁厚之俗猶以爲美若人之擇術而不處於仁焉得爲智乎孔子之言如此果何謂哉謂夫仁也者自其天所與而言則天地生物之心爲最先所以統四德兼萬善而爲良貴之首天之尊爵也自其在人而言則有天理自然之安無人欲陷溺之危爲日用常處不可離者人之安宅也仁道之美若此自有而自爲之誰得而禦之今莫之禦而自爲不仁是棄其所至尊舍其所至安而昧於擇術也豈非失其是非之本心而爲不智者乎孔子以爲焉得智者固宜也

不仁不智라 無禮無義면 人役也ㅣ니 人役而恥爲役ᄒᆞ논 由弓人而恥爲弓ᄒᆞ며 矢人而恥爲矢也ㅣ니라 由與猶同

仁티아니ᄒᆞ야智티아니혼디라 禮업스며義ㅣ업스면人의役이니人의役이오役홈을恥ᄒᆞ논디弓人이오弓홈을恥ᄒᆞ며矢人이오矢홈을恥홈ᄀᆞᄐᆞ니라

●以不仁故、不智、不智故、不知禮義之所在、慶源輔氏曰不仁則頑然不覺故不智不智則憒然無知故不知禮義所在[備旨]夫始以不智而不仁及其既不仁而益不智故不知禮義之所在而無禮無義矣是自失其良貴而置身於卑賤之地不免爲人役也既爲人役而猶耻其役役可得而免哉猶弓人而耻爲弓之事矢人而耻爲矢之事亦徒耻耳雖欲不爲不可得已

如恥之댄 莫如爲仁이니라

만일에恥홀띤댄仁을홈만ᄀᆞᄐᆞᆫ이업스니라

●此亦因人愧恥之心而引之、使志於仁也、不言智禮義者、仁該全體、能爲仁則三者、在其中矣、[備旨]夫爲人役固可耻矣而所以致此耻者亦由不仁耳如耻之莫如反其所爲而爲仁修其天爵而不敢棄居其安宅而不敢曠此擇術之審而凡若智若禮若義之足貴者皆在我矣尙何人役之不可免耶

仁者는 如射ᄒᆞ니 射者는 正己而後에 發ᄒᆞ야 發而不中이라도 不怨勝己者오 反求諸己而已矣니라 中去聲

仁者는 射홈이 ᄀᆞᆮᄐᆞ니 射者는 己를 正ᄒᆞᆫ後에 發ᄒᆞ야 發ᄒᆞ야 中티 몯ᄒᆞ야도 己勝ᄒᆞᆫ者를 怨티 아니ᄒᆞ고 反ᄒᆞ야 己예 求홀ᄯᆞᄅᆞᆷ이니라

●爲仁、由己、而由人乎哉、 雙峰饒氏曰此上三四章皆是爲當時君大夫言之此章與仁則榮一章之意同皆是敎時君因恥辱而勉於仁言不能行仁則既無尊爵之可貴又無安宅之可居安富尊榮皆無之而爲人役不免焉則不當歸怨於人但當反求諸己己能爲仁大國安能役之此役字即小國役大國楚六千里爲讐人役之役○新安陳氏曰此章以尊爵安宅論仁其理甚精微勉人爲仁其意甚切至既言莫之禦而不仁又言反求諸己皆言爲仁由己其機在我不在人也仁固包義禮智然人所以不爲仁者由於是非之心不明與羞惡之心不正耳故孟子先言是不智也欲人以是非之智而擇爲仁之術繼言如恥之欲人以羞惡之義而決爲仁之幾也[備旨]夫仁者之於仁有如射然射者之於射必內正己之志外直己之體極其審固而後發矢發矢而不能中則不怨人之能中而勝己者惟反求諸己以爲吾志容有未正吾體容有未直而已矣爲仁由己而不由人何以異此人能擇術以處仁則仁道渾全而智禮義悉備天下皆爲吾役矣此擇術者所以必處於仁也

孟子ㅣ曰子路는 人이 告之以有過則喜ᄒᆞ더라

孟子ㅣᄀᆞᆯᄋᆞ샤ᄃᆡ 子路는 人이 過이심으로ᄡᅥ 告ᄒᆞ면 喜ᄒᆞ더라

●喜其得聞而改之、其勇於自脩、如此、周子、曰仲由、喜聞過、令名無窮焉、今人、有過、不喜人規、如諱疾而忌醫、寧滅其身而無悟也、噫、程子、曰子路、人、告之以有過則、喜、亦可爲百世之師矣、 南軒張氏曰聞過則喜非能克其驕吝者不能驕則自以爲善而惡人議己吝則安其故常而不能從人子路用力於克己其功深矣○慶源輔氏曰人受天地之中以生本自無過所以有過者非出於氣稟之偏則由乎物欲之誘人能知而改之則可以復於本然之善不知則其過愈深將陷溺焉而失其所以爲人矣是豈可不懼哉人有告我以過我因得以改之以復於善則又豈可

不以爲喜乎然非子路之勇於自修則亦不能然也○新安陳氏曰程子深贊子路欲學者師之以修身補過也【備旨】孟子叙聖賢樂善之誠若曰善在天下公之人己之閒可取亦可與也吾嘗尙論古人而見樂善之誠焉古之人有子路者勇於自修或有人告之以有過則欣然而喜以其過可得而聞即可得而改也其樂善何誠也

禹ᄂᆞᆫ聞善言則拜러시다

禹ᄂᆞᆫ善言을聞ᄒᆞᆫ則拜ᄒᆞ더시다

●書、曰禹拜昌言、蓋不待有過、而能屈己、以受天下之善也、慶源輔氏曰子路賢者也故不能無過但勇於自修是以喜於得聞而改之禹則聖人也其心純是天理本然之善故不待其有過但一聞善言則至誠屈己拜而受之【備旨】古之人有禹者一聞善言則屈己而拜受之以其有裨於己者也其樂善又何誠也

大舜은有大焉ᄒᆞ시니善與人同ᄒᆞ샤舍己從人ᄒᆞ시며樂取於人ᄒᆞ야以爲善이러시다 舍上聲樂音洛

大舜은大홈이이시니善을人으로ᄃᆞ려同ᄒᆞ샤己를舍ᄒᆞ시고人을從ᄒᆞ시며人에取ᄒᆞ야뻐善홈을樂ᄒᆞ더시다

●言舜之所爲、又有大於禹與子路者、善與人同、公天下之善而不爲私也、己未善、則無所係吝、解舍字而舍以從人、人有善、則不待勉强、上聲○解樂字而取之於己、此、善與人同之目也、程子曰樂取於人爲善便是與人爲善與人爲善乃公也○問善與人同朱子曰善者天下之公理本無在己在人之別但人有身不能無私於己者故有物我之分焉惟舜之心無一毫有我之私是以能公天下之善以爲善而不知其孰爲在己孰爲在人所謂善與人同也舍己從人言其不先立己而虛心以聽乎天下之公蓋不知善之在己也樂取於人以爲善言其見人之善則至誠樂取而行之於身蓋不知善之在人也此二者善與人同之

目也然此二句本一事特交互言之以見聖人之心表裏無間如此耳○大舜樂取諸人以爲善是成己之善是與人爲善也是著人之善○慶源輔氏曰禹聞善言則拜聞之者禹也言之者人也以我之聞聞彼之善拜以受之猶有人己之分也至於舜則善與人同耳善與人同者蓋善乃天下之公非人己所得而私者故曰公天下之善而不爲私也○雙峰饒氏曰舜之稱堯方以舍己從人爲惟帝時克聖人雖生知而不自以爲生知常虛心以受人之善己之所爲偶有未盡而人之所見有善於己即舍而從之無一毫執吝之意乃所以見聖人之無我而非人所及也[備旨]聞過則喜猶知過之在己聞善則拜猶知善之在人若大舜之所爲又有大於禹與子路者焉以天下之公善亦與天下之人同之內不見其有己外不見其有人也若己未善則舍己以從人之善人有善則樂取於人之善以爲己之善是其舍之也以己而同於人其取之也以人而同於己所謂善與人同者蓋如此此舜之所以爲大也

自耕稼陶漁로以至爲帝히無非取於人者ㅣ러시다

耕稼와陶와漁홈으로브터뻐帝되심애니르히人에取홈이아니니업더시다

●舜之側微、耕于歷山、陶于河濱、漁于雷澤、史記五帝紀舜耕歷山歷山之人皆讓畔漁雷澤雷澤之人皆讓居陶河濱河濱器皆不苦窳病也一年所居成聚二年成邑三年成都歷山在河東雷澤夏兗州今屬濟陰河濱濟陰定陶西南[備旨]然舜之取於人不特一時爲然也自耕稼陶漁之時以至受禪而爲帝無非樂取於人以爲善者其樂善之懷初未嘗以窮達而有間也

取諸人以爲善이是ㅣ與人爲善者也ㅣ니故로君子는莫大乎與人爲善이니라

人애取ᄒᆞ야뻐善을홈이이人의善ᄒᆞ욤을與홈이니故로君子ᄂᆞᆫ人의善ᄒᆞ욤을與홈만크니업스니라

●與、猶許也、助也、取彼之善、而爲之於我、則彼益勸於爲善矣、是、我助其爲善也、能使天下之人、皆勸於爲善、君子之善、孰大於此、慶源輔氏曰舜之取人以爲善初未嘗有助人爲善之意也孟子推說其事故以爲

取諸人以爲善是乃助人之爲善也因吾取人之善以爲善而使天下之人皆勸於爲善則是聖人成己成物之事故曰君子之善孰大於此○此章、言聖賢樂(音洛)善之誠、初無彼此之間(去聲)故、其在人者、有以裕於己、在己者、有以及於人、朱子曰禹聞善言則拜猶著意做舜與人同是自然氣象聖人之拜固出於誠意然拜是容貌間未見得行不行若舜則眞見於行事處己未善則舍己之未善而從人之善人有善則取人之善而爲己之善人樂於見取便是許助他爲善也○慶源輔氏曰集註所謂聖賢兼子路禹舜言之三人雖淺深大小不同其樂善之誠皆無彼此之間末二句却單說舜○新安陳氏曰舜事優於禹禹事優於子路然學者之希賢希聖未有無其序者常人徇欲背理諱過飾非視子路之心已相背馳何敢言舜禹事必先忘私克己然後能至公而自然無私故必如子路之克己私始漸能如聖人之與人爲公耳○新安陳氏曰語錄云三者本意只是取人但有淺深而與人爲善乃是孟子再疊一意以發明之即此條以證集註之說則是三人皆有樂善之誠子路樂於聞人告之以有過禹樂於聞人之善言而拜舜樂取人以爲善雖有淺深是皆在人者有以裕於己也末一句所謂在己者有以及於人乃是申明孟子再疊之意耳輔氏謂末二句皆單說舜然竊恐未然【備旨】夫取諸人之善以爲吾善則人因我之取而益勸於爲善是由我取善之誠有以與助乎天下之人以爲善者也夫能使天下之人皆勸於爲善則天下之善皆吾善矣故君子莫大乎與人爲善蓋舍己取人固足以見舜之大而至於與人爲善尤足以見舜之大也信乎論樂善之極者必以大舜爲歸矣

○孟子ㅣ曰伯夷ᄂᆞᆫ非其君不事ᄒᆞ며非其友不友ᄒᆞ며不立於惡人之朝ᄒᆞ야不與惡人言ᄒᆞ더니立於惡人之朝ᄒᆞ야與惡人言ᄒᆞ되如以朝衣朝冠오로坐於塗炭ᄒᆞ며推惡惡之心ᄒᆞ야思與鄕人立에其冠不正이어ᄃᆞᆫ望望然去之ᄒᆞ야若將浼焉ᄒᆞ니是故로諸侯ㅣ雖有善其辭命而至者ㅣ라도不受也ᄒᆞ니不受也者ᄂᆞᆫ是亦不屑就已니라 朝音潮惡惡上去聲下如字浼莫罪反

孟子ㅣ골ᄋᆞ샤ᄃᆡ 伯夷ᄂᆞᆫ그君이아니어든事티아니ᄒᆞ며그友ㅣ아니어든友티아니ᄒᆞ며惡人의朝애 立디아니ᄒᆞ야惡人으로 ᄃᆞ려言티아니ᄒᆞ더니惡人의朝애立ᄒᆞ야惡人으로ᄃᆞ려言호ᄃᆡ朝衣와朝冠으로ᄡᅥ塗炭애坐ᄃᆞᆺᄒᆞ며惡을惡ᄒᆞᄂᆞᆫ心을推ᄒᆞ야思호ᄃᆡ鄕人으로ᄃᆞ려立홈애그冠이正티아니ᄒᆞ거든望望히去ᄒᆞ야장ᄎᆞᆺ浼ᄒᆞᆯ ᄃᆞᆺᄒᆞ니이런故로諸侯ㅣ비록그辭命을善히ᄒᆞ야至ᄒᆞᆫ者ㅣ이셔도受티아니ᄒᆞ니 受티아니홈은이ᄯᅩᄒᆞᆫ就홈을屑히아니너김이니라

●塗、泥也、鄕人、鄕里之常人也、望望、去而不顧之貌、浼、汙去聲也、屑、趙氏、曰潔也、說文、曰動作切切也、不屑就、言不以就之爲潔、而切切於是也、合趙氏說文二說以鮮一屑字已、語助辭、朱子曰世之所謂淸者不就惡人耳若善辭令而來者固有時而就之惟伯夷不然此其所以爲聖之淸也柳下惠不屑之意亦然○新安陳氏曰此言伯夷之淸嚴於惡惡而不輕與人羣也〔備旨〕此孟子就夷惠所行而斷之以見己願學之別有在也曰古之人有伯夷者擇君而事非可事之君則不事擇友而友非可友之友則不友不但非君不事也亦不一立於惡人之朝焉不但非友不友也亦不一與惡人言焉若其立於惡人之朝與惡人言則以爲辱如以朝衣朝冠坐於塗炭不忍須臾少安也然不但惡惡之嚴如此也推極其惡惡之心思與鄕人立其冠不正亦少失禮耳非若甚不可與之人亦非有甚可絶之行乃望望然去之而不顧若將浼己焉其心如是是故當時諸侯雖有善其辭命而至者其人雖不可知而其外似無失禮宜若不必卻者而彼則以爲辭命雖善而人未必善亦不受也所以不受者何爲也哉蓋凡受之者必其潔於就之也彼其視今之諸侯皆非其君皆惡人之朝是亦不必就之爲潔而切切於就也伯夷之嚴於惡惡而不輕與人群如此

柳下惠ᄂᆞᆫ不羞汙君ᄒᆞ며不卑小官ᄒᆞ야進不隱賢ᄒᆞ야必以其道ᄒᆞ며遺佚而不怨ᄒᆞ며阨窮而不憫ᄒᆞ더니故로曰爾爲爾오我爲我ㅣ니雖袒裼

袒裼於我側이나爾焉能浼我哉리오ᄒᆞ니故로由由然與之偕而不自失焉ᄒᆞ야援而止之而止ᄒᆞ니援而止之而止者ᄂᆞᆫ是亦不屑去已니라

佚音逸袒音但裼音錫裸魯果反裎音程焉能之焉於虔反

柳下惠ᄂᆞᆫ汙君을羞티아니ᄒᆞ며小官을卑티아니ᄒᆞ야進홈애賢을隱티아니ᄒᆞ야반ᄃᆞ시그道로ᄡᅥᄒᆞ며遺佚ᄒᆞ야도怨티아니ᄒᆞ며阨窮ᄒᆞ야도憫티아니ᄒᆞ더니故로ᄀᆞᆯ오ᄃᆡ네네오내내니비록내側애셔袒裼ᄒᆞ며裸裎ᄒᆞᆫᄃᆞᆯ네엇디能히나를浼ᄒᆞ리오ᄒᆞ니故로由由히더브러偕ᄒᆞ되스스로失티아니ᄒᆞ야援ᄒᆞ야止ᄒᆞ거든止ᄒᆞ니援ᄒᆞ야止ᄒᆞ거든止홈은이ᄯᅩᄒᆞᆫ去홈을屑히아니너기미니라

●柳下惠、魯大夫展禽、居柳下而謚惠也、不隱賢、不枉道也、遺佚、放棄也、阨、困也、憫、憂也、爾爲爾、至焉能浼我哉、惠之言也、袒裼、露臂也、裸裎、露身也、由由、自得之貌、偕、並處上聲也、不自失、不失其正也、援音爰而止之而止者、言欲去而可留也、朱子曰進不隱賢便是必以其道人有所見不肯發出尙有所藏便是枉道○問集註謂不隱賢不枉道也疑與下文必以其道意相重曰兩句相承只作一句讀文勢然也○所以不解作不蔽賢謂其下文云必以其道若作蔽賢說則下文不同矣○不隱賢謂不隱避其賢如己當廉却以利自汙己當勇却以怯自處之類乃是隱賢是枉道也○雙峰饒氏曰他人不羞汙君不卑小官必至於苟進而柳下惠則不隱賢他人見袒裼裸裎而與之偕則必至於流而柳下惠則不自失此其所以爲聖人之和而異乎常人之和也○新安陳氏曰此言惠之和寬以處衆而不輕與人絶也○[備旨]古之人又有柳下惠者不以汙君爲羞而不事不以小官爲卑而不爲其進而事君爲官也不隱其在己之賢以阿世取容而必守其正直之道以得行其志惟必以道則與世不相入而遺佚阨窮所不免矣彼則雖一時失位而遺佚亦不怨焉雖終身不用而阨窮亦不憫焉蓋所遭拂戾而其泰然者如此則雖不絕乎惡人而實未嘗染於惡人故其自言有曰爾爲爾無與於我也我爲我無與於爾也蓋善自善而惡自惡初不相浼爾雖袒裼裸裎於我側亦爾之自失禮耳安能浼辱我哉其言如此故常由由然自得與人偕處而終不自失其正焉即其欲去之際或有援而止之者彼則從而止矣夫援而止之而遂止者何爲也哉蓋吾身雖止而其不能浼者猶在是其心亦不以去之爲潔而切切於去也柳下惠之和以處衆而不輕與人絕如此

孟子ㅣ曰伯夷는隘ᄒᆞ고柳下惠는不恭ᄒᆞ니隘與不恭은君子ㅣ不由也ㅣ니라

孟子ㅣ ᄀᆞᆯᄋᆞ샤ᄃᆡ 伯夷는 隘ᄒᆞ고 柳下惠는 恭티 아니ᄒᆞ니 隘와 다ᄆᆞᆺ 恭티 아니홈은 君子ㅣ 由티 아니ᄒᆞᄂᆞ니라

●隘、狹窄(側格反)也、不恭、簡慢也、夷惠之行、(去聲)固皆造(七到反)乎至極之地、然、既有所偏則不能無弊、故、不可由也 朱子曰伯夷既淸必有隘處柳下惠既和必有不恭處道理自是如此孟子恐後人以隘爲淸以不恭爲和故曰隘與不恭君子不由也○問如伯夷之淸而不念舊惡柳下惠之和而不以三公易其介此其所以爲聖之淸聖之和也但其流弊則有隘與不恭之失曰這也是諸先生恐傷觸二子所以說流弊今以聖人觀二子則二子多有欠闕處纔有欠闕處便有弊所以孟子直說他隘與不恭不曾說末流如此如不念舊惡不以三公易其介固是淸和好處然十分只救得一分救不得那九分淸和之偏處了○問不恭是處己是待人曰是待人如此其心玩世視人如無也○淸和皆是一偏學之便有隘不恭處使懦夫學和愈不恭鄙夫學淸愈隘矣可爲百世師謂能使薄者寬鄙者敦頑者廉懦者立君子不由不由其隘與不恭也○夷隘惠不恭不必言效之而不至者其弊如此只二子所爲已有弊矣○雲峰胡氏曰道惟中則無弊夷惠不合乎中庸之道故君子所不由夫子之道大中至正之準故孟子所願學○新安陳氏曰孟子一書言夷惠者不一以百世之師稱之以聖之淸和許之此章則謂其隘不恭似若相反蓋孟子實欲人法夷惠之得又恐人不知戒夷惠之失其要學者至矣呂伯恭曰學伯夷者未必得其淸而先得其隘學惠者未必得其和而先得其不恭大抵淸之極易至於隘和之極易至於不恭學之者當法其淸和之得而戒其隘不恭之失可也【備旨】孟子斷之曰伯夷淸矣然孤介絶物視天下之人無一可與者其失也隘柳下惠和矣然玩世輕物視天下之人無一足較者其失也不恭隘與不恭則道非大中而行非可法是以君子不由也夫孟子敘夷惠之行而斷之如此則其所願學者信有在於時中者矣

原本備旨孟子集註卷之三終

原本備旨 孟子集註卷之四

公孫丑章句下

凡十四章、自第二章以下、記孟子出處(上聲)行實、爲詳

孟子ㅣ曰天時ㅣ不如地利오 地利ㅣ不如人和ㅣ니라

孟子ㅣ ᄀᆞᆯᄋᆞ샤ᄃᆡ 天時ㅣ 地利 ᄀᆞᆮ디 몯ᄒᆞ고 地利ㅣ 人和 ᄀᆞᆮ디 몯ᄒᆞ니라

●天時、謂時日支干孤虛王相(並去聲)之屬也、蔡氏曰時四時也日日辰也史記註六甲孤虛法甲子旬戌亥爲孤辰巳爲虛後五甲倣此如今人以甲子旬無戌亥爲空亡是以空亡爲孤也辰巳與戌亥對辰巳爲虛王相如東方木旺相於卯之類○慶源輔氏曰時十二時日十日支十二支干十干也○雙峰饒氏曰此大槪以五行衰旺言之五行有孤虛時有旺相時春屬木甲乙木生丙丁火便是木旺而火相旺字即是王字相王之次也金到這裏衰所以孤孤者無補助之意如今說四廢然水爲母木爲子子實則母虛水到此所以虛或問此說時日或是方所曰二者一般一箇是橫一箇是直所以天德月德日亦有天德月德方大意如此其間又自有細密處 地利、險阻城池之固也、人和、得民心之和也、立兩句爲柱下文分兩邊自鮮之

備旨 孟子論治歸本於人和曰天時地利人和三者皆兵家之所尙然要而論之得天時之善者雖可以取勝然特或然之數不如地利之固其形勝之據爲可恃也得地利之固者雖可以取勝然特有形之險不如人心之和其無形之險尤可恃也

三里之城과 七里之郭을 環而攻之而不勝ᄒᆞ나니 夫環而攻之예 必有得天時者矣언마ᄂᆞᆫ 然而不勝者ᄂᆞᆫ 是ㅣ 天時ㅣ 不如地利也ㅣ니라

夫音扶

原本備旨孟子集註卷四 一

三里ㅅ城과七里ㅅ郭을環ᄒᆞ야攻호ᄃᆡ勝티몯ᄒᆞᄂᆞ니環ᄒᆞ야攻홈애반ᄃᆞ시天時를得홈이잇건마ᄂᆞᆫ그러나勝티몯홈은이天時ㅣ地利ᄀᆞᆮ디몯홈이니라

●三里、七里、城郭之小者、郭、外城、環、圍也、言四面攻圍、曠日持久、必有値天時之善者、備旨何以見天時不如地利試以兵家用攻者觀之彼三里之小城七里之小郭若易於攻矣乃環其城郭而攻之而不能勝焉夫曰環而攻之則曠日持久必有得天時之善者矣然而不能勝者是天時之善終不如地勢之利也

城非不高也ㅣ며池非不深也ㅣ며兵革이非不堅利也ㅣ며米粟이非不多也ㅣ로ᄃᆡ委而去之ᄒᆞᄂᆞ니是ㅣ地利ㅣ不如人和也ㅣ니라

城이高티아니티아니ᄒᆞ며池ㅣ深티아니티아니ᄒᆞ며兵革이堅利티아니티아니ᄒᆞ며米粟이多티아니티아니호ᄃᆡ委ᄒᆞ고去ᄒᆞᄂᆞ니이地利ㅣ人和ᄀᆞᆮ디몯홈이니라

●革、甲也、粟、穀也、委、棄也、言不得民心、民不爲去聲守也、趙氏曰古甲以革爲之故函人爲攻革之工後世始用金曰鎧○雙峰饒氏曰非謂可以全無天時地利但不如人和爾用兵也要天時地利但人和是本人心不和雖有天時地利亦不可取勝況時不時屬天利不利屬地人心和不和則在我而已在天地者雖必在我者可恃備旨何以見地利不如人和試以兵家用守者觀之當敵人來攻城非不巍然高也池非不淵然深也兵革所用以衛此城池者非不堅利而可以應敵也米粟所養以保此城池者非不多而可以持久也其爲地利固矣然而人心不和卒委棄而去之焉是地勢之利又不如人心之和也

故로曰域民호ᄃᆡ不以封疆之界ᄒᆞ며固國호ᄃᆡ不以山谿之險ᄒᆞ며威天下호ᄃᆡ不以兵革之利니得道者ᄂᆞᆫ多助ᄒᆞ고失道者ᄂᆞᆫ寡助ㅣ라寡助之

至예는親戚이畔之ᄒᆞ고多助之至예는天下ㅣ順之니라

故로ᄀᆞᆯ오ᄃᆡ民을域호ᄃᆡ封疆ㅅ界로ᄡᅥ아니ᄒᆞ며國을固호ᄃᆡ山谿ㅅ險으로ᄡᅥ아니ᄒᆞ며天下를威호ᄃᆡ兵革ㅅ利로ᄡᅥ아니ᄒᆞᄂᆞ니道를得ᄒᆞᆫ者ᄂᆞᆫ助ㅣ하고道를失ᄒᆞᆫ者ᄂᆞᆫ助ㅣ젹은디라助ㅣ져금이至ᄒᆞ얀親戚이畔ᄒᆞ고助ㅣ함이至ᄒᆞ얀天下ㅣ順ᄒᆞᄂᆞ니라

◉域、界限也、南軒張氏曰得道者順乎理而已擧措順理則人心悅服矣先王之所以致人和者在此而極夫多助之效至於天下順之其王也孰禦一失道則違拂人心心之所睽雖親亦疎也不亦孤且殆哉雖有高城深池誰與爲守○雙峰饒氏曰緊要在得道二字上○新安陳氏曰封疆山谿兵革皆末也不以不全以此也其本在得道而已【備旨】觀此則知人和獨重而有國者當務人和矣故曰域限其民者不以封疆之界以封疆可以限民之形而不足以收民之心也固守其國者不以山谿之險以山谿可以壯國之勢而不足以立國之本也威服乎天下者不以兵革之利以兵革可以耀武於天下而不足以無敵於天下也惟能以德行仁而得道者則得人心而多助之矣苟不能以德行仁而失道者則失人心而寡助矣語寡助之至豈特國人畔之即親戚之近亦離心離德而畔之語多助之至豈特國人順之即天下之廣亦同心同德而順之

以天下之所順으로攻親戚之所畔이라故로君子ㅣ有不戰이언뎡戰必勝矣니라

天下의順ᄒᆞᆫ바로ᄡᅥ親戚의畔ᄒᆞᆫ바를攻ᄒᆞᄂᆞᆫ디라故로君子ㅣ戰티아님이이실ᄲᅮᆫ이언뎡戰ᄒᆞ면반ᄃᆞ시勝ᄒᆞᄂᆞ니라

◉言不戰則已、戰則必勝、○尹氏曰言得天下者、凡以得民心而已、新安陳氏曰此章言用兵在得人心得人心在

得道得道以得人心則地利之險人爲之守天時之善人爲之乘先王之守國家用天下本末具擧如此固以得道得人心爲本而亦不廢天時地利之末孟子見當時用兵者惟以天時地利爲務而不知以得道得人心爲本故發此論 備旨 由是以吾得人心之和而爲天下之所順者取彼夫人心之和而爲親戚之所畔者則自我之攻彼而言是以至仁伐不仁而無與敵也自彼之敵我而言是率子弟以攻父母而未有能濟也故得道之君子有不戰戰必勝矣亦何假於乘天時憑地利哉世之用兵者當知所以重人和矣

○孟子ㅣ將朝王이러시니 王이 使人來曰寡人이 如就見者也ㅣ러니 有寒疾이라 不可以風일서 朝將視朝호리니 不識게이다 可使寡人으로 得見乎ㅣ잇가 對曰不幸而有疾이라 不能造朝ㅣ로소이다

章內朝並音潮唯朝將之朝如字造七到反下同

孟子ㅣ장ᄎᆞᆺ王ᄭᅴ朝ᄒᆞ려ᄒᆞ더시니王이人을브려와ᄀᆞᆯᄋᆞ샤ᄃᆡ寡人이就ᄒᆞ야見ᄒᆞ염즉ᄒᆞ다니寒疾이인ᄂᆞᆫ디라可히ᄡᅧ風티몯홀개실ᄉᆡ朝애장ᄎᆞᆺ朝ᄅᆞᆯ視호리니아디몯거이다可히寡人으로ᄒᆡ여곰시러곰見케ᄒᆞ리잇가對ᄒᆞ야ᄀᆞᆯᄋᆞ샤ᄃᆡ幸티몯ᄒᆞ야疾이인ᄂᆞᆫ디라能히朝애造티몯ᄒᆞ리로소이다

●王、齊王也、孟子、本將朝王、王、不知而託疾、以召孟子、故、孟子、亦以疾辭也、

問莫是齊王不合託疾否朱子曰未論託疾孟子之意只是說他不合來召爲其賓師有事則王自來見或自往見若王召之則有自尊之意故不往見在他國時諸侯無越境之理只得以幣來聘故賢者受其幣而往見之答陳代如不待其招而往何哉此以在他國而言答萬章天子不召師而況諸侯乎此以在其國而言○孟子於此處賓師之位未嘗受祿非齊王所得臣也王不能見而乃召之旣失禮矣其託疾又不誠若何而可往哉○新安陳氏曰王託疾以召孟子亦託疾以辭欲其稱也與孔子亦闞陽貨之亡同意 備旨 孟子在齊居賓師之位一日本將朝王王不知而使人來託辭曰寡人將欲就見者也但適有寒疾不可以冒風而出故不能就見焉但朝將視朝不識夫子肯一來而可使

寡人得見乎孟子亦託辭以對曰見王固所願也但不幸而亦有疾不能造朝盖託辭而以明己之不可召耳

明日에出吊於東郭氏러시니 公孫丑ㅣ曰昔者에辭以病ᄒᆞ시고今日吊ㅣ或者不可乎ᆫ뎌 曰昔者疾이今日愈니어 如之何不吊이리오

明日애東郭氏의게出ᄒᆞ야吊ᄒᆞ더시니公孫丑ㅣᄀᆞᆯ오ᄃᆡ 昔者애病으로ᄡᅥ辭ᄒᆞ시고今日에吊ᄒᆞ샴이 或者컨댄可티아니ᄒᆞᆫ더ᄀᆞᆯ으샤ᄃᆡ 昔者ㅅ疾이今日에愈ᄒᆞ거니엇디吊티아니ᄒᆞ리오

●東郭氏、齊大夫家也、昔者、昨日也、或者、疑辭、辭疾而出吊、與孔子不見孺悲、取瑟而歌、同意、慶源輔氏曰孔子以疾辭孺悲而不見然又取瑟而歌使之知其非疾所以警敎孺悲也孟子以疾辭齊王而不往朝然又出吊東郭而使之知其非疾者所以警敎齊王也此皆聖賢至誠應物而得乎時中之義也【備旨】孟子明日即出吊於東郭氏使王知其非眞疾以警悟之公孫丑乃疑而問曰昔者於王之召則辭以病今日遂出而往吊則是明爲託疾矣或者於理不可乎孟子曰昔者疾適與召會今日愈適與吊遇如之何不吊盖亦未告以本意也

王이使人問疾ᄒᆞ시고 醫來어ᄂᆞᆯ孟仲子ㅣ對曰昔者애有王命이어시ᄂᆞᆯ有采薪之憂ㅣ라 不能造朝ㅣ러시니 今病少愈ㅣ어시ᄂᆞᆯ趨造於朝ᄒᆞ더시니 我ᄂᆞᆫ不識게라能至否乎아ᄒᆞ고 使數人으로要於路曰請必無歸而造於朝ᄒᆞ쇼셔 要平聲

王이人을브려疾을問ᄒᆞ시고醫ㅣ來거ᄂᆞᆯ孟仲子ㅣ對ᄒᆞ야ᄀᆞᆯ오ᄃᆡ 昔者애王命이잇거시ᄂᆞᆯ薪을采ᄒᆞᄂᆞᆫ憂ㅣ인논디라能히朝애 造티몯ᄒᆞ얏더시니이제病이져기愈ᄒᆞ

거시ᄂᆞᆯ朝애趨ᄒᆞ야 造ᄒᆞ더시니나ᄂᆞᆫ아디몯게라 能히至ᄒᆞ신가否ᄒᆞ신가ᄒᆞ고數人으로히여곰路애要ᄒᆞ야ᄀᆞᆯ오ᄃᆡ 請컨댄반ᄃᆞ시歸티말고朝애造ᄒᆞ쇼셔

●孟仲子、趙氏、以爲孟子之從去聲昆弟、學於孟子者也、采薪之憂、言病不能采薪、謙辭也、仲子、權辭以對、又使人、要孟子、令平聲勿歸而造朝、以實己言、新安陳氏曰王先託疾以召意本不誠今問疾醫來虛文美觀意亦非誠也仲子遂權對促朝【備旨】王果不知孟子之非疾而使人問疾且又使醫來治其疾此正可以悟王也孟仲子亦不知所以出吊之意乃權辭以對曰昔者有王命來召適夫子有採薪之憂故不能造朝今病小愈已出而趨造於朝但以小愈之身我不知其能至朝否乎既又恐其言之不實乃使數人要孟子於路曰請夫子必無歸而造於朝以見王蓋欲以實己之言也而孟子出吊之心於此益晦矣

不得已而之景丑氏ᄒᆞ야 宿焉이러시니 景子ㅣ 曰內則父子ㅣ오 外則君臣이 人之大倫也ㅣ니 父子는 主恩ᄒᆞ고 君臣은 主敬ᄒᆞ니 丑ㅣ 見王之敬子也ㅣ오 未見所以敬王也케이다 曰惡ㅣ라 是何言也오 齊人이 無以仁義與王言者는 豈以仁義로 爲不美也ㅣ리오 其心에 曰是何足與言仁義也云爾則不敬이 莫大乎是ᄒᆞ니 我는 非堯舜之道ㅣ어든 不敢以陳於王前ᄒᆞ노니 故로 齊人이 莫如我敬王也ㅣ니라 惡平聲下同

시러곰마디몯ᄒᆞ샤 景丑氏의게가宿ᄒᆞ더시니 景子ㅣᄀᆞᆯ오ᄃᆡ內ㄴ 則父子ㅣ오外ㄴ則君臣이人의큰倫이니 父子ᄂᆞᆫ恩을主ᄒᆞ고君臣은敬을 主ᄒᆞ니丑ㅣ王의子敬ᄒᆞᆷ을

見ᄒᆞ고ᄡᅧ王을敬ᄒᆞᄂᆞᆫ바ᄅᆞᆯ見티몯거이다ᄀᆞᆯᄋᆞ샤ᄃᆡ惡ㅣ라이엇된말오齊人이仁義로ᄡᅧ王ᄭᅴ더브러니ᄅᆞᆯ者ㅣ업슴은엇디仁義로ᄡᅧ美티아니타ᄒᆞ리오그心에ᄀᆞᆯ오ᄃᆡ이엇디足히더브러仁義ᄅᆞᆯ言ᄒᆞ리오ᄒᆞᆫ則敬티아니홈이이만크니업ᄉᆞ니나ᄂᆞᆫ堯舜의道ㅣ아니어든敢히ᄡᅧ王前에陳티아니ᄒᆞ노니故로齊人이나의王敬홈만ᄀᆞᄐᆞ니업ᄉᆞ니라

(備)景丑氏、齊大夫家也、景子、景丑也、惡、歎辭也、景丑所言、敬之小者也、孟子所言、敬之大者也、慶源輔氏曰丑之說擎跽曲拳奔走承順之敬敬君以貌世俗之所知故曰敬之小孟子所言陳善閉邪致君堯舜之敬敬君以心聖賢之所行故曰敬之大○西山眞氏曰景子但知聞命奔走爲敬其君不知以堯舜之道告其君僕隷之臣唯唯承命外若敬其君然心實薄之曰是何足與言仁義此不敬之大者也備旨孟子既不能顯言其意又不可趨造於朝故不得已而之景丑氏宿焉蓋欲示意於景丑而使轉聞於齊王耳假宿之心非猶夫出吊之心乎夫何景丑之見益陋於公孫丑孟仲子之見也乃從而譏之曰人倫有五吾不暇詳擧也以內而家庭言之則有父子以外而朝廷言之則有君臣二者乃人之大倫也父子以天合故以情相親而所主在恩君臣以人合故以分相臨而所主在敬今丑第見王之致敬於子也未見子之所以敬王也如大倫何孟子驚歎曰惡子謂我不敬王是果何言也夫敬莫大於陳仁義彼齊人但奔走承順無以仁義與王言者豈以仁義爲之不美而不言也其心蓋曰是君也何足與之言仁義也云爾則是以不聖哲望其君而以庸愚待其君其不敬王莫大乎是若我則非堯舜仁義之道不敢以陳說王前是我尊君爲堯舜乃敬君之至故齊人莫如我敬王也子顧謂我爲不敬王吾不知其謂何也

景子ㅣ曰否ㅣ라非此之謂也ㅣ라禮예曰父ㅣ召ㅣ어시든無諾ᄒᆞ며君이命召ㅣ어시든不俟駕ㅣ라ᄒᆞ니固將朝也ㅣ라가聞王命而遂不果ᄒᆞ시니宜與夫禮로若不相似然ᄒᆞ이다 夫音扶下同

景子ㅣ ᄀᆞᆯ오ᄃᆡ 아니라 이를 닐옴이 아니라 禮예 ᄀᆞᆯ오ᄃᆡ 父ㅣ 召ᄒᆞ거시든 諾이 업ᄉᆞ며 君이 命ᄒᆞ야 召ᄒᆞ거시든 駕를 俟티 말라 ᄒᆞ니 진실로 쟝ᄎᆞᆺ 朝호려 ᄒᆞ다가 王命을 聞ᄒᆞ고 드듸여 果티 아니ᄒᆞ시니 맛당이 禮로 더브러 서르 ᄀᆞᆮ디 아니ᄒᆞᆫ ᄃᆞᆺᄒᆞ이다

●禮、曰父、命呼、唯以水反而不諾、又曰君、命召、在官、不俟屨、官謂朝內在外、不俟車、並出禮記玉藻篇言孟子、本欲朝王、而聞命中止、似與此禮之意、不同也、備旨景子曰否我謂子之不敬王者非此不以仁義與王言之謂也但律之於禮而有所未盡耳禮曰父召唯而無諾君命召不俟駕而行是急趨君命之禮自有君臣以來則然矣今子固將朝也聞王命來召而遂不果宜與夫不俟駕之禮若不相似然故我謂子不敬王也盖景子徒知以禮律大賢而不知賓師不與臣同也

曰豈謂是與ㅣ리오 曾子ㅣ 曰晉楚之富ᄂᆞᆫ 不可及也ㅣ니 彼以其富ㅣ어든 我以吾仁이오 彼以其爵이어든 我以吾義니 吾何慊乎哉리오ᄒᆞ시니 夫豈不義를 而曾子ㅣ 言之시리오 是或一道也ㅣ니라 天下에 有達尊이 三이니 爵一齒一德一이니 朝廷앤 莫如爵이오 鄕黨앤 莫如齒오 輔世長民앤 莫如德이니 惡得有其一ᄒᆞ야 以慢其二哉리오 與平聲慊口簟反長上聲

ᄀᆞᆯᄋᆞ샤ᄃᆡ 엇디 이를 닐ᄋᆞ리오 曾子ㅣ ᄀᆞᆯᄋᆞ샤ᄃᆡ 晉과 楚의 富ᄂᆞᆫ 可히 及디 몯ᄒᆞ나 뎨 그 富로ᄡᅥ ᄒᆞ거든 내 내 仁으로ᄡᅥ ᄒᆞ고 뎨 그 爵으로ᄡᅥ ᄒᆞ거든 내 내 義로ᄡᅥ ᄒᆞᆯ띠니 내 엇디 慊ᄒᆞ리오 ᄒᆞ시니 엇디 不義를 曾子ㅣ 닐ᄋᆞ시리오 이 或ᄒᆞᆫ 道ㅣ니라 天下에 達ᄒᆞᆫ 尊이

三이인ᄂᆞ니爵이一이오齒ㅣ一이오德이一이니朝廷앤爵만ᄀᆞᄐᆞᆫ이업고鄕黨앤齒만ᄀᆞᄐᆞᆫ이업고世를輔ᄒᆞ며民에長홈앤德만ᄀᆞᄐᆞᆫ이업ᄉᆞ니엇디시러곰그一을두어뻐그二를慢ᄒᆞ리오

●慊、恨也、少也、或作嗛字、書、以爲口銜物也、然則慊亦但爲心有所銜之義、其爲快爲足、爲恨爲少、則因其事、而所銜、有不同耳、孟子、言我之意、非如景子之所言者、因引曾子之言而云、夫此豈是不義、而曾子、肯以爲言、是或別有一種(上聲)道理也、達、通也、蓋通天下之所尊、有此三者、曾子之說、蓋以德言之也、今齊王但有爵耳、安得以此、慢於齒德乎、朱子曰達尊之說達通也三者不相値則各伸其尊而無所屈一或相値則通視其重之所在而致隆焉故朝廷之上以伊周之忠聖耆老而祇奉嗣王左右孺子不敢以其齒德加焉至論輔世長民之任則太甲成王固拜手稽首於伊周之前矣其迭爲屈伸以致崇極之義不異於孟子之言也故曰通視其重之所在而致隆焉惟可與權者知之爵也齒也蓋有偶然而得之者是以其尊施於朝廷者則不及於鄕黨施於鄕黨者則不及於朝廷而人之敬之也亦或以貌而不以心惟德得於心充於身刑於家推於鄕黨而達於朝廷者也曾子曰彼以其富其爵我以吾義吾仁子思曰事之云乎豈曰友之云乎孟子曰惡得有其一以慢其二哉師弟子間意見之相合固如此○雙峰饒氏曰景子之言是人臣事君之常孟子之言是人君尊賢之道○東陽許氏曰仁者循理樂天安貧守分故不知彼之富義者審度事宜進退有制故不羨彼之爵富只在彼爵可加我故用仁義字不同

(備旨)孟子明示之曰我之不應召豈謂是不合於禮之說與正以我不可召而王不當召我耳昔者曾子有言曰晉楚大國之富誠不可及也然彼以其富我以吾至足之仁仁統萬善不啻富也彼以其爵我以吾至貴之義義超萬物不啻爵也吾何不足而慊然於彼乎哉曾子之言如此世但知富與爵耳曾子獨伸仁義於其上夫豈不合於義而曾子肯言之是或別有一道而非世俗之見所可同也其道何在彼天下之達尊者有三人皆有貴貴之心則爵居其一人皆有尙年之心則齒居其一人皆有重德之心則德居其一蓋朝廷爲序爵之地貴賤不容以相踰則所尙莫如爵鄕黨爲序齒之地長幼不容以或紊則所尙莫如齒若輔翼世道而措之治長育斯民而貽之安所尙則莫如仁義之德彼曾子謂仁義無慊於富爵者蓋有見於德之尊也然則在朝廷不過達尊之一耳惡得有其爵之一以慢其齒德之二哉我之不應召者正謂此也

故로將大有爲之君은必有所不召之臣이라欲有謀焉則就之ᄒᆞᄂᆞ니其尊德樂道ㅣ不如是면不足與有爲也ㅣ니라 樂音洛

故로쟝ᄎᆞᆺ키ᄒᆞ욤이이실君은반ᄃᆞ시召티몯ᄒᆞᆯ빠臣을둔ᄂᆞᆫ디라謀코저ᄒᆞ면就ᄒᆞᄂᆞ니그德을尊ᄒᆞ며道를樂홈이이ᄀᆞᆮ디아니면足히더브러ᄒᆞ욤이잇디몯ᄒᆞᆯ꺼시이니라

○大有爲之君、大有作爲、非常之君也、程子、曰古之人、所以必待人君、致敬盡禮而後、往者、非欲自爲尊大也、爲去聲是故耳、雙峰饒氏曰不如是指謀焉則就之(備旨)夫惟君不可以爵而慢齒德也故從來將大有所作爲之君必有所敬禮不召之臣如於民社之事欲有謀焉則就見而諮之夫爲臣者必欲其君之致敬盡禮如是者豈自爲尊大哉蓋君必如是其尊德樂道乃可有爲若其尊德樂道不如是則不足與之有爲也此士之所以不可召而大有爲之君必不召乎士也

故로湯之於伊尹에學焉而後에臣之故로不勞而王ᄒᆞ시고桓公之於管仲에學焉而後에臣之故로不勞而霸ᄒᆞ니라

故로湯이伊尹의게學ᄒᆞᆫ後에臣ᄒᆞ신故로勞티아니ᄒᆞ야王ᄒᆞ시고桓公이管仲의게學ᄒᆞᆫ後에臣ᄒᆞᆫ故로勞티아니ᄒᆞ야霸ᄒᆞ니라

○先從受學、師之也、後以爲臣、任之也、雙峰饒氏曰何處見得學而後臣蓋學師之臣相之也觀尹之辭無所遜於湯桓之於管一則曰仲父二則曰仲父亦可見師之之意(備旨)故湯之於伊尹將大有爲而不敢以召之也師以一德先從受學焉而後任之阿衡以臣之故伐夏救民尹皆身任其功湯不勞而王業成焉桓公之於管仲將大有爲而亦不敢以召之也訪以治道先從受學焉

而後任之內政以臣之故取威定覇仲皆身圖其績桓不勞而覇業成焉古人之尊德樂道以成大有爲者類此

今天下ㅣ地醜德齊ᄒᆞ야莫能相尙은無他ㅣ라好臣其所敎而不好臣其所受敎ㅣ니라（好去聲）

이제天下ㅣ地ㅣ醜ᄒᆞ고德이齊ᄒᆞ야能히서르尙ᄒᆞ리업슴은他ㅣ업ᄉᆞᆫ디라그敎ᄒᆞᆯ빠臣홈을好ᄒᆞ고그敎를受ᄒᆞᆯ빠臣홈을好티아니홈이니라

●醜、類也、尙、過也、所敎、謂聽從於己、可役使者也、所受敎、謂己之所從學者也、

【備旨】乃今天下之君以地則醜類似德則齊等莫能闘地建功以相尙者無他故也以其皆好臣其趨走承順而爲己所敎之人而不好臣其抱道自重爲己所受敎之人此則無不召之臣矣亦安能相尙而大有爲也耶

湯之於伊尹과桓公之於管仲애則不敢召ᄒᆞ니管仲도且猶不可召온ㅣ而況不爲管仲者乎아

湯이伊尹의게와桓公이管仲의게곧敢히召티몯ᄒᆞ니管仲도ᄯᅩ오히려可히召티몯ᄒᆞ곤ᄒᆞ믈며管仲을ᄒᆞ디아니ᄒᆞᄂᆞᆫ者아

●不爲管仲、孟子、自謂也、（慶源輔氏曰不爲管仲孟子到此不得已而直言之不如是則公孫丑之徒終不足以知此意也）范氏、曰孟子之於齊、處（上聲）賓師之位、非當仕有官職者、故、其言、如此（問賓師如何朱子曰當時有所謂客卿是也大概尊禮之而不居職任事但召之則不往）○新安陳氏曰若當仕有官職乃可以其官召之耳 ○此章、見賓師、不以趨走承順爲恭、而以責難陳善爲敬、（新安陳氏曰恭

見於外貌者故於趨走承順言之
存於中心者故於責難陳善言之
敬人君、不以崇高富貴爲重、而以貴德尊士爲賢、則上下交而德業成矣、

南軒張氏曰孔子膰肉不至而去魯不知者以爲爲肉知者以爲爲無禮皆非知孔子者孟子不朝而
出吊不知者或以爲要君知者則以爲太甚矣公孫仲子以門人近屬猶不克知何恠於景丑乎將朝
禮也聞王託疾之言而不往義也明日出吊欲王深惟其故取瑟意也使仲子知孟子之心則告之曰昔者疾今日愈
而出吊矣豈不正大而何必爲是紛紛哉王託疾要賢邪志也孟子方引以當道可循其邪志乎孟子知人皆可爲堯
舜故以堯舜事望王若以僕僕共命爲敬則僕妾服役之事耳孟子於公孫仲子告之不詳二子學者也欲其深省而
自識於景子陳義著明如此景子大夫也庶幾其有以啓悟王心焉初不可召而後爲卿於齊何也王始不能知湯之
於伊尹猶望其感悟於終也賢者伸縮變化皆有深意存焉○慶源輔氏曰天地交而後萬物遂上下交而後德業成
此自然之理也世衰道微君不知下賢惟知恃勢以驕賢者下不知自重惟知自屈以諂時君上日驕而下日諂上下
之情扞格而不接德之與業渙散而無成天下日趨於亂而世俗猶以孟子爲迂濶亦可悲矣○新安陳氏曰上下之
交惟不苟合然後可合耳[illegible]夫湯之於伊尹學焉而後臣之桓公之於管仲亦學焉而後臣之則皆不敢召矣然尹
之於湯咸有一德其不可召宜也若管仲者以器量則小以功烈則卑其去伊尹遠矣且猶不可召況志伊尹之志而
卑管仲於不足爲者顧可召而見之乎不可召而見之王之不能尊德樂道也我之聞命中止亦欲以不可召自待耳
安得爲不敬王哉景子可以自悟矣

○陳臻이 問曰前日於齊예 王이 餽兼金一百而不受ᄒᆞ시고 於宋애 餽七十鎰而受ᄒᆞ시고 於薛애 餽五十鎰而受ᄒᆞ시니 前日之不受ㅣ 是則今日之受ㅣ 非也오 今日之受ㅣ 是則前日之不受ㅣ 非也니 夫子ㅣ 必居一於此矣시리이다

陳臻이 묻ᄌᆞ와ᄀᆞᆯ오ᄃᆡ 前日에 齊예 王이 兼金 一百을 餽ᄒᆞ야ᄂᆞᆯ 受티 아니ᄒᆞ시고 宋에 七十鎰을 餽ᄒᆞ야ᄂᆞᆯ 受ᄒᆞ시고 薛에 五十鎰을 餽ᄒᆞ야ᄂᆞᆯ 受ᄒᆞ시니 前日의 受티 아니ᄒᆞ

심이是ᄒᆞ면今日의受ᄒᆞ심이非ᄒᆞ고今日의受ᄒᆞ심이是ᄒᆞ면前日의受티아니ᄒᆞ심이非ᄒᆞ니夫子ㅣ반ᄃᆞ시이에一에居ᄒᆞ시리이다

● 陳臻、孟子弟子、兼金、好金也、其價、兼倍於常者、一百、百鎰也、(鎰音逸) 備旨 陳臻見孟子周流列國辭受不同遂疑而問曰夫子前日之於齊也齊王餽夫子以兼金一百鎰乃辭而不受及其於宋也宋君餽夫子以七十鎰顧不辭而受其於薛也薛君餽夫子以五十鎰亦不辭而受夫同一餽也而受不受異焉吾恐前日之不受於齊者爲是則今日之受於宋薛者非也若今日之受於宋薛者爲是則前日之不受於齊者非也天下無兩是之理夫子必居一非於此矣然則陳臻拘其迹而不揆諸義也

孟子ㅣ曰皆是也ㅣ니라

孟子ㅣᄀᆞᆯᄋᆞ샤ᄃᆡ다是ᄒᆞ니라

● 皆適於義也、慶源輔氏曰陳臻則就事迹校量孟子則以義理斷制 備旨 孟子曉之曰辭受何常惟義之歸吾之不受與受皆是而無非也

當在宋也ᄒᆞ야予將有遠行이라니行者는必以贐이라辭曰餽贐이어니予何爲不受ㅣ리오(贐徐刃反)

宋애이숌애當ᄒᆞ야내장ᄎᆞᆺ遠行이잇다니行者ᄂᆞᆫ반ᄃᆞ시뻐贐ᄒᆞᄂᆞᆫ디라辭ᄒᆞ야ᄀᆞᆯ오ᄃᆡ贐으로餽ᄒᆞ노라ᄒᆞ거니내엇디受티아니ᄒᆞ리오

● 贐、送行者之禮也、 備旨 何以言之當在宋之時也予將去宋而有遠行之事凡遠行則必以物爲餽贐之禮故宋君之致辭曰餽贐有餽贐之辭則予於宋爲宜受何爲拒之而不受此吾之所受於宋者是也

當在薛也ᄒᆞ야予有戒心이라니辭曰聞戒故로爲兵餽之어니予何爲

不受오ㅣ리 (爲兵之爲去聲)

薛에이숌애當ᄒᆞ야내戒心이잇다니辭ᄒᆞ야ᄀᆞᆯ오ᄃᆡ戒를聞ᄒᆞᆫ故로兵을爲ᄒᆞ야餽ᄒᆞ노라ᄒᆞ거니내엇디受티아니ᄒᆞ리오

●時人、有欲害孟子者、孟子、設兵以戒備之、薛君、以金餽孟子、爲兵備、辭曰聞子之有戒心也、(有其辭則義可受矣)備旨 當在薛之時也予適有戒備之心不得不設兵以防之而薛君之致餽其辭曰聞子有戒心也故爲兵備而餽之則予於薛亦宜受也何爲拒之而不受此吾之所以受於薛者是也

若於齊則未有處也ᄒᆞ니**無處而餽之**는**是**ㅣ**貨之也**ㅣ니**焉有君子而可以貨取乎**ㅣ리오 (焉於虔反)

만일齊에는處홈이잇디아니ᄒᆞ니處홈이업시셔餽홈은이貨홈이니엇디君子ㅣ오可히貨로ᄡᅥ取홈이이시리오

●無遠行戒心之事、是、未有所處(上聲)也、(未有所處則無辭而義不可受矣) 取、猶致也、(朱子曰取是羅致之意輕受之便是被他以貨賄籠絡了) 問處字是處物爲義之處否曰是○南軒張氏曰人於不當受而受其動於物固也當受不受亦是爲物所動何則以其敝於物而見物之大也聖賢從容不迫惟義之安外物何有焉物有大小義之所在一耳○新安陳氏曰孟子辭受從容惟義之安陳臻欲辭則皆辭受則皆受而不知隨事以酌其義固哉 ○尹氏、曰言君子之辭受取予、(與通作)唯當(去聲)於理而已、(慶源輔氏曰孟子於此無予尹氏併予言之者學者於此非特可知辭與取之義亦可知所予矣) 備旨 若前日於齊之時則無有遠行戒心之事而未有所處也無所處而餽之以金既非爲贐又非爲兵是誘我以利而貨之也焉有守義之君子而可以貨取而致之者乎此吾之所以不受於齊者亦是也子烏得以宋薛之受而律我之不受於齊哉

○孟子ㅣ之平陸ᄒᆞ샤謂其大夫曰子之持戟之士ㅣ一日而三失伍則去之아否乎아曰不待三이니이다 (去上聲)

孟子ㅣ平陸애之ᄒᆞ샤 그대우ᄃᆞ려닐어ᄀᆞᆯᄋᆞ샤ᄃᆡ子의戟을持ᄒᆞ얀ᄂᆞᆫ士ㅣ一日에세번伍를失ᄒᆞ면去ᄒᆞᆯ까아닐까ᄀᆞᆯ오ᄃᆡ三을待티아니리이다

●平陸、齊下邑也、大夫、邑宰也、戟、有枝兵也、士、戰士也、伍、行(音杭)列也、去之、殺之也、[備旨]當時齊國失政民不堪命一日孟子之平陸之邑乃設諷而謂其大夫孔距心曰事無大小各有職守子之持戟之士設於行師之時一日而三失其行伍之列則殺而去之否乎距心答曰失伍離次法之必誅一之爲甚何待三也

然則子之失伍也ㅣ亦多矣로다凶年饑歲예子之民이老羸ᄂᆞᆫ轉於溝壑ᄒᆞ고壯者ᄂᆞᆫ散而之四方者ㅣ幾千人矣오曰此非距心之所得爲也ㅣ니이다 (幾上聲)

그러ᄒᆞᆫ則子의伍를失홈이ᄯᅩ하도다凶年과饑歲예子의民이老와羸ᄂᆞᆫ溝壑애轉ᄒᆞ고壯者ᄂᆞᆫ散ᄒᆞ야四方애간者ㅣ몃千人고ᄀᆞᆯ오ᄃᆡ이ᄂᆞᆫ距心의시러곰ᄒᆞᆯ빼아니니이다

●子之失伍、言其失職、猶士之失伍也、距心、大夫名、對言此乃王之大政使然、非我所得專爲也、雙峰饒氏曰凶年說得濶如水旱疾疫之類飢歲只是五穀不熟[備旨]孟子因責之曰官之不可失職猶士之不可失伍也然則子之失伍亦多矣子之職在養民今凶年饑歲子之民老羸者則

飢餓轉展於溝壑之中壯者則離散而之四方以就食者幾千人矣民之失所如此子之失伍也不亦多乎大夫猶未悟其失也曰民之死散距心非不憫之但賑恤民窮柄不由下此非距心之所得專爲也

曰今有受人之牛羊而爲之牧之者則必爲之求牧與芻矣니리求牧與芻而不得則反諸其人乎아抑亦立而視其死與아

曰此則距心之罪也ㅣ로소이다 爲去聲死與之與平聲

ᄀᆞᆯᄋᆞ샤ᄃᆡ今애人의牛羊을受ᄒᆞ야爲ᄒᆞ야牧ᄒᆞᆯ者ㅣ이시면반ᄃᆞ시爲ᄒᆞ야牧과다ᄆᆞᆺ芻ᄅᆞᆯ求ᄒᆞ리니牧과다ᄆᆞᆺ芻ᄅᆞᆯ求ᄒᆞ야得디몯ᄒᆞ면그人의게反ᄒᆞ랴ᄯᅩᄒᆞᆫ立ᄒᆞ야셔그死ᄒᆞᆷ을보랴ᄀᆞᆯ오ᄃᆡ인則距心의罪로소이다

● 牧之、養之也、牧、牧地也、芻、草也、孟子、言若不得自專、何不致其事而去、

備旨 孟子又責之曰子亦安得以不得自專之故而辭其失職之罪哉蓋爲君牧民猶爲人牧牛羊也今有受人之牛羊而爲之牧之者則必爲之求牧地與芻草以養之矣使求牧與芻而不得是不得專其牧牛羊之任也則將反牛羊於其人乎抑亦立而視牛羊之死與子試思之子之爲王牧民何以異此距心乃悟曰牧民而不知預求所以養之而又不能辭其事而去此則距心之罪誠有不容辭者也

他日에見於王曰王之爲都者를臣知五人焉이로니知其罪者는惟孔距心이러이다ᄒᆞ고爲王誦之ᄒᆞ신대王曰此則寡人之罪也ㅣ로소이다 見音現爲王之爲去聲

他日에王ᄭᅴ見ᄒᆞ야ᄀᆞᆯᄋᆞ샤ᄃᆡ 王의都ᄅᆞᆯᄒᆞᄂᆞᆫ者ᄅᆞᆯ 臣이五人을아노니그罪ᄅᆞᆯ아ᄂᆞᆫ者

는오직孔距心이러이다ᄒᆞ고王을爲ᄒᆞ야誦ᄒᆞ신대王이ᄀᆞᆯᄋᆞ샤ᄃᆡ인則寡人의罪로소이다

●爲都、治邑也、邑有先君之廟曰都、左傳莊公二十八年築郿非都也凡邑有宗廟先君之主曰都無曰邑邑曰築都曰城周禮四縣爲都四井爲邑然宗廟所在雖邑曰都尊之也 孔、大夫姓也、爲王誦其語、所以風去聲曉王也、○陳氏、曰、陳氏名暘字晉臣三山人 孟子、一言而齊之君臣、擧知其罪、固足以興邦矣、然而齊、卒不得爲善國者、豈非說悅音而不繹、從而不改故邪、 慶源輔氏曰孟子一言而齊之君臣擧知其罪者理明辭達長於譬喩而能感發於人故也然齊之君臣雖知其罪而終不能改繹者志小氣輕志小則易定蓋原不曾大有底規模氣輕則多率多率則凡事說過便休都無那自訟自責之意如此則何緣會改○雲峰胡氏曰齊之君臣一時聞孟子之言皆知其罪天理之乍明也終於不改人欲錮之也[備旨]然是罪也孟子固欲使距心知之尤欲使齊王聞之故他日見於王曰王之爲都而治民者臣所知識有五人焉能自知其失職之罪者唯孔距心一人而已於是以己責距心之言與距心所以自責之言一一爲王誦之欲以諷曉王而使之惕然省也王亦自悟曰奉命者雖在臣而制命者則在君民之展轉離散此則寡人失政之罪也孟子一言而齊之君臣各任罪如此惜乎其無改悔之實也

○孟子ㅣ謂蚳鼃曰子之辭靈丘而請士師ㅣ似也ᄂᆞᆫ爲其可以言也ㅣ니今旣數月矣로ᄃᆡ未可以言與아 蚳音遲鼃烏化反爲去聲與平聲

孟子ㅣ蚳鼃ᄃᆞ려닐어ᄀᆞᆯᄋᆞ샤ᄃᆡ子ㅣ靈丘를辭ᄒᆞ고士師를請ᄒᆞᆷ이似ᄒᆞᆷ은그可히ᄡᅥ言ᄒᆞᆷ을爲ᄒᆞ예니今에이믜數月이로ᄃᆡ可히ᄡᅥ言티몯ᄒᆞ리로소냐

●蚳鼃、齊大夫也、靈丘、齊下邑、似也、言所爲、近似有理、可以言、謂士師、近王、得以諫刑罰之不中去聲者、[備旨]孟子謂齊之大夫蚳鼃曰子之辭靈丘之邑而請爲士師之官其所爲近似有理也爲士師刑官而近王王有刑罰之不中者可以言而諫之也夫旣爲可以

言而請宜朝入官而夕進諫也今既數月矣近君之久聞刑罰之得失不爲不詳矣而猶未可以言與何其宜言而久不言也

蚳鼃ㅣ諫於王而不用이어늘致爲臣而去ᄒᆞᆫ대

蚳鼃ㅣ王ᄭᅴ諫ᄒᆞ야用티아니ᄒᆞ야늘臣되옴을致ᄒᆞ고去ᄒᆞᆫ대

● 致、猶還也、[備旨]蚳鼃有惑於孟子之言於是以刑罰之不中者諫王而王不能用遂致爲臣而去夫當諫則諫當去則去雖蚳鼃明於進退之義而實孟子一激之力也

齊人이曰所以爲蚳鼃則善矣어니와所以自爲則吾不知也케라 爲去聲

齊人이ᄀᆞᆯ오ᄃᆡ ᄡᅥ蚳鼃를爲ᄒᆞᄂᆞᆫ밴則善ᄒᆞ거니와ᄡᅥ스스로爲ᄒᆞᄂᆞᆫ밴則내아디몯게라

● 譏孟子、道不行、而不能去也、[備旨]齊人因此而譏孟子曰蚳鼃之一諫一去有盡言之忠無苟祿之恥此皆孟子敎之也所以爲蚳鼃謀者則善矣乃其道不行於齊而不能勇於一去所以自爲謀者則吾不知也齊人蓋以去就之常道律孟子於蚳鼃耳而不知孟子之所處與鼃異也

公都子ㅣ以告ᄒᆞᆫ대

公都子ㅣᄡᅥ告ᄒᆞᆫ대

公都子、孟子弟子也、[備旨]公都子聞齊人非議之言遂述以告孟子

曰吾ㅣ聞之也호니有官守者ㅣ不得其職則去ᄒᆞ고有言責者ㅣ不得其言則去ᄒᆞᄂᆞ니라我無官守ᄒᆞ며我無言責也則吾進退ㅣ豈不綽

綽然有餘裕哉리오

골ᄋᆞ샤ᄃᆡ 내聞호니官守ᄅᆞᆯ 둔ᄂᆞᆫ者ㅣ그職을得디몯ᄒᆞ면去ᄒᆞ고言責을둔ᄂᆞᆫ者ㅣ그言을得디몯ᄒᆞ면去ᄒᆞᆫ다ᄒᆞ니내官守ㅣ업스며 내言責이업슨則내進ᄒᆞ며退홈이엇디綽綽히餘裕ㅣ잇디아니ᄒᆞ리오

●官守、以官爲守者、言責、以言爲責者、綽綽、寬貌、裕、寬意也、孟子、居賓師之位、未嘗受祿、故、其進退之際、寬裕如此、南軒張氏曰孟子異乎蚳鼃故得從容不迫陳善閉邪以俟王之改可徐處乎進退之宜也然卒致爲臣而歸誠意備至啓告曲盡而王終莫悟則有去之而已然三宿出晝猶庶幾王之改終從容不迫也豈悻悻者能識之○慶源輔氏曰距心有官守蚳鼃有言責鼃雖未自以爲罪然諫不行能去距心雖知其罪然如是而止不聞其能去也鼃賢於距心矣○雙峯饒氏曰餘裕是寬緩不迫之意賓師從容規諷以漸而入如今朋友相似少焉不入亦當去但寬得些子不如那有官守言責者恁地逼迫不得其職不得其言則目下便著休或疑孔子不脫冕而行與孟子之說不同曰正是一般蓋孔子有去志久矣但去得不恁地逼迫後來膰肉不至方不脫冕而行且如衛靈公可謂無道然亦以賓禮待孔子故孔子在衛極多時後來却因問陳明日遂行亦是久有去志因此遂行耳 尹氏、曰進退久速、當去聲於理而已、雲峯胡氏曰集註前引尹氏言君子之辭受取予惟當於理而已此又引其言曰進退久速當於理而已蓋天理人欲之幾最不可不辨當辭而辭是天理受即非矣可久而久是天理速即非矣如此則當於理不如此則涉於欲故惟聖人能審其幾焉【備旨】孟子曰彼齊人惡知我哉吾聞之也有以官爲守者當盡其職苟君制之而不得專其職則有去而已有以言爲責者當盡其言苟君違之而不得行其言則有去而已彼其進退皆不容苟者人臣之義當如是也今我在齊既無官守之寄亦無言責之任也則吾進退之際固非常法所得拘者豈不綽綽然有餘裕哉是可見其爲蚳鼃者臣道也其自爲者師道也殆非齊人所能知者矣

○孟子ㅣ爲卿於齊ᄒᆞ샤出弔於滕ᄒᆞ실ᄉᆡ王이使蓋大夫王驩으로爲輔

行이러시니王驩이朝暮見이어늘反齊滕之路로록未嘗與之言行事也ᄒᆞ시다

蓋古盍反　見音現

孟子ㅣ齊애卿이되샤 滕애出ᄒᆞ야吊ᄒᆞ실ᄉᆡ王이 蓋人대우王驩으로ᄒᆞ여곰輔行을 사맛더시니王驩이朝暮에뵈거늘 齊滕人路ᄅᆞᆯ反도록일ᄶᆞᆨ더브러行事ᄅᆞᆯ言티아니ᄒᆞ시다

●蓋、齊下邑也、王驩、王、嬖臣也、輔行、副使去聲下同也、反、往而還也、行事、使事也、

慶源輔氏曰使事謂吊祭之禮邦交之儀凡禮文制數皆是〔備旨〕昔孟子在齊雖不受祿實爲客卿遇滕國有喪爲王出吊於滕蓋假孟子以爲重也王使蓋邑大夫王驩攝卿以輔行王驩朝暮見孟子由往而反乎齊滕之路孟子竟未嘗少假顏色與之言出使所行之事也蓋以王驩非可與言之人故孟子不與言耳

公孫丑ㅣ曰齊卿之位ㅣ不爲小矣며齊滕之路ㅣ不爲近矣로되反之而未嘗與言行事는何也잇고曰夫旣或治之어니予何言哉리오夫音扶

公孫丑ㅣᄀᆞᆯ오ᄃᆡ 齊卿의位ㅣ小티아니ᄒᆞ며 齊滕人路ㅣ近티아니호ᄃᆡ反호ᄃᆡ일ᄶᆞᆨ더브러行事ᄅᆞᆯ言티아니ᄒᆞ샴은엇디니잇고ᄀᆞᆯᄋᆞ샤ᄃᆡ이믜 或治ᄒᆞ얏거니내므슴마ᄅᆞᆯᄒᆞ리오

●王驩、蓋攝卿以行故、曰齊卿、夫旣或治之、言有司、已治之矣、孟子之待小人、不惡而嚴、如此、南軒張氏曰孟子雖爲卿而實賓師也則夫禮文制數固可付之於有司是王驩雖曰輔行然齊王之意特欲藉孟子以爲重有司之事不敢以煩而驩則行之也孟子特統其大綱於上而驩則

共其事於下若驩於事上之禮有失邦交之儀有曠則孟子固不免有言以正其事之失也彼既或治之未見有可正之事則亦烏用有言哉○慶源輔氏曰夫既或治之正答公孫丑未嘗與之言行事一句孟子言使事有司既已治之而得其宜矣自不須臾與王驩言也只此句便見孟子之待小人不惡而嚴之意使有司不能治其事於禮儀制數有曠闕不齊整處而孟子固不與驩言而正之則非所謂不惡矣今有司既已能治辦其事而猶與之言則使有徇之之意而不可謂之嚴矣然自常情觀之孟子之不與驩言不以爲惡之而不欲與之言則以爲易之而不足與之言矣夫惡之而不欲與之言則險易之而不足與之言則忽險與忽孟子無是心也但言有司既已能治辦其事而不與之言則亦是順理之事而其中自有不惡而嚴之意耳故愚嘗謂君子之待小人有正己而無屈意有容德而無過禮惡惡之心雖不能無然亦不爲已甚之疾也○新安陳氏曰君子以遠小人不惡而嚴易遯卦大象傳文孟子於王驩不欲與言於吊公行子亦可見今答丑不過平平說所以不與言之意未始及也蓋欲使丑自悟耳○治之朱子以爲有司南軒以爲驩正是治之者 備旨 公孫丑疑而問曰凡人或勢分相隔或周旋不久則言有不能盡者王驩大夫攝卿位以佐夫子其位不爲小矣自齊至滕二國之境其路不爲近矣乃自往至反而未嘗與之言所行之使事其故何也孟子難以明言姑托辭而曉之曰我與彼奉命而出若事有不治與共議可也今出使儀文禮節彼有司既已治之而得其宜矣予又何言之有哉

○孟子ㅣ自齊葬於魯ᄒᆞ시고反於齊ᄒᆞ실ᄉᆡ止於嬴이러시니充虞ㅣ請曰前日에不知虞之不肖ᄒᆞ샤使虞敦匠事ㅣ어시ᄂᆞᆯ嚴ᄒᆞ야虞ㅣ不敢請ᄒᆞ니今願竊有請也ᄒᆞ노니木若以美然ᄒᆞ더이다

孟子ㅣ齊로브터魯에葬ᄒᆞ시고齊예反ᄒᆞ실ᄉᆡ嬴에止ᄒᆞ엿더시니充虞ㅣ請ᄒᆞ야ᄀᆞᆯ오ᄃᆡ前日에虞의不肖홈을아디몯ᄒᆞ샤虞로ᄒᆞ여곰匠事를敎ᄒᆞ야시ᄂᆞᆯ嚴ᄒᆞ야虞ㅣ敢히請티몯호니今에願컨댄그으기請홈이인노니木이너모美ᄒᆞᆫᄃᆞᆺᄒᆞ더이다

●孟子、仕於齊、喪去聲母、歸葬於魯、嬴、齊南邑、充虞、孟子弟子、嘗董治作棺之事者也、嚴、急也、木、棺木也、以、已通、以美、太美也、備旨 昔孟子爲卿於齊有母之喪乃自齊而歸葬其母於魯及喪畢而反於齊未至國都而止於齊之嬴邑充虞請而問曰前日夫子不知虞無治事之才使虞敦治匠事當時喪事嚴急虞雖有疑於心而不敢請今喪事畢矣虞願竊有請也彼向者所用之木似若太美者然蓋黯然有惜物儉親之意而不知孝子欲盡之心者矣

曰古者애棺椁이無度ᄒᆞ더니中古애棺이七寸이오椁을稱之ᄒᆞ야自天子達於庶人ᄒᆞ니非直爲觀美也ㅣ라然後에盡於人心이니라 稱去聲

ᄀᆞᆯᄋᆞ샤ᄃᆡ녜棺과槨이度ㅣ업더니中古애棺이七寸이오槨을稱케ᄒᆞ야天子로브터庶人에達ᄒᆞ니ᄒᆞᆫ갓觀에美홈을ᄒᆞᆫ줄이아니라그런後에人心에盡ᄒᆞᆯ써니라

●度、厚薄尺寸也、中古、周公制禮時也、椁稱之、與棺相稱也、欲其堅厚久遠、非特爲人觀視之美而已、 直但也○慶源輔氏曰人子之喪親所以爲之棺椁者蓋欲其堅厚以歷久遠而已非是欲爲人觀視之美也蓋必如此然後於人心爲盡耳盡於人心此一句須當自體之若後世之厚葬却只是欲爲人觀美之故也○古者棺椁無度想只是過於厚觀易喪葬取之大過可見至周公制禮時始爲七寸之制也棺七寸則椁亦七寸也○雙峯饒氏曰周七寸只如今四寸許【備旨】孟子曉之曰吾用木之美者亦有見於古制且上古之時棺椁無尺寸之度至於中古而周公制禮棺止用七寸而外棺之椁稱之斯制也上自天子下達於庶人皆得用之蓋欲其堅厚久遠非直爲人觀視之美而已也必如是而後足以盡人子報本之心耳然則前日之木稽之古制而合反之吾心而安又何嫌於過美哉

不得이란不可以爲悅이며無財란不可以爲悅이니得之爲有財ᄒᆞ야는古之人이皆用之ᄒᆞ니吾何爲獨不然이리오

得디몯ᄒᆞ야란可히ᄡᅥ悅티몯ᄒᆞᆯ꺼시며財ㅣ업서란可히ᄡᅥ悅티몯ᄒᆞᆯ꺼시니得ᄒᆞ고財ㅣ이셔는녯사ᄅᆞᆷ이다用ᄒᆞ니내엇디ᄒᆞ올로그리아니ᄒᆞ리오

●不得、謂法制所不當得、得之爲有財、言得之而又爲有財也、或曰爲、當作而、慶源輔氏曰不得得之泛說葬禮如重累之數牆翣之飾旣有定制則不可得以爲悅非獨指棺椁而言也 [備旨]使禮法不得爲則限於分固不可以盡其心而爲悅也卽禮法得爲而無財用則限於力亦不可以盡其心而爲悅也若得之禮制而又爲有財此正人子可以爲悅之時古之人皆用之而從厚吾何爲獨不然哉棺椁之美亦猶行古之道也

且比化者ᄒᆞ야 **無使土親膚**ㅣ면 **於人心**에 **獨無恔乎**아 比必二反 恔音效

또化者를比ᄒᆞ야土로하여곰膚에親타아니케ᄒᆞ면人心애호올로恔홈이업ᄉᆞ냐

●比、猶爲去聲下同也、化者、死者也、恔、快也、言爲死者、不使土、親近其肌膚、於人子之心、豈不快然無所恨乎、[備旨]且夫事死如生親子一體木之堅厚久遠實爲化而死者無使土親近其肌膚則死者以安而生者以慰於人子之心獨無恔然而無遺恨乎此其所以爲悅此其所以盡於人心也

吾는 **聞之也**호니 **君子**는 **不以天下儉其親**이니라

나는聞호니君子는天下로뻐그親에儉히아닌ᄂᆞ니라

●送終之禮、所當得爲而不自盡、是、爲去聲天下、愛惜此物、而薄於吾親也、 問不以天下儉其親朱子曰以猶爲也不爲天下惜棺椁之費而儉於其親也王氏中說記太原府君之言一布被二十年不易曰無爲費天下也文意畧與此同○呂氏曰註云所當得爲而不自盡則便是倒行逆施不順理底於所厚者薄則無所不薄矣墨子之葬以薄爲道者即是此意○新安陳氏曰此章當味盡於人心及悅與恔字人子事親至葬而終凡附於身與棺必誠必信勿之有悔焉盖不如是無以盡於吾心不爲悅不爲恔也必悅且恔然後於心爲盡不得爲而僭爲與可爲而不爲皆非盡於人心曰不得不可以爲悅則制不得爲者決不敢過曰得之有財何獨不然則力所能爲者亦何恐於不及厚所當厚而不儉於親無非天理也盡於人心盡天理而已矣[備旨]向使得盡其心而不自盡則是爲天下愛惜此物而薄於吾親矣吾聞之也君子不以天下儉其親蓋親爲重則物爲輕也然則吾之治喪亦求不儉於親耳豈失之太美哉

〇沈同이 以其私問曰燕可伐與잇가 孟子ㅣ曰可ᄒᆞ니라 子噲도 不得與人燕이며 子之도 不得受燕於子噲니 有仕於此ㅣ어든 而子ㅣ悅之ᄒᆞ야 不告於王而私與之吾子之祿爵이어든 夫士也ㅣ 亦無王命而私受之於子則可乎아 何以異於是리오 伐與之與平聲下伐與殺與同夫音扶

沈同이 그 私로뼈 묻ᄌᆞ와 ᄀᆞᆯ오ᄃᆡ 燕을 可히 伐ᄒᆞ얌즉ᄒᆞ니잇가 孟子ㅣ ᄀᆞᆯᄋᆞ샤ᄃᆡ 可ᄒᆞ니라 子噲도 시러곰 人을 燕을 與티 몯ᄒᆞᆯ꺼시며 子之도 시러곰 燕을 子噲의게 受티 몯ᄒᆞᆯ꺼시니 이에 仕ᄒᆞ리 잇거든 子ㅣ 悅ᄒᆞ야 王ᄭᅴ 告티 아니ᄒᆞ고 ᄉᆞᄉᆞ로 吾子의 祿爵을 與ᄒᆞ거든 士ㅣ 또ᄒᆞᆫ 王命이 업시 ᄉᆞᄉᆞ로 子의게 受ᄒᆞᆫ則 可ᄒᆞ냐 엇디뼈 이에 다ᄅᆞ리오

(註)沈同、齊臣、以私問、非王命也、子噲子之事見(形甸反下一節解見音同)前篇、諸侯、土地人民、受之天子、傳之先君、私以與人、則與者受者、皆有罪也、仕、爲官也、士、卽從仕之人也、慶源輔氏曰沈同問燕可伐否耳固不問以齊伐燕爲如何也若是以王命來問孟子必當詳告之不但曰可而己也〇註云與者受者皆有罪謂不由其道妄受妄予如子噲子之之徒者由其道則三聖之授受乃先天而天弗違之事不可以罪言也(備旨)昔燕君臣以國相授受而國內大亂齊人未伐燕之始沈同不由王命以其私意而問於孟子曰以燕國論之有可伐之道與孟子據理答曰燕國可伐也何以言之彼諸侯土地人民受之天子傳之先君在子噲爲君者不得慕遜位之風而私與人以燕在子之爲臣者不得效受禪之迹而私受燕於子噲如有求仕者於此而子悅之以吾子之祿爵爲子所私有也乃不告於王而私以與之夫士也亦以子之祿爵爲子所得專也亦無王命而私受祿爵於子則可乎吾知其不可也必矣彼以土地私相授受者亦何以異於以祿爵私相授受者哉此燕之所以可伐也

齊人이伐燕이어늘或이問曰勸齊伐燕이라ᄒᆞ니有諸잇가曰未也ㅣ라沈同이問燕可伐與아ᄒᆞ야늘吾ㅣ應之曰可ㅣ라ᄒᆞ니彼然而伐之也ㅣ로다彼如曰孰可以伐之오ᄒᆞ면則將應之曰爲天吏則可以伐之라ᄒᆞ리라今有殺人者ㅣ어든或이問之曰人可殺與아ᄒᆞ면則將應之曰可ㅣ라ᄒᆞ리니彼如曰孰可以殺之오ᄒᆞ면則將應之曰爲士師則可以殺之라ᄒᆞ리라今에以燕伐燕이어니何爲勸之哉리오

齊人이燕을伐ᄒᆞ야늘或이 묻ᄌᆞ와ᄀᆞᆯ오ᄃᆡ齊를勸ᄒᆞ야燕을伐타ᄒᆞ니인ᄂᆞ니잇가ᄀᆞᆯᄋᆞ샤ᄃᆡ아니라沈同이燕을可히伐ᄒᆞ얌즉ᄒᆞ냐묻거늘내應ᄒᆞ야ᄀᆞᆯ오ᄃᆡ可타호니뎌그리너겨伐ᄒᆞ도다뎌만일에ᄀᆞᆯ오ᄃᆡ뉘可히ᄡᅧ伐ᄒᆞᆯ고ᄒᆞ면곧쟝ᄎᆞᆺ應ᄒᆞ야ᄀᆞᆯ오ᄃᆡ天吏된則可히ᄡᅧ伐ᄒᆞ리라호리라今에사ᄅᆞᆷ殺ᄒᆞᆫ者ㅣ잇거든或이무러ᄀᆞᆯ오ᄃᆡ사ᄅᆞᆷ을可히殺ᄒᆞᆯ것가ᄒᆞ면곧쟝ᄎᆞᆺ應ᄒᆞ야ᄀᆞᆯ오ᄃᆡ可타호리니뎌만일ᄀᆞᆯ오ᄃᆡ뉘可히ᄡᅧ殺ᄒᆞᆯ고ᄒᆞ면곧쟝ᄎᆞᆺ應ᄒᆞ야ᄀᆞᆯ오ᄃᆡ士師ㅣ된則可히ᄡᅧ殺ᄒᆞ리 라호리라今에燕으로ᄡᅧ燕을伐ᄒᆞ거니엇디勸ᄒᆞ리오

●天吏、解見上篇、言齊無道、與燕無異、如以燕伐燕也、史記、亦謂孟子、勸齊伐燕、蓋傳聞此說之誤、○楊氏、曰燕固可伐矣、故、孟子、曰可、使齊王、能誅其君、吊其民、何不可之有、乃殺其父兄、虜其子弟而後、燕人、畔之、乃以是、歸咎孟子之言則誤矣、朱子曰孟子言伐燕處有四燕父子君臣如此固有可伐之理然孟子不曾教齊不伐亦不曾教齊必伐但曰唯天吏則可以伐之〇或謂孟子於沈同之問曷爲不盡其辭以告之曰沈同固非能伐燕者且其以私來問又不言齊之將伐燕也則直以可伐之理告之足矣若遂探其情而預設辭以待之則是猜防險詖之私爾豈所謂聖賢之心哉且齊雖無道若能拯燕之遺民於水火之中而無殺戮繫累之暴則其伐之也亦何爲而不可哉〇雙峯饒氏曰惟士師則可以殺有罪之人泛泛如何可以擅殺惟天吏可以伐無道之國諸侯如何可以擅相征伐天吏天所命者士師君所命者天吏以其有道故天命之征伐如湯武是也沈同安曉此理但知人之可伐而不知己之不可伐人 備旨 齊人得孟子可伐之言而遂伐燕或人因而問曰夫子勸齊伐燕有諸孟子答之曰我未嘗勸之也彼謂我勸之者亦有由矣昔沈同嘗私問於予曰燕可伐與固未必其爲齊謀也吾應之曰可伐亦未嘗爲齊謀也豈意彼之君臣遂然吾言而伐之也惜乎彼之不能復問吾亦未嘗盡其說耳彼如復問曰孰可以伐之則將應之曰必奉行天命爲天吏者則可以正其罪而伐之如今有無故而殺人者或問之曰此殺人之人其罪可殺與則將應之曰殺人者死其罪有可殺也彼如復問曰孰可以殺之則將應之曰必奉行國法爲士師者則可以案其罪而殺之夫燕固無道而齊亦未爲有道今以齊伐燕是以伐燕也吾何爲勸之哉

〇燕人이畔이어늘王曰吾ㅣ甚慙於孟子ᄒᆞ노라

燕人이畔ᄒᆞ야늘王이ᄀᆞᆯᄋᆞ샤ᄃᆡ내甚히孟子ᄭᅴ慙ᄒᆞ노라

● 齊、破燕、後二年、燕人、共立太子平爲王、平即昭王 備旨 齊取燕後燕人共立太子平爲王而畔於齊焉王始悟曰吾不用孟子之言以至於此吾甚慙於孟子此正羞惡之善心也

陳賈ㅣ曰王無患焉ᄒᆞ쇼셔王이自以爲與周公孰仁且智잇고王曰周公이使管叔監殷이어시늘管叔이以殷畔ᄒᆞ니知而使之면是ㅣ不仁也ㅣ오不知而使之면是ㅣ不智也ㅣ니仁智는周

公도 未之盡也ㅣ시니 而況於王乎ㅣ잇가 賈ㅣ 請見而解之호리이다 (惡監皆平聲)

陳賈ㅣ ᄀᆞᆯ오ᄃᆡ 王은 患티 말ᄋᆞ쇼셔 王이 스스로뻐 周公으로 더브러 뉘 仁코 ᄯᅩ 智호라 ᄒᆞ시ᄂᆞ니잇고 王이 ᄀᆞᆯᄋᆞ샤ᄃᆡ 惡ㅣ라 이 엇단 말오 ᄀᆞᆯ오ᄃᆡ 周公이 管叔으로 ᄒᆞ여곰 殷을 監ᄒᆞ야시ᄂᆞᆯ 管叔이 殷으로뻐 畔ᄒᆞ니 알고 使ᄒᆞ면 이 仁티 몯홈이오 아디 몯ᄒᆞ고 使ᄒᆞ면 이 智티 몯홈이니 仁과 智ᄂᆞᆫ 周公도 盡티 몯ᄒᆞ시니 ᄒᆞ믈며 王애시니잇가 賈ㅣ 請건댄 見ᄒᆞ야 解호리이다

● 陳賈、齊大夫也、管叔、名鮮、武王弟、周公兄也、武王、勝商殺紂、立紂子武庚、而使管叔、與弟蔡叔、霍叔、監其國、武王、崩、成王、幼、周公、攝政、管叔、與武庚畔、周公、討而誅之、

備旨 何陳賈不能將順其美乃爲之辭曰王無以慙於孟子爲患焉王自諒以爲與周公果孰仁且智王以其擬己太高乃驚歎曰惡子以我比周公是何言之過也陳賈乃擧周公之事以慰之曰周公使其兄管叔監守紂子武庚於殷而管叔流言卒與武庚以殷畔使周公知管叔將畔而故使之是陷其兄於死不仁之甚也使不知管叔將畔而誤使之是無先見之明不智之甚也非不仁即不智仁智即周公未之能盡也而況於王之不及周公者乎賈請見孟子爲王解其慙可也王何患哉

見孟子問曰周公은 何人也ㅣ잇고 曰古聖人也ㅣ시니라 曰使管叔監殷이어시ᄂᆞᆯ 管叔이 以殷畔也ㅣ라ᄒᆞ니 有諸ㅣ잇가 曰然ᄒᆞ다 曰周公이 知其將畔而使之與ㅣ잇가 曰不知也ㅣ시니라 然則聖人도 且有過與ㅣ잇가 曰周公은 弟也ㅣ오 管叔은 兄也ㅣ니 周公之過ㅣ 不亦宜乎아

孟子를보ᄋᆞ와묻ᄌᆞ와ᄀᆞᆯ오ᄃᆡ周公은엇던사ᄅᆞᆷ이니잇고ᄀᆞᆯᄋᆞ샤ᄃᆡ녯聖人이시니라ᄀᆞᆯ오ᄃᆡ管叔으로ᄒᆞ여곰殷을監ᄒᆞ야시ᄂᆞᆯ管叔이殷으로ᄡᅥ畔타ᄒᆞ니인ᄂᆞ니잇가ᄀᆞᆯᄋᆞ샤ᄃᆡ然ᄒᆞ다ᄀᆞᆯ오ᄃᆡ周公이그쟝ᄎᆞᆺ畔ᄒᆞᆯ주ᄅᆞᆯ알오使ᄒᆞ시니잇가ᄀᆞᆯᄋᆞ샤ᄃᆡ아디몯ᄒᆞ시니라그런則聖人도ᄯᅩ過ㅣ인ᄂᆞ니잇가ᄀᆞᆯᄋᆞ샤ᄃᆡ周公은弟오管叔은兄이니周公의過ㅣᄯᅩᄒᆞᆫ宜티아니ᄒᆞ냐

●言周公、乃管叔之弟、管叔、乃周公之兄、然則周公、不知管叔之將畔而使之、其過、有所不免矣、或、曰周公之處(上聲下同)管叔、不如舜之處象、何也、游氏、曰象之惡、已著、而其志、不過富貴而已、故、舜、得以是而全之、若管叔之惡則未著、而其志其才、皆非象比也、周公、詎忍逆探(平聲)其兄之惡而棄之邪、周公愛兄、宜無不盡者、管叔之事、聖人之不幸也、舜、誠信而喜象、周公、誠信而任管叔、此、天理人倫之至、其用心、一也、程子曰象憂亦憂象喜亦喜盖天理人情於是爲至舜之於象周公之於管叔其用心一也夫管叔未嘗有惡也使周公逆知其將畔果何心哉惟管叔之畔非周公所能知則其過有所不免矣故孟子曰周公之過不亦宜乎○問周公誅管叔自公義言之其心固正大直截自私恩言之其情終有不自滿處所以孟子謂周公之過不亦宜乎者以此朱子曰周公豈得已爲此哉莫到恁地較好胡氏云象得罪於舜故封之管蔡流言將危周公以間王室待罪於天下故誅之非周公誅之天下之所當誅周公豈得以私之哉舜處其常周公處其變此聖人所以同歸於道也○慶源輔氏曰周公不忍料兄之惡而使之故不免有過是以孟子亦言周公之過不亦宜乎不說周公無過也○雲峯胡氏曰詎忍逆探其兄之惡而棄之此一句最見得周公之用心舜之心誠信而喜象不忍逆以其弟爲詐舜爲兄之道盡矣周公之心誠信而任管叔不忍逆以其兄爲畔周公爲弟之道盡矣故曰此天理人倫之至人倫即是天理特分而言之天理其自然者人倫其當然者爾【備旨】陳賈遂見孟子而問曰古有周公果何如人也孟子曰古之聖人也陳賈又曰周公使管叔監殷管叔以殷畔也果有諸否乎孟子曰誠有此事也陳賈又曰周公果知其將畔而故使之監殷與孟子曰周公不知其將畔也賈遂詰之曰然則聖人爲聰明之盡者且有不智之過與孟子曰周公管叔之弟也管叔周公之兄也弟之愛兄宜無[illegible]至自不忍逆探其惡而誠信以任之然則周公

之過乃天理人情所不能免者其過也不亦宜乎殆與常人之不宜有過而過者異矣

且古之君子는過則改之니라今之君子는過則順之로다古之君子는其過也ㅣ如日月之食이라民皆見之ᄒᆞ고及其更也ᄒᆞ야는民皆仰之니라今之君子는豈徒順之리오又從而爲之辭ㅣ로다 (更平聲)

또녯君子ᄂᆞᆫ過ㅣ어든곧改ᄒᆞ더니이젯君子ᄂᆞᆫ過ㅣ어든곧順ᄒᆞᄂᆞ다녯君子ᄂᆞᆫ그過ㅣ日月의食홈ᄀᆞᆮᄐᆞᆫ디라民이다見ᄒᆞ고그更홈애미처ᄂᆞᆫ民이나仰ᄒᆞ더니이젯君子ᄂᆞᆫ엇디ᄒᆞᆫ갓順ᄒᆞᆯᄲᅮᆫ이리오또조차辭ᄅᆞᆯᄒᆞᄂᆞᆺ도다

●順、猶遂也、更、改也、辭、辯也、更之則無損於明故、民仰之、順而爲之辭、則其過、愈深矣、責賈、不能勉其君以遷善改過、而敎之以遂非文(去聲)過也、(新安陳氏曰孟子窺賈爲君文過之心於不言之表而責之)○林氏、曰齊王、慙於孟子、蓋羞惡(去聲)之心、有不能自已者、使其臣、有能因是心而將順之、則義不可勝(平聲)用矣、而陳賈鄙夫、方且爲(去聲)之曲爲辯說、而沮(在呂反)其遷善改過之心、長(上聲)其飾非拒諫之惡、故、孟子、深責之、然、此書記事、散出而無先後之次、故、其說、必參考而後通、若以第一篇十章(齊人伐燕勝之章)十一章、(齊人伐燕取之章)置之前章之後、此章之前、則孟子之意、不待論說而自明矣、(南軒張氏曰周公之於管叔親愛之而不知其將畔其過也宜矣賈爲君文過過之中又生過焉○汪氏曰己富貴而兄弟無位仁者不爲也兄弟惡未萌而以惡逆之智者弗爲也自陳賈觀之以周公爲仁智未之盡由君子觀之周公實仁且智者也不期以畔而卒至於畔不免於過乃所遭之不幸也及其反也不以私恩害公義誅之以安宗社天下是於過爲能改矣其不得已而行權也【備旨】且人之處過亦有古今之不同焉古之君子雖未嘗無過過則知而改之今之君子亦未嘗無過過則順而從之古之君子其過也爲天下所共知如日月之食無所掩覆民皆得而見之及其更而改也如日月之復無損於明民皆而仰之今之君子豈徒順其過而不之改哉又從曲爲之辭說以文其過則其過愈深矣自愛者固當以古人自處而愛人者亦不當以今人處人矣陳賈之言本欲借周公之過以解齊王之慙是乃爲君文過而不知其陷君於有過也故孟子正言以斥之

○孟子ㅣ致爲臣而歸ᄒᆞ실ᄉᆡ

孟子ㅣ臣되옴을致ᄒᆞ고歸ᄒᆞ실ᄉᆡ

●孟子、久於齊而道不行故、去也【備旨】昔孟子在齊爲行道計也乃久於齊而道不行故還爲客卿之臣位而歸

王이就見孟子曰前日에願見而不可得이라가得侍ᄒᆞ야는同朝ㅣ甚喜러니今又棄寡人而歸ᄒᆞ시니不識게이다可以繼此而得見乎ㅣ잇가對曰不敢請耳언뎡固所願也ㅣ니이다　朝音潮

王이孟子ᄭᅴ就ᄒᆞ야見ᄒᆞ야 ᄀᆞᆯᄋᆞ샤ᄃᆡ前日에見홈을願호ᄃᆡ可히得디몯ᄒᆞ얏다가侍홈을得ᄒᆞ야ᄂᆞᆫ同朝ㅣ甚히喜ᄒᆞ더니이제ᄯᅩ寡人을棄ᄒᆞ고歸ᄒᆞ시니아디몯게이다可히ᄡᅧ此로繼ᄒᆞ야시러곰見ᄒᆞ리잇가對ᄒᆞ야ᄀᆞᆯᄋᆞ샤ᄃᆡ敢히 請티몯홀ᄲᅮᆫ이언뎡진실로願ᄒᆞᄂᆞᆫ배니이다

新安陳氏曰謙言得侍賢者同朝者皆甚喜【備旨】王就館而見孟子曰前日夫子未至齊寡人思欲一見而不可得幸而夫子至齊寡人因得侍於夫子不惟寡人喜之而同朝諸臣皆甚喜也今又以寡人不足有爲棄之而歸雖夫子高尙之志已不可回而寡人願見之心自不容已不識夫子肯不終絕可以繼此之後而使寡人得見否乎孟子對曰繼見之期臣不敢請耳然見王固臣之所願也豈忍於一去而遂忘哉

他日에王이謂時子曰我欲中國而授孟子室ᄒᆞ고養弟子以萬鍾ᄒᆞ야使諸大夫國人으로皆有所矜式ᄒᆞ노니子ㅣ盍爲我言之리오 爲去聲

他日에王이時子ᄃᆞ려닐어ᄀᆞᆯᄋᆞ샤ᄃᆡ내國에中ᄒᆞ야孟子ᄅᆞᆯ室을授ᄒᆞ고弟子ᄅᆞᆯ養호ᄃᆡ萬鍾으로ᄡᅥᄒᆞ야모ᄃᆞᆫ대우와國人으로ᄒᆞ여곰다矜ᄒᆞ야式ᄒᆞᆯ빼잇게ᄒᆞ고쟈ᄒᆞ노니子ㅣ엇디나ᄅᆞᆯ爲ᄒᆞ야言티아니ᄒᆞ리오

●時子、齊臣也、中國、當國之中也、萬鍾、穀祿之數也、鍾、量名、受六斛四斗、矜、敬也、式、法也、盍、何不也、 趙氏曰四豆爲區區受斗六升四區爲釜釜受六斗四升十釜爲鍾鍾受六斛四斗 備旨 至他日齊王以孟子欲去而未決於去乃謂時子曰我欲當齊國之中而授孟子以居室之隆養其從游之弟子以萬鍾之祿使上而諸大夫下而國人皆師其有道之範而有所矜式孟子縱不爲寡人留獨不爲諸大夫國人留乎子盍爲我言於孟子而使勿去也

時子ㅣ因陳子而以告孟子ㅣ어ᄂᆞᆯ陳子ㅣ以時子之言으로告孟子ᄒᆞᆫᄃᆡ

時子ㅣ陳子ᄅᆞᆯ因ᄒᆞ야ᄡᅥ孟子ᄭᅴ告ᄒᆞ라ᄒᆞ야ᄂᆞᆯ陳子ㅣ時子의言으로ᄡᅥ孟子ᄭᅴ告ᄒᆞᆫ대

●陳子、即陳臻也、 備旨 時子奉王命而未敢以自達於是因陳子而以齊王之言告孟子蓋託以師弟之情也陳子但知傳君之命而不知其不可留遂以時子之言告孟子以達其願留之意焉

孟子ㅣ曰然ᄒᆞ다夫時子ㅣ惡知其不可也ㅣ리오如使予欲富ㄴ댄辭十萬而受萬이是爲欲富乎아 夫音扶 惡平聲

孟子ㅣ ᄀᆞᆯᄋᆞ샤ᄃᆡ 然ᄒᆞ다 時子ㅣ 엇디 그 可타 아니ᄒᆞᆫ 줄을 알리오 만일에 날로ᄒᆞ여곰 富코져 ᄒᆞᆯ띤댄 十萬을 辭ᄒᆞ고 萬을 受홈이 富코져 홈가

●孟子、既以道不行而去、則其義不可以復 扶又反 留、而時子、不知則又有難顯言者、故、但言設使我欲富、則我前日爲卿、嘗辭十萬之祿、今乃受此萬鍾之饋、是我雖欲富、亦不爲此也、况本非欲富乎○慶源輔氏曰齊王告時子是就人欲中計較孟子之意道合則從不合則去惡用是多端爲哉○註云孟子有難顯言者顯言之則訐揚齊王之失而有戾於我固所願之仁

備旨 孟子答之曰時子以王命留我斯言誠然矣夫時子惡知其當去而不可以復留也苟於是而復留焉則是予欲富矣如使予欲富則我前日爲卿嘗辭十萬之祿而今乃受此萬鍾之饋是爲欲富者竟如是乎况我本非欲富者也

季孫이 曰異哉라 子叔疑여 使己爲政호되 不用則亦已矣어늘 又使其子弟爲卿ᄒᆞ니 人亦孰不欲富貴리오마는 而獨於富貴之中에 有私龍斷焉이라ᄒᆞ니라 龍音壟

季孫이 ᄀᆞᆯ오ᄃᆡ 異ᄒᆞ다 子叔疑여 己로ᄒᆞ여곰 政을 호ᄃᆡ 用티 아닌則 ᄯᅩ ᄒᆞᆫ 말꺼시어늘 ᄯᅩ 그 子弟로ᄒᆞ여곰 卿을 ᄒᆞ니 人이 ᄯᅩ ᄒᆞᆫ 뉘 富貴코져 아니 ᄒᆞ리오마는 호올로 富貴人 中에 ᄉᆞᄉᆞ 龍斷을 둣다 ᄒᆞ니라

●此、孟子、引季孫之語也、季孫、子叔疑、不知何時人、龍斷、岡壟之斷而高也、義見 形甸反 下文、蓋子叔疑者、嘗不用而使其子弟爲卿、季孫、譏其既不得於此、而又欲

求得於彼、如下文、賤丈夫 登龍斷者之所爲也、孟子、引此、以明道既不行、復扶又反
受其祿、則無以異此矣、慶源輔氏曰擧季孫所譏子叔疑之事以見我不敢做此之意辭祿而受饋雖多寡之不同畢竟是既不得於此而又求得於彼也 備旨 昔季孫嘗譏子叔疑曰怪異哉子叔疑之爲人也使己得位爲政至不見用則亦已矣然又惟恐其富貴之失也又多方營求使其子弟繼己而爲卿夫人情亦孰不欲富貴而子叔疑獨於富貴之中不得於此而求得於彼有私據之龍斷焉不亦甚可異哉

古之爲市者ㅣ以其所有로易其所無者ㅣ어든有司者ㅣ治之耳니라有賤丈夫焉ᄒᆞ니必求龍斷而登之ᄒᆞ야以左右望而罔市利어늘人皆以爲賤故로從而征之ᄒᆞ니征商이自此賤丈夫始矣니라

녯市ᄒᆞᄂᆞᆫ者ㅣ그둔ᄂᆞᆫ바로ᄡᅥ그업슨바ᄅᆞᆯ易ᄒᆞ거든有司者ㅣ始홀ᄲᅮᆫ이러니賤ᄒᆞᆫ丈夫ㅣ이시니반ᄃᆞ시龍斷을求ᄒᆞ야登ᄒᆞ야ᄡᅥ左右로望ᄒᆞ야市利ᄅᆞᆯ罔ᄒᆞ거ᄂᆞᆯ人이다ᄡᅥ賤히너긴故로조차征ᄒᆞ니商을征홈이이賤ᄒᆞᆫ丈夫로브터始ᄒᆞ니라

●孟子、釋龍斷之說如此、治之、謂治其爭訟、左右望者、欲得此而又取彼也、罔、謂罔羅取之也、雙峰饒氏曰左右望是欲全得之萬一不得於此亦可得於彼不得於此是譬喩辭十萬得於彼是譬喩受萬 從而征之、謂人惡去聲其專利故、就征其稅、後世緣此、遂征商人也、慶源輔氏曰文王關譏不征是三代之初皆如此○新安陳氏曰孟子有引喩以終之而不復說上正意者此章之類是也 ○程子、曰齊王所以處上聲孟子者、未爲不可、孟子、亦非不肯爲國人矜式者、但齊王、實非欲尊孟子、乃欲以利誘之、故、孟子、拒而不受、新安陳氏曰齊王固不得待孟子之道尤爲不知孟子之心 備旨 吾嘗由季孫之譏求龍斷之

說而乃知若人之可賤也何也古之爲市者不過以其所有之物貿易其所無之物未始罔其利也故爲有司者之官惟平其物價以治其市之爭訟耳未始征其貨也有賤丈夫者出焉必求罔壟之斷而登之於上以左右顧望而欲得於此又取於彼盡罔羅市中之利肯致之於己焉人皆惡其專利鄙之以爲賤故從而征其貨以抑之後世遂緣此法以征商是征商之法自此賤丈夫爲之始矣龍斷之說如此季孫所以譏叔疑也今我旣辭十萬之祿復受萬鍾之養是亦子叔疑所爲安知天下不龍斷我耶此予之所以不可留也時子其知之否

孟子ㅣ去齊ᄒᆞ실ᄉᆡ 宿於晝ㅣ러시니 晝如字或曰當作畫音獲下同

孟子ㅣ齊를去ᄒᆞ실ᄉᆡ晝에宿ᄒᆞ더시니

● 晝、齊西南近邑也、[備旨]孟子以道不行而去齊然不忍遽去故遲留而宿於齊之晝邑其屬望之意至矣

有欲爲王留行者ㅣ坐而言이어ᄂᆞᆯ 不應ᄒᆞ시고 隱几而臥ᄒᆞ신대 爲去聲下同 隱於靳反

王을爲ᄒᆞ야行을留코쟈ᄒᆞᆫ者ㅣ이셔 坐ᄒᆞ야言ᄒᆞ거ᄂᆞᆯ應티아니ᄒᆞ시고几ᄅᆞᆯ隱ᄒᆞ고臥ᄒᆞ신대

● 隱、憑也、客、坐而言、孟子、不應而臥也、[備旨]時有自欲爲王留孟子之行者坐而言其所以留之之意夫不奉王命而爲之留行是名爲愛賢而適所以輕賢也故孟子不應隱几而臥示不欲聞其言而亦不欲接其人也

客이 不悅曰弟子ㅣ齊宿而後敢言이어ᄂᆞᆯ 夫子ㅣ臥而不聽ᄒᆞ시니 請勿復敢見矣로리이다 曰坐ᄒᆞ라 我ㅣ明語子호리라 昔者애 魯繆公이 無人乎子思之側則不能安子思ᄒᆞ고 泄柳申詳이 無人乎繆公之側則

不能安其身이러니라 齊側者反復扶又反語去聲

客이悅티아니ᄒᆞ야 ᄀᆞᆯ오ᄃᆡ 弟子ㅣ齊宿ᄒᆞᆫ後에 敢히言ᄒᆞ거ᄂᆞᆯ夫子ㅣ臥ᄒᆞ고聽티아니ᄒᆞ시니請컨댄다시敢히見티마로리이다 ᄀᆞᆯᄋᆞ샤ᄃᆡ坐ᄒᆞ라 내明히子ᄃᆞ려語호리라昔에魯繆公이子思의側에人을업시ᄒᆞᆫ則能히子思를安케몯ᄒᆞ고泄柳와申詳이繆公의側에人이업슨則能히그身을安티몯ᄒᆞ더니라

●齊宿、齊戒越宿也、繆音穆公、尊禮子思、常使人候伺、音笥道去聲達誠意於其側、乃能安而留之也、泄柳、魯人、申詳、子張之子也、繆公尊之、不如子思、然、二子、義不苟容、非有賢者、在其君之左右、維持調護之、則亦不能安其身矣、問泄柳申詳無人乎繆公之側則不能安其身二子之賢其心固如是乎朱子曰非謂二子之心倚君側之人也語其勢則然耳若二子之心如此則與世之垢面汙行而事君側便嬖之人者何以異乎○慶源輔氏曰繆公好賢之切惟恐有不當其意者常使人道達誠意乃能安而留之泄柳嘗閉門以避繆公不苟合可見申詳見禮記與泄柳並稱其賢可知繆公待子思恐子思不察己之誠也二子非有賢者調護之則又恐君不察己之誠也德若子思則自有此應若只及得二子則自處又當如此下此則苟容以徇君者也[illegible]留行之客乃不悅而言曰弟子以夫子不可苟留也必齊戒越宿而後敢言其誠敬如此冀夫子之聽之也今夫子乃臥而不聽自此以後請勿復敢來見矣孟子曰坐我明言以語子昔者魯繆公尊禮子思若無人伺候於子思之側而道達其誠意則子思必去不能安而留之矣泄柳申詳二子義不苟容若無人在乎繆公之側維持調護則公之禮意或衰二子必去不能安其身而留之也

子ㅣ爲長者慮而不及子思ᄒᆞ니**子ㅣ絕長者乎**아**長者ㅣ絕子乎**아

長上聲

子ㅣ長者를爲ᄒᆞ야慮호ᄃᆡ子思의게밋디몯ᄒᆞ니子ㅣ長者를絶ᄒᆞᄂᆞ냐長者ㅣ子를絶ᄒᆞᄂᆞ냐

●長者、孟子自稱也、言齊王、不使子來、而子、自欲爲_{去聲下以爲同} 王留我、是所以爲我謀者、不及繆公留子思之事、而先絶我也、我之臥而不應、豈爲先絶子乎、 慶源輔氏曰孟子之自處不在子思之下故意或人之爲我謀不及繆公留子思之事也盖有欲爲王留行者雖有愛賢之意而不知待賢者之禮故孟子告之如此○新安倪氏曰孟子之於齊齊王旣不能如繆公之待子思固無以安孟子矣次焉而齊之羣臣又無賢者爲之維持調護孟子亦豈能安其身哉孟子之德無愧子思齊王如繆公之待子思宜也故末又以不及子思爲言泄柳申詳之事姑引以言齊之無賢臣耳 備旨 夫留三子之禮雖不同而其意皆出於繆公也今齊王不使子來而子自欲爲王留我是子之所以爲長者慮而不及繆公留子思之事矣夫不以子思待我則子留我者適以拒我也豈非先絶長者乎則我之臥而不應者宜也豈爲長者先絶子乎子亦可以自反而不必有所不悅矣

○孟子ㅣ去齊ᄒᆞ실ᄉᆡ尹士ㅣ語人曰不識王之不可以爲湯武則是ㅣ不明也ㅣ오識其不可ㅣ오然且至則是ㅣ干澤也ㅣ니千里而見王ᄒᆞ야不遇故로去호ᄃᆡ三宿而後出晝ᄒᆞ니是何濡滯也오士則玆不悅ᄒᆞ노라

孟子ㅣ齊를去ᄒᆞ실ᄉᆡ 尹士ㅣ人ᄃᆞ려語ᄒᆞ야ᄀᆞᆯ오ᄃᆡ 王이可히ᄡᅥ湯武ㅣ되디몯ᄒᆞᆯ줄을아디몯ᄒᆞᆫ則이明티몯홈이오 그可티몯ᄒᆞᆫ줄알고그리호ᄃᆡ또至ᄒᆞᆫ則이 澤을干홈이니千里예王을見ᄒᆞ야 遇티몯ᄒᆞᆫ故로去호ᄃᆡ세번宿ᄒᆞᆫ後에晝에出ᄒᆞ니이엇디濡

滯ᄒᆞᄂᆞ뇨士ᄂᆞᆫ이예悅티아니ᄒᆞ노라

●尹士、齊人也、干、求也、澤、恩澤也、濡滯、遲留也、備旨孟子既去齊而遲遲其行有齊人尹士者述其去就之迹語於人曰去就乃士之大節甚不可苟也使孟子始焉不識齊王之不可爲湯武則是無擇君之智而失之不明也若識其不可以爲湯武然且至於齊則是有希寵之私而籍此以干求恩澤也向之不遠千里而見王則固果於來矣今不遇於王而故去亦宜速於去矣乃待三越宿而後出晝是何依違於進退之間而濡滯也士則因茲濡滯一節而有所不悅於心焉

高子ㅣ以告ᄒᆞᆫ대

高子ㅣ뻐告ᄒᆞᆫ대

●高子、亦齊人、孟子弟子也、備旨高子述尹士所譏之言以告孟子

曰夫尹士ㅣ惡知予哉리오千里而見王ᄋᆞᆫ是予所欲也ㅣ니不遇故로去ㅣ豈予所欲哉리오予不得已也ㅣ로라 夫音扶下同惡平聲

ᄀᆞᆯᄋᆞ샤ᄃᆡ尹士ㅣ엇디날ᄅᆞᆯ알리오千里에王을見홈은이내의欲ᄒᆞ논배니遇티몯ᄒᆞᆫ故로去홈이엇디내의欲ᄒᆞ논배리오내시러곰마디몯ᄒᆞ노라

●見王、欲以行道也、今道不行、故、不得已而去、非本欲如此也、備旨孟子曰尹士惡知予之心哉予之千里而見王非敢逆料王之不足爲湯武而徒爲干澤計也意者得行其道而佐王爲湯武之業是予所欲也今以道之不行而不遇故去豈予本心之所欲哉特以義所當去予固有大不得已者存也此予所以三宿而出晝耳

予ㅣ三宿而出晝호ᄃᆡ於予心애猶以爲速ᄒᆞ노니王庶幾改之니王如

改諸시면則必反予ㅣ시리라

내세번宿ᄒᆞ고晝에出호ᄃᆡ내心애오히려뻐速히너기노니王이거의改ᄒᆞ시리니王
이만일에改ᄒᆞ시면곧반ᄃᆞ시나ᄅᆞᆯ反ᄒᆞ시리라

●所改、必指一事而言、然、今不可考矣、[備旨]予三宿而出晝在尹士固以爲濡滯矣於予心視之則猶以爲速蓋人孰無過過則必改我之於王亦庶幾望其能改過也王如能知其失而改諸則必追之於晝而反予也吾道豈終不行乎故予猶以爲速也

夫出晝而王不予追也ᄒᆞ실서予然後浩然有歸志ᄒᆞ니予雖然이나豈舍王哉리오王由足用爲善ᄒᆞ시리니王如用予ㅣ시면則豈徒齊民安이리오天下之民이擧安ᄒᆞ리니王庶幾改之ᄅᆞᆯ予日望之ᄒᆞ노라

晝애出호ᄃᆡ王이나ᄅᆞᆯ追티아니ᄒᆞ실써내그런後에浩然히歸志ᄅᆞᆯ두니내비록그러
나엇디王을舍ᄒᆞ리오王이오히려足히뻐善을ᄒᆞ시리니王이만일에나ᄅᆞᆯ用ᄒᆞ시면
곧엇디ᄒᆞᆫ갓齊民이安ᄒᆞᆯᄲᅮᆫ이리오天下앳民이다安ᄒᆞ리니王이거의改ᄒᆞ샴을내日
로望ᄒᆞ노라

●浩然、如水之流、不可止也、楊氏、曰齊王、天資朴實、如好勇好貨好色好世俗之樂、皆以直告、而不隱於孟子、故、足以爲善、若乃其心不然、而謬爲大言以欺人、是人、終不可與入堯舜之道矣、何善之能爲、[備旨]夫旣出晝而王猶不予追也則知王之果不反予矣予然後浩然長往而有歸志焉但予之歸志雖然己決而其心

豈忍舍王哉盖王之天資樸實由足用之以濟世安民而爲善也使王如有志於爲善而用予以輔之則豈徒齊民賴以安即天下之民亦擧安而與湯武之業不殊矣此所以歸志雖決猶謂王庶幾能改己往之失而予猶日望王之能反予也是予身出晝之後而其心即千里見王之心也其不得已如此又何嫌於濡滯耶

予豈若是小丈夫然哉리오諫於其君而不受則怒ᄒᆞ야悻悻然見於其面ᄒᆞ야去則窮日之力而後에宿哉리오 (悻形頂反 見音現)

내엇디이小丈夫ᄀᆞᆮᄐᆞᆫ디라 그君의게諫ᄒᆞ야受티아니ᄒᆞᆫ則怒ᄒᆞ야悻悻히그面에見ᄒᆞ야去ᄒᆞᆫ則日의力을窮ᄒᆞᆫ後에宿ᄒᆞ리오

●悻悻、怒意也、窮、盡也、 (備旨)夫予之民生在念而故主情深豈若是小大夫然哉諫於其君而君或不受則心懷忿怒悻悻然見於顏面而且恝然一去必窮盡一日馳驅之力而後止宿全無愛君憂民之念者哉然則濡滯之名我寧受之而已尹士惡知之乎

尹士ㅣ聞之曰士ᄂᆞᆫ誠小人也ㅣ로다

尹士ㅣ聞ᄒᆞ고ᄀᆞᆯ오ᄃᆡ士ᄂᆞᆫ단실로小人이로다

●此章、見聖賢行道濟時、汲汲之本心、愛君澤民、惓惓(音權)之餘意、 (慶源輔氏曰集註本心謂其初本欲如此也餘意則後來不得己之意耳詳玩此兩句便可見聖賢之心千里見王王如用予豈特齊民安天下之民擧安此其行道濟時汲汲之本心三宿出晝王庶幾改之予日望之此其愛君澤民惓々之餘意) 李氏、曰於此、見君子憂則違之之情、而荷(何可反)蕢者、所以爲果也、 (易乾卦文言樂則行之憂則違之○朱子曰孟子與荷蕢皆是憂則違之但荷蕢者果於去不若孟子之遲遲吾行盖得時行道者聖人之本心不遇而去者聖人之不得己此與孔子去魯之心同盖聖賢憂世濟時之誠心非若荷蕢之果於去也○南軒張氏曰齊王資雖鈍而不敏然異夫飾非矯情以自欺欺人

者故孟子有望焉以爲王如用予天下擧安蓋其安天下之道已素定於胷中而其本則在於格君心故拳拳望王之改之也若夫諫而不用去則窮日而後宿者是私意所發其諫也固無誠意之感其去也又無忠厚之氣眞小丈夫哉○雙峯饒氏曰方其來也只望齊王能行其道及其去也又望王能改過此聖賢仁厚之意蓋決然去者義也欲去不去者仁也李氏所以說憂則違之之情憂只是不樂違去也當看情字○雲峰胡氏曰孟子憂則違之若與荷蕢同而其憂則違之之情與荷蕢之恝然忘情者大不同也○新安陳氏曰孟子所歷如滕文雖慕道然國微弱道必難行其次如魯沮於臧倉又必不行大國齊梁也梁惠不足與有行襄尤劣矣庶幾焉者其齊宣乎齊有易以安天下之勢孟子又有安天下之道王天資誠朴若可與有行者所以拳拳望之有不能自已焉於此終不遇合則孟子之道知其不行矣【備旨】尹士聞之自悟其失曰士果小人也但知去就之際不可不明焉知君子惓惓不釋用心一至此哉

○孟子ㅣ去齊ᄒᆞ실서充虞ㅣ路問曰夫子ㅣ若有不豫色然ᄒᆞ시이다前日에虞ㅣ聞諸夫子ᄒᆞ니曰君子ᄂᆞᆫ不怨天ᄒᆞ며不尤人이라ᄒᆞ이다

孟子ㅣ齊를去ᄒᆞ실ᄊᆡ 充虞ㅣ路에묻ᄌᆞ와ᄀᆞᆯ오ᄃᆡ 夫子ㅣ豫티아니ᄒᆞᆫ色이겨신ᄃᆞᆺᄒᆞ이다前日에虞ㅣ夫子ᄭᅴ듣ᄌᆞ오니ᄀᆞᆯᄋᆞ샤ᄃᆡ君子ᄂᆞᆫ天을怨티아니ᄒᆞ며人을尤티아니ᄒᆞᆫ다ᄒᆞ오이다

●路問、於路中問也、豫、悅也、尤、過也、此二句、實孔子之言、蓋孟子、嘗稱之以敎人耳、

【備旨】孟子去齊蓋不能無憂違之情者充虞路中問曰夫子出晝以來若有不豫悅之色者然豈以吾道之窮而慨於中耶前日虞嘗聞諸夫子曰君子不得於天而不怨天不合於人而不尤人即前日之言觀之夫子宜俯仰自適即有不得不合而無不豫也今夫子何爲而有不豫之色哉

曰彼一時며此一時也ㅣ니라

ᄀᆞᆯᄋᆞ샤ᄃᆡ뎌一時며이一時니라

●彼、前日、此、今日、新安陳氏曰前日言不怨尤之時與今日所遇之時不同【備旨】孟子答之曰彼前日不怨尤之言固一修身講學時也此今日所遭之會又一斯道將廢時也天雖不敢怨而安得不悲乎天命人雖不敢尤而安得不憫乎人窮此予之未免有不豫也子安得執前日之言以律吾今日所處耶

五百年에必有王者ㅣ興ᄒᆞᄂᆞ니其間에必有名世者ㅣ니라

五百年에반ᄃᆞ시王者ㅣ興ᄒᆞ리인ᄂᆞ니그間에반ᄃᆞ시世예名ᄒᆞᄂᆞᆫ者ㅣ인ᄂᆞ니라

●自堯舜至湯、自湯至文武、皆五百餘年而聖人、出、名世、謂其人德業聞去聲望、可名於一世者、爲之輔佐、若皐陶、稷契、私列反伊尹、萊朱、太公望、散素亶反宜生之屬、【備旨】且子亦知此一時之不能無不豫乎古聖王之作遲速久遠不能一致大約五百年則氣運復還貞元會合必有王者受命而興然王者不能獨治其間必有德業聞望可名於一世者以爲王者之佐盖明良相遇率有常期自古然矣

由周而來로七百有餘歲矣니以其數則過矣오以其時考之則可矣니라

周로브터옴오로七百이오ᄯᅩ餘歲니그數로ᄡᅥᆫ則過ᄒᆞ고그時로ᄡᅥ考ᄒᆞᆫ則可ᄒᆞ니라

●周、謂文武之間、數、謂五百年之期、時、謂亂極思治去聲可以有爲之日、於是而不得一有所爲、此孟子所以不能無不豫也、【備旨】而何今之不然也由周文武而來王者不作七百有餘歲矣以其五百年數計之則已過其數矣以其當今之時考之則亂極思治正可以有爲之日矣於此而不得有爲以立名世之業此吾所以不能無不豫也

夫天이未欲平治天下也ㅣ시니如欲平治天下ㅣ댄當今之世ᄒᆞ야舍

我ㅣ오 其誰也ㅣ리오 吾何爲不豫哉리오 夫音扶 舍上聲

天이 天下를 平治코쟈 티 아니ᄒᆞ시니 만일에 天下를 平治코쟈 ᄒᆞᆯ딘댄 이젯 世를 當ᄒᆞ야 나를 舍ᄒᆞ고 그 뉘리오 내 엇디 豫티 아니ᄒᆞ리오

●言當此之時、而使我不遇於齊、是、天未欲平治天下也、然、天意、未可知而其具、又在我、我何爲不豫哉、新安陳氏曰天意或欲平治天下亦未可知其具謂能平治天下之道也 然則孟子、雖若有不豫然者、而實未嘗不豫也、蓋聖人憂世之志、樂音洛天之誠、有並行而不悖者、於此見矣、朱子曰或問文中子曰聖人有憂乎曰天下皆憂吾獨得不憂又曰樂天知命吾何憂若孟子不忘天下之憂而亦不害其樂天知命之樂其庶幾乎○慶源輔氏曰不能無不豫憂世之志也實未嘗不豫樂天之誠也憂樂自常情觀之則相反自聖賢言之則並行而不悖也○自五百年至則可矣觀之則孟子不能無不豫然也自夫天未欲平治以下觀之則孟子實未嘗不豫也○雙峰饒氏曰孟子到此亦未如之何所以只得歸之天 備旨 夫當此數過時可之時而使我不遇於齊是天之未欲平治天下也如天意一轉而欲平治天下則當今之世懷名世之具者舍我其誰屬也夫天意未可知則治平固有日而其具又在我則大行必有時吾惟聽命於天而安意以待之耳吾雖外若不豫而實則何不豫之有哉

○孟子ㅣ 去齊居休ㅣ러시니 公孫丑ㅣ 問曰仕而不受祿이 古之道乎ㅣ잇가

孟子ㅣ 齊를 去ᄒᆞ시고 休에 居ᄒᆞ얏더시니 公孫丑ㅣ 묻ᄌᆞ와 ᄀᆞᆯ오ᄃᆡ 仕ᄒᆞ고 祿을 受티 아니홈이 녯 道ㅣ잇가

●休、地名、 備旨 孟子雖爲齊卿未嘗受祿以明其志在行道不爲利祿計也及孟子去齊居休公孫丑從而問曰居人之位則當食人之祿今夫子既仕於齊而又不受其祿豈古之道固有然乎

曰非也ㅣ라 於崇에 吾ㅣ 得見王ᄒᆞ고 退而有去志호니 不欲變故로 不受也호라

ᄀᆞᆯᄋᆞ샤ᄃᆡ 아니라 崇에 내 시러곰 王을 見ᄒᆞ고 退ᄒᆞ야 去ᄒᆞᆯ 志를 두니 變코자 티 아니ᄒᆞᆫ 故로 受티 아니호라

●崇、亦地名、孟子、始見齊王、必有所不合、(新安陳氏曰道不行於齊其幾已先見乎此) 故、有去志、變、謂變其去志、【備旨】孟子以其志告之曰先王制祿所以養士之廉仕不受祿非古之道也吾之所以不受祿者蓋有故焉思昔於崇之地吾始得見王已知其不能用我也退而即有去志矣惟不欲變其去志故不受其祿也不然去志已決而復受其祿不將苟祿乎

繼而有師命이라 不可以請이언뎡 久於齊ᄂᆞᆫ 非我志也ㅣ니라

繼ᄒᆞ야 師命이 인ᄂᆞᆫ디라 可히 뻐 請티 몯ᄒᆞᆯ 뿐이언뎡 齊예 久홈은 내 志ㅣ 안이니라

●師命、師旅之命也、國既被兵、難請去也、(新安陳氏曰恐只是因師旅之事而戒嚴耳) ○孔氏、曰仕而受祿、禮也、不受齊祿、義也、義之所在、禮有時而變、公孫丑、欲以一端裁之、不亦誤乎、(南軒張氏曰孟子之去齊三宿出晝猶以爲速而謂初見已有去志久於齊非我志何也蓋孟子雖庶幾齊王之可與有爲而可去之幾未嘗不先覺也初見察王之情必有不能受者又以其質亦有可取故不受其祿姑留以觀其感悟與否也初志雖欲去而猶有望焉豈徒爲苟留也哉此篇載孟子於齊始終去就久速之義甚備學者所宜深究也○慶源輔氏曰禮則有常義則有權如君命召不俟駕禮也有不召之臣便是義孔氏謂仕而受祿禮也不受齊祿義也說得自好○雙峰饒氏曰有見行可之仕有際可之仕有公養之仕孟子當時見王於崇便有不合處難於委質爲臣所以止爲際可之仕見行可者見這道理漸可行也孟子自崇既退之後未見其道之可行所以終於不受齊祿○新安陳氏曰不受卿祿

此孟子最高處其超然不屈進退餘裕本全在此一受其祿則爲祿所縻是爲祿而仕耳十萬之祿脫屣而去齊王猶欲以萬鍾縻之豈知孟子者吾意戰國之世高節如許惟孟子一人而已庶幾焉者其魯仲連乎【備旨】然不速於去者何也蓋吾見王之後齊繼而有師旅之命夫國既被兵上下戒嚴於情於理俱不可以請去是久於齊者迫於不得已非我之初志然也夫見王之初而去志已決在齊之久而去志不變我之不受齊祿者此耳豈可以古道例之哉

原本備旨孟子集註卷之四終

原本備旨孟子集註卷之五

滕文公章句上

凡五章

滕文公이爲世子애將之楚홀시過宋而見孟子호신대

滕文公이世子ㅣ되여실제장ᄎᆞᆺ楚애갈써宋애過ᄒᆞ다가孟子를보신대

●世子、太子也、[備旨]昔滕文公未即位而爲世子之時承君父之命將往之楚聞孟子在宋先過宋而見孟子其急於見賢如此可徵其天性之善而入聖有基矣

孟子ㅣ道性善ᄒᆞ샤디言必稱堯舜이러시다

孟子ㅣ性의善홈을道ᄒᆞ샤디말마다반ᄃᆞ시堯舜을稱ᄒᆞ더시다

●道、言也、性者、人所稟於天以生之理也、渾(上聲)然至善、未嘗有惡、人與堯舜、初無少異、但衆人、汨(音骨)於私欲而失之、堯舜則無私欲之蔽、而能充其性爾、(新安陳氏曰四端章雖言性情之理而性字未說出性字始見於此而詳見告子盡心篇充其性即擴而充之之充)故、孟子、與世子言、每道性善、而必稱堯舜以實之、欲其知仁義、不假外求、聖人、可學而至、而不懈(居隘反)於用力也、(新安陳氏曰集註已包後面成覸等三說之意)門人、不能悉記其辭、而撮其大旨如此、(慶源輔氏曰朱子既斷孟子之書以爲孟子自著則似此處皆當改此是後來不曾改得)程子、曰性、即理也、天下之理、原其所自、未有不善、喜怒哀樂(音洛)未發、何嘗不善、發而中節、即

無往而不善、發不中節然後、爲不善、故、凡言善惡、皆先善而後惡、言吉凶、皆先吉而後凶、言是非、皆先是而後非、

問孔子言性與天道不可得而聞孟子乃開口便說性善是如何朱子曰孟子也只是大槩說性善至於性之所以善處也少說須是如說一陰一陽之謂道繼之者善也成之者性也方是說性與天道耳○易言繼善是指未生之前孟子言性善是指已生之後雖曰已生然其本體初不相離也○孟子見滕文公便道性善他欲人先知得一箇本原則爲善必力去惡必勇○伊川謂性即理也一句直自孔子後惟伊川說得盡這一句便是千萬世說性之根基理是箇公共底物事不解會不善人做不是自是失了性却不是壞了著修又曰未發之前氣不用事所以有善而無惡○性善者以理言之稱堯舜者質其事以實之所以互相發也其意蓋曰知性善則知堯舜之必可爲矣知堯舜之可爲則其於性善也信之益篤而守之益固矣○問性善之性與堯舜性之之性如何曰性善之性實性之之性虛性之只是合下稟得自下便將來受用○性善故人皆可爲堯舜必稱堯舜所以驗性善之實○問人未能便至於堯舜而孟子言必稱之何也曰道性善與稱堯舜二句正相表裏蓋人之不至於堯舜者是他力量不至固無可奈何然人須當以堯舜爲法人到得堯舜地位方做得一箇人無所欠闕然也只是本分事這便是止於至善○問孟子道性善看來孟子言赤子將入井有怵惕惻隱之心此只就情上見如言孩提之童無不愛其親亦只是就情上說曰未發時怵惕惻隱與孩提愛親之心皆在裏面了少間發出來即是未發底物事靜也只是這物事動也只是這物事如孟子所說正要人於發動處見得是這物事即是靜時所養底物事靜時若存守得這物事則日用流行即是這物事而今學者且要識得動靜只是一箇物事○問孟子道性善蓋得性無有不善也明道乃以爲善固性也然惡亦不可不謂之性其義如何潛室陳氏曰纔識氣質之性即善惡方各有著落不然則惡從何處生以孟子說未備故程門發此義孟子專說義理之性則惡無所歸是論性不論氣孟子之說爲未備專說氣稟則善爲無別是論氣不論性諸子之論所以不明夫本也程子兼氣質論性○雲峯胡氏曰孔子亦嘗說性善曰繼之者善成之者性但善字從造化發育處說不從人生稟受處說子思曰天命之謂性率性之謂道正是從源頭說性之本善但不露出一善字性善之論自孟子始發之集註釋性者人稟於天以生之理也此一句便關倒告子所謂生之謂性蓋生不是性生之理是性天地間豈有不好底道理故曰渾然至善未嘗有惡古今只是一箇道理故曰人與堯舜初無少異孟子道理善言其理也稱堯舜以實之言其事也天下無理外之事能爲堯舜所爲之事便是不失吾所得以生之理然而人不能皆堯舜者氣質之拘物欲之蔽也集註言物欲不言氣質蓋以孟子不曾說到氣質之性故但據孟子之意言之程子曰性善二字孟子擴前聖之所未發而有功於聖門愚亦敢曰性即理也一句程子擴前聖所未發而有功於孟子○新安陳氏曰性善是虛說其理稱堯舜是

指能盡性之人以實其說如朱子著小學書列立敎明倫於前盡是說其理列實立敎實明倫於後並是實有是人實有是事之實前面之說此之謂實之何以驗人性以善哉觀堯舜能盡其性而爲大聖人則可以知同有是性者之皆可以爲聖人而不懈於學聖人矣所以言性善而必稱堯舜以實之歟【備旨】孟子與世子言稱道人之性本善又恐其無徵而言必稱堯舜以實之所以互相發明也

世子ㅣ自楚反ᄒᆞ야復見孟子ᄒᆞ신대孟子ㅣ曰世子ᄂᆞᆫ疑吾言乎ㅣ잇가夫道ᄂᆞᆫ一而已矣니이다 復扶又反夫音扶

世子ㅣ楚로브터 反ᄒᆞ야 다시 孟子를 보신대 孟子ㅣ ᄀᆞᆯᄋᆞ샤ᄃᆡ 世子ᄂᆞᆫ 내 말을 의심ᄒᆞ시ᄂᆞ니잇가 道ᄂᆞᆫ ᄒᆞᆫ나힐 ᄯᆞᄅᆞᆷ이니이다

● 時人、不知性之本善、而以聖賢、爲不可企及、故、世子、於孟子之言、不能無疑、而復來求見、蓋恐別有、卑近易去聲行之說也、孟子、知之、故、但告之如此、以明古今聖愚、本同一性、前言已盡、無復扶又反下同有他說也、朱子曰當戰國之時聖學不明天下之人但知功利之可求而不知己性之本善聖賢之可學聞是說者非惟不信往往亦不復致疑於其間若文公則雖未能盡信而已能有所疑矣是其可與進道之萌芽也故孟子於其去而復來迎而謂之曰世子疑吾言乎而又告之曰夫道一而已矣蓋古今聖愚同此一性則天下固不容有二道但在篤信力行則天下之理雖有至難猶必可至況善乃人之所本有而爲之不難乎○雲峯胡氏曰按饒氏謂道一而已矣與性一而已矣不同性以所稟言之道以所由言之集註此處說得性字稍重愚謂集註不曰同一道而曰同一性者蓋推本而言欲自上文性善說來性之外也無所謂道同此性即同此道又何疑焉【備旨】然世子於孟子之言不能無疑乃自楚反復見孟子蓋恐別有卑近易行之說也孟子知之故但告之曰世子疑吾性善堯舜之言乎吾言本無可疑也蓋吾所言之性即道也夫道一而已矣不以古今而或殊不以聖愚而或異道旣一則說亦無容有二世子復何疑乎

成覸이謂齊景公曰彼丈夫也ㅣ며我丈夫也ㅣ니吾何畏彼哉리오ᄒᆞ며

顏淵이曰舜何人也ㅣ며予何人也오有爲者ㅣ亦若是ㅣ라ᄒᆞ며公明儀ㅣ曰文王은我師也ㅣ라ᄒᆞ시니周公이豈欺我哉시리오ᄒᆞ니이다　覵古莧反

成覵이齊景公ᄭᅴ닐어ᄀᆞᆯ오ᄃᆡ뎌도丈夫ㅣ며나도丈夫ㅣ니내엇디뎌를畏ᄒᆞ리오ᄒᆞ며顏淵이ᄀᆞᆯ오ᄃᆡ舜은엇던人이며나ᄂᆞᆫ엇던人고ᄒᆞ욤을둔ᄂᆞᆫ者ㅣ또이ᄀᆞᆮ다ᄒᆞ며公明儀ㅣᄀᆞᆯ오ᄃᆡ文王은내師ㅣ라ᄒᆞ시니周公이엇디나를欺ᄒᆞ시리오ᄒᆞ니이다

(註)成覵、人姓名、彼、謂聖賢也、有爲者、亦若是、言人能有爲則皆如舜也、公明、姓、儀、名、魯賢人也、文王我師也、蓋周公之言、公明儀、亦以文王、爲必可師、故、誦周公之言而歎其不我欺也、孟子、旣告世子以道無二致、而復引此三言以明之、欲世子、篤信力行、以師聖賢、不當復求他說也、朱子曰孟子引三段說話敎人如此發憤勇猛向前日用之間不得存留一毫人欲之私在這裏此外更無別法若如此有箇奮迅興起處方有田地可下工夫不然則是畫脂鏤冰無眞實得力處○雲峯胡氏曰性之本善堯舜無異於人行之不力人自異於堯舜【備旨】然所爲道一者非吾一人之私言也昔成覵謂齊景公曰彼聖賢固丈夫也我亦丈夫也彼與我同一性吾何歉而畏彼哉是成覵有見於道之一也顏淵曰舜何如人也予何如人也舜與我同一性能奮發有爲者則亦若舜矣是顏淵有見於道之一也公明儀曰文王我師也周公嘗有是言矣自我觀之文王與我同一性是文王信我師也周公豈欺我哉是公明儀有見於道之一也觀三子之言而又何疑於吾言哉

今滕을絕長補短이면將五十里也ㅣ나猶可以爲善國이니書에曰若藥이不瞑眩이면厥疾이不瘳ㅣ라ᄒᆞ니이다　瞑莫甸反 眩音縣

今에滕을長을絕ᄒᆞ야短을補ᄒᆞ면장ᄎᆞᆺ五十里나오히려可히ᄡᅥ善ᄒᆞᆫ國이되리니

書에ᄀᆞᆯ오ᄃᆡ藥이瞑眩티아니ᄒᆞ면그疾이瘳티몯ᄒᆞᆷ이ᄅᆞ다ᄒᆞ니이다

●絶、猶截也、書、商書說(音悅)命篇、瞑眩、憒(古對反)亂、言滕國雖小、猶足爲治、(去聲)但恐安於卑近、不能自克、則不足以去(上聲)惡而爲善也 朱子曰滕小不過如今一鄕孟子只說可爲善國終不成以告齊梁之君者告之○人要爲聖賢須是猛起如服瞑眩之藥以除深痼之疾直是不可悠悠○蔡氏曰方言云飮藥而毒海岱之間謂之瞑眩○勉齋黃氏曰歷引三人之言所以釋滕文之疑終以藥瞑眩所以厲其志○雙峰饒氏曰前面文公再去見孟子時是疑其資禀凡下不可以爲堯舜故孟子以成覸以下三說答之末後孟子恐文公又自疑其土地狹小故以瞑眩之說告之文公後來也能問喪禮問經界亦足見其有爲處 ○愚、按孟子之言性善、始見(形甸反)於此、而詳具於告子之篇、然、默(如字)識而旁通之則七篇之中、無非此理、其所以擴前聖之未發、而有功於聖人之門、程子之言、信矣 西山眞氏曰七篇之中無非此理者如言仁義言四端蓋其大者至於因齊王之愛牛而勸之以行王政亦因其性善而引之當道也以此推之他可識矣○新安陳氏曰林氏於下章言喪禮處謂可驗人性之善亦當以此意類推之(補旨)然欲師聖賢惟患志之不奮而勢之强弱非所論也今全滕之地截長補短將有五十里也國雖云小若推吾性之善以行堯舜之善政猶可以爲善國但須猛勇振奮克去因循之弊而後可故商書說命之言曰若藥不瞑眩則厥疾不瘳知疾以瞑眩之藥而去則知治以自克之勇而成矣世子其勉乎哉

○滕定公이薨커ᄂᆞᆯ世子ㅣ謂然友曰昔者애孟子ㅣ嘗與我言於宋이어시ᄂᆞᆯ於心終不忘이라니今也不幸ᄒᆞ야至於大故ᄒᆞ니吾欲使子로問於孟子然後에行事ᄒᆞ노라

滕定公이薨커ᄂᆞᆯ世子ㅣ然友ᄃᆞ려닐어ᄀᆞᆯ오샤ᄃᆡ昔에孟子ㅣ일즉날로더브러宋에言ᄒᆞ야시ᄂᆞᆯ마ᄋᆞᆷ에ᄆᆞᄎᆞᆷ내닛디몯ᄒᆞ얏다니이제幸티몯ᄒᆞ야大故에닐으니내子로

ᄒᆞ여곰孟子ᄭᅴ 묻ᄌᆞ온後에事ᄅᆞᆯ行코쟈ᄒᆞ노라

●定公、文公父也、然友、世子之傅也、大故、大喪也、事、謂喪禮、備旨昔滕文公之父定公薨其世子文公欲行喪禮謂其傅然友曰昔者孟子嘗與我言性善堯舜於宋吾猶識之於心終不能忘今也不幸至於當先人大故則喪禮之行在孟子必有定論吾欲使子問於孟子以人子居喪當何如乃爲順人性而不違乎道也必得其言而後行喪禮之事焉

然友ㅣ之鄒ᄒᆞ야問於孟子ᄒᆞᆫ대孟子ㅣ曰不亦善乎아親喪은固所自盡也ㅣ니曾子ㅣ曰生事之以禮ᄒᆞ며死葬之以禮ᄒᆞ며祭之以禮면可謂孝矣라ᄒᆞ시니諸侯之禮ᄂᆞᆫ吾未之學也ㅣ어니와雖然이나吾ㅣ嘗聞之矣로니三年之喪애齊疏之服과飦粥之食은自天子達於庶人ᄒᆞ야三代ㅣ共之ᄒᆞ니라 齊音資疏所居反飦諸延反

然友ㅣ鄒에가孟子ᄭᅴ 묻ᄌᆞ온대 孟子ㅣᄀᆞᆯᄋᆞ샤ᄃᆡ 또ᄒᆞᆫ善티아니 ᄒᆞ냐親의喪은진실로ᄉᆞᄉᆞ로盡ᄒᆞᆯ빼니 曾子ㅣᄀᆞᆯᄋᆞ샤ᄃᆡ生을事호ᄃᆡ禮로ᄡᅥᄒᆞ며死ᄅᆞᆯ葬호ᄃᆡ禮로ᄡᅥᄒᆞ며祭호ᄃᆡ禮로ᄡᅥᄒᆞ면可히孝ㅣ라니ᄅᆞᆯ꺼시라ᄒᆞ시니 諸侯의禮ᄂᆞᆫ내學디몯ᄒᆞ얏거니와비록그러나내일즉드런노니三年ㅅ喪애齊疏ㅅ服과 飦粥ㅅ食은天子로브터庶人에達ᄒᆞ야三代ㅣ共ᄒᆞ니라

●當時諸侯、莫能行古喪禮、而文公、獨能以此爲問、故、孟子、善之、又言父母之

喪、固人子之心所自盡者、蓋悲哀之情、痛疾之意、非自外至、宜乎文公於此、有所不能自已也、但所引曾子之言、本孔子、告樊遲者、豈曾子、嘗誦之、以告其門人歟、三年之喪者、子生三年然後、免於父母之懷、故、父母之喪、必以三年也、齊、衣下縫音逢也、不緝七入反曰斬衰、音催下同緝之曰齊衰、疏、麤也、麤布也、飦、糜也、喪禮、三日始食粥、既葬、乃疏食、音嗣○記喪大記君之喪子大夫公子衆士皆三日不食子大夫公子食粥士疏食水飲夫人世婦諸妻皆疏食水飲大夫之喪主人室老子姓皆食粥衆士疏食水飲室老其貴臣也衆士謂衆臣妻妾疏食水飲士亦如之既葬主人疏食水飲不食菜果婦人亦如之君大夫士一也練而食菜果祥而食肉 此、古今貴賤通行之禮也、朱子曰孟子說制度皆舉其綱而已如田之十一喪之自天子達之類○孟子答滕文公喪禮不說到細碎上只說齊疏之服飦粥之食自天子達於庶人這二項便是大原大本自盡其心喪禮之大本也三年齊疏飦粥喪禮之大經也孟子生戰國不得見先王全經矣然其學得孔氏之正傳而於文武之道識其大者故其考論制度雖若疏闊而於大本大經之際則有不可得而亂者以是爲主而酌乎人情世變以文之則禮雖先王未之有亦可以義起矣後世議禮者不明乎此故常以其度數節文之小不備而不敢爲卒以就乎大不備而後已此劉向所以深歎之也然無孟子之學而強爲之如叔孫通曹褒之流是又不免乎私意之鑿而已矣○趙氏曰自天子達於庶人是無貴賤之別三代共之是無古今之異【備旨】於是然友之鄒問孟子孟子曰當喪禮既壞之後而獨能以此爲問是以先王爲必可師古禮爲必可復不亦善乎然父母之喪固人子之心所自盡而無待於勉強者宜乎世子於此有所不能自已也然盡其心者在盡其禮曾子嘗有言曰人子於父母之生也事之以禮其死也葬之以禮祭之以禮始終一於禮而不苟可謂孝矣此曾子泛論人子當盡之禮如此若夫世子則諸侯也諸侯之喪禮典章殘缺其詳悉吾未之學也雖然禮之大經一定不易者吾嘗聞之矣彼人子爲父母必三年之喪以報其懷抱之恩其所服者齊疏之服所食者飦粥之食斯禮也上自天子下達庶人皆通行之無貴賤一也殷因於夏周因於殷三代共之無古今一也吾所聞大畧如此世子欲盡其心亦惟遵行此禮而已

然友ㅣ反命하야 定爲三年之喪한대 父兄百官이 皆不欲曰吾宗國魯先君도 莫之行하시고 吾先君도 亦莫之行也하시니 至於子之身而

反之ㅣ不可ᄒᆞ이다 且志예 曰喪祭ᄂᆞᆫ 從先祖ㅣ라ᄒᆞ니 曰吾有所受之也ㅣ니이다

然友ㅣ命을反ᄒᆞ야三年人喪을定ᄒᆞ야ᄒᆞᆫ대父兄과百官이다欲디아니ᄒᆞ야ᄀᆞᆯ오ᄃᆡ우리宗國人魯先君도行티아니ᄒᆞ시고우리先君도ᄯᅩᄒᆞᆫ行티아니ᄒᆞ시니子의身애니르러反ᄒᆞ욤이可티아니ᄒᆞ이다ᄯᅩ志예ᄀᆞᆯ오ᄃᆡ喪祭ᄂᆞᆫ先祖ᄅᆞᆯ從ᄒᆞᆫ다ᄒᆞ니ᄀᆞᆯ오ᄃᆡ우리受ᄒᆞᆫ배이심이니이다

●父兄、同姓老臣也、滕與魯、俱文王之後、而魯祖周公、爲長、上聲兄弟宗之故、滕、謂魯爲宗國也、然、謂二國、不行三年之喪者、乃其後世之失、非周公之法、本然也、志、記也、引志之言而釋其意、以爲所以如此者、蓋爲去聲上世以來、有所傳受、雖或不同、不可改也、然、志所言、本謂先王之世、舊俗所傳、禮文小異、而可以通行者耳、不謂後世失禮之甚者也、朱子曰古宗國如周公兄弟之爲諸侯者則皆以魯國爲宗至戰國時滕猶稱魯爲宗國也○南軒張氏曰考滕世子問孟子之辭則三年之喪其廢也久矣其在周之末世乎故曰吾宗國魯先君莫之行吾先君亦莫之行也又曰喪祭從先祖吾有所受之也然則其廢也久矣世之治亂此豈非其根柢耶備旨然友反命於世子世子以孟子之言爲必可行遂定爲三年之喪是時古禮久廢其同姓之父兄異姓之百官皆不欲行此禮而沮之曰三年之喪不行久矣吾宗國魯先君素稱秉禮之國且莫之行吾滕之先君亦莫之行也至於子之身顧欲行三年喪而反前人所爲斷乎不可且志有言曰喪祭之禮當從先祖志蓋推先祖之意曰吾所行之禮有所傳受不是一人創造不能改也而子獨可反之乎

謂然友曰吾ㅣ他日애 未嘗學問이오 好馳馬試劒ᄒᆞ다니 今也애 父兄

百官이 不我足也ᄒᆞ니 恐其不能盡於大事ᄒᆞ노니 子ㅣ爲我問孟子ᄒᆞ라 然友ㅣ復之鄒ᄒᆞ야 問孟子ᄒᆞᆫ대 孟子ㅣ曰然ᄒᆞ다 不可以他求者也ㅣ라 孔子ㅣ曰君薨커시든 聽於冢宰ᄒᆞᄂᆞ니 歠粥ᄒᆞ고 面深墨ᄒᆞ야 卽位而哭이어든 百官有司ㅣ莫敢不哀ᄂᆞᆫ 先之也ㅣ라 上有好者ㅣ면 下必有甚焉者矣니 君子之德은 風也ㅣ오 小人之德은 草也ㅣ니 草尙之風이면 必偃이라ᄒᆞ시니 是在世子ᄒᆞ니라 好爲皆去聲復扶又反歠川悅反

然友ᄃᆞ려닐어ᄀᆞᆯᄋᆞ샤ᄃᆡ내他日애일쯕學問을아니ᄒᆞ고馬ᄅᆞᆯ馳ᄒᆞ며劒을試ᄒᆞ욤을好ᄒᆞ다니이제父兄과 百官이나ᄅᆞᆯ足히녀기디아니ᄒᆞ니그能히大事애盡티몯ᄒᆞᆯ까恐ᄒᆞ노니子ㅣ나ᄅᆞᆯ爲ᄒᆞ야孟子ᄭᅴ 묻ᄌᆞ오라然友ㅣ다시鄒에가孟子ᄭᅴ묻ᄌᆞ온대孟子ㅣᄀᆞᆯᄋᆞ샤ᄃᆡ然ᄒᆞ다可히ᄡᅥ다ᄅᆞᆫᄃᆡ求티 몯ᄒᆞᆯ꺼시라孔子ㅣᄀᆞᆯᄋᆞ샤ᄃᆡ 君이薨커시든冢宰의게聽ᄒᆞᄂᆞ니粥을歠ᄒᆞ고面이기피墨ᄒᆞ야位예即ᄒᆞ야哭ᄒᆞ거든百官이며有司ㅣ敢히哀티아니리업슴은先ᄒᆞᆯ써라上애好ᄒᆞᆯ者ㅣ이시면下애반ᄃᆞ시甚ᄒᆞᆫ者ㅣ인ᄂᆞ니君子의德은風이오 小人의德은草ㅣ니草애風이더으면반ᄃᆞ시偃ᄒᆞᆫ다ᄒᆞ시니이世子ᄭᅴ인ᄂᆞ니라

●不我足、謂不以我、滿足其意也、然者、然其不我足之言、不可他求者、言當責之於已、冢宰、六卿之長上聲也、歠、飮也、深墨、甚黑色也、即、就也、尙、加也、論語、作上、古字通也、偃、伏也、必偃以上皆孔子語孟子、言但在世子、自盡其哀而已、慶源輔氏曰當責之於己是應前面固所自盡之說在世子自盡其哀是應上句不可他求之意〇雙峯饒氏曰君薨君字統天子諸侯而言聽於冢宰是國家政事皆聽命於冢宰非聽政聽訟之謂

【備旨】世子見父兄百官不從乃追悔請然友曰吾他日未嘗勤學好問只好馳馬爲樂試劍爲勇素行不足取信於人故今也欲行喪禮父兄百官皆不我滿足其意也恐其不能盡此喪禮之大事子爲我復問孟子何以自盡其心使父兄百官無異辭也然友承命復之鄒問孟子孟子曰喪禮不行久矣今一旦欲行之而父兄百官有所不足者誠然也然世子當責之於己以自盡其心而不可他求於人者也孔子嘗言曰君薨爲嗣君者以百官之事一聽於冢宰而命令不聞歠粥而不食旨面深墨而有戚容即喪次私位而哭於是百官有司莫敢不哀所以然者由嗣君之哀先之而有以動其良心也然則上有所好以感之則下應之速有甚於上之所好者矣君子之德主於感人譬則風也小人之德主於應人譬則草也草而加之以風則必從風而偃小人而加之以君子之德則必隨感而應上好而下有不甚焉者乎即孔子此言觀之則世子固在上之君子也誠能自盡其哀則父兄百官莫敢不哀矣今日大事是在世子而已豈可他求哉

然友ㅣ反命ᄒᆞᆫ대世子ㅣ曰然ᄒᆞ다是誠在我ㅣ라ᄒᆞ시고五月居廬ᄒᆞ야未有命戒어시늘百官族人이可謂曰知ㅣ라ᄒᆞ며及至葬ᄒᆞ야四方이來觀之ᄒᆞ더니顏色之戚과哭泣之哀에吊者ㅣ大悅ᄒᆞ더라

然友ㅣ命을反ᄒᆞᆫ대世子ㅣᄀᆞᆯᄋᆞ샤ᄃᆡ 然ᄒᆞ다이진실로내게인ᄂᆞ니라ᄒᆞ시고五月를廬애居ᄒᆞ야命戒를두디아니ᄒᆞ거시늘百官과族人이다닐어ᄀᆞᆯ오ᄃᆡ안다ᄒᆞ며밋葬홈애니르러四方이來ᄒᆞ야觀ᄒᆞ더니顏色의戚홈과哭泣의哀홈애吊ᄒᆞᄂᆞᆫ者ㅣ키悅ᄒᆞ더라

●諸侯、五月而葬、未葬、居倚廬於中門之外、居喪不言、故、未有命令敎戒也、左傳隱公元年天子七月而葬同軌畢至言同軌以別四夷之國諸侯五月同盟至同在方嶽之盟大夫三月同位至士踰月外姻至此言赴吊各以遠近爲差因爲葬節○禮記喪大記父母之喪居倚廬不塗寢苫枕塊非喪事不言可謂曰知、疑有闕誤、或曰皆謂世子之知禮也、慶源輔氏曰可當作皆如作可不成文理○林氏、曰孟子之時、喪禮旣壞、然、三年之喪、惻隱之心、痛疾之意、出於人心之所固有者、初未嘗亡也、惟其溺於流俗之弊、是以、喪去聲其良心、而不自知耳、文公、見孟子而聞性善堯舜之說、則固有以啓發其良心矣、是以至此、而哀痛之誠心、發焉、及其父兄百官、皆不欲行、則亦反躬自責、悼其前行去聲之不足以取信、而不敢有非其父兄百官之心、雖其資質、有過人者、而學問之力、亦不可誣也、及其斷丁亂反然行之、而遠近見聞、無不悅服、則以人心之所同然者、自我發之、而彼之心悅誠服、亦有所不期然而然者、人性之善、豈不信哉西山眞氏曰三年之喪自唐虞三代未有改者春秋之世此禮廢墜於是宰予欲短喪而孔子責其不仁子思亦謂自朞以下貴賤有殊父母之喪則一而已方滕文用孟子言欲行此禮父兄百官諱然爭之及違衆而行又以爲知禮何耶盖以爲不可行者蹈常襲故之陋見而以爲知禮者秉彛好德之良心也世降敎失雖以東魯文獻之邦猶不能行何怪於滕之父兄乎然文公一以身先之則幡然而悟天理之在人心者固不可泯也○雲峰胡氏曰前章論性善此章自是論三年之喪集註引林氏說首尾必擧性善而言者盖喪制人子之心所自盡者最可見人性之本善處文公自悔其前日未嘗學問而一旦力行其所聞於孟子者是孟子一開發之際而文公之性善見矣及其行之而遠近見聞莫不悅服是文公一感發之頃而遠近之人性善皆見矣於是益可信人性之無有不善而堯舜之眞可爲也【備旨】然友復反命於世子世子曰孟子之言誠然也是誠在我之自盡耳於是斷然行之方其未葬也行諒陰之禮而五月居廬焉行不言之禮而未有命戒焉由是外而百官內而族人皆翕然謂世子之知禮而近者感矣及其葬也四方之人來觀之但見世子顏色之戚一深墨之容也哭泣之哀一即位之哭也吊者皆以其能盡禮而大悅而遠者感矣夫喪禮一行而遠近咸悅益信上好下甚誠不可他求者也所謂人性之善亦於此足徵矣

○滕文公이問爲國ᄒᆞᆫ대

滕文公이 國ᄒᆞ욤을 問ᄒᆞ신대

●文公、以禮聘孟子故、孟子、至滕、而文公、問之、慶源輔氏曰前云使然友問後云使畢戰問但此言滕文公問則知是文公親問孟子也

盖文公既即位固不可越國往見孟子則必是以禮聘孟子至滕而文公問之也[備旨]滕文公嗣位之初以禮聘孟子至滕因問爲國之道盖有感於滕可以爲善國之言而急於圖治也

孟子ㅣ曰民事ᄂᆞᆫ不可緩也ㅣ니詩云晝爾于茅ㅣ오宵爾索綯ᄒᆞ야亟其乘屋이오사其始播百穀이라ᄒᆞ니이다 綯音陶亟紀力反

孟子ㅣ ᄀᆞᆯᄋᆞ샤ᄃᆡ 民의 事ᄂᆞᆫ 可히 緩티 몯ᄒᆞᆯ꺼시니 詩예 ᄀᆞᆯ오ᄃᆡ 晝에 네 茅를 于ᄒᆞ고 宵에 네 索을 綯ᄒᆞ야 샐리 그 屋애 乘ᄒᆞ고사 그 비로소 百穀을 播ᄒᆞ리라 ᄒᆞ니이다

●民事、謂農事、詩、豳風七月之篇、于、往取也、綯、絞、古巧反也、亟、急也、乘、升也、播、布也、言農事至重、人君、不可以爲緩而忽之、故、引詩、言治屋之急如此者、蓋以來春、將復扶又反始播百穀、而不暇爲此也、慶源輔氏曰詩言民之趨於農功自然如此其亟孟子引之以證民事不可緩之說然熟玩之便見得民事眞不可緩之意人君者若能眞知民事之不可緩則於爲國也思過半矣[備旨]孟子曰立國以足民爲本足民以農事爲先故爲國者當知農事之至重汲汲焉爲之經畫區處而不可緩以圖之也觀豳風之詩有云晝爾取茅宵爾索綯亟升其屋而治之來春將始播百穀而不暇及此矣民之不自緩其事猶如此人君其可以爲緩而忽之哉

民之爲道也ㅣ有恒産者ᄂᆞᆫ有恒心이오無恒産者ᄂᆞᆫ無恒心이니苟無恒心이면放辟邪侈를無不爲已니及陷乎罪然後에從而刑之

면是ᄂᆞᆫ罔民也ㅣ니焉有仁人이在位ᄒᆞ야罔民을而可爲也ㅣ리오 音義並見前篇 是ᄂᆞᆫ故로賢君이必恭儉ᄒᆞ야禮下ᄒᆞ며取於民이有制니이다

民의道ㅣ恒産을둔ᄂᆞᆫ者ᄂᆞᆫ恒心이잇고恒産이업ᄉᆞᆫ者ᄂᆞᆫ恒心이업ᄂᆞ니진실로恒心이업스면放辟ᄒᆞ며邪侈를ᄒᆞ디아님이업ᄂᆞ니罪예陷ᄒᆞᆷ애미ᄎᆞᆫ然後에從ᄒᆞ야刑ᄒᆞ면이ᄂᆞᆫ民을罔ᄒᆞᆷ이니엇디仁ᄒᆞᆫ사ᄅᆞᆷ이位예이셔民罔ᄒᆞᆷ을可히ᄒᆞᆷ이이시리오이런故로賢君이반ᄃᆞ시恭ᄒᆞ며儉ᄒᆞ야下ᄅᆞᆯ禮ᄒᆞ며民에取ᄒᆞᆷ이制ㅣ인ᄂᆞ니이다

●恭則能以禮接下、儉則能取民以制、趙氏曰禮下所以開世祿及學校之事也取民以制所以開制民常産及貢助徹之法也[備旨]然民事所以不可緩者何也蓋民之爲道也有恒産者則有所賴藉爲善而恒心以興無恒産者則有以陷溺爲不善而恒心以泯夫民之以禮義自固者以其有恒心也苟無恒心則無以檢其身而放辟邪侈無不爲已其能免於罪乎及陷乎罪然後從而刑之是不制恒産以致民於刑猶掩襲其民而取之也非罔民而何焉有仁人之君在位罔民之事而可爲也知罔民不可爲則知民事之不可緩矣[備旨]是故賢者之君正仁人在位者也必恭以持己而不敢慢儉以自奉而不敢侈惟其恭也則恭德所施能以禮而接下矣惟其儉也則儉德所施能取於民有制矣此正所謂愛民之君而爲仁也否則爲罔民之君而不仁矣

陽虎ㅣ曰爲富ㅣ면不仁矣오爲仁이면不富矣라ᄒᆞ니이다

陽虎ㅣ글오ᄃᆡ富를ᄒᆞ면仁티몯ᄒᆞ고仁을ᄒᆞ면富티몯ᄒᆞᆫ다ᄒᆞ니이다

●陽虎、陽貨、魯季氏家臣也、天理人欲、不容並立、虎之言此 恐爲仁之害於富也、孟子、引之、恐爲富之害於仁也、君子小人、每相反而已矣、慶源輔氏曰先儒多以爲孟子不以人廢言集註則以爲言雖同而所取各異其說尤的當[備旨]故罔民則不得爲賢君賢君則不致罔民二者之相反固如是矣聞之陽虎曰人而爲富惟利是求則必以私滅公而不仁矣人而爲仁惟理是循則必以公滅私而不富矣爲君者可不急於民事以制産定

賦而敢爲富不仁乎

夏后氏는五十而貢ᄒᆞ고殷人은七十而助ᄒᆞ고周人은百畝而徹ᄒᆞ니其實은皆什一也ㅣ니徹者는徹也ㅣ오助者는藉也ㅣ니이다 徹敕列反 藉子夜反

夏后氏는五十에貢ᄒᆞ고殷人은七十에助ᄒᆞ고周人은百畝에徹ᄒᆞ니그實은다什에一을ᄒᆞᆷ이니徹은徹ᄒᆞᆷ이오助는藉ᄒᆞᆷ이니이다

◉此以下、乃言制民常產、與其取之之制也、夏時、一夫、受田五十畝、而每夫、計其五畝之入以爲貢、商人、始爲井田之制、以六百三十畝之地、畫爲九區、區、七十畝、中爲公田、其外八家、各授一區、但借其力、以助耕公田、而不復 扶又反 稅其私田、所謂助而不稅 周時、一夫、受田百畝、鄕遂、用貢法、十夫、有溝、 周禮地官司徒遂人凡治野夫間有遂遂上有徑十夫有溝溝上有畛百夫有洫洫上有涂千夫有澮澮上有道萬夫有川川上有路以達于畿 都鄙、用助法、八家同井、 周禮冬官考工記匠人爲溝洫九夫爲井井間廣四尺深四尺謂之溝方十里爲成成間廣八尺深八尺謂之洫方百里爲同同間廣二尋深二仞謂之澮此畿內采地之制九夫爲井井方一里九夫所治之田也 耕則通力而作、收則計畝而分故、謂之徹、朱子曰此亦不可詳知但因洛陽議論中通徹而耕之說推之耳或但耕則通力而耕收則各得其畝亦未可知也 其實皆什一者、貢法、皆以十分 扶問反下同 之一、爲常數、惟助法、乃是九一 慶源輔氏曰此以文王治岐耕者九一及下文請野九一而助知其然也 而商制、不可考、周制則公田百畝中、以二十畝、爲廬舍、 新安陳氏曰二十畝分爲八家家各二畝半以爲治田時所居所謂二畝半在田是也 一夫所耕公田、實計十畝、通私田百畝、爲十一分而取其一、蓋又輕於十一矣、 前漢食貨志理民之道地著爲本地著謂安土 故必建步立晦正其經界六尺爲步步百爲畮畮百爲夫夫三爲屋屋三爲井井方一里是爲九夫八家共之各受私田百畝公田十畮是爲八百八十畮餘二十畮以爲廬舍出入相友守望相助疾病相救民是以和睦而敎化齊同力役生產可得而平也民受田上田夫百畮中田夫二百畮下田夫三百畮歲耕種者爲不易上田休一歲者爲一易中田休二歲者爲再易下田三歲更耕之自爰其處更互也爰於也農民戶人己受田其家衆男爲餘夫亦以口受田如比比例也士工商家受田五口乃當農夫一人此謂平土可以爲法者也若山林藪澤原陵淳鹵之地淳盡也舃鹵之田不生五穀各以肥磽多少爲差民年二十受田六十歸田在野曰廬在邑曰里

竊料商制、亦當似此、而以十四畝、爲廬舍、一夫、實耕公田七畝、是亦不過十一也、徹、通也、均也、藉、借也、

朱子曰嘗疑孟子所謂夏后氏五十而貢殷人七十而助周人百畝而徹恐不解如此先王疆理天下之初做許多畎澮溝洫之類大段是費人力了若是自五十而增爲七十自七十而增爲百畝則田間許多疆理都合更改恐無是理孟子當時未必親見只是傳聞如此恐亦難盡信也○問所言井地之法以周禮諸說考之亦未有悉合者何也曰吾於蔚章固已論之矣大抵孟子之言雖曰推本三代之遺制然常擧其大而不必盡於其細也師其意而不泥於文也蓋其疏通簡易自成一家乃經綸之活法而豈拘儒曲士牽制文義者之所能知哉曰三代受田多少之不同何也曰張子嘗言之矣陳氏徐氏亦有說焉然皆若有可疑者蓋田制既定則其溝涂畛域亦有一定而不可易者今乃易代更制每有增加則其勞民動衆廢壞已成之業使民不得服先疇之田畝其煩擾亦已甚矣不知孟子之言其所以若此者果何耶陳氏云夏時洪水方平可耕之地少至商而寖廣周而大備也徐氏云古者民約故田少而用足後世彌文而用廣故授田之際隨時而加焉○南軒張氏曰楊氏云徹者徹也兼貢助而通力也故孟子曰請野九一而助國中什一使自賦八家皆私百畝其中爲公田所謂九一而助也國中什一使自賦則用貢法矣此周人所以爲徹也鄭氏謂周制畿內用貢法邦國用助法有得於此歟

[備旨]然制產定賦而不緩民事者孰有過於三代乎夏后氏之制民恒產也一夫授田五十畝而其取之則計其五畝之入而行貢法殷人之制民恒產也一夫授田七十畝而其取之則使助耕公田七畝而行助法周人之制民恒產也一夫授田百畝而其取之則鄉遂用貢都鄙用助而行徹法夫名雖有貢助徹之不同然以其取民之實而言皆十分中而取其一也且其名亦有取義焉所謂貢者以下貢上其義易知而謂之徹者何哉蓋耕則通力合作收則計畝均分有通徹之義也謂之助者何哉蓋藉其力以助耕公田而不復稅其私田有假藉之義也三代之制民常產與其取之之制如此

龍子ㅣ曰治地는 莫善於助ㅣ오 莫不善於貢이니 貢者는 校數歲之中하야 以爲常하나니 樂歲에 粒米狼戾하야 多取之而不爲虐이라도 則寡

取之ᄒᆞ고凶年애糞其田而不足이어늘則必取盈焉ᄒᆞᄂᆞ니爲民父母ㅣ라使民오로盻盻然將終歲勤動ᄒᆞ야不得以養其父母ᄒᆞ고又稱貸而益之ᄒᆞ야使老稚로轉乎丘壑이면惡在其爲民父母也ㅣ리오ᄒᆞ니이다 樂音洛盻五禮反從目從分或音普莧反者非養去聲惡平聲

龍子ㅣ골오ᄃᆡ地를治ᄒᆞ욤은助만善ᄒᆞᆫ이업고貢만善티아니ᄒᆞᆫ이업ᄉᆞ니貢은數歲人中을校ᄒᆞ야ᄡᅧ常을삼ᄂᆞ니樂歲예粒米ㅣ狼戾ᄒᆞ야多取ᄒᆞ야도虐ᄒᆞ욤이아니라도곤寡取ᄒᆞ고凶年에그田을糞ᄒᆞ야도足디몯ᄒᆞ거늘곧반ᄃᆞ시盈을取ᄒᆞᄂᆞ니民의父母ㅣ되얀ᄂᆞᆫ디라民으로ᄒᆞ야곰盻盻히쟝ᄎᆞᆺ歲ㅣ終토록勤動ᄒᆞ야시러곰ᄡᅧ그父母ᄅᆞᆯ養티몯ᄒᆞ게ᄒᆞ고또貸ᄅᆞᆯ稱ᄒᆞ야益ᄒᆞ야老稚로ᄒᆞ여곰丘壑애轉케ᄒᆞ면어ᄃᆡ그民의父母ㅣ되얀ᄂᆞᆫ주리이시리오ᄒᆞ니이다

●龍子、古賢人、狼戾、猶狼藉、言多也、糞、壅於用反也、盈、滿也、盻、禮韻胡計吾計二反謂除音五禮反誤恨視也、勤動、勞苦也、稱、擧也、貸、他代反借也、取物於人而出息以償之也、益之、以足取盈之數也、稚、幼子也、問貢法大禹之遺制而其不善若此何也朱子曰蘇氏林氏嘗言之矣蘇氏曰作法必始於粗終於精古之不爲此非不智也勢未及也方其未有貢也以貢爲善矣及其既貢而後知其有不善也林氏曰禹貢之法九州之賦有錯出於他等者不以爲歲之常數又因遊豫則視其豐凶而補助之周制鄕遂用貢法亦有司稼之官巡野觀稼視年之上下以出斂法則其弊未至如龍子之言乃當時諸侯用貢法之弊耳○雙峯饒氏曰稱貸而益之如常年五石納官凶年折了只納四石而公家必取盈五石之數則又貸他人一石來湊納以足其數此所以見貢法之害【備旨】然貢助徹求其可行於今者惟助爲良焉龍子嘗有言曰治地以分田莫善於助法莫不善於貢法貢法何以不善也盖貢者較數歲豐歉之中以爲取民一定之常制當其樂歲粒米狼戾足以供君上而有餘雖多取之而不爲虐也則拘於常數而寡取之及其凶年計其所入以供糞田之費而不足宜減其數而取之可也則必拘於常數而於常數而取盈焉是樂歲之寡取未足以爲恩而凶歲之多取民則不堪命矣夫君者民之父母也爲民父母以取盈之法困乎民使民盻盻然恨視其上將終歲勤動之所入不得以養其父母又出息稱貸於人而益之以足其數使民之老者稚者皆飢餓而展轉於溝壑之中是以子乎民者虐乎民惡在其爲民之父母也觀龍子之言可見貢法之不善惟助法實當行耳

夫世祿은滕이固行之矣니이다 夫音扶

世祿은滕이본듸行ᄒᆞᄂᆞ니이다

●孟子、嘗言文王治岐、耕者九一、仕者世祿、二者、王政之本也、今世祿、滕已行之、惟助法、未行故、取於民者、無制耳、蓋世祿者、授之土田、使之食其公田之入、實與助法、相爲表裏、所以使君子小人、各有定業、而上下相安者也、故、下文、遂言助法、備旨 且助法有關於世祿不可不行也夫世祿出於公田實與助法相爲表裏今世祿滕固行之以待士矣何爲而不行助法哉

詩云雨我公田ᄒᆞ야遂及我私ㅣ라ᄒᆞ니惟助애爲有公田ᄒᆞ니由此觀之컨댄

雖周ㅣ나亦助也ㅣ로소이다 雨于付反

詩예닐오듸우리 公田애雨ᄒᆞ야드듸여우리私애 及ᄒᆞ라ᄒᆞ니오직助애公田이이시니일로말믜아마觀컨댄비록周ㅣ나또ᄒᆞᆫ助를ᄒᆞ도소이다

●詩、小雅大田之篇、雨、降雨如字也、言願天、雨於公田、而遂及私田、先公而後私

也、當時助法、盡廢、典籍、不存、惟有此詩、可見周亦用助故、引之也、朱子曰考之周禮行助法處有公田行貢法處無公田孟子也不曾見周禮只據詩裏說用詩意帶將去後面說鄉田同井出入相友守望相助疾病相扶持井九百畝其中爲公田八家皆私百畝同養公田說井田只說得這幾句是多少好這也是大原大本處却不理會細碎

【備旨】況助法尤我周所己行者小雅大田之詩有云雨我公田遂及我私此周人之詩也夫貢法無公田惟助爲有公田由此詩觀之則助不獨行於殷雖我周之盛時所以體國經野者亦用助也滕其可以不行助哉

設爲庠序學校ᄒᆞ야以教之ᄒᆞ니庠者ᄂᆞᆫ養也ㅣ오校者ᄂᆞᆫ教也ㅣ오序者ᄂᆞᆫ射也ㅣ라夏曰校ㅣ오殷曰序ㅣ오周曰庠이오學則三代共之ᄒᆞ니皆所以明人倫也ㅣ라人倫이明於上이면小民이親於下ㅣ니이다

設ᄒᆞ야庠이며序ㅣ며學이며校를ᄒᆞ야ᄡᅥ敎ᄒᆞ니庠은養홈이오校ᄂᆞᆫ敎홈이오序ᄂᆞᆫ射홈이라夏ᄂᆞᆫ골오ᄃᆡ校ㅣ라ᄒᆞ고殷은골오ᄃᆡ序ㅣ라ᄒᆞ고周ᄂᆞᆫ골오ᄃᆡ庠이라ᄒᆞ고學인則三代ㅣ共ᄒᆞ니다ᄡᅥ 人倫을明ᄒᆞᄂᆞᆫ배라人倫이 上애明ᄒᆞ면小民이下애親ᄒᆞᄂᆞ니이다

●庠、以養老爲義、校、以敎民爲義、序、以習射爲義、皆鄕學也、學、國學也、共之、無異名也、倫、序也、父子有親、君臣有義、夫婦有別、長幼有序、朋友有信、此、人之大倫也、庠序學校、皆以明此而已、問鄕學如何朱子曰皆是農隙而學曰孰與敎之曰鄕大夫有德行而致其仕者敎之○慶源輔氏曰鄕學有異名國學無異名然其明人倫以敎之之事則同也○雙峰饒氏曰孟子敎時君行仁政只是敎與養兩事井田以養之學校以敎之告齊王滕公皆如此小民親於下者蓋百姓不親五品不遜所以敎以人倫使之君與臣自相親父與子自相親長與幼自相親

非尊君親上之親○問夫婦有別如何相親曰夫婦無別則相瀆瀆便相離了[備旨]夫能行助法則有恒產者自有恒心而敎可與矣由是設爲庠序學校而學生養之民以敎之然謂之庠者以養民爲義也謂之校者以敎民爲義也謂之序者以習射爲義也此三者皆鄕學也在夏曰校在殷曰序在周曰庠時異而名亦異也至於國學則夏商周三代共之世異而名不異也夫鄕學國學之設其名義雖殊而要其立敎之意皆所以明人之大倫也惟人君明倫之敎倡於上斯小民親睦之風洽於下矣敎化之功如此而庠序學校可不設乎哉

有王者ㅣ起면 必來取法ᄒᆞ리니 是爲王者師也ㅣ니이다

王者ㅣ起ᄒᆞ리이시면반ᄃᆞ시와取ᄒᆞ야法ᄒᆞ리니이王者의師ㅣ되옴이니이다

[註] 滕國、褊(俾淺反)小、雖行仁政、未必能興王業、然、爲王者師、則雖不有天下、而其澤、亦足以及天下矣、聖賢至公無我之心、於此可見、朱子曰孟子語滕文只說有王者起必來取法不曾說便可以王是亦要大國方做得[備旨]夫助法行而學校庠序兼設此王道之可以世承而不可易者以滕國褊少雖未必能與王業苟有王者受命而起必來取法吾敎養之政是爲王者師也

詩云周雖舊邦이나 其命維新이라ᄒᆞ니 文王之謂也ㅣ니 子ㅣ力行之ᄒᆞ시면 亦以新子之國ᄒᆞ시리이다

詩예닐오ᄃᆡ周ㅣ비록녯나라히나그命이새롭다ᄒᆞ니文王을닐옴이니子ㅣ힘ᄡᅥ行ᄒᆞ시면ᄯᅩᄒᆞᆫᄡᅥ子의國을新ᄒᆞ시리이다

[註] 詩、大雅文王之篇、言周雖后稷以來、舊爲諸侯、其受天命而有天下、則自文王始也、子、指文公、諸侯未踰年之稱也、左傳僖公九年春宋桓公卒未葬而襄公會諸侯故曰子凡在喪王曰小童公侯曰子子者繼父之辭春秋例凡公侯卒未越一年而有王事皆稱子也○雙峯饒氏曰新其國小大雖不同可以爲善便是新其國○東陽許氏曰文公問爲國孟子告以敎養其民有養然後可敎故先言分田制祿而後及學校也自民事不可緩至雖周亦助也養之事設爲庠序至小

民親於下敎之事下之新子之國総言之答文公者止此下答畢戰却只是言分田蓋畢戰惟掌井田之事也〔備旨〕然爲王者師特就滕之勢言之耳以理推之則亦可以基王業焉大雅文王之詩云周雖舊爲諸侯之邦其受天命則自今日始正文王行仁政受天命之謂也子能力行敎養之仁政亦足以受天命而新子之滕國矣是雖不能致王於當時不亦可基王於後世耶

使畢戰으로問井地ᄒᆞᆫ대孟子ㅣ曰子之君이將行仁政ᄒᆞ야選擇而使子ᄒᆞ시니子必勉之어다夫仁政은必自經界始니經界ㅣ不正이면井地ㅣ不均ᄒᆞ며穀祿이不平ᄒᆞ리니是故로暴君汙吏ᄂᆞᆫ必慢其經界ᄒᆞᄂᆞ니經界ㅣ旣正이면分田制祿은可坐而定也ㅣ니라 夫音扶

畢戰으로ᄒᆞ여곰井地를무르신대孟子ㅣ갈ᄋᆞ샤ᄃᆡ子의君이쟝ᄎᆞᆺ仁政을行호려ᄒᆞ야選擇ᄒᆞ야子를使ᄒᆞ시니子ㅣ반ᄃᆞ시勉홀띠어다仁政은반ᄃᆞ시界를經홈으로브터始ᄒᆞᄂᆞ니界를經ᄒᆞ욤이正티아니ᄒᆞ면井地ㅣ均티아니ᄒᆞ며穀祿이平티아니ᄒᆞ리니이런故로暴君과汙吏ᄂᆞᆫ반ᄃᆞ시그界를經ᄒᆞ욤을慢ᄒᆞᄂᆞ니界를經ᄒᆞ욤이이믜正ᄒᆞ면田을分ᄒᆞ며祿을制ᄒᆞ욤은可히坐ᄒᆞ야셔定홀띠니라

〔註〕畢戰、滕臣、文公、因孟子之言、而使畢戰、主爲井地之事故、又使之來問其詳也、井地、卽井田也、經界、謂治地分田、經畫其溝塗封植之界也、雙峯饒氏曰溝塗封植之界經緯錯綜直者爲經橫者爲緯只擧經字有緯在其中溝溝洫之類塗道塗封土堠植種木爲界 此法、不脩則田無定分、去聲而豪强、得以兼幷、去聲故、井地有不均、賦無定法、而貪暴、得以多取故、穀祿、有不平、此、欲行仁政者之所以必從此

始、而暴君汙吏、則必欲慢而廢之也、有以正之則分田制祿、可不勞而定矣、慶源輔氏曰度孟子來滕不久便去故使畢戰往問○若有仁君欲行仁政使彼此均平田無多少之差則必從經界之事做起而暴君汙吏貪得務多只知有我不知有民只知爲己不知爲人者則必欲慢而廢之也凡事須是敬則能立纔有慢心事日趨於壞也【備旨】滕文公因孟子言遂使畢戰主井地之事又使之來問其詳孟子曰先王仁天下之政莫大於井田今子之君將行仁政特選擇於群臣中而使子委任責成可謂專矣子必勉力爲之無負君所託也夫仁政之事多端必自經畫其溝塗封植之界始使經界有不正則公私之田無一定之分而豪强得以兼幷於是井地有不均矣賦出於田田無定分則賦無定法而貪暴得以多取於是穀祿有不平矣是故暴君汙吏必慢其經界而廢之苟經界既正則豪强貪暴弊無所容分田制祿可坐而定而不勞餘力矣此仁政所以必自經界始也

夫滕이壤地ㅣ褊小ᄒᆞ나將爲君子焉이며將爲野人焉이니無君子ㅣ면莫治野人이오無野人이면莫養君子ㅣ니라 夫音扶養去聲

滕이壤地ㅣ褊小ᄒᆞ나장ᄎᆞᆺ君子ㅣ되며장ᄎᆞᆺ野人이되리니君子ㅣ업ᄉᆞ면野人을治티몯ᄒᆞ고野人이업ᄉᆞ면君子를養티몯ᄒᆞᄂᆞ니라

◎言滕地雖小、然、其間、亦必有爲君子而仕者、亦必有爲野人而耕者、是以、分田制祿之法、不可偏廢也、雙峯饒氏曰分田制祿雖平說然却相因穀祿即井地中公田撥其穀以爲祿分田始可制祿○新安陳氏曰分田以給野人制祿以待君子【備旨】今夫滕之爲國壤地雖云褊小然將必有爲君子而仕者焉將必有爲野人而耕者焉使無君子則莫以出政令而治野人故祿不可不制也使無野人則莫以供賦稅而養君子故田不可不分也

請野애九一而助ᄒᆞ고國中애什一ᄒᆞ야使自賦ᄒᆞ라

請컨댄野애九에一을ᄒᆞ야助ᄒᆞ고國中에什애一을ᄒᆞ야ᄒᆞ여곰ᄉᆞᄉᆞ로賦케ᄒᆞ라

◎此、分田制祿之常法、所以治野人、使養君子也、野、郊外都鄙之地也、九一而助、

爲公田而行助法也、國中、郊門之內、鄉遂之地也、周禮司徒鄉老遂人百里內爲六鄉外爲六遂萬二千五百家爲鄉六鄉七萬五千家遂亦如之遂人主六遂六遂之地自遠郊以達于畿中有公邑家邑小都大都爲遂謂王國百里外也田不井授、但爲溝洫、使什而自賦其一、蓋用貢法也、周所謂徹法者、蓋如此、以此推之、當時、非惟助法不行、其貢、亦不止什一矣、朱子曰國中行鄉遂之法如五家爲比五比爲閭四閭爲族五族爲黨五黨爲州又如五人爲伍五伍爲兩四兩爲卒五卒爲旅五旅爲師五師爲軍皆五五相連屬所以行不得那九一之法故只得什一使自賦如都鄙却行井牧之法鄉遂之法次第是一家出一人兵且如五家爲比比有一箇長了井牧之法次第是三十家方出得士十人徒十人○此等亦難卒曉須以周禮爲本而參取孟子班固何休諸說證之庶幾可見髣髴然恐終不能有定論但不可不盡其異同耳○慶源輔氏曰都鄙用助法則收公田所入以爲君子之祿鄉遂用貢法則使什自賦一以充國家所用此周所謂徹法也前云徹通也均也所以釋徹字之義此則正言其法如此○集註以其請野九一而助則知助法之不行又云國中什一使自賦則當時之貢法亦有强取其賦於什一之外者矣 備旨 然分田制祿之法必因地而制其宜請於都鄙之野田可井授則畫爲九一而行助法於鄉遂之國中田難井授則但十分取一使自賦於上亦所以濟助之不及也此周徹法正如此而君子養人野治矣

卿以下는必有圭田ᄒᆞ니圭田은五十畝ㅣ니라

卿으로ᄡᅥ下ᄂᆞᆫ반ᄃᆞ시圭田이인ᄂᆞ니圭田은五十畝ㅣ니라

●此、世祿常制之外、又有圭田、所以厚君子也、圭、潔也、所以奉祭祀也、不言世祿者、滕已行之、但此未備耳、 備旨 不但此也又有出於常制之外者蓋因田制祿固以厚君子然卿以下其祿漸薄不有以使之將祭享不備而不足以養廉矣於是有圭潔之田五十畝使供祭祀焉愛君子以及君子之先又所以濟世祿之不及也

餘夫는二十五畝ㅣ니라

餘夫ᄂᆞᆫ二十五畝ㅣ니라

●程子曰一夫、上父母、下妻子、以五口八口爲率、受田百畝、如有弟、是、餘夫也、年十六、別受田二十五畝、俟其壯而有室然後、更受百畝之田、愚、按此、百畝常制之外、又有餘夫之田、以厚野人也、問卿大夫之圭田必有耕之者豈亦有耕屬可耕乎朱子曰恐圭田只是給公田之在民者大抵古者田祿皆是助法之公田充而八家因爲之屬如有田一成有衆一旅是也圭田恐亦如此故王制云夫圭田無征○雙峰饒氏曰圭田餘夫亦是百畝中撥與他半分則五十畝四分則二十五畝問各受田百畝六十歲傳與其子子養其父但只是長子受父之田次子便是餘夫別請二十五畝若無子則百畝納之官曰然問人物繁庶公家安得有許多田分授曰天地間只著得許多物事少間人物過多便自有乘除亦理勢使之然也【備旨】計丁授田固以厚野人然一夫之外有未成丁之餘夫尙十授田不有以給之則恒產有限而不足以相贍矣於是有餘夫之田二十五畝焉愛野人以及野人之弟亦所以濟分田之不及也

死徙애 無出鄕이니 鄕田同井이 出入애 相友ᄒᆞ며 守望애 相助ᄒᆞ며 疾病애 相扶持ᄒᆞ면 則百姓이 親睦ᄒᆞ리라

死ᄒᆞ며 徙ᄒᆞ욤애 鄕애 出티 말올띠니 鄕田애 井을 同ᄒᆞᆫ이 出入에 서ᄅᆞ 友ᄒᆞ며 守望애 서ᄅᆞ 助ᄒᆞ며 疾病애 서ᄅᆞ 扶持ᄒᆞ면 곧 百姓이 親睦ᄒᆞ리라

●死、謂葬也、徙、謂徙其居也、同井者、八家也、友、猶伴也、守望、防寇盜也、【備旨】然井田之法不但厚民生且以善民俗凡死葬生徙無出此鄕蓋以此鄕之田八家同井故也惟其同井是以出入則合同井之人而相友守望則合同井之人而相助疾病則合同井之人而相扶持如是則百姓皆歸於淳厚而親遜和睦矣助法之善有如此

方里而井이니 井이 九百畝ㅣ니 其中이 爲公田이라 八家ㅣ 皆私百畝ᄒᆞ야 同養公田ᄒᆞ야 公事를 畢然後에 敢治私事ㅣ니 所以別野人也ㅣ니라 養去

方으로里ㅣ井이니 井이九百畝ㅣ니그中이公田이라八家ㅣ다百畝를私ᄒᆞ야ᄒᆞᆫ가지로公田을養ᄒᆞ야公事를畢ᄒᆞᆫ然後에敢히私事를治ᄒᆞᆯᄯᅢ니ᄡᅥ野人을別ᄒᆞ는배니라 聲別彼列反

●此、詳言井田形體之制、乃周之助法也、公田、以爲君子之祿、而私田、野人之所受、先公後私、所以別君子野人之分去聲也、不言君子、據野人而言、省文耳、上言野及國中二法、此獨詳於治野者、國中貢法、當世已行、但取之、過於什一爾、慶源輔氏曰上既言助法之善故此下遂言周之助法也方里而井井九百畝其中爲公田便是井田形體之制也備旨然井田形體之制何如地方一里而畫爲一井井界九區而區各百畝其中百畝爲公田以爲君子之祿其外八百畝爲私田以爲八家之受當耕耘收穫之時八家之民先出力以同養公田必公田之事已畢然後敢治其私田之事所以別野人使不得擬君子之勞心以食於人者其分宜爾也井田形體之制如此

此其大略也ㅣ니若夫潤澤之則在君與子矣니라 夫音扶

이그大略이니만일에潤澤ᄒᆞᆷ인則君과다ᄆᆞᆺ子의게인ᄂᆞ니라

●井地之法、諸侯、皆去上聲其籍、此特其大略而已、潤澤、謂因時制宜、使合於人情、宜於土俗、而不失乎先王之意也、或問潤澤之說雙峰饒氏曰前面說底是箇硬局子到這裡須是要會變通使合人情宜土俗可也潤澤非文飾之謂乃是和軟底意思不全是硬局子溫潤滑澤方可行得此朱子善於形容孟子用心處 ○呂氏、曰子張子、橫渠慨然有意三代之治、去聲下言治同論治人先務、未始不以經界爲急、講求法制、粲然備具、要平聲之、可以行於今、如有用我者、擧

而措之耳、嘗曰仁政、必自經界始、貧富不均、敎養無法、雖欲言治、皆苟而已、世之病難行者、未始不以亟奪富人之田、爲辭、然、玆法之行、悅之者衆、苟處(上聲)之有術、期以數年、不刑一人、而可復所病者、特上之未行耳、乃言曰縱不能行之天下、猶可驗之一鄕、方與學者、議古之法、買田一方、畫爲數井、上不失公家之賦役、退以其私、正經界、分宅里、立歛(去聲)法、廣儲蓄、興學校、成禮俗、救菑(與災通)恤患、厚本抑末、足以推先王之遺法、明當今之可行、有志未就而卒○愚、按喪禮經界兩章、見孟子之學識其大者、是以、雖當禮法廢壞之後、制度節文、不可復(扶又反)考、(新安陳氏曰喪禮有節文經界之法有制度二者皆廢壞故不可詳考)而能因略以致詳、推舊而爲新、不屑屑於旣往之迹、而能合乎先王之意、眞可謂命世亞聖之才矣、(南軒張氏曰井田王政之本而經界又井田之本也大要在分田制祿二事而已田得其分則小民安其業祿得其制則君子賴其養上下相須而各宜焉治之所由與也人皆知商鞅廢井田開阡陌考孟子之言則井田之廢久矣蓋孟子時井田之法雖廢而井田之名猶在暴君雖去其籍猶不敢易其名也至鞅始蕩然一泯其迹而掃除其阡陌併與其名亡之矣○雙峯饒氏曰井田之法黃帝開端便做成了如何改得商人七十畝周人如何便更百畝至於溝洫塗畛亦非一朝一夕所能成朱子亦嘗疑之王制與周禮已不同孟子多是臆度言之井田可行於中原平曠之地若是地勢高低如何可井恐江南是用貢法阡陌是田間路古人車制一車濶六尺有餘兩傍又翼之以人古田太多商君欲富國所以盡開阡陌爲田前此諸侯欲富其國井田大綱已自廢了商君則索性壞却【備旨】然井田之法久廢矣凡我所言正經界而常制餘制之並行畫井地而中公外私之不紊此特其大略也若夫因時制宜使合人情宜土俗不滯先王之法而亦不失先王之意潤而澤之則在滕君主持於上吾子協贊於下同心共濟各盡其責而已豈吾言所能悉哉)

○有爲神農之言者許行이自楚之滕ᄒᆞ야踵門而告文公曰遠方之人이聞君의行仁政ᄒᆞ고願受一廛而爲氓ᄒᆞ노이다文公이與之處

ᄒᆞ시니 **其徒數十人**이**皆衣褐**ᄒᆞ고**捆屨織席**ᄒᆞ야**以爲食**ᄒᆞ더라 衣去聲 捆音閫

神農의言ᄒᆞᄂᆞᆫ者許行이 楚로브터滕에가門애踵ᄒᆞ야 文公씌告ᄒᆞ야ᄀᆞᆯ오ᄃᆡ遠方앳人이君의仁政行ᄒᆞ옴을聞ᄒᆞ고願컨댄一廛을受ᄒᆞ야 氓이되려ᄒᆞ노이다文公이處를與ᄒᆞ시니그徒數十人이다褐을衣ᄒᆞ고屨를捆ᄒᆞ며席을織ᄒᆞ야ᄡᅥ食을ᄒᆞ더라

●神農、炎帝神農氏、始爲耒耜、敎民稼穡者也、爲其言者、史遷所謂農家者流也、前漢藝文志農家者流盖出於農稷之官播百穀勸耕桑以足衣食許、姓、行、名也、踵門、足至門也、仁政、上章所言井地之法也、廛、民所居也、氓、野人之稱、褐、毛布、賤者之服也、捆、扣椓竹角反之、欲其堅也、以爲食、賣以供食也、程子、曰許行所謂神農之言、乃後世、稱述上古之事、失其義理者耳、猶陰陽醫方、稱黃帝之說也、問許行爲神農之言而有君臣幷耕市不二價之說何耶朱子曰程子之言盡矣然以易考之二者皆神農之所爲也當時民淳事簡容或有如許行之說者及乎世變風移至於唐虞之際則雖神農復生亦當隨時以立政而不容固守其舊矣況許行之妄乃欲以是而行於戰國之時乎○慶源輔氏曰陰陽醫方所稱黃帝之說如素問靈樞之類是也使眞有神農黃帝之說傳於世孔孟豈得而不稱述之哉○新安陳氏曰後世小道必推古聖賢爲宗以求取信於世故也【備旨】昔文公因孟子之言欲行三代井田之法時有異端之徒託爲神農之言者許行乃自楚之滕踵門而告文公曰吾荊楚遠方之人聞君行井田之仁政斯民之幸也願受一廛而爲君之氓庶得以被至治之澤焉文公感其意之勤乃與以所居之處但見其從學之徒有數十人皆衣毛布之褐梱屨織席賣以供食隱然有非力不食之意矣

陳良之徒陳相이**與其弟辛**으로**負耒耜而自宋之滕**ᄒᆞ야**曰聞君**의**行聖人之政**ᄒᆞ니**是亦聖人也**ㅣ시니**願爲聖人氓**ᄒᆞ노이다

陳良의徒陳相이 그弟ㅣ辛으로더브러耒耜를負ᄒᆞ고宋으로브터滕에가ᄀᆞᆯ오ᄃᆡ君

의聖人의政行ᄒᆞ옴을聞호니이또ᄒᆞᆫ聖人이시니願컨댄聖人의氓이되려ᄒᆞ노이다

●陳良、楚之儒者、耜、所以起土、耒、其柄也、[備旨]時歸滕者又不止一許行也有陳良之徒陳相與其弟名辛者亦負耒耜而自宋之滕言於文公曰井田之法古聖人所以治天下之政也聞君行之是亦今之聖人也願受田而耕爲聖人之氓以沾仁政之澤焉此其歸附之意出於誠然者也

陳相이見許行而大悅ᄒᆞ야盡棄其學而學焉이러니陳相이見孟子ᄒᆞ야道許行之言曰滕君則誠賢君也ㅣ어니와雖然이나未聞道也ㅣ로다賢者ᄂᆞᆫ與民並耕而食ᄒᆞ며饔飧而治ᄒᆞᄂᆞ니今也애滕有倉廩府庫ᄒᆞ니則是厲民而以自養也ㅣ니惡得賢이리오 饔音雍飧音孫惡平聲

陳相이許行을見ᄒᆞ고크게悅ᄒᆞ야그學을다棄ᄒᆞ고學ᄒᆞ더니陳相이孟子를보ᄋᆞ와許行의言을닐어ᄀᆞᆯ오ᄃᆡ滕君인則진실로賢君이어니와비록그러나道를聞티몯ᄒᆞ야또다賢者ᄂᆞᆫ民으로더브러ᄀᆞᆯ와耕ᄒᆞ야食ᄒᆞ며饔飧ᄒᆞ고治ᄒᆞᄂᆞ니이제滕이倉廩과府庫를두니곧이民을厲ᄒᆞ야ᄡᅥ스스로養홈이니엇디시러곰賢ᄒᆞ리오

●饔飧、熟食也、朝曰饔、夕曰飧、言當自炊爨、七亂反以爲食、而兼治民事也、厲、病也、許行此言、蓋欲陰壞音怪孟子、分別必列反君子小人之法、[備旨]夫何邪說易以惑人陳相一見許行聞其所爲之言而大悅盡棄其學於陳良者而學許行焉於是陳相見孟子稱道許行之言曰滕君有志復古以行仁政則誠賢君也雖然猶未聞古聖人之道也彼賢者之君不欲勞民自養與民並耕以供己之食自爲饔飧以治人之事此古聖人之道而賢者所爲也今也滕

有倉廩之實府庫之充皆取諸民者則是厲病其民而取之以自養也其與並耕饔飧之道異矣惡得爲賢者哉蓋欲陰壞孟子之法也

孟子ㅣ曰許子ᄂᆞᆫ必種粟而後에食乎아曰然ᄒᆞ다許子ᄂᆞᆫ必織布而後에衣乎아曰否ㅣ라許子ᄂᆞᆫ衣褐이니라許子ᄂᆞᆫ冠乎아曰冠이니라曰奚冠고曰冠素ㅣ니라曰自織之與아曰否ㅣ라以粟易之니라曰許子ᄂᆞᆫ奚爲不自織고曰害於耕이니라曰許子ᄂᆞᆫ以釜甑爨ᄒᆞ며以鐵耕乎아曰然ᄒᆞ다自爲之與아曰否ㅣ라以粟易之니라 衣去聲與平聲

孟子ㅣᄀᆞᆯᄋᆞ샤ᄃᆡ 許子ᄂᆞᆫ반ᄃᆞ시粟을種ᄒᆞᆫ後에食ᄒᆞᄂᆞ냐ᄀᆞᆯ오ᄃᆡ然ᄒᆞ다許子ᄂᆞᆫ반ᄃᆞ시布를織ᄒᆞᆫ後에 衣ᄒᆞᄂᆞ냐ᄀᆞᆯ오ᄃᆡ아니라.許子ᄂᆞᆫ褐을衣ᄒᆞᄂᆞ니라許子ᄂᆞᆫ冠ᄒᆞᄂᆞ냐ᄀᆞᆯ오ᄃᆡ冠ᄒᆞᄂᆞ니라ᄀᆞᆯᄋᆞ샤ᄃᆡ므슴冠고ᄀᆞᆯ오ᄃᆡ素로冠ᄒᆞᄂᆞ니라ᄀᆞᆯᄋᆞ샤ᄃᆡᄉᆞᄉᆞ로織ᄒᆞᄂᆞ냐ᄀᆞᆯ오ᄃᆡ아니라 粟으로ᄡᅥ易ᄒᆞᄂᆞ니라ᄀᆞᆯᄋᆞ샤ᄃᆡ許子ᄂᆞᆫ엇디ᄉᆞᄉᆞ로織디아니ᄒᆞᄂᆞ뇨ᄀᆞᆯᄋᆞᄃᆡ耕에害홈이니라ᄀᆞᆯᄋᆞ샤ᄃᆡ 許子ᄂᆞᆫ釜ㅣ며甑으로ᄡᅥ爨ᄒᆞ며鐵로ᄡᅥ耕ᄒᆞᄂᆞ냐ᄀᆞᆯ오ᄃᆡ然ᄒᆞ다ᄉᆞᄉᆞ로ᄒᆞᄂᆞ냐ᄀᆞᆯ오ᄃᆡ否ㅣ라粟으로ᄡᅥ易ᄒᆞᄂᆞ니라

● 釜、所以煑、甑、所以炊、爨、然火也、鐵、耜屬也、此語八反、皆孟子問而陳相、對也、

【備旨】孟子闢許子並耕之非先即其身所難兼者詰之曰許子不能無食必待種粟而後食乎相應之曰然蓋徒知其所能爲而不知其所不能爲也故復問之曰有食必有衣許子必待織布而後衣乎相應之曰否許子衣褐不待織布也又問之曰有衣必有冠許子冠乎相則曰冠問其奚冠則曰冠素問其自織之與相則曰以粟易之及問其奚爲不自織則曰害於耕所以不自織也孟子猶欲多得其說而辯之故復問曰許子之爨也亦必資於釜甑其

耕也亦必資於鐵與相曰然又問曰自爲之與相曰否以粟易之是則許子之所能爲者獨一種粟耳自種粟外雖一衣冠一器械皆不能兼而爲之也蓋至此而相之言已窮孟子可以伸其辨矣

以粟易械器者ㅣ不爲厲陶冶ㅣ니陶冶ㅣ亦以其械器易粟者ㅣ豈爲厲農夫哉리오 且許子는何不爲陶冶ᄒᆞ야舍皆取諸其宮中而用之ᄒᆞ고何爲紛紛然與百工交易고何許子之不憚煩고曰百工之事는固不可耕且爲也ㅣ니라 舍去聲

粟으로ᄡᅥ械器를易ᄒᆞᄂᆞᆫ者ㅣ陶冶를厲홈이아니니陶冶ㅣ또ᄒᆞᆫ그械器로ᄡᅥ粟을易ᄒᆞᄂᆞᆫ者ㅣ엇디農夫를厲홈이리오또許子ᄂᆞᆫ엇디陶冶를ᄒᆞ야다몬다그宮中에取ᄒᆞ야用티아니ᄒᆞ고엇디紛紛히百工으로더브러交易ᄒᆞᄂᆞᆫ고엇디許子ᄂᆞᆫ煩을憚티아니ᄒᆞᄂᆞᆫ고ᄀᆞᆯ오ᄃᆡ百工의일은진실로可히耕ᄒᆞ고또ᄒᆞ다몯ᄒᆞᆯ꺼시니라

(註)此、孟子、言而陳相、對也、械、下戒反器、釜甑之屬也、陶、爲甑者、冶、爲釜鐵者、新安陳氏曰厲陶冶厲農夫之說乃是因行厲民自養之言承其厲字而明辯以闢之○雲峰胡氏曰樊遲欲學稼孔子斥之曰吾不如老農直謂其所學者小人之事而擧大人之事以答之孟子闢許行即此意也但遲之志陋不過欲自學之許之學僻欲以治國家此孟子所以深闢之也舍、止也、或讀屬音燭上句、舍、謂作陶冶之處也、

(備旨)孟子遂闢之曰農夫以粟易械器者乃以濟陶冶所無固不爲厲陶冶而陶冶亦以其械器易粟者乃以濟農夫所無亦豈爲厲農夫哉且許子既欲人君並耕何不一身自爲陶冶擧凡百工之器止皆取其宮中而用之何爲既易乎陶又易乎冶紛紛然與百工之人相交易煩亦甚矣何許子之不憚煩哉相曰耕者農之事陶冶者百工之事許子既事於耕則於百工之事固不可以耕而兼爲之也此其言蓋不覺自屈其並耕之說矣

然則治天下는獨可耕且爲與아有大人之事ᄒᆞ며有小人之事ᄒᆞ니
且一人之身而百工之所爲ㅣ備ᄒᆞ니如必自爲而後에用之면是
는率天下而路也ㅣ니라故로曰或勞心ᄒᆞ며或勞力이니勞心者는治人ᄒᆞ고
勞力者는治於人이라ᄒᆞ니治於人者는食人ᄒᆞ고治人者는食於人이天
下之通義也ㅣ니라　與平聲 食音嗣

그런則天下治ᄒᆞ욤은호올로可히耕ᄒᆞ고또ᄒᆞ랴大人의事ㅣ이시며小人의事ㅣ어
시니또一人의身에百工의ᄒᆞ는배備ᄒᆞ야시니만일에반ᄃᆞ시스ᄉᆞ로ᄒᆞᆫ후에用ᄒᆞ면
이는天下를率ᄒᆞ야路흠이니라故로ᄀᆞᆯ오ᄃᆡ或心을勞ᄒᆞ며或力을勞ᄒᆞᄂᆞ니心을勞
ᄒᆞ는者는人을治ᄒᆞ고力을勞ᄒᆞ는者는人의게治히인다ᄒᆞ니人의게治ᄒᆞ이는者는
人을食ᄒᆞ고人을治ᄒᆞ는者는人의게食ᄒᆞ임이天下앳通ᄒᆞᆫ義니라

●此以下、皆孟子言也、(新安陳氏曰百工之事不可耕且爲此亦陳相對得理明處故孟子即此二句以難之百工之事尚不可耕且爲而治天下國家乃可耕且爲歟)路、謂
奔走道路、無時休息也、治於人者、見治於人也、食人者、出賦稅、以給公上也、食於
人者、見食於人也、此四句、皆古語而孟子、引之也、(首有故曰字知其爲古語)君子、無小人則飢、小
人、無君子則亂、以此相易、正猶農夫、陶冶、以粟與械器相易、乃所以相濟、而非所

以相病也、治天下者、豈必耕且爲哉、南軒張氏曰滕文亦可謂賢君矣而不克終用孟子之說寂然無聞於後意者許行之言有以奪之也聽治於人者出力以食其上而治人者享其食焉此理天實爲之萬世所共由者故曰天下之通義也如許行之說則昧天理之當然務小惠以妨大德昵私情以妨正體卒歸於不可行耳【備旨】孟子因折之曰百工之事固不可耕且爲矣然則人君之治天下視農事之煩簡何如而獨可耕且兼爲之與彼治天下者大人責也大人自有大人之事耕者小人責也小人自有小人之事是以二者固不可得而兼也大人安得爲小人之事乎如必欲兼而爲之豈獨大人之不能兼哉且小人亦自有難兼者一小人之身其取足於百工之所爲者固無不備如必皆自爲而後用之則既業於此又騖於彼是率天下之人奔走道路無時休息也可見凡有所事皆不敢一有所兼而大人治天下不可使爲小人有斷然也故古語曰或爲君子而勞心焉或爲小人而勞力焉勞心者頒政敎以治人勞力者惟聽其命令而見治於人治於人者輸貢賦以食人治人者收其貢賦惟見食於人而已是故君子以治而易養小人以養而易治比乃天下通行之義蓋自古及今未之有改也並耕之說何其不達於義乎

當堯之時ᄒᆞ야天下ㅣ猶未平ᄒᆞ야洪水ㅣ橫流ᄒᆞ야氾濫於天下ᄒᆞ야草木暢茂ᄒᆞ며禽獸繁殖이라五穀不登ᄒᆞ며禽獸偪人ᄒᆞ야獸蹄鳥跡之道ㅣ交於中國이어늘堯獨憂之ᄒᆞ샤擧舜而敷治焉이어시늘舜이使益掌火ᄒᆞ신대益이烈山澤而焚之ᄒᆞ니禽獸ㅣ逃匿이어늘禹ㅣ疏九河ᄒᆞ며瀹濟漯而注諸海ᄒᆞ시며決汝漢ᄒᆞ며排淮泗而注之江ᄒᆞ시니然後에中國이可得而食也ᄒᆞ니當是時也ᄒᆞ야禹ㅣ八年於外에三過其門而不入ᄒᆞ시니雖欲耕이나得乎아 瀹音藥濟子禮反漯他合反

堯ㅅ時ᄅᆞᆯ當ᄒᆞ야天下ㅣ오히려平티몯ᄒᆞ야洪水ㅣ橫히流ᄒᆞ야天下애氾濫ᄒᆞ야草

木이暢茂ᄒᆞ며禽獸ㅣ繁殖ᄒᆞᆫ디라五穀이登티몯ᄒᆞ며禽獸ㅣ人에偪ᄒᆞ야獸蹄며鳥의跡의道ㅣ中國에交ᄒᆞ얏거ᄂᆞᆯ堯ㅣ호올로憂ᄒᆞ샤舜을擧ᄒᆞ야治ᄅᆞᆯ敷케ᄒᆞ여시ᄂᆞᆯ舜이益으로ᄒᆞ여곰火ᄅᆞᆯ掌ᄒᆞ신대益이山과澤을烈ᄒᆞ야焚ᄒᆞ니禽獸ㅣ逃匿ᄒᆞ거ᄂᆞᆯ禹ㅣ九河ᄅᆞᆯ疏ᄒᆞ며濟와漯을瀹ᄒᆞ야海예注ᄒᆞ시며汝와漢을決ᄒᆞ며淮와泗ᄅᆞᆯ排ᄒᆞ야江애注ᄒᆞ시니그런後애中國이可히시러곰食ᄒᆞ니이時ᄅᆞᆯ當ᄒᆞ야禹ㅣ外예八年이매세적그門을過호ᄃᆡ入디아니ᄒᆞ시니비록耕코져ᄒᆞ나得ᄒᆞ랴

●天下猶未平者、洪荒之世、生民之害多矣、聖人、迭興、漸次除治、至此尙未盡平也、洪、大也、橫流、不由其道、而散溢妄行也、氾濫、橫流之貌、暢茂、長(上聲)盛也、繁殖、衆多也、五穀、稻黍稷麥菽也、登、成熟也、道、路也、獸蹄鳥跡、交於中國、言禽獸多也、敷、布也、益、舜臣名、烈、熾也、禽獸逃匿然後、禹、得施治水之功、疏、通也、分也、九河、曰徒駭、曰太史、曰馬頰、曰覆釜、曰胡蘇、曰簡、曰潔、曰鉤盤、曰鬲(音隔)津、新安倪氏曰蔡氏書傳云按爾雅九河一曰徒駭二曰太史三曰馬頰四曰覆釜五曰胡蘇六曰簡潔七曰鉤盤八曰鬲津其一則河之經流也先儒不知河之經流遂分簡潔爲二此與集註小異書傳經朱子晩年訂正當以爲定也 瀹、亦疏通之意、濟漯、二水名、決排、皆去(上聲)其壅塞也、汝漢淮泗、亦皆水名也、據禹貢及今水路、惟漢水、入江耳、汝泗則入淮、而淮自入海、此謂四水、皆入于江、記者之誤也、朱子曰決汝漢排淮泗而注之江此但取其字數足以對偶而云爾只是行文之失無害於義理不必曲爲之說也○新安陳氏曰堯獨憂之所憂者大擧舜禹益而用之所憂在此何暇於並耕雖欲耕得乎是提掇耕事以照應前獨可耕且爲與一句[補旨]使並耕可爲堯舜當先爲之矣當堯之時洪荒初闢天下猶未盡平洪水橫流不由其道遂至氾濫於天下由是草木得洪水而暢茂禽獸得草木而繁殖民無耕稼之地而五穀不登矣禽獸偪近於人而獸蹄鳥迹之道交於中國矣洪水之害一至於此堯以天下爲己責獨勞心而憂之然堯又不能以一身治之也於是擧舜而敷治焉舜既承命遂擇官以分其任將使禹治洪水也乃先使益掌火益則烈山澤而焚之於是禽獸失所依皆逃匿而遠遁則治水之功可施矣禹任治水之責以西北之水莫大於九河濟漯於是疏通乎九河以分其勢瀹濟漯以殺其流而皆注諸海焉東南之水莫大於汝漢淮泗於是決汝漢以去其壅排淮泗以通其塞而皆注之江焉洪水既平則耕稼有地然後中國之民皆將可得而粒食也然當是治水之時也禹八年之久勞身於外三過其家門而不暇入禹之急於治水如此雖欲從事於耕得乎

后稷이 教民稼穡ᄒᆞ야 樹藝五穀ᄒᆞᆫ대 五穀이 熟而民人이 育ᄒᆞ니 人之有道也애 飽食煖衣ᄒᆞ야 逸居而無教ㅣ면 則近於禽獸ㅣ릴ᄉᆡ 聖人이 有憂之ᄒᆞ샤 使契爲司徒ᄒᆞ야 教以人倫ᄒᆞ시니 父子有親이며 君臣有義며 夫婦有別이며 長幼有序ㅣ며 朋友有信이니라 放勳이 曰勞之來之ᄒᆞ며 匡之直之ᄒᆞ며 輔之翼之ᄒᆞ야 使自得之ᄒᆞ고 又從而振德之ᄒᆞ라시니 聖人之憂民이 如此ᄒᆞ시니 而暇耕乎아

契音薛別彼列反長放皆上聲勞來去聲

后稷이民을稼穡을教ᄒᆞ야五穀을樹ᄒᆞ며藝ᄒᆞᆫ대五穀이熟ᄒᆞ야民人이育ᄒᆞ니人이道ㅣ이숌애食을飽히ᄒᆞ며衣를煖히ᄒᆞ야편히居ᄒᆞ고教ᄒᆞᆷ이업ᄉᆞ면곧禽獸에近ᄒᆞ릴ᄉᆡ聖人이憂ᄒᆞᆷ을두샤契로ᄒᆞ여곰司徒를삼아教호ᄃᆡ人倫으로ᄡᅥᄒᆞ시니父子ㅣ親이이시며君臣이義ㅣ이시며夫婦ㅣ別이이시며長幼ㅣ序ㅣ이시며朋友ㅣ信이시미니라放勳이ᄀᆞᆯᄋᆞ샤ᄃᆡ勞ᄒᆞ며來ᄒᆞ며匡ᄒᆞ며直ᄒᆞ며輔ᄒᆞ며翼ᄒᆞ야ᄒᆞ여곰ᄉᆞᄉᆞ

로得게ᄒᆞ고ᄯᅩ조ᄎᆞ振ᄒᆞ야德ᄒᆞ라ᄒᆞ시니 聖人의民을憂ᄒᆞ샴이이러ᄐᆞᆺᄒᆞ시니暇ᄒᆞ야耕ᄒᆞ라

●言水土平然後、得以敎稼穡、衣食足然後、得以施敎化、后稷、官名、棄、爲之、然言敎民則亦非並耕矣、樹、亦種也、藝、殖也、契、亦舜臣名也、司徒、官名也、人之有道、言其皆有秉彝之性也、然、無敎、則亦放逸怠惰而失之、故、聖人、設官、而敎以人倫、亦因其固有者而道(去聲)之耳、書、曰天叙有典、勅我五典五惇哉、此之謂也、慶源輔氏曰集註擧書以爲證者天叙即謂固有也勅而厚之即謂道之也○新安陳氏曰典者人道之常天所次序本有此典也勅正也我謂君也五典即父子至朋友五者是也惇厚也勅正自我即天叙之本然者而品節之然後有典別而爲五典而五者皆惇厚也惇典如言厚人倫 放勳、本史臣、贊堯之辭、孟子、因以爲堯號也、德、猶惠也、堯言勞(如字)者、勞之、來(如字)者、來之、邪者、正之、枉者、直之、輔以立之、翼以行之、使自得其性矣、又從而提撕警覺、(振解字)以加惠焉、不使其放逸怠惰而或失之、蓋命契之辭也、問振德是施惠否朱子曰是然不是財惠之惠只是施之以敎化上文匡直輔翼等事是也彼既自得之又從而敎之○慶源輔氏曰勞者勞之來者來之所以安其生也邪者正之枉者直之所以正其德也輔以立之翼以行之所以助其行也自得謂自得其性也振謂提撕警省也此乃大學新民之功也○新安陳氏曰聖人有憂之又言堯所憂者大使契爲司徒以敎民所憂在此何暇於並耕聖人之憂民如此而暇耕乎是再提掇耕事以照應獨可耕且爲與一句

備旨 然水土雖平民利未興聖人之心未已也舜又命后稷敎民稼穡之事以樹藝乎五穀由是五穀成熟而民人不至艱食皆得受生育之賜矣然民莫不有秉彝之道也若使徒飽食煖衣逸居而無敎則不知由其道而近於禽獸故堯舜聖人有憂之使契爲司徒之官敎以人倫之道父子則敎以慈孝之親君臣則敎以令共之義夫婦則敎以內外之別長幼則敎以友恭之序朋友則敎以相孚之信此五者人之大倫也既命契以敎之而放勳又告戒之曰民之用

力於倫者則獎勸以勞之民之歸向於倫者則誘掖以來之民之立心背於倫者則匡而正之民之所行戾乎倫者則矯而直之凡此勞來匡直正所以輔而立之翼以行之使之自得其性也既自得其性矣且又從而提撕警覺以如出成之恩焉堯之命契如此夫水土方平即思所以養之衣食既足又思所以敎之堯舜二聖人之勞心以憂民如此而暇爲耕之事乎哉

堯ㅣ以不得舜으로爲己憂ᄒᆞ시고舜이以不得禹皐陶로爲己憂ᄒᆞ시니夫以百畝之不易로爲己憂者ᄂᆞᆫ農夫也ㅣ니라 夫音扶 易去聲

堯ㅣ舜을得디몯ᄒᆞ욤으로ᄡᅥ己의憂를삼으시고舜이禹와皐陶를得디몯ᄒᆞ욤으로ᄡᅥ己의憂를삼으시니百畝의易티몯ᄒᆞ욤으로ᄡᅥ己의憂를삼ᄂᆞᆫ者ᄂᆞᆫ農夫ㅣ니라

(註)易、治也、堯舜之憂民、非事事而憂之也、急先務而已、所以憂民者、其大如此、則不惟不暇耕、而亦不必耕矣、 慶源輔氏曰擧農者之所憂以並堯舜之憂見其小大廣狹之不倫則不暇耕與不必耕可知矣○新安陳氏曰接上文三憂字而又發明出三憂字在三句中聖人之憂在不得聖賢而用之得而用之則足以釋己之憂矣此集註所謂急先務也聖人所以憂民者其大如此若農夫之憂憂之小者耳許行又欲聖人憂百畝之憂可乎(備旨)堯舜之憂民固不暇於耕矣然豈事事而憂之哉堯之心惟以不得舜爲己憂一得舜而堯之憂付之矣舜之心惟以不得禹皐陶爲己憂一得禹皐陶而舜之憂付之矣堯舜之憂其大如此若夫以百畝之田不易爲己憂者農夫小人勞力者之所爲也豈聖人之所憂哉

分人以財를謂之惠오教人以善을謂之忠이오爲天下得人者를謂之仁이니是故로以天下與人은易ᄒᆞ고爲天下得人은難ᄒᆞ니라 爲易並去聲

人을財로ᄡᅥ分ᄒᆞ욤을惠라닐ᄋᆞ고人을善으로ᄡᅥ敎ᄒᆞ욤ᄋᆞᆫ忠이라닐ᄋᆞ고天下를爲

ᄒᆞ야人을得ᄒᆞᄂᆞᆫ者를仁이라닐ᄋᆞᄂᆞ니이런故로天下로ᄡᅧ人을與홈은易ᄒᆞ고天下를爲ᄒᆞ야人을得ᄒᆞ욤은難ᄒᆞ니라

●分人以財、小惠而已、敎人以善、雖有愛民之實、然、其所及、亦有限人者對己而言而難久、敎之者僅己耳惟若堯之得舜、舜之得禹皐陶、乃所謂爲天下得人者、而其恩惠廣大、應惠字句敎化無窮矣、應忠字句此所以爲仁也、仁字可包惠字忠字○慶源輔氏曰以己之善而敎人使人皆爲善則是有愛民之實矣然其所及亦止於吾力之所能與吾身之所及而已故有限而難久也○堯之得舜舜之得禹皐陶則能廣吾力之所能而俾其恩惠極於廣大繼吾身之所存而俾敎化推於無窮矣然後可以謂之仁【備旨】堯舜之憂惟在於得人誠以得人之所係爲甚大也彼憂人失養而分人以財即其及人之澤謂之惠可也憂人無知而敎人以善即其愛民之實謂之忠可也惟爲天下得人若堯之得舜舜之得禹皐陶則其爲惠也大其爲忠也溥斯謂之仁焉夫仁覆天下而惟係於得人豈易言哉是故以天下與人但有公心者類能之猶易也若夫爲天下得人非有知人之哲者不能也不亦難哉此堯舜所以切切然而以不得人爲己憂也

孔子ㅣ曰大哉라堯之爲君이여惟天이惟大어늘惟堯ㅣ則之ᄒᆞ시니蕩蕩乎民無能名焉이로다君哉라舜也ㅣ여巍巍乎有天下而不與焉이라ᄒᆞ시니堯舜之治天下ㅣ豈無所用其心哉시리오마ᄂᆞᆫ亦不用於耕耳시니라

與去聲

孔子ㅣᄀᆞᆯᄋᆞ샤ᄃᆡ大타堯의君되옴이여오직天이大ᄒᆞ거늘오작堯ㅣ則ᄒᆞ시니蕩蕩ᄒᆞ다民이能히名티몯ᄒᆞ놋도다君답다舜이여巍巍ᄒᆞ다天下를두샤되與티아니ᄒᆞ시니堯舜의天下를治ᄒᆞ심이엇디그心을ᄡᅳ실배업ᄉᆞ리오마ᄂᆞᆫ또ᄒᆞᆫ耕에用티아

니ᄒᆞ시니라

●則、法也、蕩蕩、廣大之貌、君哉、言盡君道也、巍巍、高大之貌、不與、猶言不相關、言其不以位、爲樂音洛也、新安陳氏曰亦不用於耕耳至此三提掇耕事以照應收結獨可耕且爲與一句不特辯闢明白痛快文法亦照顧得好以上己辯倒許行之說下文乃責陳相也

備旨 夫堯舜用心之大觀孔子所稱可見矣昔孔子贊堯有曰大哉堯之爲君也惟天爲大惟堯則之蕩蕩乎德之廣大民無能名焉其贊舜有曰君哉舜也巍巍乎以匹夫有天下而若不與焉由孔子之言觀之則知堯舜之治天下所以致此蕩蕩巍巍者豈無所用其心哉亦以所憂者在於爲天下得人以盡大人之事而不用於耕耳使堯舜用心於耕則是以小人之事爲事矣何以成此蕩蕩巍巍之功哉甚矣許行之謬也

吾聞用夏變夷者ㅣ오 未聞變於夷者也ㅣ케라 陳良은 楚產也ㅣ니 悅周公仲尼之道ᄒᆞ야 北學於中國이어늘 北方之學者ㅣ 未能或之先也ᄒᆞ니 彼所謂豪傑之士也ㅣ라 子之兄弟ㅣ 事之數十年이라가 師死而遂倍之온여

내夏ᄅᆞᆯ用ᄒᆞ야夷ᄅᆞᆯ變ᄒᆞᆯ者ᄅᆞᆯ듣고 夷의게變ᄒᆞ인者ᄅᆞᆯ듣 디몯게라陳良은楚人産이니周公과仲尼의道ᄅᆞᆯ悅ᄒᆞ야北으로中國에學ᄒᆞ거ᄂᆞᆯ北方읫學ᄒᆞᄂᆞᆫ者ㅣ能히或先티몯ᄒᆞ니데닐온밧豪傑읫士ㅣ라子의兄弟ㅣ數十年을事ᄒᆞ다가師ㅣ死커ᄂᆞᆯ드듸여倍ᄒᆞ곤여

●此以下、責陳相、倍音佩師而學許行也、夏、諸夏禮義之敎也、變夷、變化蠻夷之人

也、變於夷、反見變化於蠻夷之人也、産、生也、陳良、生於楚、在中國之南故、北遊而學於中國也、先、過也、豪傑、才德出衆之稱、言其能自拔於流俗也、倍、與背同、言陳良、用夏變夷、陳相、變於夷也、慶源輔氏曰陳良楚人而北學於中國則是用夏變夷陳相素學於陳良乃爲許行所變則是變於夷也【備旨】子乃稱述許行亦異乎吾所聞矣吾聞用諸夏禮義之敎變蠻夷之俗者未聞中國禮義之敎反受變於蠻夷者也子之師陳良南楚所産之人也然生於楚而不囿於於楚悅周公仲尼之道得統於堯舜遂北游而學於中國雖北方之人學於周孔者亦不過與良相頡頏未能或之先也彼誠拔出流俗所謂豪傑之士也其用夏變夷如此夫固師之終身可也乃子之兄弟事之數十年矣周孔之道聞之不爲不久矣迨師死未幾而遂棄其學以從異端之許行若子者非所變拔於夷者耶

昔者애 孔子ㅣ 沒커시늘 三年之外예 門人이 治任將歸ᄒᆞᆯᄉᆡ 入揖於子貢ᄒᆞ고 相嚮而哭ᄒᆞ야 皆失聲然後에 歸어늘 子貢은 反築室於場ᄒᆞ야 獨居三年然後에 歸ᄒᆞ니라 他日애 子夏子張子游ㅣ 以有若似聖人이라ᄒᆞ야 欲以所事孔子로 事之ᄒᆞ야 彊曾子ᄒᆞᆫ대 曾子ㅣ 曰不可ᄒᆞ니 江漢以濯之며 秋陽以暴之라 皜皜乎不可尙已라ᄒᆞ시니라 任平聲彊上聲暴蒲木反皜音杲

녯孔子ㅣ 沒커시늘三年ㅅ外예 門人이 任을治ᄒᆞ야 장ᄎᆞᆺ歸ᄒᆞᆯᄉᆡ 入ᄒᆞ야 子貢의게 揖ᄒᆞ고서르嚮ᄒᆞ야哭ᄒᆞ야다聲을失ᄒᆞᆫ後에歸ᄒᆞ거늘子貢은反ᄒᆞ야場애 室을築ᄒᆞ야호올로三年을居ᄒᆞᆫ後에歸ᄒᆞ니라他日에 子夏와子張과子游ㅣ 有若으로ᄡᅥ聖人곧다ᄒᆞ야孔子事ᄒᆞ던바로ᄡᅥ事코져ᄒᆞ야曾子ᄭᅴ 彊ᄒᆞᆫ대曾子ㅣ ᄀᆞᆯᄋᆞ샤ᄃᆡ 可티아니ᄒᆞ

니江漢으로써濯ᄒᆞ며秋陽으로써暴ᄒᆞᆫ디라皜皜ᄒᆞᆷ다可히尙티몯ᄒᆞ리라ᄒᆞ시니라

●三年、古者爲(去聲)師、心喪三年、若喪父而無服也、記檀弓事師無犯無隱左右就養無方服勤至死心喪三年又云孔子之喪門人疑所服子貢曰昔者夫子之喪顔淵若喪子而無服喪子路亦然請喪夫子若喪父而無服任、擔(都濫反)也、場、冢上之壇場也、有若似聖人、蓋其言行(去聲)氣象、有似之者、如檀弓、所記子游、謂有子之言、似夫子之類、是也、記檀弓上有子問於曾子曰問喪於夫子乎(問鄭讀爲聞喪去聲謂仕失位去國也)曰聞之矣喪欲速貧死欲速朽有子曰是非君子之言也曾子曰參也與子游聞之有子曰然然則夫子有爲(去聲)言之也曾子以斯言告於子游子游曰甚哉有子之言似夫子也昔者夫子居於宋見桓司馬自爲石槨三年而不成(桓司馬宋向戌之孫名魋)夫子曰若是其靡也死不如速朽之愈也死之欲速朽爲桓司馬言之也南宮敬叔反(敬叔孟僖子之子仲孫閱蓋嘗失位去魯而得反)必載寶而朝夫子曰若是其貨也喪不如速貧之愈也喪之欲速貧爲敬叔言之也曾子以子游之言告於有子有子曰然吾固曰非夫子之言也曾子曰子何以知之有子曰夫子制於中都(中都魯邑名孔子嘗爲之宰爲民作制)四寸之棺五寸之槨以斯知不欲速朽也昔者夫子失魯司寇將之荊(將應聘於楚)蓋先之以子夏又申之以冉有以斯知不欲速貧也所事孔子、所以事夫子之禮也、江漢、水多、言濯之潔也、秋日、燥烈、言暴之乾(音干)也、皜皜、潔白貌、尙、加也、言夫子、道德明著、光輝潔白、非有若、所能彷(妃兩反)彿(音弗)也、或、曰此三語者、孟子、贊美曾子之辭也、(備旨)獨未聞聖門之尊其師者乎昔者孔子沒至於三年之外門人心喪已畢各治其任將歸時以子貢主喪事入揖辭之彼此相嚮而哭皆至失聲然後歸門人追慕其師如此子貢獨不忍遽去反而築室於壇場之上獨居三年然後歸子貢之追慕其師又如此他日子夏子張子游以有若言行氣象有似聖人欲以所事孔子之禮事之以慰其思慕之意而彊曾子與之同事曾子曰不可師原論道德不論形似吾夫子之道德極其純粹而無雜其諸江漢以濯之者矣又極其明著而無累其諸秋陽以暴之者矣皜皜乎擧天下之言潔白無以加乎其上已豈有若所能彷彿哉是曾子篤信其師而不忍倍者又如此

今也애南蠻鴃舌之人이非先王之道ㅣ어늘子ㅣ倍子之師而學

之ᄒᆞ니亦異於曾子矣로다 鴂亦作䳆 古沒反

이제南蠻人鴂舌읫사ᄅᆞᆷ이 先王의道ㅣ아니어ᄂᆞᆯ子ㅣ子의師ᄅᆞᆯ倍ᄒᆞ고學ᄒᆞ니ᄯᅩᄒᆞᆫ曾子애셔다ᄅᆞ도다

● 鴂、博勞也、惡聲之鳥、南蠻之聲、似之、指許行也、備旨夫有若雖不及聖德而猶有似於聖人曾子尙不忍以輕事之今許行乃南蠻鴂舌之人所學異端本非先王之道與子之師正相反者也乃倍子之師而學之亦大異於曾子之尊師者矣

吾聞出於幽谷ᄒᆞ야遷于喬木者ㅣ오未聞下喬木而入於幽谷者케라

내幽谷애出ᄒᆞ야 喬木애遷ᄒᆞᄂᆞᆫ者ᄅᆞᆯ 듣고喬木애下ᄒᆞ야幽谷애入ᄒᆞᄂᆞᆫ者ᄅᆞᆯ듣디몯게라

● 小雅伐木之詩、云伐木丁丁、中耕反 鳥鳴嚶嚶、出自幽谷、遷于喬木、新安陳氏曰譬陳相由高趨下不如禽能舍下遷喬也備旨且人之擇所從猶鳥之擇所止吾聞出於幽谷之卑遷於喬木之高者未聞反下喬木而入於幽谷者今陳良誦法先王如喬木之高許行溺於異端如幽谷之卑子乃倍陳良而學許行是下喬木而入於幽谷也誠鳥之不如矣豈吾所聞哉

魯頌에曰戎狄是膺ᄒᆞ니荊舒是懲이라ᄒᆞ니周公이方且膺之어시ᄂᆞᆯ子是之學ᄒᆞ니亦爲不善變矣로다

魯頌애ᄀᆞᆯ오ᄃᆡ戎狄을이膺ᄒᆞ니荊과舒ㅣ이에懲타ᄒᆞ니周公이보야ᄒᆞ로ᄯᅩ膺ᄒᆞ거

는子ㅣ이를學ᄒᆞ니ᄯᅩᄒᆞᆫ善히變티몯홈이로다

●魯頌、閟宮之篇也、膺、擊也、荆、楚本號也、舒、國名、近楚者也、懲、艾音乂也、今按此詩、爲僖公之頌、而孟子、以周公言之、亦斷章取義也、斷都管反截之使斷也若自然判絶則徒管反○新安陳氏曰不善變謂變於夷也[備旨]且魯頌閟宮之詩曰於戎狄則膺而逐之於荆舒則懲而伐之夫戎狄荆舒周公方且膺之今子從是人而學之所謂變於夷者亦爲不善變矣然則子不惟曾子之罪人亦周公之罪人也

從許子之道則市賈ㅣ不貳ᄒᆞ야國中이無僞ᄒᆞ야雖使五尺之童으로適市라도莫之或欺니布帛長短이同則賈相若ᄒᆞ며麻縷絲絮輕重이同則賈相若ᄒᆞ며五穀多寡ㅣ同則賈相若ᄒᆞ며屨大小ㅣ同則賈相若이니라 賈音價下同

許子의道를從ᄒᆞ면市賈ㅣ貳티아니ᄒᆞ야國中이僞ㅣ업서비록五尺童으로ᄒᆞ여곰市에適ᄒᆞ야도欺ᄒᆞ리업ᄉᆞ리니布와帛이長이며短이同ᄒᆞ면賈ㅣ서르ᄀᆞᄐᆞ며麻와縷와絲와絮ㅣ輕이며重이同ᄒᆞ면賈ㅣ서르ᄀᆞᄐᆞ며五穀이多ㅣ며寡ㅣ同ᄒᆞ면賈ㅣ서르ᄀᆞᄐᆞ며屨ㅣ大며小ㅣ同ᄒᆞ면賈ㅣ서르ᄀᆞᄐᆞ니라

●陳相、又言許子之道、如此、蓋神農、始爲市井故、許行又託於神農、而有是說也、五尺之童、言幼小無知也、許行、欲使市中所粥余六反之物、皆不論精粗美惡、但以長

短輕重多寡大小、爲價也、慶源輔氏曰若不以精粗(去)惡言之則無由說得通此義未有人看得出至集註而義始明○雙峰饒氏曰長短以丈尺言輕重以權衡言多寡以斗斛言皆是比而同之與共耕相似便是齊物剖斗折衡而民不爭之說凡託神農黃帝者皆老氏之說也【備旨】陳相又變其辭曰許行並耕之說雖不可從然從許子治市之道則物得其平而市賈不貳交易得宜而國中無僞雖使五尺之童適市以貿易人亦莫之或欺如布與帛但以丈尺長短同則賈即相若如麻與縷絲與絮但以斤兩輕重同則賈即相若如五穀但以斗石多寡同則賈即相若如屨但以尺寸大小同則賈即相若市賈之不貳如此此許子之道之善而有可從者也

曰夫物之不齊는物之情也ㅣ니或相倍蓰ᄒᆞ며或相什伯ᄒᆞ며或相千萬이어늘子ㅣ比而同之ᄒᆞ니是는亂天下也ㅣ로다巨屨小屨ㅣ同賈ㅣ면人豈爲之哉리오從許子之道ㅣ면相率而爲僞者也ㅣ니惡能治國家ㅣ리오　夫音扶蓰音師又山綺反比必二反惡平聲

ᄀᆞᆯᄋᆞ샤ᄃᆡ物의齊티아니홈은物의情이니或서로倍ᄒᆞ며蓰ᄒᆞ며或서르什ᄒᆞ며伯ᄒᆞ며或서르千ᄒᆞ며萬ᄒᆞ거늘子ㅣ比ᄒᆞ야同케ᄒᆞ니이ᄂᆞᆫ天下ᄅᆞᆯ亂홈이로다巨ᄒᆞᆫ屨와小ᄒᆞᆫ屨ㅣ賈ㅣ同ᄒᆞ면人이엇디ᄒᆞ리오許子의道ᄅᆞᆯ從ᄒᆞ면서르率ᄒᆞ야僞ᄅᆞᆯ홈이니엇디能히國家ᄅᆞᆯ治ᄒᆞ리오

●倍、一倍也、蓰、五倍也、什伯千萬、皆倍數也、比、次也、孟子、言物之不齊、乃其自然之理、新安陳氏曰情實也自然之理即所謂物之實理也 其有精粗、猶其有大小也、若大屨小屨、同價、則人

豈肯爲其大者哉、今不論精粗、使之同價、是、使天下之人、皆不肯爲其精者、而競爲濫惡之物、以相欺耳、慶源輔氏曰物之不齊乃物之情而實天之理也物各付物止於其所吾何容心於其間哉若強欲齊之私意橫生徒爲膠擾而物終不可齊也故莊周之齊物强欲以理齊之猶爲賊夫道況乎許子遂欲一天下之物而泯其一定之分其蔽豈不甚哉孟子應以物之不齊物之情也斯言足以發明天理之大不但可以闢許行而莊周之說併可坐見其偏矣○東陽許氏曰此章孟子曰以下三大節自許子必種粟而後食乎至不用於耕耳闢其假託神農之言吾聞用夏變夷至不善變矣責其倍師從許子之道以下陳相之遁辭故又闢其市賈不貳之說【備旨】孟子又辯之曰氣化有參差人事有巧拙夫物之美惡精麤不齊者乃其自然之情也就其不齊者而較之或自一而相去一倍五倍焉或自一而相去什倍百倍焉或自一而相去千倍萬倍焉物之不齊如此子欲比其不齊之物而同之使無異賈則物情不得其平人心日趨於詐是亂天下之道也試即子之所謂屨者言之物之有精麤美惡猶屨之有大小也設使巨屨與小屨同賈則人豈肯爲其巨者哉然則精者與麤者同賈則人豈肯爲其精者哉若從許子齊賈之道是使天下之人相率而爭爲濫惡之物以相欺僞也本欲去僞適以長僞惡能治國家哉是不惟並耕之說不可從而治市之道亦不可從矣子從而學之何哉

○墨者夷之ㅣ因徐辟而求見孟子ᄒᆞᆫ대孟子ㅣ曰吾ㅣ固願見이라니今吾ㅣ尙病이라病愈ㅣ어든我且往見호리니夷子ᄂᆞᆫ不來니라 辟音壁又音闢

墨ᄒᆞᄂᆞᆫ者夷之ㅣ徐辟을因ᄒᆞ야孟子ᄭᅴ 보ᄋᆞ옴을 求ᄒᆞᆫ대孟子ㅣᄀᆞᆯᄋᆞ샤ᄃᆡ 내 본ᄃᆡ見코자願ᄒᆞ다니 이제 내 오히려病ᄒᆞᆫ디라 病이 愈커든 내 ᄯᅩ往ᄒᆞ야 見호리니 夷子ᄂᆞᆫ 來티 아니홀ᄯᅵ니라

●墨者、治墨翟之道者、夷、姓、之、名、徐辟、孟子弟子、孟子稱疾、疑亦託辭、以觀其意之誠否、雲峯胡氏曰許行與民幷耕之說是欲以其君下同於庶民墨子兼愛之說是欲以其親泛同於衆人皆非聖人之道而自爲一端此孟子所以深闢之也【備旨】時有治墨翟之道名夷之者因徐辟而求見孟子蓋歸儒之一機也孟子未知其意之誠否姑託病而辭之曰夷子之來吾固願見今吾尙病未能見也病愈我且往見夷子不必來也此非孟子眞欲往敎而卻其來正待其能再來以爲施敎之地耳

他日애又求見孟子ᄒᆞᆫ대孟子ㅣ曰吾ㅣ今則可以見矣어니와不直則道不見ᄒᆞᄂᆞ니我且直之호리라吾聞夷子ᄂᆞᆫ墨者ㅣ라호니墨之治喪也ᄂᆞᆫ以薄爲其道也ㅣ라夷子ㅣ思以易天下ᄒᆞᄂᆞ니豈以爲非是而不貴也ㅣ리오然而夷子ㅣ葬其親이厚ᄒᆞ니則是以所賤事親也ㅣ로다　不見之見音現

他日애ᄯᅩ孟子보ᄋᆞ옴을求ᄒᆞᆫ대孟子ㅣ골ᄋᆞ샤ᄃᆡ내이제면可히ᄡᅧ見ᄒᆞ려니와直디아니면道ㅣ見티아니ᄒᆞᄂᆞ니내ᄯᅩ直호리라나ᄂᆞᆫ듣오니夷子ᄂᆞᆫ墨者ㅣ라호니墨의喪을治ᄒᆞ옴은薄으로ᄡᅧ그道를삼ᄂᆞᆫ디라夷子ㅣ思호ᄃᆡᄡᅧ天下를易호려ᄒᆞᄂᆞ니엇디ᄡᅧ是티아니타ᄒᆞ야貴히아니너기리오그러나夷子ㅣ그親을葬ᄒᆞ옴이厚ᄒᆞ니곧이賤ᄒᆞᄂᆞᆫ바로ᄡᅧ親을事홈이로다

●又求見則其意已誠矣、故、因徐辟、以質之如此、直、盡言以相正也、莊子、曰墨子、生不歌、死無服、桐棺三寸而無槨、莊子天下篇古人喪禮貴賤有儀上下有等天子棺槨七重諸侯五重大夫三重士再重今墨子獨生不歌死不服桐棺三寸而無槨以爲法式 是、墨之治喪、以薄爲道也、易天下、謂移易天下之風俗也、夷子、學於墨氏、而不從其敎、其心、必有所不安者、故、孟子、因以詰克乙反之、問夷之請見而孟子終不見之何也朱子曰孟子雖以闢邪說爲己任然不過講明其說傳之當世使聞者有以發悟於心而自得之耳固不輕接其人交口競辯以屈吾道之尊也譬如蠻夷寇賊之害聖人固欲去之然豈肯被甲執兵而親與之角哉○慶源輔氏曰夷子雖師墨氏之敎至於葬親之時天理自然發動有不得如其師之說者故不用其制而凡事從厚也此於人情固宜有之故孟子因擧此一事以詰之而下文又擧喪葬之說以發其意此正夷子之天理一點明處也【備旨】他日夷子又因徐辟以求見孟子則其意己誠矣孟子語徐辟曰吾今病愈可以見夷子矣但墨道與吾道不同使我不盡言以正其非則吾儒之道不見其爲是也我且未見而先直之吾聞夷子乃學於墨氏之道者墨氏之治喪也尸棺椁之類概以薄爲其道也夷子思以其道移易天下之風俗豈以墨氏之道爲非是而不貴尙之哉既以薄爲貴則必以厚爲賤矣然而夷子所以葬其親者卻從厚則是以墨氏所賤之道事其親也是何心哉

徐子ㅣ以告夷子ᄒᆞᆫ대夷子ㅣ曰儒者之道애古之人이若保赤子ㅣ라ᄒᆞ니此言은何謂也오之則以爲愛無差等이오施由親始라ᄒᆞ노라徐子ㅣ以告孟子ᄒᆞᆫ대孟子ㅣ曰夫夷子는信以爲人之親其兄之子ㅣ爲若親其鄰之赤子乎아彼有取爾也ㅣ니赤子匍匐將入井이非赤子之罪也ㅣ라且天之生物也ㅣ使之一本이어늘而夷子는二本故也ㅣ로다

夫音扶下同匍音蒲匐蒲北反

徐子ㅣ 뻐 夷子ᄃᆞ려 告ᄒᆞᆫ대 夷子ㅣᄀᆞᆯ오ᄃᆡ 儒者의 道애 녯사ᄅᆞᆷ이 赤子保ᄒᆞᆷᄀᆞᆮ티ᄒᆞ다ᄒᆞ니 이 言은 엇디 닐옴고 之는 뻐ᄒᆞ요ᄃᆡ 愛ᄒᆞᆷ은 差等이 업고 施ᄒᆞᆷ은 親으로브터 始ᄒᆞᆯ꺼시라ᄒᆞ노라 徐子ㅣ 뻐 孟子ᄭᅴ 告ᄒᆞᆫ대 孟子ㅣᄀᆞᆯᄋᆞ샤ᄃᆡ 夷子는 진실로 뻐ᄒᆞ요ᄃᆡ 人의 그 兄의 子를 親히 ᄒᆞᆷ이 그 隣읫 赤子ᄅᆞᆯ 親히 ᄒᆞᆷᄀᆞᆮ다ᄒᆞᄂᆞ냐 뎌는 取ᄒᆞᆷ이 인ᄂᆞ니 赤子의 匍匐ᄒᆞ야 쟝ᄎᆞᆺ 井에 入ᄒᆞᆷ이 赤子의 罪아니라 ᄯᅩ 天의 物을 生ᄒᆞ욤이 ᄒᆞ여곰 一本이

어늘夷子는二本인故ㅣ로다

●若保赤子、周書康誥篇文、此、儒者之言也、夷子、引之、蓋欲援(音爰)儒而入於墨、(慶源輔氏曰夷子蓋以儒者若保赤子是愛他人子如愛我之赤子有似於墨子愛無差等之說故謂其欲引儒家入墨教中去)以拒孟子之非己、又曰愛無差(楚宜反)等、施由親始、則推(吐灰反)墨而附於儒、(新安陳氏曰之又曰墨氏兼愛之學愛其親與愛外人無差等之殊但施則自親始耳施由親始一句髣髴竊取儒家立愛自親始之意是推墨氏而依附於儒家也)以釋己所以厚葬其親之意、皆所謂遁辭也、(新安陳氏曰理屈辭窮强爲此說以自逃遁也)孟子、言人之愛其兄子、與隣之子、本有差等、書之取譬、本爲(去聲)小民無知而犯法、如赤子無知而入井耳、(慶源輔氏曰彼有取爾也一句先儒說皆不明白今斷以爲書之取譬方說得通蓋非謂愛凡人之赤子與兄弟之子一般也言兄弟之子而不言己子者蓋兄弟之子卽與己之子無異也)且人物之生、必各本於父母而無二、乃自然之理、若天使之然也、故、其愛由此立、而推以及人、自有差等、今如夷子之言、則是視其父母本無異於路人、但其施之之序、姑自此始耳、非二本而何哉、然、於先後之間、猶知所擇、則又本心之明、有終不得而息者、此其所以卒能受命、而自覺其非也、(問愛無差等夷子既知此說使當一親疎合貴賤方得今却曰施由親始則是又將親疎對待而言豈非吾之愛又有差等也哉其辭牴牾信乎其遁而窮矣朱子曰夷之所說愛無差等此其大病其言施由親始雖若粗有差別然亦是施此無差等之愛耳故孟子但責其二本而不論其下句之自相矛盾也夷之所以卒能感動而自知其非蓋因下文極言非爲人泚之心有以切中其病耳此是緊要處當著眼目○施由親始一句乃是夷子臨時撰出來湊孟子却不知愛無差等一句已自不是了他所謂施由親始便是把愛無差等之心施之然把愛人之心推來愛親是甚道理○人之有愛本由親立推而及物自有等級今夷子先以愛無差等而施之則由親始此夷子所以二本○事他人之親如己之親則是兩箇一樣重了如一本有兩根也○愛無差等何止二本蓋千萬本也○問夷子學於墨矣而必推其說以求合於儒何也曰天下之理其本有正而無邪其始有順而無逆故天下之勢正而順者常重而無待於外邪而逆者常輕而不得不資諸人此理勢之必然也胡不以近世之佛學觀之吾所以拒彼者至矣彼未嘗不求自附於吾儒蓋不如是則尤反側而無以自安也其理之悖說之窮於此亦可槩見惜世無孟子無能因其所明以誘之者是以卒於漂蕩而不反也○慶源輔氏曰書曰立愛惟親記曰立愛自親始蓋愛必始於愛親因事親以立其愛即所謂孝弟爲仁之本也然後推以及民及物自有差等輕重此仁義所以相爲用也夷子雖陷於墨敎而其天理一點之明終有不可息滅者此蓋秉彝之心也故其先親後疎之際猶知所擇而不至於逆施故孟子之言得因所明而入之夷子亦得因其明而受之也○雙峯饒氏曰夷之引若保赤子來證愛無差等孟子謂其差認了此句意彼有取爾也是說周書別有所取譬也下二句却解周書本意又曰一本便有厚薄如木然根幹枝葉自有大小次第二本則天下皆是父母無分根幹枝葉了蓋親而仁民仁民而愛物各有差等不同夷子不識以爲愛無差等○雲峯胡氏曰本文云使之一本而集註以自然之理釋之蓋纔謂之使便似涉於人爲今曰天使之則莫之爲而爲故人物之生萬有不齊無不一本而生者若使之然莫非自然是之謂天夷子二本非天矣集註後節釋掩之誠是也以爲若所當然正與此自然二字相應蓋凡人事之所當然者即本於天理之自然者也【備旨】徐子以孟子之言告夷子夷子自辯其是曰孟子謂我兼愛爲非彼儒者之道未始不是兼愛如康誥所言古人保民若保赤子此言果何謂也不猶吾之兼愛者乎在之則以爲赤子至親也以赤子視天下亦親也故愛本無差等之異但所施之序則由親始耳此吾所以厚葬其親也豈以所賤事親乎徐子以夷子之言告孟子孟子又解書之意以闢之曰夫夷子據如保赤子之言信以爲人之親其兄之子爲若愛其鄰之赤子而果無差等乎彼書之言固有所取爾也書之言本爲小民無知而犯法非小民之罪如赤子無知而匍匐將入井非赤子之罪也故保民若保赤子耳非謂愛其兄之子一若愛其鄰之赤子也謂儒者之道亦兼愛不亦謬乎且天之生物也受氣於父成形於母其本原一而無二若天使之然者惟其本出於一故愛亦主於一今夷子謂愛無差等則親固其親而路人亦其親矣是人皆一本而夷子二本故也雖施由親始豈同於儒者之立愛惟親哉

蓋上世예 嘗有不葬其親者ㅣ러니 其親이 死커늘 則擧而委之於壑ᄒᆞ고 他日過之ᄒᆞᆯ시 狐狸ㅣ 食之ᄒᆞ며 蠅蚋ㅣ 姑嘬之어늘 其顙有泚ᄒᆞ야 睨而不視ᄒᆞ니 夫泚也ᄂᆞᆫ 非爲人泚ㅣ라 中心이 達於面目이니 蓋歸ᄒᆞ야 反虆梩而

掩之ᄒᆞ니 掩之ㅣ 誠是也ㅣ면 則孝子仁人之掩其親이 亦必有道矣리라 蚋音汭嘬楚怪反泚七禮反睨音詣爲去聲虆力追反梩力知反

上世예일즉그親을葬티아니ᄒᆞᆫ者ㅣ잇더니그親이死커늘곧擧ᄒᆞ야壑애委ᄒᆞ고他日에過ᄒᆞᆯ써狐와狸ㅣ食ᄒᆞ며蠅과蚋ㅣ嘬ᄒᆞ거늘그顙애泚ㅣ이셔睨ᄒᆞ고視티몯ᄒᆞ니泚ᄒᆞ욤은人을爲ᄒᆞ야泚홈인줄이아니라中心이面目애達홈이니歸ᄒᆞ야虆와梩로反ᄒᆞ야掩ᄒᆞ니掩ᄒᆞ욤이진실로是ᄒᆞ면곧孝子와仁人의그親을掩홈이ᄯᅩ반ᄃᆞ시道ㅣ인ᄂᆞ니라

●因夷子厚葬其親而言此、以深明一本之意、上世、謂太古也、委、棄也、壑、山水所趨也、蚋、蚊屬、姑、語助聲、或曰螻(音婁)蛄(音姑)也、嘬、攢(徂官反)共食之也、顙、額也、泚、泚然汗出之貌、睨、邪視也、視、正視也、不能不視、而又不忍正視、哀痛迫切、不能爲心之甚也、非爲人泚、言非爲他人見之而然也、所謂一本者、於此見之、尤爲親切、蓋惟至親故、如此、在他人、則雖有不忍之心、而其哀痛迫切、不至若此之甚矣、反、覆也、虆、土籠(盧紅反)也、梩、土轝(音預)也、於是、歸而掩覆(敷救反)其親之尸、此、葬埋之禮、所由起也、此掩其親者、若所當然、則孝子仁人、所以掩其親者、必有其道、而不以薄爲貴矣、 慶源輔氏曰此又孟子畧其遁辭而專以其良心之發有不容已處深明夫惟一本故其於親之喪哀痛迫切非他人之所可得同者而因以見先王所制葬埋之禮必誠必信勿之有悔者固皆自然之理而墨子二本薄葬之說爲杜撰妄作而不可行也○雙峯饒氏曰厚葬其親發於其心之不能自已這便是夷子求見孟子之萌芽孟子就擧上世不葬其親之說亦見得發於不容已蓋上世不葬其親這一人於心有所不安却掩之葬親之事自此始若以爲掩得是則孝子仁人之掩其親亦必自有箇道理以此觀之則厚葬其親自有不容已者葬其親厚則愛無差等之說不攻自破矣集註若所當然四字說掩之誠是一句佳 備旨 以一本之理言之盖上古之世法制未備嘗有不葬其親者其親死則擧而委之於山水所趨之壑至於他日過之則見夫狐狸群而食之蠅蚋姑聚而嘬之於是其顙泚然汗出但邪視而不忍正視夫泚也非爲他人見之而有此泚也乃其哀痛迫切之情由中心而達於面目無所爲而然者也於是歸取虆梩反土而掩之後世葬埋之理從玆起矣夫此掩其親者若所當然則孝子仁人之所以掩其親者亦必有道而不以薄爲貴矣盖惟其本之一故其葬之厚彼夷子之厚葬正於仁孝之心一本之道有合焉顧乃蔽於愛無差等之學謂之何哉

徐子ㅣ以告夷子ᄒᆞᆫ대夷子ㅣ憮然爲間曰命之矣샷다 憮音武 間如字

徐子ㅣ써失子ᄃᆞ려告ᄒᆞᆫ대夷子ㅣ憮然히爲間ᄒᆞ야ᄀᆞᆯ오ᄃᆡ之ᄅᆞᆯ命ᄒᆞ샷다

● 憮然、茫然自失之貌、爲間者、有頃之間也、命、猶敎也、言孟子、已敎我矣、朱子曰之字夷子名若作虛字不成句法 蓋因其本心之明、以攻其所學之蔽、是以、吾之言、易去聲下同入、而彼之惑、易解也、 慶源輔氏曰孟子因夷之本心之明而入之得易納約自牖之義○雲峰胡氏曰夷子之學墨非也而葬其親厚此一厚字猶是夷子行得是處愛無差等施由親始夷子之所言非也然此一始字猶是夷子說得是處所以可因其本心之明而敎之也○新安陳氏曰驗人性之本善於此章尤可見焉 備旨 徐子以孟子之言告夷子夷子即自覺墨道之非悟儒道之正憮然自失爲間曰始吾學於墨氏而不知其非也今聞夫子之言乃知天性果無二本葬親果當從厚夫子固己敎我矣

原本備旨孟子集註卷之五終

原本備旨孟子集註卷之六

滕文公章句下

凡十章 勿軒熊氏曰七章言出處之道二章言仁政一章言異端

陳代曰不見諸侯ㅣ宜若小然ᄒᆞ이다 今一見之ᄒᆞ시면 大則以王이오 小則以霸ㅣ니 且志에 曰枉尺而直尋이라 ᄒᆞ니 宜若可爲也ㅣ로소이다 王去聲

陳代ㅣ ᄀᆞᆯ오ᄃᆡ 諸侯ᄅᆞᆯ 見티 아니ᄒᆞ심이 맛당히 小ᄒᆞᆫ ᄃᆞᆺᄒᆞ이다 이제 ᄒᆞᆫ번 見ᄒᆞ시면 大ᄒᆞ면ᄡᅥ 王ᄒᆞ고 小ᄒᆞ면ᄡᅥ 霸ᄒᆞ리니 ᄯᅩ 志예 ᄀᆞᆯ오ᄃᆡ 尺을 枉ᄒᆞ야 尋을 直ᄒᆞ다ᄒᆞ니 맛당히 可히 ᄒᆞ염즉ᄒᆞ도소이다

【註】陳代、孟子弟子也、小、謂小節也、枉、屈也、直、伸也、八尺曰尋、枉尺直尋、猶屈己、一見諸侯、而可以致王霸、所屈者、小、所伸者、大也、南軒張氏曰謂屈己事小王霸爲大此自春秋以來風俗習於霸者計較功利之說而有是言○新安陳氏曰孟子平生以不見諸侯自守故以此爲問【備旨】陳代以孟子守不見諸侯之義故諷之曰君子之不見諸侯意以此爲大節也以代言之宜若小然今但一往而見之大則輔其君以王小則輔其君以霸所屈者小而所伸者大如此且志曰枉尺而直尋夫屈己一見所謂枉尺也以王以霸所謂直尋也以志之言而審事之理宜若可爲也夫子何拘於小節哉

孟子ㅣ 曰昔애 齊景公이 田ᄒᆞᆯ시 招虞人以旌ᄒᆞᆫ대 不至어늘 將殺之러니 志

士ᄂᆞᆫ 不忘在溝壑이오 勇士ᄂᆞᆫ 不忘喪其元이라ᄒᆞ시니 孔子ᄂᆞᆫ 奚取焉고 取非其招不往也ㅣ시니 如不待其招而往앤 何哉오 喪去聲

孟子ㅣ ᄀᆞᆯᄋᆞ샤ᄃᆡ 녯齊景公이 田ᄒᆞᆯ쌔 虞人을 招호ᄃᆡ 旌으로뻐 ᄒᆞᆫ대 至티 아니ᄒᆞ거늘 쟝ᄎᆞᆺ 殺호려 ᄒᆞ더니 志士ᄂᆞᆫ 溝壑애 이숌을 忘티 아니ᄒᆞ고 勇士ᄂᆞᆫ 그 元 喪ᄒᆞ욤을 忘티 아니ᄒᆞᆫ다 ᄒᆞ시니 孔子ᄂᆞᆫ 므스서슬 取ᄒᆞ신고 그 招ㅣ 아니어든 往티 아니ᄒᆞᆷ을 取ᄒᆞ시니 그 招ᄅᆞᆯ 待ᄅᆞᆯ티 아니ᄒᆞ고 往ᄒᆞ욤앤 엇디오

○田、獵也、虞人、守苑囿之吏也、招大夫以旌、招虞人以皮冠、左傳景公將殺虞人虞人辭曰臣不見皮冠故不敢進 元、首也、志士、固窮、常念死無棺椁、棄溝壑而不恨、勇士、輕生、常念戰鬪而死、喪其首而不顧也、此二句、乃孔子、歎美虞人之言、夫音扶虞人、招之不以其物、尙守死而不往、況君子、豈可不待其招、而自往見之邪、此以上、是掌反告之以不可往見之意、

朱子曰不忘二字是活句須向這裡參取若果識得此意辨得此心則無入而不自得而彼之權勢威力亦皆無所施矣○南軒張氏曰虞人守官義不敢往義有重於死故也使一有畏死之心應非其招則見利忘義矣自常情觀之必重一死而以非其招爲細事不知義之所在事無巨細苟愛一身之死而隳天命之正則凡可以避死者無不爲而弑父與君之所由生也充虞人之心行一不義而得天下不爲之心也人紀之所由立也是以夫子取之[備旨]孟子曰君子之不見諸侯者以義之不可枉耳昔者齊景公田獵因招守苑囿之虞人以大夫之旌虞人守分不至景公將殺之孔子美之曰志士固窮不忘在溝壑勇士輕生不忘喪其元虞人可謂志士勇士矣夫孔子奚取於虞人哉取非其所招之皮冠而守死不往也夫招之不以其物在虞人小吏尙且不往況不待諸侯之招而往見其如屈己何哉君子義不出虞人下矣

且夫枉尺而直尋者ᄂᆞᆫ 以利言也ㅣ니 如以利則枉尋直尺而

利도라 亦可爲與아 夫音扶 與平聲

ᄯᅩ尺을枉ᄒᆞ야尋을直ᄒᆞ다ᄒᆞ욤은利로ᄡᅥ닐옴이니만일에利로ᄡᅥᄒᆞ면尋을枉ᄒᆞ고 尺을直ᄒᆞ야利ᄒᆞ야도ᄯᅩᄒᆞᆫ可히ᄒᆞ랴

● 此以下、正其所稱枉尺直尋之非、夫所謂枉小而所伸者、大則爲之者、計其利耳 一有計利之心、則雖枉多伸少而有利、亦將爲之邪 甚言其不可也、和靖尹氏曰有枉尺而直尋之心則亦必至於枉尋而直尺矣○朱子曰援天下以道若枉己便己枉道則是己失援天下之具矣更說甚事自家身既已壞了如何直人天下事不可顧利害凡人做事多要趍利避害不知纔有利必有害吾雖處得十分利有害隨在背後不如且在理上求之○慶源輔氏曰人一有計利之心則惟利是務始猶有枉小直大之辨浸浸不已其終併大小皆不復計不至滅天理壞人紀不止也孟子所以極其流而言之[備旨]夫君子之不見諸侯者以義言也而利非所計矣且夫所謂枉尺而直尋者不顧道義而急於功效不過以利言也如以計利爲心則惟利是徇不但枉尺直尋而後爲之即枉尋直尺盡喪其所守之節而可以小得富貴之利亦將爲之與吾知其必不可矣

昔者애 趙簡子ㅣ使王良으로 與嬖奚乘ᄒᆞᆫ대 終日而不獲一禽ᄒᆞ고 嬖奚ㅣ反命曰天下之賤工也ㅣ러이다 或이 以告王良ᄒᆞᆫ대 良이 曰請復之호리라 彊而後可ㅣ라ᄒᆞ야ᄂᆞᆯ 一朝而獲十禽ᄒᆞ고 嬖奚ㅣ反命曰天下之良工也ㅣ러이다 簡子ㅣ曰我ㅣ使掌與女乘호리라ᄒᆞ고 謂王良ᄒᆞᆫ대 良이 不可曰 吾ㅣ爲之範我馳驅ᄒᆞ니 終日不獲一ᄒᆞ고 爲之詭遇ᄒᆞ니 一朝而獲十

ᄒᆞ니라

詩云不失其馳어늘舍矢如破ㅣ라ᄒᆞ니我ᄂᆞᆫ不貫與小人乘호니請辭ㅣ라ᄒᆞ니라

乘去聲彊上聲女音汝爲去聲舍上聲

녜趙簡子ㅣ王良으로ᄒᆞ여곰嬖奚로더브러乘케ᄒᆞᆫ대日이終토록ᄒᆞᆫ禽을獲디몯ᄒᆞ고嬖奚ㅣ命을反ᄒᆞ야골오ᄃᆡ天下읫賤工이러이다或이ᄡᅧ王良ᄃᆞ려告ᄒᆞᆫ대良이골오ᄃᆡ請컨댄다시호리라彊ᄒᆞᆫ後에可ㅣ라ᄒᆞ야ᄂᆞᆯ ᄒᆞᆫ아ᄎᆞᆷ의열禽을獲ᄒᆞ고嬖奚ㅣ命을反ᄒᆞ야골오ᄃᆡ天下읫良工이러이다簡子ㅣ골오ᄃᆡ내ᄒᆞ여곰너를더브러乘홈을掌케호리라ᄒᆞ고王良ᄃᆞ려닐은대良이可티아니타ᄒᆞ야골오ᄃᆡ내爲ᄒᆞ야내馳驅를範으로호니日이終토록ᄒᆞᆫ나ᄒᆞᆯ獲디몯ᄒᆞ고爲ᄒᆞ야詭로遇호니ᄒᆞᆫ아ᄎᆞᆷ의열ᄒᆞᆯ獲ᄒᆞ니詩예닐오ᄃᆡ그馳를失티아니ᄒᆞ거ᄂᆞᆯ矢舍홈을破ᄐᆞᆺᄒᆞ다ᄒᆞ니나ᄂᆞᆫ小人으로더브러乘홈을貫티몯호니請컨댄辭ᄒᆞ여지라ᄒᆞ니라

(註)趙簡子、晉大夫趙鞅於兩反也、王良、善御者也、嬖奚、簡子幸臣、與之乘、爲之御也、復扶又反之、再乘也、彊而後可、嬖奚不肯、彊之而後、肯也、一朝、自晨至食時也、掌、專主也、範、法度也、詭遇、不正而與禽遇也、言奚不善射、以法馳驅、則不獲、廢法詭遇而後、中去聲下同也、詩、小雅車攻之篇、言御者、不失其馳驅之法、而射者、發矢皆中而力、今嬖奚、不能也、貫、習也、朱子曰詭遇是做人不當做底行險是做人不敢做人不敢做底○雙峯饒氏曰射者是驅禽獸來迎而射之此禽當中來則可以正射若來

得不正則或當左或當右以射之御者自有法度射者不過迎而射之則不中非關御者事詭遇是詭道以遇禽獸射者不能迎而射之而御者以詭遇則得中非射者之能乃御者之力也又曰前引虞人明不可往見之意後引王良明不可枉尺直尋之意【備旨】且利之不可計即藝士亦知之矣昔者趙簡子使御者王良與嬖奚乘本以從禽也乃終日之久而不獲一禽嬖奚反命於簡子曰王良天下之賤工也或以嬖奚之言告王良良自知其非御之罪乃曰請復爲之嬖奚不肯乃彊之而後可遂以一朝之暫而獲十禽之多嬖奚反命於簡子曰王良天下之良工也簡子曰王良既爲良工我使良專與汝乘因而謂王良良辭之以不可曰始吾於奚也爲之範我法度以馳驅則終日不獲一是非我之不善御乃彼之不善射也繼吾於奚也爲之廢法而詭遇則一朝而獲十是非彼之善射乃吾之御枉法以成之也小雅車攻之詩云御者不失其馳驅之法而射者有舍矢如破之能此君子之技也今嬖奚不能必爲之詭遇而後中乃小人也我不貫與小人乘請辭掌乘之命焉

御者ㅣ且羞與射者比ᄒᆞ야比而得禽獸ㅣ雖若丘陵이라도弗爲也ᄒᆞ니如枉道而從彼엔何也오且子ㅣ過矣로다枉己者ㅣ未有能直人者也ㅣ니라 比必二反

御者ㅣ또射者로더브러比홈을羞ᄒᆞ야比ᄒᆞ야禽獸ㅣ得홈이비록丘陵ᄀᆞᄐᆞᆯ띠라도ᄒᆞ디아니ᄒᆞ니道를枉ᄒᆞ야彼를從홈앤엇데오또子ㅣ過ᄒᆞ도다己를枉ᄒᆞᆫ者ㅣ能히人을直ᄒᆞ리잇디아니ᄒᆞ니라

●比、阿黨也、若丘陵、言多也、南軒張氏曰事無巨細莫不有義利之兩端存焉曰比而得禽獸雖若丘陵弗爲也學者要當立此志而後可以守身 ○或、曰居今之世、出處上聲去就、不必一一中去聲節、欲其一一中節、則道不得行矣、楊氏、曰何其不自重也、枉己、其能直人乎、古之人、寧道之不行、而不輕其去就、是以、孔孟、雖在春秋戰國之時、而進必以正、以至終不得行而死也、使不恤其去就、而可以行道、孔孟、當先爲之矣、孔孟、豈不欲道之行哉、慶源輔氏曰欲道之行仁也進必以正義也仁義並行而不悖所以爲聖賢○新安陳氏曰楊雄謂孔子見陽貨爲詘身以信道龜山謂雄非知孔子者道外無身身外無道身詘矣而可以信道吾未之信也當即此意以讀孟子此章竊謂陳代以不見諸侯爲小節殊自君子觀之守孰爲大守身爲大枉己從人失身莫大焉不可以爲所屈者小也枉己即是枉道枉道决不能行道所關之大如此而可視爲小節乎戒枉尋直尺而徇利遏人欲也守義而不枉道存天理也不見諸侯凡三章此章一也此篇七章公孫丑曰不見諸侯何義二也萬章下篇第七章萬章曰敢問不見諸侯何義三也宜參觀之[備旨]夫王良特一御者耳雖比於人奚不可者且羞與射者詭遇以阿比推其羞比之心使比而得禽獸雖若若陵之多弗爲也況君子以道自高如枉道而從彼諸侯何也不亦御者之不如乎且子枉尺直尋之言過矣蓋直己而能直人理之常也若枉己者先失其濟時之具未有能直人而成其王覇之業者也此吾守不往見之義奈何以小節視之哉

○景春이曰公孫衍張儀ᄂᆞᆫ豈不誠大丈夫哉리오一怒而諸侯ㅣ懼ᄒᆞ고安居而天下ㅣ熄ᄒᆞ니라

景春이갈오ᄃᆡ公孫衍과 張儀ᄂᆞᆫ엇디 진실로 大丈夫ㅣ아니리오ᄒᆞᆫ번怒ᄒᆞ욤애諸侯ㅣ懼ᄒᆞ고安居ᄒᆞ욤애天下ㅣ熄ᄒᆞ니라

[註]景春、人姓名、公孫衍、張儀、皆魏人、怒則說(音稅)諸侯、使相攻伐故、諸侯、懼也、新安陳氏曰二人皆破六國之從以爲衡者熄如火之熄滅以兵猶火故也[備旨]景春謂孟子曰我觀當世之士所稱赫然名高天下威震諸侯者若公孫衍張儀豈不誠大丈夫哉其一怒也則遊說諸侯使相攻伐而諸侯皆懼其安居也則遊說不行兵甲不用而天下以熄一己之喜怒天下之安危係之非大丈夫而何哉

孟子ㅣ曰是焉得爲大丈夫乎ㅣ리오子ㅣ未學禮乎아丈夫之冠

也애 父ㅣ 命之ᄒᆞ고 女子之嫁也애 母ㅣ 命之ᄒᆞᄂᆞ니 往애 送之門ᄒᆞᆯ서 戒之
曰往之女家ᄒᆞ야 必敬必戒ᄒᆞ야 無違夫子ㅣ라ᄒᆞᄂᆞ니 以順爲正者ᄂᆞᆫ 妾婦
之道也ㅣ니라 焉於虔反冠去聲 女家之女音汝

孟子ㅣ ᄀᆞᆯᄋᆞ샤ᄃᆡ 이 엇디 시러곰 大丈夫ㅣ 되리오 子ㅣ 禮ᄅᆞᆯ 學디 아니ᄒᆞ얀ᄂᆞ냐 丈夫
의 冠ᄒᆞ욤애 父ㅣ 命ᄒᆞ고 女子의 嫁ᄒᆞ욤애 母ㅣ 命ᄒᆞᄂᆞ니 往ᄒᆞᆯ제 門에 送ᄒᆞᆯ새 戒ᄒᆞ야
ᄀᆞᆯ오ᄃᆡ 네 家에 往ᄒᆞ야 반ᄃᆞ시 敬ᄒᆞ며 반ᄃᆞ시 戒ᄒᆞ야 夫子ᄅᆞᆯ 違티 말라ᄒᆞᄂᆞ니 順으로
ᄡᅥ 正을 삼ᄂᆞᆫ 者ᄂᆞᆫ 妾婦의 道ㅣ니라

●加冠於首曰冠、去聲 女家、夫家也、婦人、內夫家、以嫁爲歸也、夫子、夫也、女子從人、以順爲正道也、蓋言二子、阿諛苟容、竊取權勢、乃妾婦順從之道耳、非丈夫之事也、

雙峰饒氏曰儀衍雖使得諸侯懼不過順其欲耳諸侯志在土地二人從而投其所好說之征伐以得土地不過妾婦之事爾丈夫且不可爲況大丈夫乎 [備旨] 孟子曰是儀衍之爲焉得爲大丈夫乎夫丈夫之道與妾婦不同子豈未學禮乎禮有云丈夫之冠也則父命之蓋責以成人之道女子嫁之也則母命之蓋示以婦順之意當其往送之門而戒之曰往之汝夫之家當恪守內則必敬必戒無違爾夫子之命禮言如此可見以順從爲正者乃妾婦當然之道也今二子雖假權力以炫耀一時其實皆揣摩諸侯之欲惡而順從之眞妾婦者流耳且不可爲丈夫況大丈夫乎

居天下之廣居ᄒᆞ며 立天下之正位ᄒᆞ며 行天下之大道ᄒᆞ야 得志ᄒᆞ얀 與
民由之ᄒᆞ고 不得志ᄒᆞ얀 獨行其道ᄒᆞ야 富貴ㅣ 不能淫ᄒᆞ며 貧賤이 不能移

ᄒᆞ며威武ㅣ不能屈이 此之謂大丈夫ㅣ니라

天下앳廣ᄒᆞᆫ居애居ᄒᆞ며 天下앳正ᄒᆞᆫ位에立ᄒᆞ며 天下앳大ᄒᆞᆫ道애行ᄒᆞ야 志ᄅᆞᆯ得ᄒᆞ얀民으로더브러由ᄒᆞ고志ᄅᆞᆯ得디몯ᄒᆞ얀호올로그道ᄅᆞᆯ行ᄒᆞ야 富貴ㅣ能히淫티몯ᄒᆞ며貧賤이能히移티몯ᄒᆞ며威武ㅣ能히屈티몯홈이이닐온大丈夫ㅣ니라

●廣居、仁也、正位、禮也、大道、義也、朱子曰此心廓然無一毫私意直與天地同量這便是居天下之廣居便是居仁到得自家立身更無些子不當於理這便是立天下之正位便是立於禮及推而見於事更無些子不合於義此便是行天下之大道便是由義論上面兩句則居廣居是體立正位是用論下面兩句則立正位是體行大道是用要之能居天下之廣居自然能立天下之正位行天下之大道○居字就心上說立字就身上說行字就施爲上說又曰正位就處身上說大道就處事上說廣居是不狹隘以天下爲一家中國爲一人何廣如之正位大道只是不偏曲○雲峯胡氏曰集註於三句雖平說朱子廣居一句極重仁者之心以天地萬物爲一體如廣居之內何所不容其所立所行從可知矣 與民由之、推其所得於人也、由謂與民共由此仁禮義也所得亦即此三者 獨行其道、守其所得於己也、道即仁禮義之道 淫、蕩其心也、移、變其節也、屈、挫其志也、趙氏曰富貴則求得欲從故易至蕩其心貧賤則居約處困故易至變其節遇威武又易至隕穫震懼故多挫懾其志氣 ○何叔京、名鎬昭武人 曰戰國之時、聖賢道否、部鄙反 天下、不復扶又反 見其德業之盛、但見姦巧之徒、得志橫行、氣焰以念反 可畏、遂以爲大丈夫、不知由君子觀之、是乃妾婦之道耳、何足道哉、朱子曰居廣居以下惟集義養氣方到此地位富貴不能淫貧賤不能移威武不能屈以浩然之氣對著他便能如此○觀孟子答景春之問直是痛快三復令人胷次浩然如濯江漢而暴秋陽也○問大丈夫之說其詳可得聞乎朱子曰廓然大公心不狹隘則所居者眞天下之廣居矣履繩蹈矩身不苟安則所立者必天下之正位矣秉彝循理事不苟從則所行者皆天下之大道矣得志與民由之則出而推此於人也不得志獨行其道則退而樂此於己也如是則富貴豈能誘而淫其心貧賤豈能撓而移其志威武豈能脅而屈其節哉此其視衍儀之以睢旿側媚得志於一時眞可謂妾婦之爲而所謂大丈夫者其不在彼而在此也決矣然此數言者皆以居廣居立正位行大道爲主而夫三言者又以廣居爲主也○南軒張氏曰公孫衍張儀持合從連衡之說以動諸侯景春徒見其言足以捭闔搖撼而遂以爲大丈夫其說固爲陋矣而孟子以衍與儀比妾婦之道者盖事君以彌違爲義不當徇其欲也衍與儀不知正救其心術而徒探其意之所欲爲以進其說此何以異於妾婦之道無違夫子以順爲正者乎人受天地之中以生與天地萬物本無有間惟其私意自爲町畦而失其廣居失其廣居則遷奪流蕩亦無以立於正位而行其大道矣與民由之與共由乎此也雖不得志此道未嘗不由於己也不能淫不能淫此不能移不能移不能屈不能屈此也此者何也廣居正位大道是也盖得乎己而外物擧不足以貳之也所謂大丈夫者盖如此○雲峯胡氏曰當時但見姦巧之人氣焰可畏豈知聖賢剛大浩然之氣哉【備旨】夫所謂大丈夫者何如盖仁統天下之善乃廣居也彼則存心以仁而居天下之廣居禮嘉天下之會乃正位也彼則持身以禮而立天下之正位義公天下之利乃大道也彼則制事以義而行天下之大道時乎得志則推其仁義禮之所得於人而與民由之時乎不得志則守其仁義禮之所得於己而獨行其道遇富貴則以仁義禮之道養其心不能爲之淫也遇貧賤則以仁義禮之道安於命不能爲之移也至於威武之臨亦以仁義禮之道貞其節不能爲之屈也此其內重外輕超乎常人之上不謂之大丈夫而何哉彼儀衍者吾不知其何所學而何所守也子奈何輕言大丈夫乎

○周霄ㅣ問曰古之君子ㅣ仕乎ㅣ잇가孟子ㅣ曰仕ㅣ니라傳애曰孔子ㅣ三月無君則皇皇如也ᄒᆞ샤出疆애必載質이라ᄒᆞ고公明儀ㅣ曰古之人이三月無君則吊ㅣ라ᄒᆞ니라 傳直戀反 質與贄同下同

周霄ㅣ묻ᄌᆞ와ᄀᆞᆯ오ᄃᆡ녯君子ㅣ仕ᄒᆞ더니잇가孟子ㅣᄀᆞᆯᄋᆞ샤ᄃᆡ仕ᄒᆞ니라傳에ᄀᆞᆯ오ᄃᆡ孔子ㅣ三月을君이업ᄉᆞ면皇皇ᄃᆞᆺᄒᆞ샤疆애出ᄒᆞ심애반ᄃᆞ시質ᄅᆞᆯ載ᄒᆞ시다ᄒᆞ고公明儀ㅣᄀᆞᆯ오ᄃᆡ녯사ᄅᆞᆷ이三月을君이업ᄉᆞ면吊ᄒᆞ다ᄒᆞ니라

● 周霄、魏人、無君、謂不得仕而事君也、皇皇、如有求而弗得之意、記曰皇皇焉如有求而弗得 出

疆 謂失位而去國也、質、所執以見人者、如士則執雉也、周禮春官大宗伯以禽作六摯以等諸侯孤執皮帛卿執羔大夫執鴈士執雉庶人執鶩音木工商執鷄摯之爲言至也所執以自致也亦作贄皮帛者束帛而表以爲之飾皮虎豹之皮羔小羊取其羣而不失其類雁取其候時而行雉取其守介而死不失其節鶩取其不飛先鷄取其守時而動 出疆載之者、將以見所適國之君而事之也、備旨周霄以孟子不見諸侯爲難仕而欲諷之故先問曰古之君子仕乎孟子曰仕以行道古之君子仕也傳有曰孔子三月之間苟不得仕而無君則其心有皇皇然如有求而弗得也故失位出疆必載質而往以爲見君之禮焉公明儀亦嘗言曰古之人三月之間不仕而無君則人皆來吊而慰安之觀傳與公明儀之言而知古君子之必仕矣

三月無君則吊ㅣ不以急乎ㅣ잇가

三月을君이업스면吊ᄒᆞ욤이너무急디아니ᄒᆞ니잇가

● 周霄、問也、以、已通、太也、後章、放此、備旨周霄曰三月未爲時之久也三月無君未爲道之終窮也遂至相吊其於仕也不太急乎上聲

曰士之失位也ㅣ猶諸侯之失國家也ㅣ니禮예曰諸侯ㅣ耕助ᄒᆞ야以供粢盛ᄒᆞ고夫人이蠶繅ᄒᆞ야以爲衣服이라ᄒᆞ니犧牲이不成ᄒᆞ며粢盛이不潔ᄒᆞ며衣服이不備ᄒᆞ면不敢以祭ᄒᆞ고惟士ㅣ無田則亦不祭ᄒᆞᄂᆞ니牲殺器皿衣服이不備ᄒᆞ야不敢以祭則不敢以宴이니亦不足吊乎아 盛音成繅素刀反皿武永反

ᄀᆞᆯᄋᆞ샤ᄃᆡ士의位ᄅᆞᆯ失ᄒᆞ욤이諸侯의國家ᄅᆞᆯ失ᄒᆞ욤 ᄀᆞᄐᆞ니禮예ᄀᆞᆯ오ᄃᆡ諸侯ㅣ耕

助ᄒᆞ야ᄡᅧ粢盛을供ᄒᆞ고夫人이蠶繅ᄒᆞ야ᄡᅧ衣服을ᄒᆞ다ᄒᆞ니犧牲이成티몯ᄒᆞ며粢盛이潔티몯ᄒᆞ며衣服이備티몯ᄒᆞ면敢히ᄡᅧ祭티몯ᄒᆞ고士ㅣ田이업스면또ᄒᆞᆫ祭티몯ᄒᆞᄂᆞ니牲殺과 器皿과衣服이備티몯ᄒᆞ야敢히ᄡᅧ祭티몯ᄒᆞ면敢히ᄡᅧ宴티몯ᄒᆞ리니또ᄒᆞᆫ足히吊티아니ᄒᆞ랴

●禮、曰諸侯、爲藉秦昔反百畝、冕而青紘、音宏躬秉耒以耕、而庶人、助以終畝、收而藏之御廩、以供宗廟之粢盛、記祭義昔者天子爲藉千畝冕而朱紘纓也躬秉耒諸侯爲藉百畝冕而青紘躬秉耒以事天地山川社稷先古以爲醴酪齊音咨盛於是乎取之敬之至也○周禮天官甸師掌帥其屬而耕耨王耤以時入之以共齍盛王以孟春躬耕帝耤天子三推三公五推卿諸侯九推庶人終千畝耤之爲言借也王一耕之而使庶人耘芓終之齍盛祭祀所用穀也齍稷也穀以稷爲長在器曰盛○穀梁傳桓公十四年天子親耕以供粢盛王后親蠶以供祭服甸粟而內三宮三宮米而藏之御廩甸甸師掌田之官也三宮三夫人也宗廟之禮君親割夫人親舂之 使世婦、蠶于公桑蠶室、奉繭古典反以示于君、遂獻于夫人、夫人、副褘音暉受之、繅三盆手、遂布于三宮世婦、使繅以爲黼黻音斧弗文章、周禮冬官考工記曰青與赤謂之文赤與白謂之章白與黑謂之黼黑與青謂之黻五采備謂之綉而服以祀先王先公、記祭義古者天子諸侯必有公桑蠶室近川而爲之及大昕之朝君皮弁素積卜三宮之夫人世婦之吉者使入蠶于蠶室大昕季春朔日之朝也諸侯三宮並王后也奉種浴于川桑于公桑風戾以食之風戾之使露氣燥乃以食蠶蠶性惡濕世婦卒蠶奉繭以示于君遂獻繭于夫人夫人曰此所以奉爲君服與平聲遂副褘而受之副褘王后之服因少牢以禮之及良日夫人繅三盆手三盆手者三淹也凡繅每淹大總以手振之以出緖也遂布于三宮之夫人世婦之吉者使繅遂朱綠之玄黃之以爲黼黻文章服既成君服以祀先王先公敬之至也 又曰士、有田則祭、無田則薦、記王制大夫士宗廟之祭有田則祭無田則薦庶人春薦韭夏薦麥秋薦黍冬薦稻有田者既祭又薦新祭以首時薦以仲月 黍稷曰粢、在器曰盛、牲殺、牲必特殺也、皿、眉永反所以覆敷救反器者、慶源輔氏曰此先王之制必如是然後能盡其心至於不得奉祭祀則神不容以自安而人亦以爲吊焉古人之重祭祀也如此○雙峰饒氏曰三月無君則吊恐是爲士先有位後失位者言之畢竟子爲士則祭以士子爲大夫則祭以大夫尋常有祭一旦失位而不得祭一年有四時之祭若失位三月便廢一祭故可吊之吊其不得祭非吊其不得君也古人重祭祀故如此不然則如何三月無君便吊 [備旨] 孟子曰三月無君則吊者豈獨急於君哉蓋亦急於親耳士之有位而失位也猶諸侯之有國家而失國家也彼禮有曰諸侯耕助以供祭祀之粢盛夫人蠶繅以爲祭祀之衣服此可見諸侯必有國家而後能供祭祀也使失其國則犧牲不能告成粢盛不能精潔衣服不能虔備而不敢以祭知諸侯則知士矣禮又曰惟士失位而無田則亦薦而不祭此可見士必有田而後可祭也若失位而無田則牲殺器皿衣服三者不備而不敢以祭也既不敢以祭則不得遂其孝享之心而不敢以自宴矣夫無君若不足吊因無君之故至不得孝其親亦不足吊乎此三月無君所以則吊也

出疆애 必載質는 何也ㅣ잇고

疆애出홈애반드시質를載홈은엇디잇고

● 周霄問也、[備旨] 周霄又曰三月無君不得盡奉先之孝是誠可吊矣若出疆則初失位耳必載質而行者果何謂也

曰士之仕也ㅣ 猶農夫之耕也ㅣ니 農夫ㅣ 豈爲出疆ᄒᆞ야 舍其耒耜哉리오 曰晉國이 亦仕國也ㅣ로ᄃᆡ 未嘗聞仕ㅣ 如此其急ᄒᆞ니 仕ㅣ 如此其急也ㅣᆫ댄 君子之難仕는 何也ㅣ잇고 曰丈夫ㅣ 生而願爲之有室ᄒᆞ며 女子ㅣ 生而願爲之有家는 父母之心이라 人皆有之언마는 不待父母之命과 媒妁之言ᄒᆞ고 鑽穴隙相窺ᄒᆞ며 踰牆相從ᄒᆞ면 則父母國人이 皆賤之ᄒᆞᄂᆞ니 古之人이 未嘗不欲仕也ㅣ언마는 又惡不由其道ᄒᆞ니 不

由其道而往者는 與鑽穴隙之類也ㅣ니라 爲去聲舍上聲妁音酌隙去逆反惡去聲

골으샤ᄃᆡ 士의 仕ᄒᆞ욤이 農夫의 耕홈ᄀᆞᄐᆞ니 農夫ㅣ 엇디 疆애 出홈을 爲ᄒᆞ야 그 耒耜를 舍ᄒᆞ리오 골오ᄃᆡ 晉國이 ᄯᅩ ᄒᆞᆫ 仕ᄒᆞᄂᆞᆫ 國이로ᄃᆡ 일쯕 仕홈이 이러ᄐᆞ시 그 急홈을 듣디 몯호니 仕ㅣ 이러ᄐᆞ시 急홀ᄯᅵᆫ댄 君子의 仕ᄒᆞ욤을 難히 너굠은 엇디니잇고 골으샤ᄃᆡ 丈夫ㅣ 生홈애 爲ᄒᆞ야 室둠을 願ᄒᆞ며 女子ㅣ 生홈애 爲ᄒᆞ야 家둠을 願홈은 父母의 心이라 人이 다 둣건마ᄂᆞᆫ 父母의 命과 媒妁의 言을 待티 아니ᄒᆞ고 穴隙을 鑽ᄒᆞ야 서르 窺ᄒᆞ며 墻을 踰ᄒᆞ야 서르 從ᄒᆞ면 곧 父母와 國人이 다 賤히 너기ᄂᆞ니 녯사ᄅᆞᆷ이 일쯕 仕코져 아니티 아니컨마ᄂᆞᆫ ᄯᅩ 그 道를 말미암디 아니홈을 惡ᄒᆞ니 그 道를 말ᄆᆡ암디 아니ᄒᆞ야 往ᄒᆞᄂᆞᆫ 者ᄂᆞᆫ 穴隙을 鑽ᄒᆞᄂᆞ니로더브러 類ㅣ니라

●晉國、解見形甸反 首篇、仕國、謂君子遊宦之國、霄、意以孟子、不見諸侯、爲難仕、故、先問古之君子仕否然後、言此、以風去聲 切之也、男、以女爲室、女、以男爲家、妁、亦媒也、言爲父母者、非不願其男女之有室家、而亦惡其不由道、蓋君子、雖不潔身以亂倫、而亦不徇利而忘義也、慶源輔氏曰周霄亦頗有策士之風但孟子據道之極不爲其所動直述其義理以告之而已○士之仕猶男女之願有室家者此正理也至於爲人男女而不待父母之命媒妁之言鑽穴隙相窺踰墻相從則父母國人皆賤之爲士而仕者不循天理之正不俟人君之招屈己以徇利枉道以事君則爲聖賢之學者賤之直與兒女子相窺相從者無異故君子之於仕未嘗潔身以亂倫而長往不顧亦未嘗徇利忘義而屈道以伸身也○雲峰胡氏曰集註末二句與論語解不仕無義處語意同而實有不同者論語是從不仕無義處說來故雖兩句而實一意孟子是從古之人未嘗不欲仕也又惡不由其道兩句說來故兩句自是兩意論語蓋謂夫子雖責隱者之不仕而義之一字雖仕亦有不可苟者故集註謂君子雖不亂倫不仕而其間亦非不義而仕故下一非字孟子謂既不可不仕又惡不由其道故下一不字集註字字句句精審如此學者當如此看【備旨】孟子曰仕以行道爲事耕以謀食爲事是士之仕也猶農夫之耕也士見君不可以無質猶農夫之耕不可以無耒耜農夫豈爲出疆可以廢耕而遂舍其耒耜哉然則士豈爲去國可以廢仕而遂舍其質哉此出疆所以必載質也【備旨】周霄既得孟子欲仕之心遂諷之曰晉國亦君子遊宦之國也未嘗聞三月無君則弔出疆必載質仕如此其急者仕既如此其急也則君子當易於仕矣乃又不見諸侯而難於仕何也孟子曰君子之難仕者以道不可枉耳彼丈夫之生也而願爲之有女以爲室女子之生也而願爲之有男以爲家此父母之心不但一人爲然人皆有之然必由之以禮斯可貴耳若不待父母婚媾之命與媒妁通好之言覓鑽穴隙以相窺踰越垣墻以相從則內而父母外而國人皆從而輕賤之故古之人知君臣之義不可一日廢未嘗不欲出而仕也亦猶爲父母者之願男女有室家也然出處之分明又惡夫自卑自小枉己徇人而不由其道義之正焉彼不由其道義之正而自往見乎君者與鑽穴隙之類無異也其可賤何如哉此君子所以雖急於仕而又難於仕也

○彭更이問曰後車數十乘과從者數百人으로以傳食於諸侯ㅣ不以泰乎ㅣ잇가孟子ㅣ曰非其道則一簞食ㅣ라도不可受於人이어니와如其道則舜이受堯之天下ᄒᆞ샤ᄃᆡ不以爲泰ᄒᆞ시니子ㅣ以爲泰乎아

更平聲乘從皆去聲傳直戀反簞音丹食音嗣

彭更이묻ᄌᆞ와ᄀᆞᆯ오ᄃᆡ 後車數十乘과從者數百人으로ᄡᅥ 諸侯에傳食ᄒᆞ욤이너무泰티아니ᄒᆞ니잇가孟子ㅣᄀᆞᆯᄋᆞ샤ᄃᆡ 그道ㅣ아니면ᄒᆞᆫ簞ㅅ食ㅣ라도可히人의게受티몯ᄒᆞ려니와만일에그道ㅣ면舜이堯의天下ᄅᆞᆯ受ᄒᆞ샤ᄃᆡᄡᅥ泰히 아니너기시니子ㅣᄡᅥ泰히너기ᄂᆞ냐

●彭更、孟子弟子也、泰、侈也、新安陳氏曰孟子歷聘徒御衆多食於諸國故更以爲泰侈矣[備旨]彭更見孟子道不行而傳食諸侯疑其過分故問曰今有一介之士後車則數十乘從者則數百人以傳食於諸侯之國不以過分而侈泰乎孟子曰君子之辭受取舍一視道之可否何如耳苟非其道則不惟大者不可受也即一簞之食不可受於人簞食而上可知已如其道則不惟小者可受也即舜受堯之天下不以爲泰天下而下又可知已子以士傳食爲泰亦將以舜受天下之大爲泰乎

曰否라士ㅣ無事而食이不可也ㅣ니이다

ᄀᆞᆯ오ᄃᆡ아니라士ㅣ事ㅣ업시셔食홈이可티아니ᄒᆞ니이다

●言不以舜爲泰、但謂今之士、無功而食人之食、則不可也、[備旨]更曰否非以舜爲泰也但以士於人國無所事事而宴然食人之食爲不可也吾所以疑其爲泰也

曰子ㅣ不通功易事ᄒᆞ야以羨補不足이면則農有餘粟ᄒᆞ며女有餘布ㅣ어니와子如通之면則梓匠輪輿ㅣ皆得食於子ᄒᆞ리니於此有人焉ᄒᆞ니入則孝ᄒᆞ고出則悌ᄒᆞ야守先王之道ᄒᆞ야以待後之學者ᄒᆞ되而不得食於子ᄒᆞᄂᆞ니子ㅣ何尊梓匠輪輿而輕爲仁義者哉오 羨延面反

ᄀᆞᆯ은샤ᄃᆡ子ㅣ功을通ᄒᆞ며事를易ᄒᆞ야羨으로ᄡᅥ不足을補티아니ᄒᆞ면農이나믄粟이이시며女ㅣ나믄布ㅣ이시려니와子ㅣ만일에通ᄒᆞ면梓와匠과輪과輿ㅣ다시러곰子의게食ᄒᆞ리니이예사ᄅᆞᆷ이이시니入ᄒᆞ면孝ᄒᆞ고出ᄒᆞ면悌ᄒᆞ야先王의道를守ᄒᆞ야ᄡᅥ後人學者를待ᄒᆞ되시러곰子의게食디몯ᄒᆞᄂᆞ니子ㅣ엇디梓와匠과輪과輿

를尊ᄒᆞ고仁義ᄒᆞᄂᆞᆫ者를輕히너기ᄂᆞ뇨

◎通功易事、謂通人之功、而交易其事、羨、餘也、有餘、言無所貿 音茂 易、而積於無用也、梓人、匠人、木工也、輪人、輿人、車工也、 新安陳氏曰傳先王之道雖未得行於當時守先王之道乃可以傳之來世此其繼往聖開來學有功於吾道甚大孟子蓋自謂也【備旨】孟子曰子謂士無事而不可食不知其人有功也試以農工之事觀之使子不通人之功而交易其事以己之羨餘補彼之不足如是則農夫有餘粟女子亦有餘布而皆積於無用矣勢其可乎子如通之則木工之梓匠車工之輪輿皆得以其事而食於子於此異端競起之時而有人焉知先王之道莫大於仁義而仁義之道不越於孝悌也故入則孝於親以盡仁出則悌於長以肅義守先王仁義之道以待後世之學者此其繼往開來之功非梓匠輪輿者比矣乃反以爲無功而不得食於子子何尊梓匠輪輿之人而輕爲仁義之士者哉夫以待士者同於待工猶失其輕重之宜況輕於此而尊於彼吾不知子何所見而云然也

曰梓匠輪輿ᄂᆞᆫ其志ㅣ將以求食也ㅣ어니와君子之爲道也도其志ㅣ亦將以求食與잇가曰子ㅣ何以其志爲哉오其有功於子애可食而食之矣니且子ᄂᆞᆫ食志乎아食功乎아曰食志ㅣ니이다 與平聲可食而食食志食功之食皆音嗣下同

ᄀᆞᆯ오ᄃᆡ梓와匠과輪과輿ᄂᆞᆫ그志ㅣ쟝ᄎᆞᆺ뻐食을求ᄒᆞ거니와君子의道ᄒᆞ욤도그志ㅣᄯᅩᄒᆞᆫ쟝ᄎᆞᆺ뻐食을求ᄒᆞᄂᆞ니잇가ᄀᆞᆯᄋᆞ샤ᄃᆡ子ㅣ엇디志로뻐ᄒᆞ료그子의게功이이숌애可히食ᄒᆞ얌즉거든食ᄒᆞᄂᆞ니ᄯᅩ子ᄂᆞᆫ志를食ᄒᆞᄂᆞ냐功을食ᄒᆞᄂᆞ냐ᄀᆞᆯ오ᄃᆡ志를食홀ᄯᅵ니이다

◎孟子、言自我而言、固不求食、自彼而言、凡有功者、則當食 音嗣 之、 南軒張氏曰君子之志固不在食而爲國

者知其有功則當食之夫王者之祿夫人爲有以賴其用而可祿耳盖必以其志之欲而祿之哉如以其志是率天下而利也【備旨】彭更於此無辭以對乃舍功而論志曰梓匠輪輿執藝以事人其志將以求食也食之可也若君子之爲道也方務其遠者大者其志亦將以求食與孟子曰子何以君子之志爲哉其有仁義之功於子則在彼固有可食而子亦當食之矣且子平日之食人也以其志之所在而食之乎抑以其功之所在而食之乎更强爲之說曰食志功非所論也

曰有人於此ᄒᆞ니 毁瓦畫墁이오 其志ㅣ 將以求食也則子ㅣ 食之乎아 曰否ㅣ라 曰然則子ㅣ 非食志也ㅣ라 食功也ㅣ로다 墁武安反 食之食亦音嗣

ᄀᆞᆯᄋᆞ샤ᄃᆡ 사ᄅᆞᆷ이 이예 이시니 瓦를 毁ᄒᆞ며 墁을 畫ᄒᆞ고 그 志ㅣ 쟝ᄎᆞᆺ ᄡᅥ 食을 求ᄒᆞ면 子ㅣ 食ᄒᆞ랴 ᄀᆞᆯ오ᄃᆡ 아니라 ᄀᆞᆯᄋᆞ샤ᄃᆡ 그러면 子ㅣ 志를 食홈이 아니라 功을 食홈이로다

● 墁、墻壁之飾也、毁瓦畫墁、言無功而有害也、旣曰食功、則以士爲無事而食者、眞尊梓匠輪輿、而輕爲仁義者矣、雙峰饒氏曰當時功利之說盛不知聖道之有用見孟子所至之國時君稍見尊禮養其從者則以爲無事而食如王子墊問士何事不素餐兮皆是此意畢竟當時之君雖能養之而不能用之故時人有此疑然而當時諸侯尚知尊敬儒者如孔子之適衞孟子之仕齊皆有所養亦是先王之澤未泯○新安陳氏曰此章當與盡心上不素餐兮章參看君子居是國君用之則安富尊榮子弟從之則孝弟忠信縱未能爲當世開太平亦足以繼往聖之絶學而爲後世開太平其有功於道統者爲何如更等乃以無事而食議之抑何其無知也食志爲人上者不當言食功則功之大小輕重所當辨志可以觀人非所以食人專食志則志貪饕者皆得食矣食功而不審其大小輕重則僅有功於器物者得以加諸有功於吾道者矣

【備旨】彭更之言與前所謂無事而食者已相悖馳矣孟子又從而詰之曰子旣食志矣設若有人於此毁子之瓦畫子之墁無功而有害如此但原其志亦將以求食也則子亦因其志而食之乎更對之曰否此無功之志吾不食之也孟子曰毁瓦畫墁子旣不食之然則子之所食者非食人之志也實食人之功也旣曰食功則有功於吾道者在所當食矣乃以士爲無事而食豈非尊梓匠輪輿而輕爲仁義者哉

○萬章이問曰宋은小國也ㅣ라今애將行王政ᄒᆞᄂᆞ니齊楚ㅣ惡而伐之則如之何ㅣ니잇고 惡去聲

萬章이묻ᄌᆞ와ᄀᆞᆯ오ᄃᆡ宋은져근나라히라이제쟝ᄎᆞᆺ王政을行호려ᄒᆞᄂᆞ니齊楚ㅣ惡ᄒᆞ야伐ᄒᆞ면엇디ᄒᆞ리잇고

●萬章、孟子弟子、宋王偃、嘗滅滕伐薛、敗齊楚魏之兵、欲霸天下、疑即此時也、

史記宋世家偃立爲君十一年自立爲王東敗齊取五城南敗楚取地三百里西敗魏軍乃與齊魏爲敵國盛血以韋囊懸而射之命曰射天淫於酒婦人羣臣諫者輒射之於是諸侯皆曰桀宋宋其復爲紂所爲不可不誅告齊伐宋王偃四十七年齊湣王與魏楚伐宋殺王偃遂滅宋而三分其地 [備旨] 萬章問於孟子曰宋小國也今將伐暴安民以行王政齊楚惡而伐之則如之何恐其小不可以敵大也

孟子ㅣ曰湯이居亳ᄒᆞ실서與葛爲鄰이러시니葛伯이放而不祀ㅣ어늘湯이使人問之曰何爲不祀오曰無以供犧牲也ㅣ로이다湯이使遺之牛羊ᄒᆞ신대葛伯이食之ᄒᆞ고又不以祀ㅣ어늘湯이又使人問之曰何爲不祀오曰無以供粢盛也ㅣ로이다湯이使亳衆으로往爲之耕이어시늘老弱이饋食ㅣ러니葛伯이帥其民ᄒᆞ야要其有酒食黍稻者ᄒᆞ야奪之ᄒᆞ되不授者를殺之ᄒᆞ더니有童子ㅣ以黍肉餉이어늘殺而奪之ᄒᆞ니書애曰葛伯이仇餉ᄒᆞ니이라此

之謂也ㅣ니라 遺唯季反盛音成往爲之爲去聲饋食酒食之食音嗣要平聲餉式亮反

孟子ㅣᄀᆞᆯᄋᆞ샤ᄃᆡ湯이亳에居ᄒᆞ실ᄊᆡ葛로더브러隣이되얏더시니葛伯이放ᄒᆞ야祀티아니ᄒᆞ거늘湯이人으로ᄒᆞ여곰問ᄒᆞ야ᄀᆞᆯᄋᆞ샤ᄃᆡ엇디祀티아니ᄒᆞᄂᆞ뇨ᄀᆞᆯ오ᄃᆡᄡᅥ犧牲을供ᄒᆞᆯᄭᅢ시업소이다湯이ᄒᆞ여곰牛羊을遺ᄒᆞ신대葛伯이食ᄒᆞ고ᄯᅩᄡᅥ祀티아니ᄒᆞ거늘湯이ᄯᅩ人으로ᄒᆞ여곰問ᄒᆞ야ᄀᆞᆯᄋᆞ샤ᄃᆡ엇디祀티아니ᄒᆞᄂᆞ뇨ᄀᆞᆯ오ᄃᆡᄡᅥ粢盛을供ᄒᆞᆯᄭᅢ시업소이다湯이亳앳衆으로ᄒᆞ여곰往ᄒᆞ야爲ᄒᆞ야耕ᄒᆞ라ᄒᆞ거시늘老弱이食ᄅᆞᆯ饋ᄒᆞ더니葛伯이그民을帥ᄒᆞ야그酒食와黍稻둔ᄂᆞᆫ者ᄅᆞᆯ要ᄒᆞ야奪호ᄃᆡ授티아니ᄒᆞᄂᆞᆫ者ᄅᆞᆯ殺ᄒᆞ더니童子ㅣ黍ㅣ며肉으로ᄡᅥ餉ᄒᆞ리잇거늘殺ᄒᆞ고奪ᄒᆞ니書에ᄀᆞᆯ오ᄃᆡ葛伯이餉ᄒᆞᄂᆞ니ᄅᆞᆯ仇타ᄒᆞ니이ᄅᆞᆯ닐ᄋᆞ니라

(註)葛、國名、伯、爵也、放而不祀、放縱無道、不祀先祖也、亳衆、湯之民、其民、葛民也、授、與也、餉、亦饋也、書、商書仲虺許偉反之誥也、仇餉 言與餉者、爲仇也、朱子曰書所謂葛伯仇餉若非孟子之言人孰知其曲折如此哉

(備旨)孟子曰古有行王政而王於天下者湯武是也以湯之事言之湯宋之先祖也湯居亳與葛國爲鄰葛伯放縱無道而不祀其先祖湯使人問之曰祀大典也何爲不祀葛伯託言曰祭必備物無以供犧牲也湯欲其祭乃使人遺之牛羊以供其犧牲之用葛伯食之又不以祀湯又使人問之曰犧牲備矣又何爲不祀葛伯託言曰祭必黍稷無以供粢盛也湯使亳衆往葛而爲之耕以爲粢盛之需又使亳之老弱者饋食以食耕者是湯之於葛曲盡其睦鄰之道矣夫何葛伯率其民要其所饋之有酒食黍稻者奪之其不授者殺之時亳有童子以黍肉餉其耕者葛伯殺而奪之書曰葛伯仇視餉耕者正此殺童子而奪其黍肉之謂也

爲其殺是童子而征之ᄒᆞ신대 **四海之內**ㅣ **皆曰非富天下也**ㅣ라 **爲**

匹夫匹婦ᄒᆞ야復讐也ㅣ라ᄒᆞ니라 爲去聲

그이童子殺홈을爲ᄒᆞ야征ᄒᆞ신대四海人內ㅣ다ᄀᆞᆯ오ᄃᆡ 天下를富히너기신주리
아니라匹夫와匹婦를爲ᄒᆞ야讐를復ᄒᆞ시다ᄒᆞ니라

● 非富天下、言湯之心、非以天下、爲富而欲得之也、 [備旨] 夫葛伯無道至殺童子極矣湯爲其殺是童子而擧兵征之四海之內皆曰湯之征葛非以天下爲富而征之也爲匹夫匹婦復其無罪被殺之讎也天下莫不諒湯之心矣

湯이始征을自葛로載ᄒᆞ샤十一征而無敵於天下ᄒᆞ니東面而征에西夷怨ᄒᆞ며南面而征에北狄이怨ᄒᆞ야曰奚爲後我오ᄒᆞ야民之望之ㅣ若大旱之望雨也ᄒᆞ야歸市者ㅣ弗止ᄒᆞ며芸者ㅣ不變이어늘誅其君弔其民ᄒᆞ신대如時雨降이라民이大悅ᄒᆞ니書에曰徯我后ᄒᆞ노소니后來ᄒᆞ시면其無罰아ᄒᆞ니라

湯이비로소征ᄒᆞ샴을葛로브터載ᄒᆞ샤十一征ᄒᆞ심애天下애敵이업스니東으로面ᄒᆞ야征ᄒᆞ심애 西夷ㅣ怨ᄒᆞ며南으로面ᄒᆞ야 征ᄒᆞ심애北狄이怨ᄒᆞ야ᄀᆞᆯ오ᄃᆡ엇디우리를後에ᄒᆞ시ᄂᆞᆫ고ᄒᆞ야 民의望홈이大旱애雨를望홈ᄀᆞᆮ티ᄒᆞ야 市예歸ᄒᆞᄂᆞᆫ者ㅣ止티아니ᄒᆞ며 芸ᄒᆞᄂᆞᆫ者ㅣ變티아니ᄒᆞ거늘그君을誅ᄒᆞ고그民을弔ᄒᆞ신대時雨ㅣ降홈ᄀᆞᆮᄐᆞᆫ디라民이키悅ᄒᆞ니書에ᄀᆞᆯ오ᄃᆡ우리后를徯ᄒᆞ노소니后ㅣ來ᄒᆞ시면그罰이

업ᄉᆞ라ᄒᆞ니라

● 載、亦始也、十一征、所征、十一國也、餘、已見形甸反前篇、【備旨】新安陳氏曰此湯行王政而王之事也觀周書仲虺之誥又云成湯始興兵以征伐無道之國乃自葛始從此討罪伐暴凡十一征而皆無敵於天下東面而征則西夷怨之南面而征則北狄怨之怨之者皆曰奚爲後我觀書所言可見湯師未至民之望之惟恐其弗至若大旱之望雨也及其既至則商安於市而歸市者弗止農安於野而芸者不變誅其虐民之君吊其受虐之民如時雨降於大旱之後而民心不勝其大悅焉故商書太甲篇曰徯我后我后來其庶幾無虐政之罰乎蓋其大悅有如此此湯之行王政未有惡而伐之者也

有攸不爲臣이어늘 **東征**ᄒᆞ샤 **綏厥士女**ᄒᆞ신대 **匪厥玄黃**ᄒᆞ야 **紹我周王見休**ᄒᆞ야 **惟臣附于大邑周**ᄒᆞ니 **其君子**는 **實玄黃于匪**ᄒᆞ야 **以迎其君子**ᄒᆞ고 **其小人**은 **簞食壺漿**으로 **以迎其小人**ᄒᆞ니 **救民於水火之中**ᄒᆞ야 **取其殘而已矣**니라 食音嗣

臣이되디아니ᄒᆞᄂᆞᆫ배잇거ᄂᆞᆯ東으로征ᄒᆞ샤그士女ᄅᆞᆯ綏ᄒᆞ신대 그玄黃을匪ᄒᆞ야우리周王을紹ᄒᆞ야休ᄅᆞᆯ보와大邑周에臣附ᄒᆞ니그君子ᄂᆞᆫ玄黃을匪에實ᄒᆞ야뻐그君子ᄅᆞᆯ迎ᄒᆞ고그小人은簞食와壺漿으로뻐그小人을迎ᄒᆞ니民을水火ㅅ中에救ᄒᆞ야그殘을取ᄒᆞᆯᄯᆞᄅᆞᆷ이니라

● 按周書武成篇、載武王之言、孟子、約其文如此、然、其辭、特與今書文不類、今姑依此文解之、有所不爲臣、謂助紂爲惡、而不爲周臣者、匪、與篚同、玄黃、幣也、紹、

繼也、猶言事也、言其士女、以匪、盛音成玄黃之幣、迎武王而事之也、商人而曰我周王、猶商書所謂我后也、休、美也、言武王、能順天休命、而事之者、皆見休也、臣附、歸服也、孟子、又釋其意、言商人、聞周師之來、各以其類相迎者、以武王、能救民於水火之中、取其殘民者誅之、而不爲暴虐耳、君子、謂在位之人、小人、謂細民也、

備旨 以武王之事言之武成之書曰當紂之時有所助紂爲虐不爲周臣者武王以其爲士女之害於是東征以綏厥士女但見士女皆以篚盛厥玄黃之幣以迎武王之師且以吾昔事商今繼事我周王庶得蒙其休澤而見美也於是相率惟臣服歸附於大邑周焉觀書所言是武王東征一擧商之君子則實玄黃於匪以迎周之君子商之小人則簞食壺漿以迎周之小人夫民之悅武王如此果何爲哉盖以紂之暴虐斯民陷民於水火久矣而武王能救民於水火之中取其殘民者誅之而已矣

太誓에曰我武를惟揚ᄒᆞ야侵于之疆ᄒᆞ야則取于殘ᄒᆞ야殺伐用張ᄒᆞ니于湯애有光이라ᄒᆞ니라

太誓에ᄀᆞᆯ오ᄃᆡ 우리武를揚ᄒᆞ야疆을侵ᄒᆞ야 곧殘을 取ᄒᆞ야殺伐이ᄡᅥ張ᄒᆞ니湯애光이잇다ᄒᆞ니라

●太誓、周書也、今書文、亦小異、言武王、威武奮揚、侵彼紂之疆界、取其殘賊、而殺伐之功、因以張大、比於湯之伐桀、又有光焉、引此、以證上文取其殘之義、新安陳氏曰此武王行王政而王之事也 備旨 然所謂取其殘者何以徵之周書泰誓之辭曰我之威武惟揚侵於紂之疆界則取其殘賊而誅之罪其一人而威加四海殺伐之功用以張大比於湯之伐桀又有光焉武王之取殘如此此武王之行王政又未有惡而伐之者也

不行王政云爾언뎡苟行王政이면四海之內ㅣ皆擧首而望之ᄒᆞ야欲以爲君ᄒᆞ리니齊楚ㅣ雖大나何畏焉이리오

王政을行티아닐따언뎡진실로王政을行ᄒᆞ면四海人內ㅣ다首를擧ᄒᆞ야望ᄒᆞ야ᄡᅥ君을삼고쟈ᄒᆞ리니齊와楚ㅣ비록크나엇디畏ᄒᆞ리오

●宋、實不能行王政、後果爲齊所滅、王偃、走死、○尹氏、曰爲國者、能自治而得民心、則天下、皆將歸往之、恨其征伐之不早也、尙何彊國之足畏哉、苟不自治、而以彊弱之勢、言之、是、可畏而已矣、

慶源輔氏曰尹氏說盡後世爲國而不自彊但以彊大爲畏者之病誠能反是道而求之於己則知仁者之果無敵而帝王之道是誠在我而已○問趙氏註修德無小暴慢無彊晁補之曰修德無小能修德則小可大暴慢無彊遇修德則彊必弱(備旨)由湯武事觀之可見宋惟不行王政故受制於齊楚云爾苟能如湯武行吊民伐罪之仁政則四海之內皆擧首而望之欲以宋爲君而有我后之仰玄黃之迎矣齊楚雖大必不能率戴我之民以攻我也又何惡而伐之之足畏哉

○孟子ㅣ謂戴不勝曰子欲子之王之善與아我ㅣ明告子ᄒᆞ리라有楚大夫於此ᄒᆞ니欲其子之齊語也則使齊人傅諸아使楚人傅諸아曰使齊人傅之니라曰一齊人이傅之어든衆楚人이咻之면雖日撻而求其齊也라도不可得矣어니와引而置之莊嶽之間數年이면雖日撻而求其楚ㅣ라도亦不可得矣리라 與平聲 咻音休

孟子ㅣ戴不勝ᄃᆞ려닐어ᄀᆞᆯᄋᆞ샤ᄃᆡ 子ㅣ子의王을善콰댜ᄒᆞᄂᆞ냐내明히子의게告호리라楚ㅅ대우ㅣ이예이시니그子ᄅᆞᆯ齊ㅅ語ᄅᆞᆯᄒᆞ과댜ᄒᆞ면齊人으로ᄒᆞ여곰傅ᄒᆞ랴楚人으로ᄒᆞ여곰傅ᄒᆞ랴ᄀᆞᆯ오ᄃᆡ 齊人으로ᄒᆞ여곰傅ᄒᆞᆯ떠니라ᄀᆞᆯᄋᆞ샤ᄃᆡᄒᆞᆫ齊人이傅ᄒᆞ거든모ᄃᆞᆫ楚人이咻ᄒᆞ면비록日로撻ᄒᆞ야그齊ᄅᆞᆯ求ᄒᆞ야도可히得디몯ᄒᆞ려니와引ᄒᆞ야莊嶽ㅅ間에置홈을數年이면비록日로撻ᄒᆞ야그楚ᄅᆞᆯ求ᄒᆞ야도ᄯᅩᄒᆞᆫ可히得디몯ᄒᆞ리라

●戴不勝、宋臣也、齊語、齊人語也、傅、敎也、咻、讙也、齊、齊語也、莊嶽、齊街里名也、楚、楚語也、此、先設譬以曉之也、

備旨 孟子謂宋臣戴不勝曰吾觀子之事而知子之心無乃欲子之王之善與我明告子以善王之道蓋臣欲善其君猶父欲善其子有楚大夫於此欲其子變楚語而爲齊語也則使齊人傅諸乎抑使楚人傅諸乎戴不勝曰旣欲學齊語則當使齊人傅之孟子曰傅之以齊人誠是也設使以一齊人傅而敎之又有衆楚人咻而譁之則傅之者寡不勝其咻之者多雖日撻其子而求其能爲齊語也勢必不可得矣誠使引其子而置之於齊地莊嶽之間且至於數年之久則所見皆齊人所聞皆齊語雖日撻其子而求其復爲楚語也勢亦不可得矣是敎子者且然而況於正君乎

子ㅣ謂薛居州를善士也ㅣ라ᄒᆞ야使之居於王所ᄒᆞᄂᆞ니在於王所者ㅣ長幼卑尊이皆薛居州也ㅣ면王誰與爲不善이며在王所者ㅣ長幼卑尊이皆非薛居州也ㅣ면王誰與爲善이리오一薛居州ㅣ獨如宋王애何ㅣ리오 長上聲

子ㅣ薛居州를닐오ᄃᆡ善ᄒᆞᆫ士ㅣ라ᄒᆞ야ᄒᆞ여곰王所애居케ᄒᆞᄂᆞ니王所애인ᄂᆞᆫ者ㅣ長과幼와卑와尊이다薛居州ㅣ면王이눌로더브러不善을ᄒᆞ며王所애인ᄂᆞᆫ者ㅣ長과幼와卑와尊이다薛居州ㅣ아니면王이눌로더브러善을ᄒᆞ리오ᄒᆞᆫ薛居州ㅣ호올로宋王애엇디ᄒᆞ리오

●居州、亦宋臣、言小人衆而君子獨、無以成正君之功、南軒張氏曰衆君子之間置一小人猶足以蔽主而敗類一君子而遇衆小人且不能安其身如正君何格君之任有孟子而戴不勝不能知他尙何望焉○慶源輔氏曰古之大臣欲正其君者豈特取辦於一人而已哉必也兼收並蓄旁求廣取使忠賢之士畢集于朝在君之左右前後者無非正人端士然後可以薰陶漸染以變化其氣質成就其德性是豈獨欲趨事赴功而已哉○雲峰胡氏曰此篇言宋事者三章正好通看前章謂宋不行王政後章不能十一去關市之征見得實不能存王政此章言小人衆而君子獨見宋之所以不能行王政也 備旨 今子謂薛居州善士也是必能以善引其君者也乃使之居於王所亦可謂有心於王而得以人事君之義矣然宋之善士不特一居州己也其居王所者亦不可止一居州己也誠使在於王所者無論年之長幼爵之尊卑其善皆如薛居州也則朝夕承弼無非正人王雖欲爲不善皆將相率而匡救之矣其誰與之爲不善哉如在於王所者無論年之長幼爵之尊卑其善皆非如薛居州也則左右前後無一端士王雖欲爲善皆將相率而蠱惑之矣其誰與之爲善哉然則今日子所使者特一薛居州也正所謂一齊人傅之衆楚人咻之也居州雖善士獨如宋王何哉子欲王爲善而求賢之路誠不可以不廣矣

○公孫丑ㅣ問曰不見諸侯ㅣ何義잇고孟子ㅣ曰古者에不爲臣ᄒᆞ야는不見ᄒᆞ더니라

公孫丑ㅣ묻ᄌᆞ와ᄀᆞᆯ오ᄃᆡ諸侯ᄅᆞᆯ보디아니ᄒᆞ심이엇던義잇고孟子ㅣᄀᆞᆯᄋᆞ샤ᄃᆡ녯臣이되디아니ᄒᆞ야ᄂᆞᆫ見티아니ᄒᆞ더라

●不爲臣、謂未仕於其國者也、此、不見諸侯之義也、備旨 公孫丑問於孟子曰君子之進退莫不有義存焉若不見諸侯果何義也孟子

曰古者之士必爲臣而後見君若夫不委質爲臣則不屈己以往見焉此自重之義也

段干木은 踰垣而辟之ᄒᆞ고 泄柳는 閉門而不內ᄒᆞ니 是皆已甚ᄒᆞ니 迫이어든 斯可以見矣니라　辟去聲內與納同

段干木은垣을踰ᄒᆞ야辟ᄒᆞ고泄柳ᄂᆞᆫ門을閉ᄒᆞ고內디아니ᄒᆞ니이다너무甚ᄒᆞ니迫ᄒᆞ거든이예可히ᄡᅧ보ᄭᅧ시니라

●段干木、魏文侯時人、泄柳、魯繆、音目公時人、文侯、繆公、欲見此二人、而二人、不肯見之、蓋未爲臣也、已甚、過甚也、迫、謂求見之切也、慶源輔民曰士固當守義而不往見國君如二君屈己以見意己誠切聖賢處此必將出見今拒絕之如此則過甚而非義矣〔備旨〕吾觀古之人有段干木者未爲臣於魏也文侯往見彼則踰垣而辟之泄柳者未爲臣於魯也繆公往見彼則閉門而不內是皆守不見之節而未免已甚也蓋士雖無往見之禮苟君求見於我者既迫斯亦可以出而見之矣若不迫則不見也可以見而猶不見二子之高亦二子之過也

陽貨ㅣ欲見孔子而惡無禮ᄒᆞ야 大夫ㅣ有賜於士ㅣ어든 不得受於其家ㅣ면 則往拜其門일시 陽貨ㅣ瞯孔子之亡也而饋孔子蒸豚ᄒᆞᆫ대 孔子ㅣ亦瞯其亡也而往拜之ᄒᆞ시니 當是時ᄒᆞ야 陽貨ㅣ先이면 豈得不見이시리오　欲見之見音現惡去聲瞯音勘

陽貨ㅣ孔子를뵈과뎌호ᄃᆡ禮ㅣ업다홈을惡ᄒᆞ야태우ㅣ士의게賜홈이잇거든시러곰그家의셔受티몯ᄒᆞ면往ᄒᆞ야그門에拜ᄒᆞᆫ ᄭᅧ실ᄉᆡ陽貨ㅣ孔子의亡홈을瞯ᄒᆞ야孔

子ᄭᅴ 蒸ᄒᆞᆫ 豚을 饋ᄒᆞᆫ대 孔子ㅣ ᄯᅩ 그 亡홈을 瞯ᄒᆞ야 往ᄒᆞ야 拜ᄒᆞ시니 이 時예 當ᄒᆞ야 陽貨ㅣ 先ᄒᆞ면 엇다 시러곰 見티 아니ᄒᆞ시리오

● 此、又引孔子之事、以明可見之節也、欲見孔子、欲召孔子、來見己也、惡無禮、畏人以己爲無禮也、受於其家、對使去聲人、拜受於家也、其門、大夫之門也 瞯、窺也、陽貨、於魯、爲大夫 孔子、爲士故、以此物、及其不在而饋之、欲其來拜而見之也、先、謂先來加禮也、

慶源輔氏曰陽貨欲見孔子而惡無禮雖小人秉彝不可殄貨旣先來加禮於己則己烏得而不答之然貨之意則非誠矣故但往答其禮而不欲見其人是亦不屑之敎誨也天地之施與萬物者豈有差忒哉○新安陳氏曰往答其禮禮也不欲見其人義也【備旨】然求其不爲已甚者其惟孔子乎昔陽貨欲召孔子來見己而惡人以己爲無禮乃考諸禮云大夫有以物賜於士爲士者在外不得受於其家則當往拜其門時陽貨以大夫自居於是瞯孔子之亡也而饋孔子以蒸豚蓋欲其來拜而見之也孔子以報施欲其稱亦瞯貨之亡也而往拜以答之夫陽貨雖瞯亡而饋然其饋也亦禮之先加者也孔子雖瞯亡而拜然其拜也亦禮之往見者也蓋當是時陽貨先來加禮孔子豈得不往見之若不先則不見也此孔子所以爲禮義之中正哉

曾子ㅣ曰脅肩諂笑ㅣ病于夏畦ㅣ라ᄒᆞ며 子路ㅣ曰未同而言을 觀其色컨댄 赧赧然이라 非由之所知也ㅣ라ᄒᆞ니 由是觀之則君子之所養을 可知已矣니라

脅虛業反 赧奴簡反

曾子ㅣ ᄀᆞᆯᄋᆞ샤ᄃᆡ 肩을 脅ᄒᆞ며 諂히 笑홈이 夏畦두곤 病되다ᄒᆞ며 子路ㅣ ᄀᆞᆯ오ᄃᆡ 同티 몯ᄒᆞ고 言홈을 그 色을 보건댄 赧赧ᄒᆞᆫ디라 由의 알배 아니라ᄒᆞ니 일로 말미아마 보면 君子의 養ᄒᆞᄂᆞᆫ바ᄅᆞᆯ 可히 알띠니라

●脅肩、竦(音悚)體諂笑、彊(上聲下同)笑、皆小人側媚之態也、病、勞也、夏畦、夏月治畦之人也、言爲此者、其勞、過於夏畦之人也、未同而言、與人未合、而彊與之言也、赧赧、慙而面赤之貌、由、子路名、言非己所知、甚惡(去聲)之之辭也、孟子、言由此二言觀之則二子之所養、可知、必不肯不俟其禮之至、而輒往見之也、南軒張氏曰若不當往見而往見是苟賤以求合與脅肩諂笑未同而言者何以異○慶源輔氏曰曾子重厚篤實故視小人側媚之態如病于夏畦之人而深憐之子路剛勇果決故以未同而言赧赧其色者爲非己所知而深惡之二子所守如此雖各因其資質然亦是學力所就也

○此章、言聖人禮義之中正、過之者、傷於迫切而不洪、不及者、淪於汚(音烏)賤而不恥、汪氏廷直曰君子所養貴乎中而已太剛則至於絕物太柔則至於喪己干木泄柳太剛者也曾路所識太柔者也孔子於貨之饋而往拜則與太剛者異矣拜之必瞯其亡則與太柔者異矣所以無可無不可而爲聖之時也孟子前言二子之所行以明其過後述曾路之所言以明其不及中擧孔子事以明聖人之用中然則孟子之不見諸侯守其分義之中而已○慶源輔氏曰孔子之事禮義之中正也差以毫釐則失之矣干木泄柳則過乎禮義之中正矣故傷於迫切而不洪曾子子路之所言則不及乎禮義之中正者故淪於汚賤而可恥此君子之行己所以戰戰兢兢而唯恐有過不及之失也然與其汚賤之可恥寧失於迫切而不洪段干泄柳猶爲狷者也○雙峯饒氏曰觀陽貨事則不特諸侯不可見觀曾子子路之言則不特不可往見雖平交之人亦不可彊與之言蓋物不可以苟合○雲峯胡氏曰士尙志傷於迫切者量雖未洪猶不失爲志之高淪於汚賤者其志甚卑無足道矣[備旨]然已甚雖不可爲而汙賤則尤可恥曾子有曰吾甚憐彼脅肩諂笑以求媚悅於人者其勞過於夏月治畦之人子路有曰吾竊惡夫未同而强與之言者觀其色則赧赧然而慙是人也非由之所知也由二子之言觀之惡側媚者必能以禮自閑惡强合者必能以義自守則君子平日之養可知己矣豈肯不待其禮之至而輒往見之哉合而觀之而不見諸侯之義可識矣

○戴盈之曰什一와 去關市之征을 今玆未能이란딕 請輕之ᄒᆞ야 以待來年然後에 已호딕 何如ᄒᆞ니잇고 (去上聲)

戴盈之ㅣ골오듸什에一을홈과關市엣征을去홈을이제이롤能히몯ᄒᆞ란듸請컨댄輕히ᄒᆞ야뻐來年을기ᄃᆞ린然後에마로듸엇더ᄒᆞ니잇고

● 盈之、亦宋大夫也、什一、井田之法也、關市之征、商賈(音古)之稅也、已、止也、[備旨] 宋大夫戴盈之曰自什一之法廢而天下之農困矣自關市之征行而天下之商困矣吾欲止厚斂而復什一之法寬商賈而去關市之征顧更化貴於有漸今尙未能遽行姑請輕之以待來年然後擧厚斂重征之法而盡已之夫子以爲何如

孟子ㅣ曰今有人이日攘其隣之鷄者ㅣ어든或이告之曰是非君子之道ㅣ라ᄒᆞᆫ대曰請損之ᄒᆞ야月攘一鷄ᄒᆞ야以待來年然後에已로다 (攘如羊反)

孟子ㅣ골ᄋᆞ샤듸이제人이날로그鄰人雞를攘ᄒᆞ리잇거든或이告ᄒᆞ야골오듸이君子의道ㅣ아니라ᄒᆞᆫ대골오듸請컨댄損ᄒᆞ야ᄃᆞᆯ로一鷄를攘ᄒᆞ야뻐來年을기ᄃᆞ린然後에已홈이로다

● 攘、物自來而取之也、損、減也、[備旨] 孟子設諭以曉之曰天下之弊患乎不知知之又患乎去之不果今有人日攘其鄰之雞者或告之曰是攘雞者乃小人所爲非君子之道也其人答之曰自今請損之而月攘其一雞以待來年然後已而不攘夫知日攘之非義而不知月攘之亦非義知來年之可已而不知今日之即可已然則革弊而有待者何以異於是

如知其非義ㄴ댄斯速已矣니何待來年이리오

만일에그義아닌줄을알띤댄이에ᄲᆞᆯ리마롤띠니엇디來年을기ᄃᆞ리리오

● 知義理之不可、而不能速改、與月攘一鷄、何以異哉、南軒張氏曰君子之遠不義也如惡惡臭其不敢邇也如探湯其不敢須臾寧也如坐塗炭而其徙義也如饑渴之於飮食蓋見之之明而決之之勇以爲不如是則不足以自拔而自新也士之持身於改過遷善之際而爲盈之之說則將終身汨沒於過失之中人臣之謀國於革弊復古之事而爲盈之之說

則終陷於因循苟且之域故自修身至于治國知仁勇之三德缺一不可也知以知之仁以行之勇以決之可不務哉○慶源輔氏曰天下事只有義利兩端纔出義便以利言也焉有兩存之理若知義理之不可而猶有吝惜之意不肯速改則亦終歸於悠悠必不能自拔而日新矣○新安陳氏曰請輕之如減日攘爲月攘不知其非義不智也知其非義而不速改不勇也不智之罪小不勇之罪大[備旨]子如不知厚斂重征之不可猶曰出於不知也其不速已無怪也如知其非義斯當不崇朝而速已矣何必因循苟且以待來年而自類於攘雞者流哉願子大夫勿以攘雞貽誚可也

○公都子ㅣ曰外人이皆稱夫子好辯ᄒᆞᄂᆞ니敢問何也ㅣ잇고孟子ㅣ曰予豈好辯哉ㅣ리오予ㅣ不得已也ㅣ로라天下之生이久矣라一治一亂이니라

好去聲下同治去聲

公都子ㅣᄀᆞᆯ오ᄃᆡ外人人이다夫子를辯을好ᄒᆞ신다稱ᄒᆞᄂᆞ니敢히묻ᄌᆞᆸ노이다엇데니잇고孟子ㅣᄀᆞᆯᄋᆞ샤ᄃᆡ내엇디辯을好ᄒᆞ리오내시러곰마디몯ᄒᆞ예로라天下앳生이오란디라ᄒᆞᆫ번治ᄒᆞ고ᄒᆞᆫ번亂ᄒᆞᄂᆞ니라

●生、謂生民也、一治一亂、氣化盛衰、人事得失、反覆相尋、理之常也、徽菴程氏曰氣化在天者有盛有衰盛焉而治衰焉而亂也事理在人者有得有失得焉而治失焉而亂也治不生於治而生於亂亂不生於亂而生於治如環無端此理之常固無足怪所貴乎聖賢之生斯世亦惟以理御氣庶幾反失而得反衰而盛反亂而歸於治焉耳○雲峯胡氏曰古今一治一亂只是氣化人事反覆相尋於無窮或氣化有盛衰而人事之得失於是乎生或人事有得失而氣化之盛衰於是乎轉反覆相尋皆理之常也○新安陳氏曰學者當深察孟子所以不得已之心下文詳之章末又申言此二句以結之豈惟孟子凡聖賢出而任三才扶三綱皆不得而已也一治一亂乃此章綱領下文節節照應之[備旨]公都子問於孟子曰外人皆稱夫子好辯敢問何爲而好辯也豈外人之所稱者亦有見耶抑夫子之好辯者固自有說也孟子曰辯則予有之豈好爲此辯論哉予之辯蓋實出於不得已而然也[備旨]所以不得已爲何蓋自天下之生民以來亦已久矣其間氣化盛人事得則治氣化衰人事失則亂一治一亂反覆相尋其勢然也夫

由治而之亂雖聖賢不能止其來然撥亂而反治在聖賢皆得辭其責故雖至艱至大之事亦有不得已而爲者而況於言乎

當堯之時ᄒᆞ야水ㅣ逆行ᄒᆞ야氾濫於中國ᄒᆞ야蛇龍이居之ᄒᆞ니民無所定ᄒᆞ야下者는爲巢ᄒᆞ고上者는爲營窟ᄒᆞ니書애曰洚水ㅣ警余ㅣ라ᄒᆞ니洚水者는洪水也ㅣ니라 洚音降又胡貢胡工二反

堯ㅅ時를當ᄒᆞ야水ㅣ거스리行ᄒᆞ야中國에氾濫ᄒᆞ야蛇와龍이居ᄒᆞ니民이定홀배업서下ᄒᆞᆫ者는巢를ᄒᆞ고上ᄒᆞᆫ者는營窟을ᄒᆞ니書에ᄀᆞᆯ오ᄃᆡ洚水ㅣ나를警ᄒᆞ다ᄒᆞ니洚水는洪水ㅣ니라

●水逆行、下流壅塞故、水、倒流而旁溢也、下、下地、上、高地也、營窟、穴處上聲也、書、虞書大禹謨也、洚水、洚胡貢反洞無涯之水也、警、戒也、此、一亂也、 慶源輔氏曰此一亂純由乎氣化也○雲峯胡氏曰自開闢至于堯之時不知幾治亂斷自堯起有徵也洚水自繫乎氣化而曰警余未嘗不反而求諸人事也所以此一亂即轉而爲一治也【備旨】自生民以來治亂不一試以其大者言之當堯之時洪水壅塞而逆行氾濫橫流於中國水盛則蛇龍得水而居之故天下之民無所定處地之下者則爲巢以居地之上者則爲營窟以居無所定於上也故虞書有曰洚水警余彼舜所云洚水者正指堯此時之洪水也是洪水之害徵諸書而益信矣此氣化未開人事未施而天下一亂也

使禹治之어시늘禹ㅣ掘地而注之海ᄒᆞ시고驅蛇龍而放之菹ᄒᆞ신대水由地中行ᄒᆞ니江淮河漢이是也ㅣ라險阻ㅣ既遠ᄒᆞ며鳥獸之害人者ㅣ

消然後에人得平土而居之ᄒᆞ니라 菹側魚反

禹로ᄒᆞ여곰治ᄒᆞ라ᄒᆞ여시ᄂᆞᆯ禹ㅣ地ᄅᆞᆯ掘ᄒᆞ야海예注ᄒᆞ시고蛇와龍을驅ᄒᆞ야菹에放ᄒᆞ신대水ㅣ地中을말미아마行ᄒᆞ니江과淮와河와漢이이라險阻ㅣ임의遠ᄒᆞ며鳥獸의人을害홈이消ᄒᆞᆫ然後에사ᄅᆞᆷ이平土ᄅᆞᆯ得ᄒᆞ야居ᄒᆞ니라

●掘地、掘去上聲壅塞也、菹、澤生草者也、地中、兩涯之間也、險阻、謂水之氾濫也、遠、去也、消、除也、此、一治也、慶源輔氏曰此一治氣化人事相參者也夫人與鳥獸亦相爲多寡蓋同稟於氣故也繁氣盛則正氣衰正氣多則繁氣少聖人於其間有造化之用亦時焉而已○新安陳氏曰洪水乃治世之一亂禹反其亂而治之此禹之不得已於有爲者也備旨於是當堯憂之擧舜而敷治舜乃使禹治之禹以海者水之所歸也乃掘地之壅塞而注之海菹者蛇龍之所聚也乃驅蛇龍之異類而放之菹由是水得所趨而由地中行即今之江淮河漢是也夫水循其道則險阻之爲患者既遠蛇龍已驅而鳥獸之害人者又消然後天下之人向無所定者不必爲巢爲窟皆得平土而居之矣此禹以人事挽回氣化而天下一治也

堯舜이旣沒ᄒᆞ시니聖人之道ㅣ衰ᄒᆞ야暴君이代作ᄒᆞ야壞宮室以爲汙池ᄒᆞ야民無所安息ᄒᆞ며棄田以爲園囿ᄒᆞ야使民不得衣食ᄒᆞ고邪說暴行이又作ᄒᆞ야園囿汙池沛澤이多而禽獸ㅣ至ᄒᆞ니及紂之身ᄒᆞ야天下ㅣ又大亂ᄒᆞ니라 壞音恠行去聲下同沛蒲內反

堯舜이임의沒ᄒᆞ시니聖人의道ㅣ衰ᄒᆞ야暴君이代로作ᄒᆞ야宮室을壞ᄒᆞ야ᄡᅥ汙池을삼아民이安息ᄒᆞᆯ빼업스며田을棄ᄒᆞ야ᄡᅥ園囿ᄅᆞᆯ삼아民으로ᄒᆞ여곰衣食홈을得

디몯게ᄒᆞ고邪說과暴行이또作ᄒᆞ야園囿와汙池와沛澤이하 禽獸ㅣ至ᄒᆞ니紂의身에믿처天下ㅣ또ᄒᆡ亂ᄒᆞ니라

●暴君、謂夏太康、孔甲、履癸、商武乙之類也、宮室、民居也、沛、草木之所生也、澤、水所鍾也、自堯舜沒、至此、治亂、非一、及紂而又一大亂也、慶源輔氏曰此一亂氣化人事相符者也自堯舜沒其間夏太康至商武乙等暴君不一雖以類數至紂而大敗極亂而無以復加矣故直推至紂時言之想見夏桀之時亦未必有飛廉等惡人與夫虎豹犀象之害也○雙峯饒氏曰暴行即上面壞宮室棄田宅也暴行通上下而言必有邪說糊塗了箇理義然後暴行始作【備旨】然又不能以常治也及堯舜既沒聖人之正道衰歷夏商之間暴君代作壞民之宮室以爲汙池使民無所安息棄民之田以爲園囿使民不得衣食至於後害民之邪說暴行又作園囿汙池沛澤愈以多而禽獸且交至焉及紂之身天下又大亂是固人事之失而亦氣化之衰爲天下一大亂也

周公이**相武王**ᄒᆞ샤**誅紂**ᄒᆞ시고**伐奄三年**애**討其君**ᄒᆞ시고**驅飛廉於海隅而戮之**ᄒᆞ시니**滅國者**ㅣ**五十**이오**驅虎豹犀象而遠之**ᄒᆞ신대**天下**ㅣ**大悅**ᄒᆞ니**書**애**曰丕顯哉**라**文王謨**ㅣ여**丕承哉**라**武王烈**이여**佑啓我後人**ᄒᆞ샤ᄃᆡ**咸以正無缺**이라ᄒᆞ니라　相去聲　奄平聲

周公이武王을相ᄒᆞ샤紂를誅ᄒᆞ시고奄을伐ᄒᆞ신三年애그君을討ᄒᆞ시고飛廉을海隅에驅ᄒᆞ야戮ᄒᆞ시니國을滅ᄒᆞᆫ者ㅣ五十이오虎와豹와犀와象을모라遠히ᄒᆞ신대天下ㅣ키悅ᄒᆞ니書에ᄀᆞᆯ오ᄃᆡ키顯ᄒᆞ다文王의謨ㅣ여키承ᄒᆞ다武王의烈이여우리後人을佑ᄒᆞ야啓ᄒᆞ샤ᄃᆡ다正으로ᄡᅥᄒᆞ샤缺홈이업다ᄒᆞ니라

●奄、東方之國、助紂爲虐者也、鄭晋昭曰奄字書作郁古通用衣檢衣廉二反說文衣檢反註周公所誅奄國飛廉、紂、幸臣也、五十國、皆紂黨虐民者也、書、周書君牙之篇、丕、大也、顯、明也、謨、謀也、承、繼也、烈、光也、佑、助也、啓、開也、缺、壞也、此、一治也、慶源輔氏曰此一治又氣化人事相參者也舉書言文王武王謀謨之大功業之光所以佑助開廸夫後人者莫非正大之道周全盡美而無一毫缺壞之失也蓋正可爲也無缺爲難無缺謂禮樂刑政四達而不悖三千三百之儀與至誠無倚之道並立而不偏凡所以正德利用厚生之具無一之不備防僞禁邪正慝之法無一之或缺夫然後可以爲無缺至春秋時則道墜于地而無復有存者矣○趙氏曰按奄國在淮夷之北飛廉善走以材力事紂周武王伐紂幷殺之○新安陳氏曰商末大亂武王周公反其亂而治之此武王周公之不得已於有爲者也(備旨)然不終於亂也周公因紂之亂而輔相武王以誅紂且伐奄國之助紂爲虐者三年乃得奄國之君而誅之又驅紂之幸臣飛廉於海隅而戮之滅其紂黨虐民之國五十而人害消矣驅虎豹犀象之害人者而遠去之而物害消矣由是天下之人皆得遂樂生之願而大悅焉凡此皆周公相業之偉揚武烈以顯文謨者也周書君牙之篇有曰丕顯哉文王創業之謨丕承哉武王大定之烈所以佑啓我後人者咸以中正而不偏精密而無缺觀此則文謨武烈得公而顯揚故頌文王之德而稱周公之功不衰此周公以人事挽回氣化而天下又一治也

世衰道微ᄒᆞ야 邪說暴行이 有作ᄒᆞ야 臣弑其君者ㅣ 有之ᄒᆞ며 子弑其父者ㅣ 有之ᄒᆞ니라 有作之有讀爲又古字通用

世ㅣ衰ᄒᆞ며 道ㅣ微ᄒᆞ야 邪說와 暴行이 또 作ᄒᆞ야 臣이 그 君을 弑ᄒᆞᆫ 者ㅣ 이시며 子ㅣ 그 父를 弑ᄒᆞᆫ 者ㅣ 이시니라

●此、周室東遷之後、又一亂也、慶源輔氏曰此一亂又氣化人事相符者也前乎此者雖曰世亂然但禽獸繁殖有以戕民之生而猶未至賊人之性至此以後則遂至傷壞人倫將使人盡爲禽獸之歸其禍又慘矣此一亂又甚於前日是亦氣化人事之使然也(備旨)大周至平王東遷之後世衰而治不振道微而理不明邪說暴行又乘之而作至於臣弑其君者有之子弑其父者有之蓋大倫已斁天性已殘其爲害也又甚於前矣此氣化衰人事失又一亂也

孔子ㅣ懼ᄒᆞ샤作春秋ᄒᆞ시니春秋는天子之事也ㅣ라是故로孔子ㅣ曰知我者도其惟春秋乎ㅣ며罪我者도其惟春秋乎ᆫ뎌ᄒᆞ시니라

孔子ㅣ懼ᄒᆞ샤春秋를作ᄒᆞ시니 春秋는天子의事ㅣ라이런故로 孔子ㅣᄀᆞᆯᄋᆞ샤ᄃᆡ我를知ᄒᆞᆯ者도그春秋ㅣ며我를罪ᄒᆞᆯ者도그春秋ᆫ뎌ᄒᆞ시니라

●胡氏曰(胡氏名安國字康侯建安人)仲尼、作春秋、以寓王法、厚典庸禮、命德討罪、其大要、皆天子之事也、(新安倪氏曰書皐陶謨篇云天叙有典勅我五典五惇哉天秩有禮自我五禮有庸哉同寅協恭和衷哉天命有德五服五章哉天討有罪五刑五用哉政事懋哉懋哉書言天子治天下之事孔子作春秋其大旨正以明此治天下之事而爲後世法也○惇典之惇集註避宋光宗諱而以厚字代之)知孔子者、謂此書之作、遏人欲於橫流、存天理於旣滅、爲(去聲)後世、慮至深遠也、罪孔子者、以謂無其位、而託二百四十二年南面之權、使亂臣賊子、禁其欲而不得肆則戚矣、愚、謂孔子、作春秋、以討亂賊、則致治之法、垂於萬世、是亦一治也、(問孔子作春秋特載之空言亂賊何緣便懼恐未足以爲一治朱子曰非說當時便一治只是存得箇治法使道理光明粲爛有能擧而行之爲治不難當時史書掌於史官想人不得見孔子取而筆削之而其義大明孔子亦何嘗有意用某字使人知勸用某字使人知懼用某字有甚微詞奥義使人曉不得足以褒貶榮辱人來不過如今之史書直書其事善惡瞭然在目觀者知所勸懲故亂臣賊子有所懼而不敢犯耳○慶源輔氏曰此一治又純乎人事者也雖氣化不應而不使孔子得位以撥亂而反之正然討亂賊垂治法其功又大於舜禹矣○潛室陳氏曰此謂聖人以王法繩諸侯所褒所貶皆是奉行王法此聖人大用非孟子不能知胡氏發明備矣○雲峰胡氏曰集註前言禹與周公之功曰此一治也此當時之治也此言孔子春秋之功曰此亦一治也萬世之治也○新安陳氏曰孔子雖不能與治道於當時而能垂治法於後世蓋在當時倫紀亂矣孔子欲反其亂而治之此孔子之不得已於有言者也【備旨】孔子生當其時旣不得君相之位操賞罰之權以施其撥亂反治之術深爲世道人心憂懼乃因魯史之舊文加筆削之新法而作春秋是春秋也有德者必褒有罪者必討其大要皆天子之事也惟春秋爲天子之事則理雖公而迹似僭夲是故孔子曰知我者謂我此書之作爲後世存王者之法其惟春秋乎罪我者謂我此書之作以匹夫託天子之權其惟春秋乎夫孔子作春秋以警人心垂萬世如此此以人事挽回氣化而天下亦一治也

聖王이 不作ᄒᆞ야 諸侯ㅣ 放恣ᄒᆞ며 處士ㅣ 橫議ᄒᆞ야 楊朱墨翟之言이 盈天下ᄒᆞ야 天下之言이 不歸楊則歸墨ᄒᆞ니 楊氏는 爲我ᄒᆞ니 是는 無君也ㅣ오 墨氏는 兼愛ᄒᆞ니 是는 無父也ㅣ니 無父無君은 是ㅣ 禽獸也ㅣ니라 公明儀ㅣ 曰庖有肥肉ᄒᆞ며 廐有肥馬ㅣ어든 民有饑色ᄒᆞ며 野有餓莩ㅣ면 此는 率獸而食人也ㅣ라ᄒᆞ니 楊墨之道ㅣ 不息ᄒᆞ면 孔子之道ㅣ 不著ᄒᆞ리니 是는 邪說이 誣民ᄒᆞ야 充塞仁義也ㅣ니 仁義充塞則率獸食人ᄒᆞ다가 人將相食ᄒᆞ리라

橫爲皆去聲 莩皮表反

聖王이作디아니ᄒᆞ야 諸侯ㅣ放恣ᄒᆞ며處士ㅣ議를橫히ᄒᆞ야 楊朱와墨翟의言이天下애盈ᄒᆞ야天下읫言이楊애歸티아니ᄒᆞ면墨애歸ᄒᆞ니楊氏ᄂᆞᆫ我를爲ᄒᆞ니이ᄂᆞᆫ君이업슴이오 墨氏ᄂᆞᆫ愛를兼ᄒᆞ니이ᄂᆞᆫ父ㅣ업슴이니 父ㅣ업스며君이업슴은이禽獸ㅣ니라公明儀ㅣᄀᆞᆯ오ᄃᆡ 庖애肥肉이이시며廐애肥馬ㅣ잇거든民이饑色이이시며野애餓莩ㅣ이시면이ᄂᆞᆫ獸를率ᄒᆞ야人을食홈이라ᄒᆞ니 楊墨의道ㅣ息디아니ᄒᆞ면

孔子의道ㅣ著티몯ᄒᆞ리니이는邪說이民을誣ᄒᆞ야仁義를充塞홈이니仁義ㅣ充塞ᄒᆞ면獸를率ᄒᆞ야人을食ᄒᆞ다가人이쟝ᄎᆞᆺ서르食ᄒᆞ리라

●楊朱、但知愛身、而不復扶又反知有致身之義故、無君、墨子、愛無差楚宜反等、而視其至親、無異衆人故、無父、無父無君則人道、滅絶 是亦禽獸而已、公明儀之言、義見形甸反首篇、充塞仁義 謂邪說、偏滿、妨於仁義也、雲峰胡氏曰不中則曰橫議不正則曰邪說 孟子、引儀之言、以明楊墨道行、則人皆無父無君、以陷於禽獸、而大亂將起、是亦率獸食人、而人又相食也、此又一亂也、朱子曰楊墨只是差些子其末流遂至於無父無君盖楊氏見世人營營於名利埋沒其身而不自知故獨潔其身以自高如荷蕢接輿之徒是也然使人皆如此潔身而自高則天下事教誰理會此便是無君也墨氏見世間人自私自利不能及人故欲兼天下之人而盡愛之然不知有一患難在君親則當先救之在他人則後救之若不分先後則是待君親猶他人也便是無父此二者之所以爲禽獸也○楊朱乃老子弟子其學專於爲己列子云伯成子高拔一毛而利天下不爲其言曰一毛安能利天下使人人不拔一毛不利天下則天下自治矣○問墨氏兼愛何遽至於無父曰人也只孝得一箇父母那愛得許多能養其父母無缺則已難矣想得他之所以養父母者粗衣糲食必不能堪盖他既欲兼愛則愛父母必疎其孝不周至非無父而何哉墨子尙儉惡樂所以說里號朝歌墨子回車想得是箇澹泊枯槁底人其事父母也可想見○問率獸食人亦深探其弊而極言之非眞有此事曰不然卽他之道便能如此楊氏自是箇退步愛身不理會事底人墨氏兼愛又弄得沒合殺使天下倀倀然必至於大亂而後已非率獸食人而何如東晉之淸談此便是楊氏之學卽老莊之道少間百事廢弛遂啓夷狄亂華其禍豈不慘於洪水猛獸之害又如梁武事佛至於社稷丘墟亦其驗也○慶源輔氏曰此一亂又氣化人事相尋者也聖人之道非不愛身也然有致身事君之義有殺身成仁之時故不至於無君非不愛物也然親親而仁民仁民而愛物有自然之序故不至於無父無君無父則人道滅絶又將視弑父與君而冥然不覺矣是則人而反與禽獸無異也故引公明儀之說以言楊墨遂行則人皆無父無君安爲戕賊以陷於禽獸而大亂將起是亦與公明儀所謂率獸食人人將相食者類矣楊墨之道不息則邪說誣民孔子之道不著則充塞仁義也此四句只是說天理人欲不並立而已所謂邪說偏滿妨於仁義者是解邪說誣民充塞仁義兩句也以偏滿字解充字以妨字解塞字但不曾解誣民兩字耳其實謂邪說誣罔天下之人其勢至於充盛窒塞人心固有之仁義使不能發也夫仁義具於人心而爲邪說所誣而充塞之使不能達於外況能擴充之以全其量乎○西山眞氏曰楊朱自一身之外截然不恤故其迹似乎義墨翟於親疎之間無乎不愛故其迹似乎仁殊不知天下之理本一而分則殊故君子親親而仁民仁民而愛物心無不溥而其施有序心無不溥則非爲我矣其施有序則非兼愛矣楊朱專於爲我則昧乎理之一墨翟一於兼愛則昧乎分之殊若是而曰仁義乃所以賊乎仁義也○雙峰饒氏曰墨氏無父之敎便充塞了仁楊氏無君之敎便充塞了義有仁義則天下治無仁義則天下亂今仁義既充塞則亂將起而率獸食人人又將相食矣[備旨]由孔子而來至於今聖王不作於上則主持世道者無其人故諸侯無所忌憚而放恣處士遂倡橫議以惑人楊朱墨翟乃橫議之尤者其言盈滿於天下天下之言仁義者不歸於楊則歸於墨是橫議之惑人如此楊氏爲我則但知有身不復知致身之義是無君也墨氏兼愛則愛無差等視至親無異路人是無父也夫人之所以爲人者以其有君臣父子之倫今而無父無君則人道滅絕是亦禽獸也夫楊墨禽獸之敎如此其爲害可勝言哉昔公明儀嘗曰庖有肥肉廐有肥馬以致民有饑色野有餓莩此率獸而食人也今楊墨爲我兼愛之道不息則孔子仁以事親義以事君之道不著是邪僻之說有以誣民而充塞乎仁義之道也仁義充塞則人皆無父無君以陷於禽獸而大亂將起是亦率獸食人而人又將相食也氣化衰人事失而天下一亂也

吾ㅣ爲此懼ᄒᆞ야 閑先聖之道ᄒᆞ야 距楊墨ᄒᆞ며 放淫辭ᄒᆞ야 邪說者ㅣ不得作케ᄒᆞ노니 作於其心ᄒᆞ야 害於其事ᄒᆞ며 作於其事ᄒᆞ야 害於其政ᄒᆞᄂᆞ니 聖人이 復起ᄒᆞ샤도 不易吾言矣시리라 爲去聲復扶又反

내이ᄅᆞᆯ爲ᄒᆞ야懼ᄒᆞ야先聖의道ᄅᆞᆯ閑ᄒᆞ야楊墨을距ᄒᆞ며淫辭ᄅᆞᆯ放ᄒᆞ야 邪說 ᄒᆞᆫ者ㅣ 시러곰作디몯게ᄒᆞ노니그心애作ᄒᆞ야그事애害ᄒᆞ며그事애作ᄒᆞ야 그政에 害ᄒᆞᄂᆞ니聖人이다시起ᄒᆞ샤도내言을易디아니ᄒᆞ시리라

●閑、衛也、放、驅而遠去聲之也、作、起也、事、所行、政、大體也、 西山眞氏曰事者政之目政者事之綱○雙峰饒氏曰無父無君乃楊墨之見於行事者少焉充塞仁義而至於率獸食人是害於其政了 孟子ㅣ 雖不得志於時、然、楊墨之害、自是滅息、而君臣父子之道、賴以不墜、是亦一治也、此乃孟子所以不得已而有言也○慶源輔氏曰此一治又純乎人事也雖氣化不應孟子亦不得志於時然因其言而異端滅息吾道至今得以不墜此孟氏之功所以不在禹下而亞於孔子也○雲峰胡氏曰前云此一治也周公之功與禹同此云是亦一治也孟子之功與夫子同 程子、曰楊墨之害、甚於申韓、佛老之害、甚於楊墨 此就當時之異端言 蓋楊氏爲我、去聲下同 疑於義、墨氏兼愛、疑於仁、申韓則淺陋易見、去聲 史記申不害故鄭之賤臣學本於黃老而主刑名著書二篇號曰申子○韓非者韓之諸公子也喜刑名法術之學而其歸本於黃老善著書與李斯俱事荀卿斯自以爲不如非 故、孟子、止闢楊墨、爲其惑世之甚也、佛氏之言、近理、又非楊墨之比、所以爲害尤甚

問墨氏兼愛疑於仁此易見楊氏爲我何以疑於義朱子曰楊朱看來不似義他全是老子之學只是箇逍遙物外僅足其身不屑世務之人只是他自愛其身界限齊整不相侵越微似義耳然終不似也又曰楊墨只是硬恁地做佛氏最有精微動得人處○雙峰饒氏曰前言生於其心害於其政發於其政害於其事此言作於其心害於其事作於其事害於其政亦各有意前言畢竟政是大體事是小節今既生於其心則必害於大體既害於大體則少焉於那小節都壞了備旨楊墨流禍之深如此吾爲此楊墨之禍而懼於是大嚴其防以閑衛乎先聖仁義之道楊墨之人害乎聖道者也則距而絕之楊墨淫遁之辭悖乎聖道者也則放而遠之使天下之人曉然知其非而邪說者不得作以誣民蓋邪說之作雖倡爲橫議實本於心術既作於其心則見之一身凡擧止應接必不得其當而害於其事既作於其事則措之天下凡綱紀法度不得其理而害於其政端甚微而禍甚大此理之必然雖聖人復起亦不易吾作心害事作事害政之言矣然則吾所以距之放之以使邪說之息者正所以除其必然之害以閑聖道也此亦將以人事挽回氣化而或者冀以一治也歟

昔者에 禹ㅣ 抑洪水而天下ㅣ 平ᄒᆞ고 周公이 兼夷狄驅猛獸而百姓이 寧ᄒᆞ고 孔子ㅣ 成春秋而亂臣賊子ㅣ 懼ᄒᆞ니라

녯禹ㅣ洪水를抑ᄒᆞ심애天下ㅣ平ᄒᆞ고周公이夷狄을兼ᄒᆞ며猛獸를驅ᄒᆞ심애百姓이寧ᄒᆞ고孔子ㅣ春秋를成ᄒᆞ심애亂臣과賊子ㅣ懼ᄒᆞ니라

●抑、止也、兼、幷去聲之也、總結上文也、 西山眞氏曰三聖事雖不同而其救天下之患立生民之極則一也 備旨 合而觀之生民以來未有常治而不亂者而維持救正則存乎其人昔者禹抑洪水而天下平則天下非禹不能平也周公兼夷狄驅猛獸而白姓寧則白姓非周公不能安也孔子成春秋而亂臣賊子懼則亂賊非孔子不能止也此天下之治賴三聖人之功而三聖人所以不得已如此也

詩云戎狄是膺ᄒᆞ니**荊舒是懲**ᄒᆞ야 **則莫我敢承**이라ᄒᆞ니 **無父無君**은 **是周公所膺也**ㅣ니라

詩예ᄀᆞᆯ오ᄃᆡ戎狄을이膺ᄒᆞ니荊과舒ㅣ이懲ᄒᆞ야곧나를敢히承티몯ᄒᆞᆫ다ᄒᆞ니父ㅣ업ᄉᆞ며君이업ᄉᆞᆫ이ᄂᆞᆫ이周公의膺ᄒᆞ신배니라

●說見形甸反下鮮見音同上篇、承、當也、 雙峯饒氏曰孟子所以引戎狄荊舒者以楊墨乃夷狄之敎也 備旨 魯頌閟宮之詩有云戎狄是膺荊舒是懲則莫敢有承而當我者此言周公於我狄荊舒之國膺擊懲創使之畏威從化莫敢抗違聖人所以正夷狄之防其嚴如此今楊墨無父無君與戎狄無異正是周公所膺者也我生斯世豈可不以撥亂爲己責而膺之也乎

我ㅣ**亦欲正人心**ᄒᆞ야**息邪說**ᄒᆞ며**距詖行**ᄒᆞ며**放淫辭**ᄒᆞ야**以承三聖者**ㅣ로니**豈好辯哉**리오**予**ㅣ**不得已也**ㅣ니라 行好皆去聲

내ᄯᅩᄒᆞᆫ人心을正ᄒᆞ야邪說을息게ᄒᆞ며詖行을距ᄒᆞ며淫辭를放ᄒᆞ야ᄡᅥ三聖을承코쟈ᄒᆞ노니엇디辯을好ᄒᆞ리오내시러곰마디몯ᄒᆞ예니라

●詖、淫、解見前篇、辭者、說之詳也、承、繼也、三聖、禹、周公、孔子也、蓋邪說、橫流、壞音怪人心術、甚於洪水猛獸之災、慘於夷狄簒弒之禍、故、孟子、深懼而力救之、再言豈好辯哉、予不得已也、所以深致意焉、然、非知道之君子、孰能眞知其所以不得已之故哉、

朱子曰當時如縱橫刑名之徒孟子都不管他蓋他只害得箇麤底若楊墨則害了人心須著與之辯也然孟子於當時只在私下恁地說所謂楊 之徒也未怕他到後世却因其言而知聖人之道爲是知異端之學爲非乃是孟子有功於後世耳○問孟子欲息邪距詖而必以正人心爲先何也曰此探本之言也以聖道不明人心不正而邪說得以乘間入之也曰然則亦明聖道以正人心而已何必爲此紛紛而涉好辯之嫌乎曰邪說旣入則人心益以不正聖道益以不明矣此又其末之不可不理者也故孟子道性善稱堯舜必使天下曉然知仁義之所在者此所以正人心而爲息邪距詖之本也拼爲我斥兼愛必使天下曉然知邪詖之不可由者此所以息邪距詖而爲正人心之用也蓋其體用不偏首尾相應如此然後足以撥亂世而反之正此所以雖得其本而不免於多言也然豈其心之所好哉亦畏天命悲人窮不得已而然耳昔湯伐桀曰予畏上帝不敢不正武王伐紂曰予弗順天厥罪惟鈞夫豈好戰哉孟子之心亦若此而已矣豈得以好辯之小嫌而遂輟不言哉○慶源輔氏曰重言豈好辯哉予不得已也此又深致其意者欲人之察其心而知邪說之眞可畏也○問邪說詖行如何分雙峯饒氏曰說旣邪辟其行必偏詖其辭愈見淫蕩詖行淫辭自邪說上來放者放廢距絕○雲峯胡氏曰洪水猛獸之災由氣化夷狄簒弒之禍由人事邪說爲人心之害則有甚於此者矣人之本心未嘗不正爲邪說所害易淪胥於不正故孟子之辯拳拳欲正人心其仕也亦必先於正君心○新安陳氏曰洪水猛獸夷狄簒弒皆災禍之害人身者惟有於一時若邪說乃災禍之壞人心者且流於無窮而爲害尤甚慘此孟子所以不得已而深拼力救之也【備旨】故我在今日亦欲講明仁義之道以正陷溺之人心而息楊墨之邪說使不得逞其兼愛爲我之言於邪說之見於行而爲詖行者則嚴以距之距其害人心者也於邪說之見於言而爲淫辭者則驅而放之放其亂人心者也凡以上承三聖之功於不墜耳是予之汲汲乎起而闢之者豈好辯哉乃其憂之也深故其言之也切其慮之也遠故其說之也詳誠有大不得已者在也不然則三聖之功將無所繼生民之亂不知所終而何以成一治之效哉

能言距楊墨者ᄂᆞᆫ聖人之徒也ㅣ니라

能히楊墨距ᄒᆞ음을言ᄒᆞᄂᆞᆫ者ᄂᆞᆫ聖人의徒ㅣ니라

●言苟有能爲此距楊墨之說者、則其所趨、正矣、雖未必知道、是亦聖人之徒也、孟子、既答公都子之問、而意有未盡故、復扶又反言此、蓋邪說、害正、人人得而攻之、不必聖賢、如春秋之法、亂臣賊子、人人得而誅之、不必士師也、慶源輔氏曰此義自朱子發之若朱子則眞可謂以道自任者故言此以詔天下使天下人人存此心則異端之說將無所容而聖人之道不復有蔽蝕之者矣豈小補哉○孟子意謂自今以後不待有知道者眞能息滅楊墨之害然後可以繼聖人之事但能爲說以距則是亦聖人之徒矣此可見自任之重而望人之切也○西山眞氏曰所以勉天下學者皆以闢異端扶王道爲心庶幾生人之類不淪胥於禽獸也聖人、救世立法之意、其切如此、若以此意推之、則不能攻討、而又唱爲不必攻討之說者、其爲邪詖之徒亂賊之黨、可知矣、朱子曰出邪則入正出正則入邪二者之間盖不容髮雖未知道而能言距楊墨者己是心術向正之人所以以聖人之徒許之與春秋討賊之意同○纔說道要距楊墨便是聖人之徒如人逐賊有人見之若說道賊當捉當誅這便是主人邊人若說道賊也可恕這便喚做賊之黨○不討亂賊而謂人勿討者凶逆之黨也不距楊墨而謂人勿距者禽獸之徒也聖賢立法之嚴至於如此可不畏哉○新安陳氏曰如解攻乎異端爲攻擊闢先聖之道爲閑習皆是不必攻討之說○尹氏、曰學者、於是非之原、毫釐有差、則害流於生民、禍及於後世、故、孟子、辯邪說、如是之嚴、而自以爲承三聖之功也、當是時、方且以好辯目之、是、以常人之心、而度待洛反聖賢之心也、程子曰大抵儒者潛心正道不容有差其始甚微其終則不可救如師也過商也不及於聖人中道師只是過於厚些商只是不及些然而厚則漸至於兼愛不及則便至於爲我其過不及同出於儒者其末遂至楊墨至如楊墨亦未至於無父無君孟子推之便至於此盖其差必至於是也○朱子曰此段最好看見諸聖賢遭時之變各行其道是這般時節其所以正救之者是這般樣子這見得聖賢是甚麼樣大力量恰似天地有缺罅處得聖賢出來補敎周全過得稍久又不免有缺又得聖賢出來補這見聖賢是甚力量直有闔闢乾坤之功○新安陳氏曰聖賢反世之亂而治之達而在上則見於有爲而治功見於當時窮而在下則不免於有言而治法垂於後世孔子曰予欲無言終不能無言也作春秋以爲後法猶夫至於辯者孔子之時異端未熾而孔子之聖言敎易孚故也至孟子則時益降異端益熾而孟子之亞聖又不及孔子公孫丑萬章之徒聞言猶未達況於外人則其闢楊墨烏得而不言言烏得而不辯蓋有大不得已焉者旣以不得已於辯者自致其力尤以能言距楊墨望凡爲吾徒者之同致其力焉非朱子深知孟子之心孰能發其精微之蘊如此哉此章於古今世道聖賢事業關涉甚大宜精察思之○東陽許氏曰集註氣化盛衰人事得失反覆相尋緫謂氣化盛人事得則天下治氣化衰人事失則天下亂是固然矣然孟子此章答好辯之問而孟子之辯專爲闢楊墨而發則易亂爲治全賴人事以補天道之不足反氣化之衰而至於盛也觀堯禹之治水則以人事而回氣化武王周公誅紂伐奄孔子作春秋則以人事而救衰失所以孟子亦於衰失之時闢楊墨以回氣化正人事也此正聖賢作用參天地贊化育之功讀此章當如此會集註之意 [備旨] 然三聖之道人人得而承之而距楊墨之言亦人人得而言之故苟有能爲距楊墨之說而深斥其爲我兼愛之非者則其所趨者正雖未必爲聖人亦聖人之徒也夫人之距楊墨者吾方引而進之況任世道之責者而能以無辯哉予之辯信非得已矣

○匡章이曰陳仲子ᄂᆞᆫ豈不誠廉士哉리오居於陵ᄒᆞᆯ싀三日不食ᄒᆞ야耳無聞ᄒᆞ며目無見也ㅣ러니井上有李ㅣ螬食實者ㅣ過半矣어ᄂᆞᆯ匍匐往將食之ᄒᆞ야三咽然後에야耳有聞ᄒᆞ며目有見ᄒᆞ니라 於音烏下於陵同 螬音曹咽音宴

匡章이ᄀᆞᆯ오ᄃᆡ陳仲子ᄂᆞᆫ엇디진실로廉士ㅣ아니리오於陵에居ᄒᆞᆯ싀三日을食디몯ᄒᆞ야耳ㅣ聞홈이업ᄉᆞ며目이見홈이업더니井上애李ㅣ螬ㅣ實을食ᄒᆞᆫ者ㅣ半이過ᄒᆞᆫ이잇거ᄂᆞᆯ匍匐ᄒᆞ야가將ᄒᆞ야食ᄒᆞ야세번咽ᄒᆞᆫ然後에야耳ㅣ聞홈이이시며目이見홈이이시니라

●匡章、陳仲子、皆齊人、廉、有分辨不苟取也、於陵、地名、螬、蠐(音齊)螬、蟲也、匍匐言無力、不能行也、咽、呑也、[備旨] 匡章曰廉美節也若陳仲子者豈不誠廉士哉以言其居則居於於陵以言其食則三日不食飢餓之甚至於耳不能聽而無聞目不能視而無見也適井上有李而螬蟲食其實者過半矣乃匍匐往取而將食之至於三咽然後耳無聞者始有聞目無見者始有見自井李而外不苟食也夫以世家之子而安於窮約如此豈非廉士哉

孟子ㅣ曰於齊國之士애吾必以仲子로爲巨擘焉이어니와雖然이나仲子는惡能廉이리오充仲子之操ㅣ면則蚓而後可者也ㅣ니라 擘薄厄反惡平聲蚓音引

孟子ㅣ ᄀᆞᆯ으샤ᄃᆡ 齊國ㅅ 士애 내 반ᄃᆞ시 仲子로ᄡᅥ 巨擘을 삼으려니와 비록 그러나 仲子ᄂᆞᆫ 엇디 能히 廉ᄒᆞ리오 仲子의 操ᄅᆞᆯ 充ᄒᆞ면 곤 蚓인 後에 可ᄒᆞ니라

●巨擘、大指也、言齊人中、有仲子、如衆小指中、有大指也、充、推而滿之也、操、去聲所守也、蚓、丘蚓也、言仲子、未得爲廉也、必若滿其所守之志則惟丘蚓之無求於世然後。可以爲廉耳、 慶源輔氏曰齊俗奢侈放縱當戰國時士之傷廉者必多有之此匡章所以推仲子之廉而孟子亦以爲齊人之巨擘也備旨孟子曰今齊國之士溺富貴而貪功利者皆是矣乃仲子獨淸苦自守如此能幾人哉吾於齊國之士必以仲子爲其中之巨擘焉雖然仲子亦惡能爲廉士哉吾姑勿論廉但論仲子之操必若就仲子之操行充而極之則如蚓之無求於世而後可者也

夫蚓은上食槁壤ᄒᆞ고下飮黃泉ᄒᆞᄂᆞ니仲子所居之室은伯夷之所築與아抑亦盜跖之所築與아所食之粟은伯夷之所樹與아抑亦盜跖之所樹與아是未可知也ㅣ로다 夫音扶與平聲

蚓은 上으로 槁壤을 食ᄒᆞ고 下로 黃泉을 飮ᄒᆞᄂᆞ니 仲子의 居ᄒᆞᆫ 밧 室은 伯夷의 築ᄒᆞᆫ 바 가 ᄯᅩ ᄒᆞᆫ 盜跖의 築ᄒᆞᆫ 바 가 食ᄒᆞᄂᆞᆫ 밧 粟은 伯夷의 樹ᄒᆞᆫ 바 가 ᄯᅩ ᄒᆞᆫ 盜跖의 樹ᄒᆞᆫ 바 가 이 可

히아디몯ᄒᆞ리로다

●槁壤、乾(音干)土也、黃泉、濁水也、抑、發語辭也、言蚓、無求於人而自足、而仲子、不免居室食粟、若所從來 或有非義、則是未能如蚓之廉也 備旨何以知蚓之無求而自足也夫蚓之爲物上則食乎乾槁之壤下則飲乎黃濁之泉皆無求於人而自足今仲子則人也未免居室而食粟其所居之室果出於義而爲伯夷之所築與抑亦出於不義而爲盜跖之所築與所食之粟果出於義而爲伯夷之所樹與抑亦出於不義而爲盜跖之所樹與是其所從來爲夷爲跖皆未可知也若不能皆夷而無跖則是未能如蚓之廉也

曰是何傷哉리오彼ㅣ身織屨ᄒᆞ고妻辟纑ᄒᆞ야以易之也ㅣ니라 辟音璧 纑音盧

ᄀᆞᆯ오ᄃᆡ이엇디傷ᄒᆞ리오뎌ㅣ몸소屨ᄅᆞᆯ織ᄒᆞ고妻ㅣ纑ᄅᆞᆯ辟ᄒᆞ야ᄡᅥ易ᄒᆞᄂᆞ니라

●辟、績也、纑、練麻也、 備旨章曰仲子居食雖未究其從來是亦何傷於廉哉盖人只能安貧守約不取諸人此便是廉今彼所居之室所食之粟則身自織屨其妻辟纑以易之也此雖未必出於伯夷然亦非出於盜跖又何傷於廉也

曰仲子는齊之世家也ㅣ라兄戴ㅣ蓋祿이萬鍾이러니以兄之祿으로爲不義之祿而不食也ᄒᆞ며以兄之室로爲不義之室而不居也ᄒᆞ고辟兄離母ᄒᆞ야處於於陵이러니他日에歸則有饋其兄生鵝者ㅣ어늘己頻顣曰惡用是鶂鶂者爲哉리오他日에其母ㅣ殺是鵝也ᄒᆞ야與之食之러니其兄이自外至曰是ㅣ鶂鶂之肉也ㅣ라ᄒᆞᆫ대出而哇之ᄒᆞ니라 蓋音閤辟

音避頻與顰同顣與蹙同子六反惡平聲鶃魚乙反哇音蛙

ᄀᆞᆯᄋᆞ샤ᄃᆡ仲子ᄂᆞᆫ齊人世家ㅣ라兄戴ㅣ蓋人祿이萬鍾이러니兄의祿으로ᄡᅥ不義옛祿이라ᄒᆞ야食디아니ᄒᆞ며兄의室로ᄡᅥ不義옛室이라ᄒᆞ야居티아니ᄒᆞ고兄을辟ᄒᆞ며母ᄅᆞᆯ離ᄒᆞ야於陵에處ᄒᆞ얏더니他日에歸ᄒᆞᆫ則그兄을生鵝ᄅᆞᆯ饋ᄒᆞᆫ者ㅣ잇거ᄂᆞᆯ己頻顣ᄒᆞ야ᄀᆞᆯ오ᄃᆡ엇디이鶃鶃ᄒᆞᄂᆞᆫ거ᄉᆞᆯ用ᄒᆞ리오他日에그母ㅣ이鵝ᄅᆞᆯ殺ᄒᆞ야與ᄒᆞ야ᄂᆞᆯ食ᄒᆞ더니그兄이外로브터至ᄒᆞ야ᄀᆞᆯ오ᄃᆡ이鶃鶃의肉이라ᄒᆞᆫ대出ᄒᆞ야哇ᄒᆞ니라

●世家、世卿之家、兄名、戴、食采(音菜)於蓋、其入、萬鍾、也歸、自於陵歸也、己仲子也、鶃鶃、鵝聲也、頻顣而言、以其兄受饋、爲不義也、哇、吐之也、

備旨孟子曰子謂仲子自食其力遂以爲廉乎不知處仲子之地亦有不必然者蓋仲子齊國世臣之家也則非不義之居明矣其兄名戴食采於蓋邑所入之祿有萬鍾則非不義之食明矣顧乃以兄所得之祿爲不義之祿而不食也以兄所居之室爲不義之室而不居也不惟辟兄且離其母處於於陵之地彼固以爲得所居之義矣及他日歸時則有饋其兄生鵝者己頻顣而言曰是鶃鶃者乃不義之物也惡用是鶃鶃者爲哉他日其母殺是鶃鶃之鵝也與之食而仲子食之適其兄自外至因譏之曰爾今日所食者是前日所謂鶃鶃之肉也仲子乃出而哇其所食之肉焉彼固自以爲得所食之義矣

以母則不食ᄒᆞ고以妻則食之ᄒᆞ며以兄之室則弗居ᄒᆞ고以於陵則居之ᄒᆞ니是尙爲能充其類也乎아若仲子者ᄂᆞᆫ蚓而後充其操者也ㅣ니라

母로쎠則食디아니ᄒᆞ고妻로쎠則食ᄒᆞ며兄의室로쎠則居티아니ᄒᆞ고於陵으로쎠則居ᄒᆞ니이오히려能히그類를充ᄒᆞ욤이랴仲子ᄀᆞᄐᆞᆫ者ᄂᆞᆫ蚓인後에아그操를充ᄒᆞᆯ者ㅣ니라

●言仲子、以母之食、兄之室、爲不義、而不食不居、其操(去聲)守如此、至於妻所易之粟、於陵所居之室、既未必伯夷之所爲、則亦不義之類耳、今仲子、於此則不食不居、於彼則食之居之、豈爲能充滿其操守之類者乎、必其無求自足、如丘蚓然、乃爲能滿其志、而得爲廉耳、然、豈人之所可爲哉、○范氏、曰天之所生、地之所養、惟人爲大、(記祭義有人則可參天地而爲三才無人則天地亦不能以自立矣)人之所以爲大者、以其有人倫也 仲子、避兄離母、無親戚君臣上下、是、無人倫也、豈有無人倫而可以爲廉哉、

朱子曰溫公謂口非之而身享之一時之小嫌狷者之不爲一身之小節至於父子兄弟乃人之大倫天地之大義一日去之則禽獸夷狄雖復謹小嫌守小節亦將安所施哉此孟子絕仲子之本意余隱之云仲子之兄非不友孰使之避仲子之母非不慈孰使之離愚謂政使不慈不友亦無逃去之理觀舜之爲法於天下者則知之矣○問溫公謂以其兄不以道事君而得祿不以道取於人而成室故以爲不義仲子誠非中行亦狷者有所不爲也曰仲子齊世家則祿室非其兄不義而得之矣設果以不義得之而非有悖逆作亂之大故則母子兄弟之間豈可以是遂滅天性之恩哉飾小行以妨大倫是乃欺世亂俗之尤先王所誅而不以聽者也所謂狷者則亦言行之間小過乎中而已豈出於倫理之外若是其甚哉○南軒張氏曰仲子徒欲潔身以爲淸不知廢大倫之爲惡原仲子本心亦豈不知母子之性重於妻兄之居愈於於陵乎惟其私見所局亂其倫類至此極也衆人惑於其迹以爲淸苦高介而取之非矣世之貪冒爲惡者多矣孟子於仲子獨闢之深者世之爲惡者其失易見而仲子之徒其過難知也惟其難知故可以惑世俗而禍仁義反覆闢之蓋有以也夫○慶源輔氏曰以仲子之孤介自守足以高於一世之俗矣而孟子所以力闢之者蓋世衰道微學者大抵因其資質之偏而固執一說力行以取名初不顧義理之如何如告子許行陳仲子之徒皆是也況如匡章者既稱仲子爲廉而傾向之矣此固以道自任者之所憂也孟子烏得不排之哉又曰仲子之所守不必驗之他人只自其身而推之則己有不能自滿其志者故孟子直以

為蚓而後能充其操斥之則仲子之行是豈人之所能為哉聖賢之道充之則至於與天地同功仲子之道充之則至於與丘蚓同操是豈人理也哉○雙峰饒氏曰不要問所從來只當思量我當食兄之祿與居兄之室否若問所從來則室與粟豈必伯夷所築所樹如諸侯之取人猶禦然旣交以道接以禮則孔子受之矣○或曰匡章亦黜妻屛子者故喜仲子孤介之行新安陳氏曰不然匡章以父為重故視妻子為輕仲子反視母兄為輕而於妻則反食孟子矜匡章而非仲子有以也此章當參看盡心上篇仲子不義與之齊國而不受下文云以其小者信其大者奚可哉斷盡其人【備旨】夫以母則不食即無有可食者矣以妻則又食之以兄之室則弗居即無有可居者矣以於陵則又居之是尙為能充滿其不食不居之類也乎不能充其類則必不能充其操矣若仲子者必如蚓之無求自足而後能充滿其不食不居之操者也然人而如蚓豈人理也哉是則即仲子之操以律仲子在仲子尙不能自遂其廉而況以廉士之廉律之乎仲子惡能廉哉

原本備旨孟子集註卷之六終

原本備旨孟子集註卷之七

離婁章句上

凡二十八章

孟子ㅣ曰離婁之明과公輸子之巧로도不以規矩면不能成方員이오師曠之聰으로도不以六律이면不能正五音이오堯舜之道로도不以仁政이면不能平治天下ㅣ니라

孟子ㅣ갈ᄋᆞ샤ᄃᆡ離婁의明과公輸子의巧로도規와矩로ᄡᅥ아니ᄒᆞ면能히方과員을成티몯ᄒᆞ고師曠의聰으로도六律로ᄡᅥ아니ᄒᆞ면能히五音을正티몯ᄒᆞ고堯舜의道로도仁政으로ᄡᅥ아니ᄒᆞ면能히天下를平治티몯ᄒᆞᄂᆞ니라

●離婁、古之明目者、公輸子、名、班、魯之巧人也、規、所以爲員之器也、(所運以爲圓之筵也)矩、所以爲方之器也、(今曲尺也)師曠、(字子野)晉之樂師、知音者也、六律、截竹爲筩、(音同)陰陽各六、以節五音之上下、黃鍾、大(音泰)簇、(千候反)姑洗、(先上聲)蕤(儒追反)賓、夷則、無射、(音亦)爲陽、大呂、夾鍾、仲呂、林鍾、南呂、應鍾、爲陰也、 前漢律歷志云十二律黃帝之所作也黃帝使伶倫自大夏之西崑侖之陰(大夏西戎之國昆侖山名也)取竹之解谷生其竅厚均者斷兩節間而吹之以爲黃鍾之宮制十二筩以聽鳳之鳴其雄鳴爲六雌鳴亦六比黃鍾之宮而皆可以生之(比合也)是謂律本律十有二陽六爲律陰六爲呂律以統氣類物一曰黃鍾二曰太蔟三曰姑洗四曰蕤賓五曰夷則六曰無射呂以旅陽宣氣一曰林鍾二曰南呂三曰應鍾四曰大呂五曰夾鍾六曰中呂中讀曰仲有三統之義焉○趙氏曰只言六律者陽統陰也五音、宮商角徵展里反羽也、范氏、曰此、言治天下、不可無法度、仁政者、治天下之法度也、雙峯饒氏曰規矩六律當來皆是聖人做起雖離婁公輸師曠亦不可無之況庸匠庸工乎不以仁政雖聖人也不能平治天下況後世乎[備旨]孟子論爲治當行先王之政而因責望於君臣也曰治天下有心法尤有治法法之不可廢於天下也尙矣試以曲藝言之規矩者成方員之法度也雖以離婁之至明公輸子之至巧使不以爲方員之規矩則明巧無所施不能成方員之器六律者正五音之法度也雖以師曠之至聰使不以陰陽之六律則聰無所施不能正樂之五音曲藝且然況治天下者乎仁政者治天下之法度也雖堯舜有愛天下之至道使不以敎養仁政則心無所施不能遂生復性而平治乎唐虞之天下然則爲治之不可無法卽器之不可無規矩樂之不可無六律也世之求治者奈何欲廢法乎

今有仁心仁聞而民不被其澤ᄒᆞ야不可法於後世者ᄂᆞᆫ不行先王之道也ᄒᆞ시니라 聞去聲

이제仁心과仁聞이이쇼ᄃᆡ民이그澤을被티몯ᄒᆞ야可히後世예法ᄒᆞ얌즉디몯홈은先王의道ᄅᆞᆯ行티아닐ᄊᆡ니라

●仁心、愛人之心也、仁聞者、有愛人之聲、聞於人也、先王之道、仁政、是也、范氏、曰齊宣王、不忍一牛之死、以羊易之、可謂有仁心、梁武帝、終日一食蔬素、宗廟、以麪爲犧牲、斷都玩反刑死、必爲去聲之涕泣、天下、知其慈仁、可謂有仁聞、通鑑梁武帝天監十六年四月詔以宗廟用牲牢有累冥道宜皆以麪爲之於是朝野諠譁以爲宗廟去牲乃是不復血食帝竟不從八座乃議以大脯代一元大武十月詔以宗廟猶用脯脩更議代之於是以大餠代大脯其餘盡用蔬果○自天監中用釋氏法長齋斷魚肉日止一食惟菜羹糲飯而已糲米之不精者郞葛洛盡力制三反身衣去聲布衣木綿皁帳後宮貴妃以下衣不曳地○每斷重罪終日不懌或謀反事覺亦泣而宥之由是王侯益橫上深知其弊而溺於慈愛不能禁也

然而宣王之時 齊國、不治去聲武帝之末、江南、大亂、其故何哉、有仁心仁聞、而不行先王之道故也、問孟子告齊宣王曰是心足以王矣則仁心者固王政之本也今曰有仁心仁聞而不行先王之道則是所謂仁心者初不足恃而所謂先王之道者又在此心之外也朱子曰是心足以王者言有是心而能擴充之以行先王之道如其篇末所論制民之產云者則可以王爾非謂專恃此心而直可以王也先王之道固亦由是而推之以爲法耳但其盡心知性而無私意小智之累故其爲法也盡天理合人心雖聖人復起有不能易者後之人君當因吾心而擴之以盡夫法制之善而充吾心之固有者非謂心外有法而俟於他求也後人雖有是心而不能無私意小智之累苟不循是而之焉則雖有仁心仁聞而未免於循私妄作之失譬之蔑棄規矩而欲以手制方圓其器之不至於苦窳者幾希矣○慶源輔氏曰齊宣王梁武帝不能行先王之道則同若論其所以不能行之故則異宣王不學無術奪於功利而不能行先王之道者也武帝則惑於異端避罪要福而不能行先王之道者也宣王有仁心而不能保武帝有仁聞而非其眞○雲峰胡氏曰上文云堯舜之道下文云行先王之道道一而已有仁心則此道蘊於中是爲美意有仁政則能行此道於外是爲良法備旨夫堯舜之治固不能外法度而今之爲君者亦有仁民之心存於中有仁民之聲聞於人而民不實被其敎養之澤不可取法於後世者何哉蓋由不能行先王仁政之道故也此可見心與法之當兼舉矣

故로曰徒善이不足以爲政이오徒法이不能以自行이라ᄒᆞ니라

故 ᄀᆞᆯ ᄃᆡ ᄒᆞᆫ갓善이足히ᄡᅥ政을ᄒᆞ디몯ᄒᆞ고ᄒᆞᆫ갓法이能히ᄡᅥᄉᆞᄉᆞ로行티몯ᄒᆞᆫ다ᄒᆞ니라

●徒、猶空也、有其心、無其政、是謂徒善 有其政、無其心、是謂徒法、程子嘗言爲政、須要有綱紀文章、謹權審量、去聲讀法平價、皆不可闕 而又曰有關雎麟趾之意然後、可以行周官之法度、新安陳氏曰引程子前一說以證徒善謂不可無法又引後一說以證徒法謂不徒在於法 正謂此也、朱子曰所謂文章者便是文飾那謹權審量讀法平價之類耳○須是自閨門袵席之微積累到薰蒸洋溢天下無一不被其化然後可以行周官之法度不然則爲王莽矣備旨故曰徒有善心而無仁政則澤不及民不足以爲政徒有善法而無仁心則政爲虛

文不能以自行是仁政固當本諸仁心而仁心尤當推諸仁政世之爲治者可徒有仁心仁聞而不行先王之仁政哉

詩云不愆不忘은 率由舊章이라ᄒᆞ니 遵先王之法而過者ㅣ 未之有也ㅣ니라

詩예닐오ᄃᆡ 愆티아니ᄒᆞ며忘티아니홈은舊章을率ᄒᆞ야由홈이라ᄒᆞ니先王의法을遵ᄒᆞ고過ᄒᆞᆫ者ㅣ잇디아니 니라

●詩、大雅假(詩傳作嘉)樂(讀音洛)之篇 愆、過也 率、循也 章、典法也、所行、不過差不遺忘者、以其循用舊典故也、慶源輔氏曰過差謂用意過當處遺忘謂照顧不及處遵用舊典則有所循故不過差有所據故不遺忘備旨夫徒善既不足以爲政則先王之法信不可不遵矣大雅假樂之詩有云所行不愆或不忘失者以其循用舊章故也即詩之言觀之可見爲治者苟能遵行先王仁政之法而猶有愆忘之過不能平治天下者未之有是理也人亦何爲而不遵哉

聖人이 旣竭目力焉ᄒᆞ시고 繼之以規矩準繩ᄒᆞ시니 以爲方員平直에 不可勝用也ㅣ며 旣竭耳力焉ᄒᆞ시고 繼之以六律ᄒᆞ시니 正五音애 不可勝用也ㅣ며 旣竭心思焉ᄒᆞ시고 繼之以不忍人之政ᄒᆞ시니 而仁覆天下矣시니라 勝平聲

聖人이임의目力을竭ᄒᆞ시고繼호ᄃᆡ規와矩와準과繩으로ᄡᅥᄒᆞ시니ᄡᅥ方과員과平과直을ᄒᆞ욤애可히이긔여用티몯ᄒᆞ며임의耳力을竭ᄒᆞ시고繼호ᄃᆡ六律로ᄡᅥᄒᆞ시

니五音을正ᄒᆞ욤애可히이긔여用티몯ᄒᆞ며임의心思ᄅᆞᆯ竭ᄒᆞ시고繼호ᄃᆡ人을忍티몯ᄒᆞᄂᆞᆫ政으로ᄡᅥᄒᆞ시니仁이天下애覆ᄒᆞ시니라

●準、所以爲平、繩、所以爲直、覆、敷救反 被、去聲也、此、言古之聖人、既竭耳目心思之力、然、猶以爲未足以徧天下及後世、故、制爲法度、以繼續之、則其用、不窮而仁之所被者、廣矣、

慶源輔氏曰規矩準繩爲方員平直之法度也六律正五音之法度也不忍人之政仁天下之法度也不爲之法度則聖人之耳目心思止於聖人之身而已不能徧天下與後世也故聖人制爲法度以繼續之使天下之爲方員平直正五音仁天下者皆取法焉所謂不可勝用而仁覆天下也本止言覆天下今及後世者擧大可以該遠也能覆天下必能及後世矣百工之事皆聖人作故規矩律音與不忍人之政作一統說耳目言力心言思者耳目之視聽以力而心之官則思也○雙峯饒氏曰惟天下不能常有聖人所以要繼之以不忍人之政繼字最有意味不然仁政雖自聖人而始亦自聖人而止矣[備旨]夫先王之法遵之無過而知古聖人立法以及天下其利爲無窮也聖人既竭夫目力焉凡所以爲方員平直者己得之矣然又制爲規矩準繩之法度以繼續之以爲方圓小直使人皆取法焉則徧天下與後世而不可勝用也聖人既竭夫耳力焉凡所以爲五音者己得之矣然又制爲六律之法度以繼續之以正五音使人皆取法焉則徧天下與後世而不可勝用也聖人既竭夫心思焉凡所以仁天下者己得之矣然又制爲不忍人之政如教養之法度以繼續之使人皆取法焉則徧當世之天下與後世之天下而仁皆覆庇之無不被其澤者矣先王立法之善如此今之爲政者奚可不知遵而因之乎

故로曰爲高호ᄃᆡ必因丘陵ᄒᆞ며爲下호ᄃᆡ必因川澤이라ᄒᆞ니爲政호ᄃᆡ不因先王之道ㅣ면可謂智乎아

故로ᄀᆞᆯ오ᄃᆡ高ᄅᆞᆯ호ᄃᆡ반ᄃᆞ시丘陵을因ᄒᆞ며下ᄅᆞᆯ호ᄃᆡ반ᄃᆞ시川澤을因ᄒᆞ다ᄒᆞ니政을호ᄃᆡ先王의道ᄅᆞᆯ因티아니ᄒᆞ면可히智라닐으랴

●丘陵、本高、川澤、本下、爲高下者、因之則用力少、而成功多矣、鄒氏、曰自章首

至此、論以仁心仁聞、行先王之道、備旨故曰爲高者必因乎本高之丘陵此爲高之智也爲下必因乎本下之川澤此爲下之智也爲政者不因先王仁政之道則是昧於用力之地猶可謂之智而明於爲政者乎甚矣仁政之不可不遵也

是以惟仁者아 宜在高位니 不仁而在高位면 是는 播其惡於衆也ㅣ니라

이러모로뻐 오직 仁者ㅣ아 高位예 이숌이 맛당ᄒᆞ니 仁티 아니ᄒᆞ고 高位예 이시면 이는 그惡을衆애 播홈이니라

○仁者、有仁心仁聞、而能擴而充之、以行先王之道者也、貫前第二節意 播惡於衆、謂貽患於下也、備旨是以惟仁者之君則仁必覆於天下後世而宜在高位若不仁之君而在高位則以先王爲不足法仁政爲不足行是流毒當時貽禍後世播其不仁之惡於衆而天下皆受其禍矣

上無道揆也ᄒᆞ며 下無法守也ᄒᆞ야 朝不信道ᄒᆞ며 工不信度ᄒᆞ야 君子ㅣ 犯義오 小人이 犯刑이면 國之所存者ㅣ 幸也ㅣ니라 朝音潮

上이 道로 揆홈이 업스며 下ㅣ 法으로 守홈이 업서 朝ㅣ 道를 信티 아니ᄒᆞ며 工이 度를 信티 아니ᄒᆞ야 君子ㅣ 義를 犯ᄒᆞ고 小人이 刑을 犯ᄒᆞ면 國의 存ᄒᆞᆫ 배 幸이니라

○此、言不仁而在高位之禍也、道、義理也、揆、度也、度音鐸下度量之度音同 法、制度也、道揆、謂以義理、度量事物、而制其宜、法守、謂以法度、自守工官也、度、即法也、君子小人、

以位而言也、由上無道揆故、下無法守、無道揆則朝不信道、而君子犯義、無法守則工不信度、而小人犯刑、有此六者、其國、必亡、其不亡者、僥倖而已、朱子曰上無道揆則下無法守雖有奉法守一官者亦將不能用而去之矣信道信度信如憑信之信此理只要人信得及自然依那箇行不敢踰越惟其不信所以妄作如胥吏分明知得條法只是冒法以爲姦便是不信度也【備旨】何以見不仁而在高位之禍苟君上無道理以揆事也則臣必無法度以自守也上既無道揆是朝廷之上不知信乎道而所行與道悖矣下既無法守是臣工不知信乎度而所爲與法違矣朝既不信道則在位君子視道義爲可忽肆意忘行而干犯名義矣工既不信度則在下小人亦視法度爲可玩作奸作慝而干犯刑憲矣是皆相因之勢而其弊則在於上之不仁以播惡於衆如此斯其國之所存者特僥倖也豈理之常哉

故로曰城郭不完ᄒᆞ며兵甲不多ㅣ非國之災也ㅣ며田野不辟ᄒᆞ며貨財不聚ㅣ非國之害也ㅣ라上無禮ᄒᆞ며下無學이면賊民이興ᄒᆞ야喪無日矣라ᄒᆞ니라 辟與闢同 喪去聲

故로ᄀᆞᆯ오ᄃᆡ 城郭이完티아니ᄒᆞ며兵甲이多티아니홈이國의災ㅣ아니며田野ㅣ辟디아니ᄒᆞ며貨財ㅣ聚티아니홈이國의害ㅣ아니라 上이禮ㅣ업스며下ㅣ學이업스면賊民이興ᄒᆞ야喪홈이日이업스리라ᄒᆞ니라

●上不知禮、則無以敎民、下不知學、則易去聲與爲亂、新安陳氏曰小人學道則易使若不學則不識道理易於犯分而爲亂矣 鄒氏曰自是以惟仁者、至此、所以責其君、朱子曰惟上無敎下無學所以不好之人並起居高位者執進退黜陟之權盡做出不好事來則國之喪亡無日矣其要只在於仁者宜在高位所謂一正君而國定○南軒張氏曰三綱五常人類所賴以生而國之所以爲國也上失其禮下廢其學則綱常日以淪棄國將何恃以立民將何恃以生乎然使禮廢於上而學猶傳於下則庶幾斯道未泯而猶

覬其可行也上旣無禮下復無學則邪說暴行幷作而國隨喪矣【備旨】不知之禍如此故曰城郭雖不完兵甲雖不多特國之不强耳非國之灾也田野雖不辟貨財雖不聚特國之不富耳非國之害也惟上無道揆而不知禮則無以敎民斯下不知學則易與爲亂由是無良之賊民興而國之喪亡無日矣此誠國之災也國之害也然則不仁者信不可使之在高位而在高位者當以仁政自勉矣

詩曰天之方蹶시니**無然泄泄**라ᄒᆞ니 蹶居衞反 泄弋制反

詩예ᄀᆞᆯ오ᄃᆡ天이보야흐로蹶ᄒᆞ시ᄂᆞ니泄泄티말올ᄯᅵ라ᄒᆞ니

●詩、大雅板之篇、蹶、顚覆之意、泄泄、怠緩悅從之貌、言天欲顚覆周室、羣臣、無得泄泄然、不急救正之、【備旨】然行仁政以平治天下豈特爲君者之責哉輔治之臣亦與有責焉觀詩大雅板之篇曰上天方欲顚蹶乎周室群臣無得泄泄然不急救正之也

泄泄ᄂᆞᆫ**猶沓沓也**ㅣ니라 沓徒合反

泄泄ᄂᆞᆫ沓沓이라ᄒᆞᆷᄀᆞᆮᄐᆞ니라

●沓沓、即泄泄之意、蓋孟子時人語、如此、【備旨】夫詩之所謂泄泄猶時語之所謂沓沓也明於沓沓之義則明於泄泄之義矣

事君無義ᄒᆞ며**進退無禮**ᄒᆞ고**言則非先王之道者**ㅣ**猶沓沓也**ㅣ니라

君을事ᄒᆞᆷ애義업ᄉᆞ며進ᄒᆞ며退ᄒᆞᆷ애禮업고言ᄒᆞᆫ則先王의道ᄅᆞᆯ非ᄒᆞᄂᆞᆫ者ㅣ沓沓ᄒᆞᆷᄀᆞᆮᄐᆞ니라

●非、詆毁也、 詆典禮反【備旨】然所謂泄泄猶沓沓之實何如事君之際但以逢迎爲事而無匡救之義進退之間但以承順爲恭而無持身之禮告君之言則非毁先王之道而以仁政爲不足行蓋其動靜語默無非怠緩悅從而視王室若無與於己此正泄泄之意猶沓沓之謂也爲臣者當知所戒矣

故로曰責難於君을謂之恭이오陳善閉邪를謂之敬이오吾君不能을謂之賊이라ᄒᆞ니라

故로골오ᄃᆡ難으로君ᄭᅴ責홈을恭이라닐ᄋᆞ고善을陳ᄒᆞ야邪를閉홈을敬이라닐ᄋᆞ고내君이能티몯ᄒᆞ리라홈을賊이라닐ᄋᆞ다ᄒᆞ니라

[註]范氏、曰人臣、以難事、責於君、使其君、爲堯舜之君者、尊君之大也、開陳善道、以禁閉君之邪心、唯恐其君、或陷於有過之地者、敬君之至也、朱子曰恭與敬大槩也一般只是恭意思較闊大敬意思較細密責難之恭是先立箇大志以帝王之道爲必可信必可行陳善閉邪即是做那責難底工夫○問所謂陳善閉邪者奈何曰君有邪心所當閉也然不知所以閉之之道而逆閉之則動有矯拂之患其言不可得而入矣故必爲之開陳善道使之曉然知善道之所在則所謂邪者亦不難乎閉之矣孟子與時君論事多類此其自謂敬王豈虛語哉○雙峯饒氏曰恭有對敬言者有即是敬者如中庸篤恭書允恭之類恭即是敬也 謂其君、不能行善道、而不以告者、賊害其君之甚也、問人臣固當望君以堯舜若度其君不足與爲善而不之告或謂君爲中才可以致小康而不足以致大治或導之以功利而不輔之以仁義此皆是賊其君否朱子曰然人臣之道但當以極等之事望其君責以十分只做得二三分若只責以二三分少間做不得一分矣若論才質之優劣志趣之高下固有不同然吾所以導之者則不可問其才智之高下優劣但當以堯舜之道望他豈可謂吾君不能而遂不以此望之哉 鄒氏、曰自詩云天之方蹶、至此、所以責其臣○鄒氏、曰此章、言爲治去聲者、當有仁心仁聞、以行先王之政、而君臣、又當各任其責也南軒張氏曰此章之意欲人君推是心以行仁政而其終則欲人臣知禮義而法先王蓋言不可以不學也人臣知學而後人主聞大道人主聞大道而後王政可行焉此孟子之意也○慶源輔氏曰爲治者固當以仁心仁聞而行先王之政然非君臣同心各任其責則亦安能有成哉○雲峯胡氏曰君當盡君之責而莫先於仁臣當盡臣之責而莫先於敬[備旨]泄泄沓沓如此國家何賴有是臣乎故曰人臣以難事責於君必欲使其君以仁心行仁政而得爲堯舜之君也是以高遠望其君而不以庸常

待其君則謂之恭開陳善道言如何爲仁心如何爲仁政使其君曉然知正理之所在而邪僻之心閉塞不萌無或自陷於有過之地也是以誠實事其君而不以容悅事其君則謂之敬若謂吾君不能爲堯舜而不以難事責之善道陳之直害其君者矣不謂之賊乎此爲治者固當以仁心仁聞行先王之仁政而非君臣交任其責亦不能有成也尙其勉之哉

○孟子ㅣ曰規矩는 方員之至也ㅣ오 聖人은 人倫之至也ㅣ니라

孟子ㅣ골ᄋᆞ샤ᄃᆡ 規矩ᄂᆞᆫ方員의至오聖人ᄋᆞᆫ人倫의至니라

●至、極也、人倫、說見形甸反前篇、規矩、盡所以爲方員之理、猶聖人、盡所以爲人之道、

備旨孟子勉當時法堯舜以盡仁曰凡天下事物皆有中正不可易之則如制器者員取諸規方取諸矩規矩乃方員之至不可以加損者也若夫五品人倫皆推聖人聖人乃人倫之至不可以加損者也盖人倫之貴賤親疎等殺常變惟聖人之生知最精安行盡善皆合乎天理人情之極天下其孰能外之然則有盡倫之思者不可不知所法矣

欲爲君인댄 盡君道ㅣ오 欲爲臣인댄 盡臣道ㅣ니 二者를 皆法堯舜而已矣니 不以舜之所以事堯로 事君이면 不敬其君者也ㅣ오 不以堯之所以治民으로 治民이면 賊其民者也ㅣ니라

君이되고쟈홀딘댄 君의道를盡ᄒᆞ고臣이되고쟈홀딘댄 臣의道를盡홀ᄯᅵ니二者를다堯舜을法홀ᄯᆞ름이니 舜의ᄡᅥ堯事ᄒᆞ던바로ᄡᅥ君을事티아니ᄒᆞ면 그君을敬티아니ᄒᆞᄂᆞᆫ者ㅣ오堯의ᄡᅥ民治ᄒᆞ던바로ᄡᅥ民을治티아니ᄒᆞ면 그民을賊ᄒᆞᄂᆞᆫ者ㅣ니라

●法堯舜、以盡君臣之道、猶用規矩、以盡方員之極、此、孟子所以道性善而稱堯舜

也、朱子曰規矩是方員之極聖人是人倫之極蓋規矩便盡得方員聖人便盡得人倫故物之方員者有未盡處以規矩爲之便見於人倫有未盡處以聖人觀之便見惟聖人都盡無一毫之不盡故爲人倫之至○堯所以治民舜所以事君觀二典大概可見是事事做得盡○人之生也均有是性故均有是倫均有是倫故均有是道然惟聖人能盡其性故爲人倫之至而所由莫不盡其道焉此堯舜之爲君臣所以各盡其道而爲萬世之法猶規矩之盡夫方員而天下之爲方員者莫不出乎此也○南軒張氏曰堯舜盡君臣之道非有所增益也無所虧焉耳後之人以堯舜爲不可及是自誣其性者也不以舜所以事堯事君盖不以厥后爲可聖是誣其君不以堯所以治民治民盖不以斯民爲有恒性是誣其民也○雙峯饒氏曰人倫不說父子夫婦長幼朋友而獨擧堯舜君臣做人倫樣子者其意在當時人君○新安陳氏曰君臣之倫於人倫爲尤大所以宗主綱維彼四倫者也孟子以堯舜盡君臣之倫責望世之爲君臣者取法之正以人性皆善而皆可以爲堯舜故也【備旨】然人倫莫大於君臣聖人莫盛於堯舜欲爲君而盡乎君之道以無愧於君之倫欲爲臣而盡乎臣之道以無愧於臣之倫二者將安所法哉惟皆法堯舜而已矣盖堯舜之爲君爲臣者道之至也苟爲臣者不以舜之所以事堯者事君是不以聖哲待君不敬其君者也臣之道不盡也爲君者不以堯之所以治民者治民是又以殘忍待民賊害其民者也君之道不盡也奈何不法堯舜哉

孔子ㅣ曰道ㅣ二ㅣ니仁與不仁而已矣라ᄒᆞ시니라

孔子ㅣ골ᄋᆞ샤ᄃᆡ道ㅣ二ㅣ니仁과다ᄆᆞᆺ仁티아닐ᄯᆞᄅᆞᆷ이라ᄒᆞ시니라

【註】法堯舜、則盡君臣之道而仁矣、不法堯舜、則慢君賊民而不仁矣、二端之外、更無他道、解而已矣三字 出乎此則入乎彼矣、可不謹哉、問不仁何以亦曰道朱子曰譬如說有大路有小路何疑之有○慶源輔氏曰仁與不仁只是一箇天理與人欲而已纔出天理便入人欲豈復更有他道哉此古之聖賢所以兢兢業業而不敢不謹也【備旨】嘗聞孔子有言曰天下之道只有二端仁與不仁而已矣由孔子之言觀之法堯舜則仁不法堯舜則不仁出此入彼其機不亦危哉

暴其民이甚則身弑國亡ᄒᆞ고不甚則身危國削ᄒᆞᄂᆞ니名之曰幽厲ㅣ면雖孝子慈孫이라도百世예不能改之ㅣ니라

ㄱ民을暴홈이甚훈則身이弑ᄒᆞ며國이亡ᄒᆞ고甚티아니훈則身이危ᄒᆞ며國이削ᄒᆞᄂᆞ니名ᄒᆞ야ᄀᆞᆯ오ᄃᆡ幽厲ㅣ라ᄒᆞ면비록孝子ㅣ며慈孫이라도百世예能히改티몯ᄒᆞᄂᆞ니라

●幽、暗、厲、虐、皆惡謚也、苟得其實、則雖有孝子慈孫、愛其祖考之甚者、亦不得廢公義而改之、言不仁之禍、必至於此、可懼之甚也、南軒張氏曰如堯舜之爲是由仁之道者也如幽厲之爲是由不仁之道者也人君可不審擇其所由哉○慶源輔氏曰不仁有深淺而其禍有大小以幽厲視桀紂則幽厲雖未至於身弑國亾然死蒙惡謚遺臭後來孝子慈孫欲改不可不仁之禍馴至如此豈不可懼之甚哉○雙峯饒氏曰改是要改其惡謚古人謚法最公後世亡國之君皆得美謚公義廢矣〔備旨〕如使爲君者不法堯舜而入於不仁其禍有不可勝言者矣不仁而暴其民甚則身被弑而國以亡不仁而暴其民不甚則身亦危而國亦削禍之見於身前者如此不特此也及既沒之後據其暴行加以惡謚而名之曰幽以表其暗名之曰厲以表其虐公義所在雖有孝子慈孫愛其祖考之甚者歷百世之遠亦不得廢公義而改之也禍之見於身後者如此不亦可懼之甚哉

詩云殷鑒不遠이라在夏后之世ㅣ라ᄒᆞ니此之謂也ㅣ니라

詩예닐오ᄃᆡ殷의鑒이遠티아니혼디라夏后ㅅ世예잇다ᄒᆞ니이를닐옴이니라

●詩、大雅蕩之篇、言商紂之所當鑒者、近在夏桀之世、而孟子、引之、又欲後人、以幽厲爲鑒也、新安陳氏曰此章欲人法堯舜而仁戒人如幽厲之不仁遏人欲擴天理也〔備旨〕生於其後者觀此亦可鑒矣大雅蕩之詩有云殷紂之所當鑒者不在於遠近在夏桀之時此正今人當以幽厲爲鑒之謂也然則爲君者可不法堯舜而甘以幽厲自居爲臣者可不堯舜其君而忍陷其君於幽厲也哉

○孟子ㅣ曰三代之得天下也ᄂᆞᆫ以仁이오其失天下也ᄂᆞᆫ以不仁이니라

孟子ㅣ갈ᄋᆞ샤ᄃᆡ三代의天下ᄅᆞᆯ得홈은仁으로ᄡᅦ오그天下ᄅᆞᆯ失홈은仁티아니홈으로ᄡᅦ니라

● 三代、謂夏商周也、禹湯文武、以仁得之、桀紂幽厲、以不仁失之、〔備旨〕孟子儆天下不仁者曰吾嘗歷觀三代其始之得天下非無自也以禹湯文武之仁得之其後之失天下非無自也以桀紂幽厲之不仁失之盖得失之係於仁不仁如此

國之所以廢興存亡者ㅣ亦然ᄒᆞ니라

國의ᄡᅥ廢ᄒᆞ며興ᄒᆞ며存ᄒᆞ며亡ᄒᆞᄂᆞᆫ배또그러ᄒᆞ니라

● 國、謂諸侯之國、興存以仁廢亡以不仁〔備旨〕不特天下爲然也至於國之所以或衰而廢或盛而興或治而存或亂而亡者亦以仁不仁如三代然者可見國之得失不異於天下則下此而有家有身者又可知也

天子ㅣ不仁이면不保四海ᄒᆞ고諸侯ㅣ不仁이면不保社稷ᄒᆞ고卿大夫ㅣ不仁이면不保宗廟ᄒᆞ고士庶人이不仁이면不保四體니라

天子ㅣ仁티아니ᄒᆞ면四海ᄅᆞᆯ保티몯ᄒᆞ고諸侯ㅣ仁티아니ᄒᆞ면社稷을保티몯ᄒᆞ고卿태위仁티아니ᄒᆞ면宗廟ᄅᆞᆯ保티몯ᄒᆞ고士庶人이仁티아니ᄒᆞ면四體ᄅᆞᆯ保티몯ᄒᆞᄂᆞ니라

● 言必死亡、新安陳氏曰不保四海以下皆不免於死亡非特不保四體者爲然〔備旨〕夫不仁亦何在而可也如天子而暴虐不仁不能保四海於無彊矣諸侯而暴虐不仁不能保社稷於靈長矣卿大夫而荒淫不仁不能有家而保宗廟矣至於士庶人而荒淫不仁不能有身而保四體矣不仁之得禍如此

今애惡死亡而樂不仁ᄒᆞᄂᆞ니是猶惡醉而强酒ㅣ니라 惡去聲 樂音洛

이제死亡을惡호ᄃᆡ不仁을樂ᄒᆞᄂᆞ니이ᄂᆞᆫ醉ᄅᆞᆯ惡호ᄃᆡ酒ᄅᆞᆯ强홈ᄀᆞᆮᄐᆞ니라

●此、承上章之意、而推言之也、慶源輔氏曰上章第言道二仁與不仁與桀紂幽厲之事而已此章又因其意而推及於諸侯卿大夫士庶人不仁之禍皆必至之理也○西山眞氏曰此章明白峻厲自天子至庶人皆當佩服然所謂不仁者非他縱人欲以滅天理而已人欲縱而天理滅禍至於此可不畏哉○雙峯饒氏曰社稷宗廟以祭言四海以土言四體以身言○新安陳氏曰此承上章不仁則身弑國亡而推言之即前篇惡辱而居不仁之意又曰戒人不仁是亦遏人欲存天理也[備旨]凡此不能保者皆死亡之禍也夫死亡固可惡而所以死亡則由於不仁今惡死亡而猶安意於不仁之行欲無死亡其可得乎是猶惡醉而强酒欲無醉其可得乎欲保國家者信不可不反求於仁矣

○孟子ㅣ曰愛人不親이어든反其仁ᄒᆞ고治人不治어든反其智ᄒᆞ고禮人不答이어든反其敬이니라 治人之治平聲 不治之治去聲

孟子ㅣᄀᆞᆯᄋᆞ샤ᄃᆡ人을愛호ᄃᆡ親티아니ᄒᆞ거든그仁을反ᄒᆞ고人을治호ᄃᆡ治티아니ᄒᆞ거든그智ᄅᆞᆯ反ᄒᆞ고人을禮호ᄃᆡ答디아니ᄒᆞ거든그敬을反홀띠니라

●我愛人而人不親我、則反求諸己、恐我之仁、未至也、智敬、放此、[備旨]孟子因上言仁而因及智禮以勉人之正己也曰御人之道在於盡己爲治者體仁以愛人宜乎人之我親矣而顧有不親焉則必反其仁恐我之愛人有未至也用智以治人宜乎人之我治矣而顧有不治焉則必反其智恐我之治人有未至也施敬以禮人宜乎人之我答矣而顧有不答焉則必反其敬恐我之禮人有未至也

行有不得者ㅣ어든皆反求諸己니其身이正而天下ㅣ歸之니라

行홈애得디몯ᄒᆞᆫ者ㅣ잇거든다己예反求홀띠니그身이正홈애天下ㅣ歸ᄒᆞᄂᆞ니라

●不得、謂不得其所欲、如不親、不治、不答、是也、反求諸己、謂反其仁、反其智、反

其敬也 如此則自治益詳、而身無不正矣、詳字貼皆字不止上文三自反而己天下歸之、極言其效也、南軒張氏曰反身則天理明不能則人欲肆○慶源輔氏曰自治詳則身無不正身無不正則天下無不歸雖極言其效是亦必然之理也○新安陳氏曰是亦遏人欲擴天理也備旨不但己也凡吾身之所行處事接人應物之間有不得遂其所願者皆反求諸己以盡其道如此則自治益詳而其身正矣身正則仰德者傾心雖天下之人皆歸於我矣豈特一家一國之人我親我治我答而已哉

詩云永言配命이自求多福이라ᄒᆞ니라

詩예닐오ᄃᆡ기리言ᄒᆞ야命을配홈이스스로多福을求홈이라ᄒᆞ니라

解見前篇、○亦承上章而言、形甸反 慶源輔氏曰爲治本乎自反多福本乎自求○雙峰饒氏曰上面三句包括未盡所以下面又說皆當反諸己添箇皆字凡有行不得所欲者必自反諸身則我之身無不正天下亦歸之矣皆字說得濶不特說上面三者而已永言配命是常常思量要合理永是無間斷之意此章補前章意前章說大綱此章說得密○新安陳氏曰承上章得天下以仁而言因言仁而及智與禮仁包智禮也備旨大雅文王之詩有云人能長言合於天理則盛大之福自我致之可見身正而天下歸非倖致者然則有御人之責不可無自反之功矣

○孟子ㅣ曰人有恒言호ᄃᆡ皆曰天下國家ㅣ라ᄒᆞᄂᆞ니天下之本은在國ᄒᆞ고國之本은在家ᄒᆞ고家之本은在身이라ᄒᆞ니라 恒胡登反

孟子ㅣᄀᆞᆯᄋᆞ샤ᄃᆡ人이덛덛ᄒᆞᆫ言을두ᄃᆡ다ᄀᆞᆯ오ᄃᆡ天下와國家ㅣ라ᄒᆞᄂᆞ니天下의本은國에잇고國의本은家에잇고家의本은身에인ᄂᆞ니라

●恒、常也、雖常言之、而未必知其言之有序也、故、推言之、而又以家、本乎身也、本於身乃恒言之所未及此、亦承上章而推言之、大學所謂自天子至於庶人、壹是皆以修身爲本、爲

去聲 是故也、慶源輔氏曰人之常言雖曰有序而但及其外君子之論則必究其本而無有或遺得其本則末可舉矣以是而質於大學之言則曾子子思孟子相傳之學不可誣矣○雙峯饒氏曰國王畿之內天子所治天下四方諸侯之國天下取則於國國取則於家家取則於身○新安陳氏曰此章承上章身正而天下歸之意孟子祖大學而言之曾子以大學傳子思子思以傳孟子可見矣【備旨】孟子承上章身正之意而推言之也曰天下之言有平易淺近而至理存焉者不可不察也人有恒言皆曰天下國家然人雖言之而未嘗繹之也吾因其言而推之其言天下而即繼以國遠由於近天下之本在國也其言國而即繼以家外由於內國之本在家也至於家獨無所本乎吾以爲家之本在身必身修而後可以敎家此又恒言之所未及也人其可不修身以立天下國家之本乎

○孟子ㅣ曰爲政이不難ᄒᆞ니不得罪於巨室이니巨室之所慕를一國이慕之ᄒᆞ고一國之所慕를天下ㅣ慕之ᄒᆞᄂᆞ니故로沛然德教ㅣ溢乎四海ᄒᆞᄂᆞ니라

孟子ㅣ ᄀᆞᆯᄋᆞ샤ᄃᆡ 政을 ᄒᆞ욤이 難티 아니ᄒᆞ니 巨室에 罪를 得디 아니홀 ᄯᆡ니 巨室의 慕ᄒᆞᄂᆞᆫ 바를 一國이 慕ᄒᆞ고 一國이 慕ᄒᆞᄂᆞᆫ 바를 天下ㅣ 慕ᄒᆞᄂᆞ니 故로 沛然ᄒᆞᆫ 德教ㅣ 四海예 溢ᄒᆞᄂᆞ니라

● 巨室、世臣大家也、得罪、謂身不正而取怨怒也、雙峰饒氏曰集註世臣大家是兩項世臣非一代之臣大家是貴官之家○潛室陳氏曰得罪謂非理致怨所謂不得罪者謂合正理而不致怨於人非曲法以奉之也 麥丘邑人、祝齊桓公曰願主君、無得罪於群臣百姓、意蓋如此、劉向新序雜事篇桓公田至於麥丘見麥丘邑人問年幾何對曰八十有三矣公曰義哉壽乎子其以子壽祝寡人麥丘邑人祝主君使主君甚壽金玉是賤人爲寶公曰善哉至德不孤善言必再吾子復之曰祝主君使主君無羞學無惡下問賢者在傍諫者得入公曰善哉至德不孤善言必三吾子復之曰祝主君使主君無得罪於羣臣百姓姓公怫然作色曰吾聞之子得罪於父臣得罪於君未聞君得罪於臣也麥丘邑人拜而起曰子得

罪於父可以因姑姊妹叔父而解之父能赦之臣得罪於君可以因便嬖左右而謝之君能赦之昔桀得罪於湯紂得罪於武王此則君之得罪於臣者也莫爲謝至今得罪公曰善扶而載之自御以歸禮之於朝封之以麥丘而斷政焉

慕、向也、心悅誠服之謂也、沛然、盛大流行之貌、溢、充滿也、蓋巨室之心、難以力服、而國人、素所取信、今旣悅服、則國人、皆服、而吾德敎之所施、可以無遠而不至矣、此亦承上章而言、(承上章家之本在身)蓋君子、不患人心之不服、而患吾身之不脩、吾身、旣脩、則人心之難服者、先服、而無一人之不服矣、○林氏、曰戰國之世、諸侯、失德、巨室、擅權、(如晉六卿魯三桓等)爲患、甚矣、然、或者、不脩其本、而遽欲勝之、則未必能勝、而適以取禍、故、孟子、推本而言、惟務脩德、以服其心、彼旣悅服、則吾之德敎、無所留礙、(牛代反)可以及乎天下矣、裴度所謂韓洪(本名弘在宋避諱以洪字代之)輿疾討賊、承宗、斂手削地、非朝(音潮)廷之力、能制其死命、特以處(上聲)置得宜、能服其心故爾、政此類也、(唐書皇甫鎛傳鎛音博爲司農卿判度支改戶部侍郎憲宗方伐蔡急於用度鎛裒會嚴亟以辦濟師帝悅進兼御史大夫蔡平之明年遂拜同中書門下平章事猶領度支鎛以吏道進旣由聚斂句剝爲宰相至雖市道者嗤之崔羣裴度以聞帝怒不聽度乃表罷政事極語鎛姦邪苛刻天下怨之將食其肉且言天下安否繫朝廷朝廷輕重在輔相今承宗斂手削地韓弘輿疾討賊非力能制之顧朝廷處置能服其心也若相鎛則四方解矣請授以浙西觀察使其辭切至上不聽○王承宗(邊鎭王士眞之子)拒命(以常山叛)朝廷厭兵布衣柏耆杖策詣淮西行營謁裴度且言願得天子一節馳入鎭可掉舌下之度爲言乃以左拾遺往旣至以大誼動承宗泣下乃與獻德棣二州以二子入質上從之○韓弘滑州人憲宗方用兵淮西拜淮西諸軍行營都統使扞兩河而令李光顔烏重胤擊賊弘不親屯遣子公武領兵二千屬光顔吳元濟旣平以功加兼侍中封許國公入朝再拜司徒中書令以足疾命中人掖拜固願留京師帝從之○慶源輔氏曰此承上章家之本在身而言也君人者不正其身所爲乖戾則致人怨怒其勢必自世臣大家始故麥丘邑人之言亦先及羣臣而後及百姓也)(備旨)孟子承上章本身之意而言曰人君欲爲政於天下而使德敎遠被孰不以爲難哉自我言之則有所不難惟在正身以得巨室之心而不取其怨怒耳蓋巨室者人情所瞻仰也吾既不得罪於巨室而爲巨室之所慕則一國之人必以巨室之心爲心而慕乎我矣國人既知所慕則天下之人必以國人之心爲心而慕乎我矣至於慕以天下則四海之心皆於我乎欣附由是德敎所孚自沛然洋溢乎四海而不可遏矣信乎爲政不難矣

○孟子ㅣ 曰天下ㅣ 有道앤 小德이 役大德ᄒᆞ며 小賢이 役大賢ᄒᆞ고 天下ㅣ 無道앤 小役大ᄒᆞ며 弱役强ᄒᆞᄂᆞ니 斯二者ᄂᆞᆫ 天也ㅣ니 順天者ᄂᆞᆫ 存ᄒᆞ고 逆天者ᄂᆞᆫ 亡ᄒᆞᄂᆞ니라

孟子ㅣ ᄀᆞᆯᄋᆞ샤ᄃᆡ 天下ㅣ 道ㅣ 이숌앤 小德이 大德에 役ᄒᆞ이며 小賢이 大賢에 役ᄒᆞ이고 天下ㅣ 道ㅣ 업숨앤 小ㅣ 大예 役ᄒᆞ이며 弱이 强애 役ᄒᆞ이ᄂᆞ니 이 二者ᄂᆞᆫ 天이니 天을 順ᄒᆞᄂᆞᆫ 者ᄂᆞᆫ 存ᄒᆞ고 天을 逆ᄒᆞᄂᆞᆫ 者ᄂᆞᆫ 亡ᄒᆞᄂᆞ니라

●有道之世、人皆脩德、而位必稱去聲其德之大小、天下無道、人不脩德、則但以力相役而已、新安陳氏曰小德小賢者居小位大德大賢者居大位位與德相稱是上之人處之各當故小德小賢見役於大德大賢有道之世惟德是視也若力之小弱見役於力之强大無道之世惟力是視耳 天者、理勢之當然也、問天下無道小役大弱役强亦曰天何也朱子曰到那時不得不然亦是理當如此○慶源輔氏曰天下有道則以德爲大小無道則以力爲弱强二者皆理勢之所當然也順其理勢則存逆其理勢則亡必然之理也○雙峯饒氏曰小德大德小賢大賢以理言小大强弱以勢言蓋天下有理有氣就事上說氣便是勢纔到勢之當然處便非人之所能爲即是天了又曰賢兼才德以政事言也雖曰時勢如此然有大德者便能回天便勝這勢如文王自小至大由百里而三分有二不爲紂所役此可以見德足以勝時勢處○雲峯胡氏曰集註嘗以天爲理之自然此以天爲理勢之當然者彼則純以天理言此則兼以人事言也 備旨 孟子勉當時修德以自强也曰天下之大分有二非出令以使人則聽命以役使於人此相臨之定分也然有尙德尙力之不同若天下有道人皆修德而位必與德稱諸侯德之小者見役於天子之大德諸侯賢之小者見役於天子之大賢若天下無道人不修德但以力相尙諸侯國之小者見役於諸侯國之大者諸侯力之弱者見役於諸侯力之强者夫有道德不及人而爲人所役無道力不及人而爲人所役斯二者皆理勢之當然天之所在也順其理勢者則國以存逆其理勢者則國以亡觀於存亡之幾而有國者當審所尙矣

齊景公이 **曰旣不能令**ᄒᆞ고 **又不受命**이면 **是**ᄂᆞᆫ **絶物也**ㅣ라ᄒᆞ고 **涕出而女於吳**ᄒᆞ니라 女去聲

齊景公이ᄀᆞᆯ으샤ᄃᆡ 임의能히令티몯ᄒᆞ고또命을受티아니ᄒᆞ면이ᄂᆞᆫ物을絶홈이라ᄒᆞ고涕를出ᄒᆞ고吳에女ᄒᆞ니라

●引此、以言小役大、弱役强之事也、令、出令以使人也、受命、聽命於人也、物、猶人也、女、以女如字與人也、吳、蠻夷之國也、景公、羞與爲昏、而畏其强故、涕泣而以女與之、慶源輔氏曰既不能强於自治以昌其國而出令以使人又不能因時勢之宜屈己自下以聽人之命是與物睽絶也絶物則絶於天矣景公之言宜若可取然景公之齊即桓公覇諸侯之齊雖時勢下衰苟振起作新之獨不在我乎而顧爲是巽言橫涕孟子姑取其說以證小役大弱役强之事其萎苶自棄之罪未暇議也○汪氏曰當有道而順天爲有義當無道而順天爲有命絶物即是逆天齊景畏天者也畏天猶保其國(備旨)我觀古人有不得已而順無道之天矣昔齊本强大之國也至景公則力已小弱吳雖蠻夷反以其强大而畏之故景公自言曰凡有國者之與物相與也非令人則受命於人今既不能出令以使人又不屈己以受命於人是與物相睽絶也物可得而絶乎於是涕出而以女嫁於吳焉蓋情雖所不忍而勢出於無奈齊景公之能順天以保國如此

今也에 **小國**이 **師大國而恥受命焉**ᄒᆞᄂᆞ니 **是猶弟子而恥受命於先師也**ㅣ니라

이제小國이大國을師호ᄃᆡ命受홈을 恥ᄒᆞᄂᆞ니이弟子ㅣ오先師의게命受홈을恥홈

ᄀᆞᄐᆞ니라

●言小國、不脩德以自强、其般音盤樂怠敖、去聲皆若效大國之所爲者、而獨恥受其敎命、不可得也、備旨夫以齊之大國不能自强遂見役於吳如此況小國乎今也小國處無道之世不能修德乃師效大國般樂怠傲之所爲而又耻受大國之命令焉是猶弟子而耻受敎命於先師也身爲弟子豈得不受敎於師國旣小弱豈得不聽命於大國是在勉力自强求其所以免耻者而已矣

如恥之ᆫ댄莫若師文王이니師文王이면大國은五年이오小國은七年애必爲政於天下矣리라

만일에恥홀띤댄文王을師홈만ᄀᆞᄐᆞ니업ᄉᆞ니文王을師ᄒᆞ면大國은五年이오小國은七年에반ᄃᆞ시政을天下애ᄒᆞ리라

●此、因其愧恥之心、而勉以脩德也、文王之政、布在方策、擧而行之、所謂師文王也、五年七年、以其所乘之勢、不同、爲差、楚宜反○慶源輔氏曰所乘之勢指國之大小而言也蓋天下、雖無道、然、脩德之至、則道自我行、而大國、反爲吾役矣、新安陳氏曰不師大國而師文王大國所乘之勢稍易小國所乘之勢稍難五七年之餘人心奮氣勢回而小可大弱可强大國反爲吾役矣程子、曰五年七年、聖人、度待洛反其時則可矣、然、凡此類、學者、皆當思其作爲如何、乃有益耳、慶源輔氏曰程子之言所以啓發學者至矣惟聖人能知時故曰聖人度其時可矣學者燭理旣明而經歷之久思慮之深則自然見得備旨如果耻受乎大國之命則莫若反其師大國者而師文王以修其德誠師文王以修其德則德至可以回天將見國大者所乘之勢稍易大約不過五年國小者所乘之勢稍難亦大約不過七年必然人心奮國勢振而小可大弱可强大國反爲吾役以爲政於天下矣而何有於受命之耻哉

詩云商之孫子ㅣ其麗不億이언마는上帝既命이라侯于周服이로다侯服于周ᄒᆞ니天命靡常이라殷士膚敏이裸將于京이라ᄒᆞ야놀孔子ㅣ曰仁不可爲衆也ㅣ니夫國君이好仁이면天下無敵이라ᄒᆞ시니라（裸音灌夫音扶好去聲）

詩예닐오ᄃᆡ商의孫子ㅣ그麗ㅣ億뿐이아니언마는上帝임의命ᄒᆞ신디라周애服ᄒᆞᄂᆞ다周에服ᄒᆞᄂᆞ니天命이常티아닌디라殷士의膚ᄒᆞ며敏ᄒᆞᆫ이京에裸ᄒᆞ야將ᄒᆞ다ᄒᆞ야놀孔子ㅣ글ᄋᆞ샤ᄃᆡ仁에可히衆이되오디몯ᄒᆞᄂᆞ니國君이仁을好ᄒᆞ면天下애敵이업스리라ᄒᆞ시니라

○詩、大雅文王之篇、孟子、引此詩、及孔子之言、以言文王之事、麗、數也、十萬曰億、侯、維也、（助語辭）商士、商孫子之臣也、膚、大也、敏、達也、裸、宗廟之祭、以鬱（紆勿反）鬯（丑亮反）之酒、灌地而降神也、（新安倪氏曰周禮有秬鬯有鬱鬯以秬米爲酒名秬鬯將祭則築鬱金香草煑之以和鬯酒名鬱鬯灌乃用之取其芳香旁達以降神鬯者以其條鬯也）將、助也、言商之孫子、衆多、其數、不但十萬而已、上帝既命周以天下、則凡此商之孫子、皆臣服于周矣、所以然者、以天命不常、歸于有德故也、是以、商士之膚大而敏達者、皆執裸獻之禮、助王祭事于周之京師也、（西山眞氏曰以商之孫子而爲周之諸侯以商之美士而奔走周廟之祭天命何常之有哉成湯惟其仁也故天命歸于商紂惟其不仁故天命轉而歸周）孔子、因讀此詩而言有仁者、則雖有十萬之衆、不能當之、故、國君、好仁則必無敵於天下也、不可爲衆、猶所謂難爲兄難爲弟云爾、（世說德行篇後漢陳）

元方名紀子長文名羣有英才與季方名諶元方之弟也子孝先名忠各論父功德下之不能決諮於太丘名寔嘗除太丘長乃長文孝先之祖父也太丘曰元方難其兄季方難其弟○朱子曰兄賢難做他弟弟賢難做他兄仁者無敵難做衆去抵當他[備旨]可見文王固所當師矣試以其事言之詩云商之孫子其數不止於億上帝既命周以天下則凡此孫子皆臣服於周矣所以臣服於周者以天命靡常歸於有德也然不但孫子服之凡殷士之容貌膚大才[illegible]敏達者皆執祼獻之禮助祭於周之京師焉孔子因讀此詩而歎曰我周至仁商孫至衆以衆遇仁則衆失其衆而不可爲衆也夫國君誠好修德以行仁將天下尊親之誰與之敵由大雅之詩與孔子之言觀之則文王我師仁者無敵爲益信矣

今也에欲無敵於天下而不以仁ᄒᆞ니是猶執熱而不以濯也ㅣ니詩云誰能執熱ᄒᆞ야逝不以濯이리오ᄒᆞ니라

이제天下에敵이업과뎌호ᄃᆡ仁으로ᄡᅥ아니ᄒᆞᄂᆞ니이熱을執ᄒᆞ야ᄡᅥ濯디아니홈ᄀᆞᆮᄐᆞ니詩예닐오ᄃᆡ뉘能히熱을執ᄒᆞ야ᄡᅥ濯디아니리오ᄒᆞ니라

●恥受命於大國、是、欲無敵於天下也、乃師大國而不師文王、是、不以仁也、詩、大雅桑柔之篇、逝、語辭也、言誰能執持熱物、而不以水、自濯其手乎、○此章、言不能自強、則聽天所命、脩德行仁、則天命、在我、慶源輔氏曰不能自強則聽命于天而爲強大所役使脩德行仁如文王則與天爲一而小可大弱可強昔之強大者反爲役於我矣豈非天命之在我乎○新安陳氏曰勢之強弱亦天所命不能自強則聽命於天而爲強大所役如齊景是也脩德行仁則道德足以勝勢力而天命在我師文王而爲政於天下者是也[備旨]然則欲無敵於天下者必行仁政而後可乃今也恥爲大國所役欲無敵於天下而不師文王以好仁是猶執持熱物而不以水自濯其手也詩云誰能執熱逝不以濯然則誰能無敵於天下而不以仁乎夫亦盡人以俟天勉爲賢德而可矣

○孟子ㅣ曰不仁者는可與言哉아安其危而利其菑ᄒᆞ야樂其所

以亡者ᄒᆞᄂᆞ니不仁而可與言이면則何亡國敗家之有ㅣ리오 菑與災同 樂音洛

孟子ㅣ ᄀᆞᆯᄋᆞ샤ᄃᆡ仁티아니ᄒᆞᆫ者ᄂᆞᆫ可히더블어言ᄒᆞ랴그危ᄅᆞᆯ安히너기며그菑ᄅᆞᆯ利히너겨그ᄡᅥ亡ᄒᆞᆯ빠ᄅᆞᆯ樂ᄒᆞᄂᆞ니仁티아닌이오可히더블어言ᄒᆞᆯ꺼시면곧엇디國을亡ᄒᆞ며家ᄅᆞᆯ敗홈이이시리오

● 安其危、利其菑者、不知其爲危菑、而反以爲安利也、所以亡者、謂荒暴淫虐、所以致亡之道也、不仁之人、私欲固蔽、失其本心故、其顚倒錯亂、至於如此、所以不可告以忠言、而卒至於敗亡也、 西山眞氏曰自古危亂之世未嘗無忠言祖伊嘗諫紂矣召穆公嘗諫厲王矣而二君不聽者蓋其心既不仁故顚倒迷繆以危爲安以菑爲利以取亡之道爲可樂也夫人君孰不欲安存而惡危亡而其反背若此者私欲蔽障而失其本心故爾○雙峯饒氏曰要在看樂其所以亡一句他只愛那淫荒暴虐所以取亡底事故雖危自以爲安雖菑自以爲利孟子此章說得利害大段甚分明 備旨 孟子儆當時不仁者曰人君有其國家而欲長保治安莫過於聽言若夫不仁之君豈可與之言哉蓋其私慾固蔽失其本心危之所在本非安也彼則以爲安菑之所在本非利也彼則以爲利致亡之道本不可樂也彼不知其亡而反樂其所以亡者其顚覆錯亂至於如此所以不可與言也使不仁而可與言則必因人言而悔悟去危而圖安去菑而圖利去亡而圖存尙何亡國敗家之有

有孺子ㅣ歌曰滄浪之水ㅣ淸兮어든可以濯我纓이오滄浪之水ㅣ濁兮어든可以濯我足이라ᄒᆞ야ᄂᆞᆯ 浪音郎

孺子ㅣ이셔歌ᄒᆞ야ᄀᆞᆯ오ᄃᆡ滄浪ㅅ水ㅣ淸ᄒᆞ거든可히ᄡᅥ내纓을濯ᄒᆞ고滄浪ㅅ水ㅣ濁ᄒᆞ거든可히ᄡᅥ내足을濯ᄒᆞᆯ띠라ᄒᆞ야ᄂᆞᆯ

● 滄浪、水名、纓、冠系也、 新安倪氏曰漢水東爲滄浪之水見禹貢後魏酈道元云武當縣北四十里有洲曰滄浪洲水曰滄浪水是也 備旨 然其至於敗亡者非諉命於天則歸罪於

人而不知皆由於自取也不觀孺子之歌與孔子之言乎昔有孺子睹滄浪而歌曰滄浪之水時而淸兮淸可以之濯我纓也滄浪之水時而濁兮濁可以之濯我足也夫不問其淸與濁而皆可適於用此其歌固出於無心者矣

孔子ㅣ曰小子아聽之ᄒᆞ라淸斯濯纓이오濁斯濯足矣로소니自取之也ㅣ라ᄒᆞ시니라

孔子ㅣ갈ᄋᆞ샤ᄃᆡ小子아聽ᄒᆞ라淸홈애 이예纓을濯ᄒᆞ고濁홈애이예足을濯ᄒᆞ노소니ᄉᆞᄉᆞ로取홈이라ᄒᆞ시니라

●言水之淸濁、有以自取之也、聖人、聲入心通、無非至理、此類、可見、慶源輔氏曰夫不仁之人則雖忠言至論無自而入聖人之仁則雖常言俗語聲入心通是亦莫非自取之也○新安陳氏曰此孔子所以爲耳順也[備旨]孔子聞之而謂其弟子曰孺子之歌有至理存焉小子其聽之夫水之淸斯以之而○纓夫水之濁斯以之而濯足矣貴賤異用非人所爲皆水之淸濁自取之也觀物理之自取而人事可知矣

夫人必自侮然後에人이侮之ᄒᆞ며家必自毁而後에人이毁之ᄒᆞ며國必自伐而後애人이伐之ᄒᆞᄂᆞ니라 夫音扶

人이반ᄃᆞ시ᄉᆞᄉᆞ로侮ᄒᆞᆫ然後에 人이侮ᄒᆞ며家ㅣ반ᄃᆞ시ᄉᆞᄉᆞ로毁ᄒᆞᆫ後에人이毁ᄒᆞ며國이반ᄃᆞ시ᄉᆞᄉᆞ로伐ᄒᆞᆫ後에人이伐ᄒᆞᄂᆞ니라

●所謂自取之者、雙峯饒氏曰自侮是不自重適所以召人之侮[備旨]由孔子之言觀之天下之事其孰不由於自取乎夫人必自有取侮之道然後人得而侮之家必自有取毁之道而後人得而毁之國必自有取伐之道而後人得而伐之可見變不虛生惟人所召使我無可乘之隙彼胡爲而來哉信乎亡國敗家皆不仁之自取也

太甲애曰天作孽은猶可違어니와自作孽은不可活이라ᄒᆞ니此之謂也

ㅣ니라

太甲애ᄀᆞᆯ오ᄃᆡ天이作ᄒᆞᆫ孽은오히려可히違ᄒᆞ려니와스스로作ᄒᆞᆫ孽은可히活티몯ᄒᆞ리라ᄒᆞ니이ᄅᆞᆯ닐음이니라

●解見 形甸反 前篇、○此章、言心存則有以審夫 音扶 得失之幾、 平聲 不存則無以辨於存亡之著、禍福之來、皆其自取、 慶源輔氏曰人心存則仁人心不存則不仁得失之幾至微也存亡之實至著也安利樂得失之幾也亡國敗家存亡之實也禍福之來皆其自取即所謂禍福無不自己求之者此亦承上章而言仁與不仁所取之不同也○新安陳氏曰仁者心存則明哲得失之幾微即能審察之審侮毀伐之幾於自取之之初是也不仁者心不存則昏蔽存亡之已著亦不能辨安其危利其菑樂所以亡是也心存者存天理戒心不存者遏人欲也 [備旨] 覯商書太甲有言曰天作之孽雖似難逃然人脩德回天猶可以避若自作之孽災殃立至不可以逃而活此即自侮自毀自伐之謂也有國家者如繹思自取之義而深戒自作之孽則必能聽信忠言而無亡國敗家之禍矣

○孟子ㅣ曰桀紂之失天下也ᄂᆞᆫ失其民也ㅣ니失其民者ᄂᆞᆫ失其心也ㅣ라得天下ㅣ有道ᄒᆞ니得其民이면斯得天下矣리라得其民이有道ᄒᆞ니得其心이면斯得民矣리라得其心이有道ᄒᆞ니所欲을與之聚之오所惡를勿施爾也ㅣ니라 惡去聲

孟子ㅣᄀᆞᆯ으샤ᄃᆡ桀紂의天下ᄅᆞᆯ失ᄒᆞ옴은그民을失ᄒᆞ미니그民을失ᄒᆞᆷ은그心을失ᄒᆞᆯ쎠라天下ᄅᆞᆯ得ᄒᆞᆷ이道ㅣ인ᄂᆞ니그民을得ᄒᆞ면이예天下ᄅᆞᆯ得ᄒᆞ리라그民을得ᄒᆞᆷ

이道ㅣ인ᄂᆞ니 그 心을 得ᄒᆞ면 이예 民을 得ᄒᆞ리라 그 心을 得홈이 道ㅣ인ᄂᆞ니 欲ᄒᆞᄂᆞᆫ 바ᄅᆞᆯ 與ᄒᆞ야 聚ᄒᆞ고 惡ᄒᆞᄂᆞᆫ 바ᄅᆞᆯ 施티 말올ᄯᅵ니라

●民之所欲、皆爲去聲致之、如聚斂力驗反然、民之所惡、則勿施於民、鼂音潮錯蒼故反所謂人情、莫不欲壽、三王、生之而不傷、人情、莫不欲富、三王、厚之而不困、人情、莫不欲安、三王、扶之而不危、人情、莫不欲逸、三王、節其力而不盡、此漢文帝時鼂錯對賢良策語 此類之謂也、

南軒張氏曰所欲與聚非惟壽富安逸之遂其志用舍從違無不合其公願而後爲得也○西山眞氏曰此章之要在所欲與聚所惡勿施二言 備旨 孟子勉當時仁民曰天下得失多故當審其政之之由吾觀夏桀商紂之失天下何也由失其民也桀紂之失其民者何也由失其民之心也知所以失則知所以得矣故得天下有道惟得其民則有人有土斯得天下矣得其民有道惟得其心則近悅遠來斯得其民矣得其心有道凡民心有所欲皆與之聚之心有所惡者勿以施之爾也如此則得其心而民歸之矣

民之歸仁也ㅣ 猶水之就下ㅣ며 獸之走壙也ㅣ니라 走音奏

民의 仁에 歸홈이 水ㅣ 下에 就ᄒᆞ며 獸ㅣ 壙애 走홈ᄀᆞᄐᆞ니라

●壙、廣野也、言民之所以歸乎此、以其所欲之在乎此也、 新安陳氏曰所欲與聚所惡勿施即所以仁民也故民歸之 備旨 夫所欲與聚所惡勿施即所謂仁也仁則歸之矣故民之歸於吾仁也亦猶水性之就下沛然而往獸性之走壙羣然而奔也然則仁亦民之下也壙也孰能禦其歸哉

故로 爲淵敺魚者ᄂᆞᆫ 獺也ㅣ오 爲叢敺爵者ᄂᆞᆫ 鸇也ㅣ오 爲湯武敺民者ᄂᆞᆫ 桀與紂也ㅣ니라 爲去聲敺與驅同獺音闥爵與雀同鸇諸延反

故로 淵을 爲ᄒᆞ야 魚ᄅᆞᆯ 敺ᄒᆞᄂᆞᆫ 者ᄂᆞᆫ 獺이오 叢을 爲ᄒᆞ야 爵을 敺ᄒᆞᄂᆞᆫ 者ᄂᆞᆫ 鸇이오 湯武

를爲ᄒᆞ야民을敺ᄒᆞᄂᆞᆫ者ᄂᆞᆫ桀과다ᄆᆞᆺ紂ㅣ니라

●淵、深水也、獺、食魚者也、叢、茂林也、鸇、食雀者也、言民之所以去此、以其所欲、在彼而所惡、在此也、新安陳氏曰彼謂湯武此謂桀紂如魚雀之可全生者在淵叢而得免死於獺鸇也[備旨]民歸仁之切如此而況乎有不仁者之迫其後乎故魚畏獺而歸淵是爲淵敺魚者獺也爵畏鸇而歸叢是爲叢敺爵者鸇也民畏桀紂之暴而歸湯武之仁是爲湯武敺民者桀與紂也夫民本欲歸湯武之仁又有桀紂不仁者爲之敺甚矣仁之勝不仁也

今天下之君이有好仁者ㅣ면則諸侯ㅣ皆爲之敺矣리니雖欲無王이나不可得已니라 好爲王皆去聲

이제天下엣君이仁을好ᄒᆞᆯ者ㅣ이시면諸侯ㅣ다爲ᄒᆞ야敺ᄒᆞ리니비록王티말오져ᄒᆞ나可히得디몯ᄒᆞᆯ이니라

南軒張氏曰非利人之爲己敺也特言其理之必然耳循夫天理無利天下之心而天下歸之此三王所以王也假是道而亦以得天下者漢唐是也故秦爲漢敺隋爲唐敺季世之君肆於民上施施然自以爲安而不知其爲人敺哀哉○新安陳氏曰好仁之君出不仁者皆爲敺民以歸之[備旨]夫湯武好仁而桀紂爲之敺可見仁爲君之所尚耳若今天下之君有能與聚勿施實心好仁者即當時之湯武斯民之淵叢也彼列國諸侯之不仁者皆爲之敺民而歸之矣是以得其民斯得天下雖欲無如湯武之王不可得而辭己

今之欲王者ᄂᆞᆫ猶七年之病에求三年之艾也ㅣ니苟爲不畜이면終身不得ᄒᆞ리니苟不志於仁이면終身憂辱ᄒᆞ야以陷於死亡ᄒᆞ리라 王去聲

이제王코져ᄒᆞᄂᆞᆫ者ᄂᆞᆫ七年ㅅ病에三年ㅅ艾를求홈ᄀᆞᆮᄐᆞ니진실로畜디아니ᄒᆞ면身이終토록得디몯ᄒᆞ리니진실로仁에志티아니ᄒᆞ면身이終토록憂ᄒᆞ며辱ᄒᆞ야ᄡᅥ死

亡에陷ᄒᆞ리라

●艾、草名、所以灸者、乾音干久益善、夫音扶病已深、而欲救乾久之艾、固難卒倉沒反辦、然、自今畜勑六反之、則猶或可及、不然則病日益深、死日益迫、而艾終不可得矣、王氏曰艾以久爲善不畜不足以活人之死仁以久而熟不積不足以拯國之危○雲峯胡氏曰三年之艾不能畜之平日而自今畜之猶可也是故爲仁者平日既無積久之功今日不可無必爲之志 備旨 然致王固在於仁而行仁又不可緩也今之欲王者平日大失民心以至於國勢憂辱死亡將至矣在乎急行仁政以救之猶七年之病病根深矣在乎急求三年乾久之艾以治之也三年之艾既不畜於平時然自今畜之則猶或可及苟爲不畜則終身不得而病終不免於死亡矣然則今之諸侯平日既無積久之功今日不可無必爲之志苟及今不志於仁將見國事日非人心日去因循至於終身惟有憂辱相尋以陷於死亡而已

詩云其何能淑이리오 載胥及溺이라ᄒᆞ니 此之謂也ㅣ니라

詩예닐오ᄃᆡ 그 엇디 能히 淑ᄒᆞ리오 곧서르 溺에 及ᄒᆞᆫ다ᄒᆞ니 이를 닐옴이니라

●詩、大雅桑柔之篇、淑、善也、載、則也、助語、胥、相也、言今之所爲、其何能善、則相引以陷於亂亡而已、慶源輔氏曰至此則雖聖人亦末如之何矣詳味引詩之言則令人惕然警省有不容自己者矣○新安陳氏曰此章綱領在一仁字仁民之要在所欲與聚所惡勿施能如是則可以謂之好仁而不仁者皆將敺民以歸之其王天下也孰禦 備旨 觀於大雅桑柔之詩云今之所爲其何能以自善乎載相與及於陷溺而已此即終身憂辱以陷於死亡之謂也然則欲免桀紂之死亡而王天下者奈何不志湯武之仁耶

○孟子ㅣ曰自暴者는不可與有言也ㅣ오自棄者는不可與有爲也ㅣ니言非禮義를謂之自暴也ㅣ오吾身不能居仁由義를謂之自

棄也ㅣ니라

孟子ㅣ 골ᄋᆞ샤ᄃᆡ 스스로 暴ᄒᆞᄂᆞᆫ者ᄂᆞᆫ 可히 더브러 言홈을 두디 몯ᄒᆞᆯ꺼시오 스스로 棄ᄒᆞᄂᆞᆫ者ᄂᆞᆫ 可히 더브러 ᄒᆞ욤을 두디 몯ᄒᆞᆯ꺼시니 言홈애 禮義ᄅᆞᆯ 非ᄒᆞᄂᆞᆫ이ᄅᆞᆯ 自暴ㅣ라 닐ᄋᆞ고 내몸이 能히 仁에 居ᄒᆞ며 義ᄅᆞᆯ 由티 몯ᄒᆞ리로다 ᄒᆞᄂᆞᆫ이ᄅᆞᆯ 自棄라 닐ᄋᆞᄂᆞ니라

●暴、猶害也、非、猶毁也、自害其身者、不知禮義之爲美、而非毁之、雖與之言、必不見信也、自棄其身者、猶知仁義之爲美、但溺於怠惰、自謂必不能行、與之有爲、必不能勉也、程子、曰人苟以善自治、則無不可移者、雖昏愚之至、皆可漸(子廉反)磨而進也、惟自暴者、拒之以不信、自棄者、絕之以不爲、雖聖人與居、不能化而入也、此所謂下愚之不移也、朱子曰自暴者所言必非詆禮義說沒這道理是之謂暴戾我雖言而彼必不肯聽是不足與言也自棄者意氣卑弱志趣凡陋知有道理甘心自絕以爲不能我雖言仁義之美彼此剗斷了不肯做是不足與有爲也自暴者剛惡之所爲自棄者柔惡之所爲○言非禮義以禮義爲非而拒之以不信自暴自賊害也吾身不能居仁由義自謂不能而絕之以不爲自棄自棄絕也[備旨]孟子戒暴棄者之自絕乎道也曰仁義之道人人有之孰不欲其與有言也與有爲也惟自暴害其身者以不才而自安不可與之以有言也惟自廢棄其身者以無志而自諉不可與之以有爲也何謂自暴彼不知禮義之爲美而言非毁乎禮義者此所以謂之自暴也以斯人而與之言禮義必不見信尙可與有言乎何謂自棄彼猶知仁義之爲美而溺於怠惰自謂吾身必不能居仁由義者此所以謂之自棄也以斯人而與之爲乎仁義必不能勉尙可與有爲乎

仁은 人之安宅也ㅣ오 義ᄂᆞᆫ 人之正路也ㅣ라

仁은 人의 安ᄒᆞᆫ 宅이오 義ᄂᆞᆫ 人의 正ᄒᆞᆫ 路ㅣ라

●仁宅、已見形甸反前篇、義者、宜也、乃天理之當行、無人欲之邪曲故、曰正路、備旨夫暴棄者之自絕乎仁義如此亦未知仁義爲人所固有耳仁則天理之公無一毫人欲之傾危不但爲人之宅而爲人之安宅也義則天理之宜無一毫人欲之邪枉不但爲人之路而爲人之正路也

曠安宅而弗居ᄒᆞ며舍正路而不由ᄒᆞᄂᆞ니、哀哉라 舍上聲

安宅을曠ᄒᆞ고居티아니ᄒᆞ며正路를舍ᄒᆞ고由티아니ᄒᆞᄂᆞ니哀홉다

●曠、空也、由、行也、○此章、言道本固有、而人自絕之、是可哀也、此、聖賢之深戒、學者、所當猛省悉井反也、朱子曰曠其安宅則必放僻邪侈而安其所不可安之居矣舍其正路則必行險僥倖而由其所不可由之塗矣安宅正路人皆有之而自暴自棄以至於此是可哀也○南軒張氏曰仁言安宅者謂其安而可處也義言正路者謂其正而可遵也是二者性之所有也曠之舍之以自絕其天性不亦可哀乎○雙峯饒氏曰前面說自暴自棄兩等人後面說不居不由又只指自棄者言之何也蓋非毀禮義之人已不可敎誨矣那不能爲底只是爲之不勇耳尙知得可居可由猶爲可敎所以孟子只說此一項自歎息那自棄之人有安宅而不居有正路而不由是可哀也○新安陳氏曰哀哉二字當令人發深省夫自暴者非詆天理旣不可與言故絕望之自棄者猶知天理之爲美特甘於不能故以本有者開示之復哀憫以警聳之猶致望之之意焉此學者所以不可不猛省也備旨夫仁爲人之安宅則人當終身居之可也義爲人之正路則人當終身由之可也何自暴自棄者曠吾身之安宅而弗居舍吾身之正路而不由不亦深可哀哉知暴棄者之可哀則所以體乎仁義者不容諉矣

○孟子ㅣ曰道在爾而求諸遠ᄒᆞ며事在易而求諸難ᄒᆞᄂᆞ니、人人이親其親ᄒᆞ며長其長이면而天下ㅣ平ᄒᆞ리라 邇爾古字通用易去聲長上聲

孟子ㅣᄀᆞᆯᄋᆞ샤ᄃᆡ道ㅣ爾예잇거ᄂᆞᆯ遠에求ᄒᆞ며事ㅣ易예잇거ᄂᆞᆯ難애求ᄒᆞᄂᆞ니人人이그親을親ᄒᆞ며그長을長ᄒᆞ면天下ㅣ平ᄒᆞ리라

●親長、在人、爲甚爾、親之長之、在人、爲甚易、而道初不外是也、舍上聲此而他求、
則遠且難、而反失之、但人人、各親其親、各長其長、則天下、自平矣、南軒張氏曰使人各親其親各長其長本在人君親其親長其長以倡率之而已親親仁也長長義也仁義本之躬而達之天下豈非道之邇者乎天下所以平者實係乎此豈非事之易者乎味此數語堯舜三王之治可得而推矣○雲峯胡氏曰此道字是天理之自然此事字是人爲之當然【備旨】孟子示人以求道於近易也曰道之不明不行於天下者豈徒不求者之罪哉亦過求者之失也彼率性之謂道道本在爾也而乃求諸遠行道之謂事事本在易也而乃求諸難孰知親之當親長之當長道之在人爲甚爾親吾之親長吾之長事之在人爲甚易誠使人人各親其親以盡乎人子之事各長其長以盡乎人弟之事則家皆孝悌俗皆仁義道德可壹風俗可同蕩平之化已臻而天下自平矣人何必求之遠且難哉

○孟子ㅣ曰居下位而不獲於上이면民不可得而治也ㅣ리라獲於上이有道ᄒᆞ니不信於友ㅣ면弗獲於上矣리라信於友ㅣ有道ᄒᆞ니事親弗悅이면弗信於友矣리라悅親이有道ᄒᆞ니反身不誠이면不悅於親矣리라誠身이有道ᄒᆞ니不明乎善이면不誠其身矣리라

孟子ㅣ ᄀᆞᆯᄋᆞ샤ᄃᆡ 下位예 居ᄒᆞ야 上애 獲디 몯ᄒᆞ면 民을 可히 시러곰 治티 몯ᄒᆞ리라 上애 獲홈이 道ㅣ 인ᄂᆞ니 友에 信티 몯ᄒᆞ면 上애 獲디 몯ᄒᆞ리라 友에 信홈이 道ㅣ 인ᄂᆞ니 親을 事홈애 悅케 몯ᄒᆞ면 友에 信티 몯ᄒᆞ리라 親을 悅케 홈이 道ㅣ 인ᄂᆞ니 身에 反ᄒᆞ야 誠티 몯ᄒᆞ면 親에 悅티 몯ᄒᆞ리라 身을 誠ᄒᆞ욤이 道ㅣ 인ᄂᆞ니 善을 明티 몯ᄒᆞ면 그 身을 誠티 몯ᄒᆞ리라

●獲於上、得其上之信任也、誠、實也、反身不誠、反求諸身、而其所以爲善之心、有不實也、不明乎善、不能卽事窮理、無以眞知善之所在也、朱子曰反身而誠見其本具是理而今不曾虧欠了他底○問反諸身不誠曰反諸身是反求於心不誠是不曾實有此心如事親以孝須是實有這孝之心若外面假爲孝之事裡面却無孝之心便是不誠矣○獲上信友等皆以有道言蓋有不由其道以求之者矣若諛悅苟容以求獲乎上便佞詭隨以求信乎友阿意曲從以求悅乎親冥行助長以求誠其身皆是也所謂誠身能實踐其所明之善而有諸身之謂○慶源輔氏曰人孰無爲善之心然隱微之際有一毫自欺之意則其心便不實矣人孰不知善之可爲然不能卽夫事以窮其理而推極吾之知識則所知者或未必眞矣

游氏、曰欲誠其意、先致其知、不明乎善、不誠其身矣、新安倪氏曰引大學以證此章致知卽所以明善也但誠意則以自脩之始言誠身則以自脩之成言誠意正心脩身皆該於誠身二字中矣 學至於誠身、則安往而不致其極哉、以內則順乎親、以外則信乎友、以上則可以得君、以下則可以得民矣、慶源輔氏曰游氏之說始則大學之次序終則中庸之極功也 備旨 孟子勉人思誠以誠身也曰人之一身所處有親友君民而所以聯屬其間者惟一誠也如居臣下之位而欲治其民其道在於獲上若不獲信任於上則無以安其位而行其志民不可得而治也然獲於上有道其道在乎信友苟不取信於友則志行不孚名譽不著弗獲於上矣然信於友有道其道在乎悅親苟事親弗得其悅則所厚者薄無所不薄弗信於友矣然悅親有道其道在於誠身苟反諸身而爲善之心有不誠則外有事親之文內無愛親之實不悅於親矣誠身有道其道在於明善苟不能卽事窮理以眞知善之所在則善惡不免於混淆好惡多失於自欺不誠其身矣君子能明善以誠身則事親爲實孝交友爲實信事君爲實忠治民爲實政一誠立而萬善從之矣

是故로誠者는天之道也ㅣ오思誠者는人之道也ㅣ니라

이런故로誠은天의道ㅣ오誠을思ᄒᆞ욤은人의道ㅣ니라

●誠者、理之在我者、皆實而無僞、天道之本然也、思誠者、欲此理之在我者、皆實而無僞、人道之當然也、問思誠莫須明善否朱子曰明善自是明善思誠自是思誠明善是格物致知思誠是毋自欺謹獨明善固所思誠而思誠上面又更有工夫在誠者都是實

理了思誠者恐有不實處便思去實他誠者天之道天無不實寒便是寒暑便是暑更不待使他恁地聖人仁便眞箇是仁義便眞箇是義更無不實處常人說仁時恐猶有不仁處說義時恐猶有不義處便須著思有以實之始得○慶源輔氏曰維天之命於穆不已至誠之理天道之本然也審思明辨自强不息思誠之事人道之當然也【備旨】夫明善以誠身切要如此是故誠者非身外之物也乃天道之本然而不容離也人心有不實而思以誠之者亦非分外之事也乃人道之當然而無容諉也

至誠而不動者ㅣ 未之有也ㅣ니 不誠이면 未有能動者也ㅣ니라

지극히 誠ᄒᆞ고 動티 몯ᄒᆞᆯ 者ㅣ 잇디 아니ᄒᆞ니 誠티 몯ᄒᆞ면 能히 動ᄒᆞᆯ 者ㅣ 잇디 아니ᄒᆞ니라

●至、極也、楊氏、曰動、便是驗處、若獲乎上、信乎友、悅於親之類、是也、慶源輔氏曰有感必有應驗便是應處極其誠則合內外平物我感與應皆非自外也此其所以無有不動也○雙峰饒氏曰人要爲君取信必須朋友稱譽薦進然朋友所以稱譽必能脩身齊家方有可稱者若是不說於親則何可稱之有能說親必出於誠心乃可這是推原誠身效驗如此若說誠身工夫則無間於事親取友事君治民之際誠到至處自能動物則以之事親而親悅以之取友而友信以之事君而君用以之治民而民從初無先後之分矣○此章、述中庸孔子之言、見思誠爲脩身之本、而明善、又爲思誠之本、雲峰胡氏曰此所謂思誠即中庸所謂誠之其工夫皆兼知行而言 乃子思、所聞於曾子、而孟子、所受乎子思者、覺軒蔡氏曰子思誠者脩身之本是脩身以知行爲先明善又爲思誠之本是知行之中又當以知爲先也思以誠之言人之道而孟子易之以思誠子思言形著動變而孟子止於動者以思出於心於學者用功尤爲有力而動者正指上文獲上信友悅親而言也 亦與大學、相表裏、學者、宜潛心焉、大學章句曰其第五章乃明善之要第六章乃誠身之本○慶源輔氏曰明善者大學之本誠身者中庸之要於此可見中庸大學之相爲表裡曾子子思孟子之相爲授受者益不可誣矣【備旨】果自思誠而造於至誠誠至自能動物以之事親而親悅以之取友而友信以之事君而君用以之治民而民從而猶有不動者未之有此理也若不造於至誠則未有能動物者也人可不盡思誠身之功哉

○孟子ㅣ曰伯夷ㅣ辟紂ᄒᆞ야居北海之濱이러니聞文王作興ᄒᆞ고曰盍歸乎來오리吾聞西伯은善養老者ㅣ라ᄒᆞ고太公이辟紂ᄒᆞ야居東海之濱이러니聞文王作興ᄒᆞ고曰盍歸乎來오리吾聞西伯은善養老者ㅣ라ᄒᆞ니라 辟去聲

孟子ㅣ ᄀᆞᆯᄋᆞ샤ᄃᆡ 伯夷ㅣ 紂를 辟ᄒᆞ야 北海ㅅ濱애 居ᄒᆞ얏더니 文王의 作興ᄒᆞᆷ을 듣고 ᄀᆞᆯ오ᄃᆡ 엇디 도라오디 아니ᄒᆞ리오 나ᄂᆞᆫ 西伯은 老者를 善養ᄒᆞᆫ다 드로라 ᄒᆞ고 太公이 紂를 辟ᄒᆞ야 東海ㅅ濱에 居ᄒᆞ얏더니 文王의 作興ᄒᆞᆷ을 듣고 ᄀᆞᆯ오ᄃᆡ 엇디 도라오디 아니ᄒᆞ리오 나ᄂᆞᆫ 西伯은 老者를 善養ᄒᆞᆫ다 드로라 ᄒᆞ니라

●作興、皆起也、言文王起而爲方伯 盍、何不也、西伯、即文王也、紂、命爲西方諸侯之長、得上聲專征伐故、稱西伯、太公、姜姓呂氏、名尙、史記齊世家太公望呂尙者東海人其先祖嘗爲四嶽佐禹平水土甚有功虞夏之際封於呂或封於申姓姜氏夏商之時申呂或封支庶子孫或爲庶人尙其後苗裔也本姓姜氏從其封姓故曰呂尙西伯出獵遇於渭之陽曰自吾先君太公望子久矣故號之曰太公望 文王發政、必先鰥寡孤獨、庶人之老、皆無凍餒、故、伯夷、太公、來就其養、非求仕也、慶源輔曰恐人見太公後來佐武王伐商遂以其來也爲有求仕之意故明辨之太公之初歸周無是意也觀孟子以太公與伯夷並言亦自可見

備旨 孟子勉諸侯法文王以行仁政也曰人君皆欲爲政於天下而卒未得人歸者則以仁政不行故也試以文王觀之昔商紂毒痛四海播棄黎老伯夷辟紂之亂居北海之濱蓋非君不事矣及聞文王作爲西伯於是奮然興曰吾盍歸乎來哉吾聞西伯發政施仁善養老者我可歸之以就其養矣太公亦辟紂之亂居東海之濱蓋非時不出矣及聞文王作爲西伯於是奮然興曰吾盍歸乎來哉吾聞西伯發政施仁善養老者我可歸之以就其養矣

二老者ᄂᆞᆫ 天下之大老也而歸之ᄒᆞ니 是ᄂᆞᆫ 天下之父ㅣ 歸之也ㅣ라

天下之父ㅣ 歸之어니 其子ㅣ 焉往이리오 焉於虔反

二老ᄂᆞᆫ天下읫大老ㅣ로ᄃᆡ 歸ᄒᆞ니이ᄂᆞᆫ天下읫父ㅣ歸ᄒᆞᆷ이라天下읫父ㅣ歸ᄒᆞ거니 그子ㅣ어ᄃᆡ가리오

●二老、伯夷、太公也、大老、言非常人之老者、天下之父、言齒德皆尊、如衆父然、既得其心、則天下之心、不能外矣、南軒張氏曰張良歸漢項氏以亡孔明在蜀炎綱幾振亦庶幾爲當時之老者其所繫輕重固如此○慶源輔氏曰衆父二字出老子集註借用之其義則謂衆人之父爾○雙峰饒氏曰既有齒又有德故謂之大老若常人則是年老而已 蕭何所謂養民致賢、以圖天下者、其意、暗與此合、通鑑漢高帝元年二月項羽立沛公即高祖爲漢王王巴蜀漢中都南鄭而分關中王秦降將章邯等三人以距漢路漢王怒欲攻項羽周勃灌嬰樊噲皆勸之蕭何諫曰雖王漢中之惡不猶愈於死乎能詘與屈同於一人之下而信同伸於萬乘之上者湯武是也臣願大王王漢中養其民以致賢人收用巴蜀還定三秦天下可圖也 但其意、則有公私之辨、學者、又不可不察也、慶源輔氏曰蕭何之說是欲爲此以圖天下有爲而爲所謂私也文王之爲此則初無所爲也行吾義而已所謂公也二老之歸乃其自然之應爾【備旨】此伯夷太公之歸文王也豈無以係天下之心哉蓋二老者齒與德俱尊非如常人之老乃天下之大老也既曰大老則爲天下之父而天下之民皆其子也而歸之是天下之父歸之也天下之父歸之則父者子之所望而從者也其子又焉往而不歸哉此文王之能行王政而爲政於天下者也

諸侯ㅣ 有行文王之政者ㅣ면 七年之內예 必爲政於天下矣리라

諸侯ㅣ文王의政을行ᄒᆞᆫ者ㅣ이시면七年ㅅ內예 반ᄃᆞ시天下애 政을ᄒᆞ리라

●七年、以小國而言也、大國五年、在其中矣、【備旨】今之諸侯特患其不能行文王之政耳有行文王之政以善養老聞者則雖以小國所乘之勢吾度

其時不過七年之內亦必人望先歸因以得天下之歸而爲政於天下矣有圖治之志者亦何憚而不師文王耶

○孟子ㅣ曰求也ㅣ爲季氏宰ᄒᆞ야 無能改於其德이오 而賦粟이 倍他日ᄒᆞᆫ대 孔子ㅣ曰求ᄂᆞᆫ 非我徒也ㅣ로소니 小子아 鳴鼓而攻之ㅣ可也ㅣ라ᄒᆞ시니라

孟子ㅣ ᄀᆞᆯᄋᆞ샤ᄃᆡ 求ㅣ 季氏의 宰되여셔 能히 그德에 改케ᄒᆞᆷ이 업고 粟을 賦ᄒᆞᆷ이 他日에셔 倍ᄒᆞᆫ대 孔子ㅣ ᄀᆞᆯᄋᆞ샤ᄃᆡ 求ᄂᆞᆫ 우리徒ㅣ 아니로소니 小子아 鼓를 鳴ᄒᆞ야 攻ᄒᆞ욤이 可타ᄒᆞ시니라

●求、孔子弟子冉求、季氏、魯卿宰家臣、賦、猶取也、取民之粟、倍於他日也、小子、弟子也、鳴鼓而攻之、聲其罪而責之也、

備旨 孟子爲當時强戰者罪也曰今之事君者類以强兵爲尙矣豈知律以聖人之敎正以王者之法而罪則甚大者乎昔者求也嘗爲季氏宰無能盡力匡救改其攘奪之惡德而賦民之粟且加倍於他日是惟知聚斂而不知恤民有負於聖人之敎多矣孔子聞而責之曰爲吾徒者固當上致其君下澤其民今求之黨惡害民如此殆非我徒也爾小子於求有朋友之義當鳴鼓以聲其罪而攻責之使其知改可也此求之聚斂以益季氏其見棄於孔子也如此

由此觀之컨댄 君不行仁政而富之면 皆棄於孔子者也ㅣ니 況於爲之强戰ᄒᆞ야 爭地以戰에 殺人盈野ᄒᆞ며 爭城以戰에 殺人盈城이ᄯᆞ녀 此ㅣ所謂率土地而食人肉이라 罪不容於死ㅣ니라 爲去聲

일로말미암아보건댄君이仁政을行티아니ᄒᆞ거든富케ᄒᆞ면다孔子ᄭᅴ 棄히인者ㅣ

니ᄒᆞ믈며爲ᄒᆞ야强히戰ᄒᆞ야地를爭ᄒᆞ야ᄡᅧ戰홈애人을殺ᄒᆞ야野에盈ᄒᆞ며城을爭ᄒᆞ야ᄡᅧ戰홈애人을殺ᄒᆞ야城에盈홈이ᄯᅥ녀이닐온밧土地를率ᄒᆞ야人肉을食홈이라罪ㅣ死홈애容티몯ᄒᆞ리라

●林氏曰富其君者、奪民之財耳、而夫子、猶惡(去聲)之、況爲(去聲)土地之故而殺人使其肝腦塗地、則是率土地而食人之肉、其罪之大、雖至於死、猶不足以容之也、范氏曰天地大德曰生聖人所以守位曰仁孔子曰斷一木殺一獸不以其時非孝也草木鳥獸殺之不以時則逆天地之理猶爲不孝況於人命可不重哉○和靖尹氏曰湯武之征以正伐不正救民於塗炭也戰國之戰以亂益亂殘人民耳而求富之爲之强戰是何異於助桀而富桀也○慶源輔氏曰率猶循也由也率土地而食人肉謂以土地之故殺人而使之肝腦塗地則是由土地而食人之肉也其罪之大雖至於死猶不足以容之言罪大而刑小如所謂死有餘辜也[備旨]由孔子責求之言觀之則凡當時之君不能行仁政以裕其民而爲之臣者反聚斂於民以富之是皆冉求之類見棄於孔子者也夫富其君者特奪民之財耳未至於殺人也尙見棄於孔子如此況於爲其君之强戰者乎强戰者爭地以戰則欲求得乎地其勢必至於殺人盈野矣爭城以戰則欲求得乎城其勢必至於殺人盈城矣夫以土地之故而殺人此謂所率土地而食人肉其罪之大雖至於死猶不足以容之其爲孔子之所棄又當何如耶

故로善戰者ᄂᆞᆫ服上刑ᄒᆞ고連諸侯者ㅣ次之ᄒᆞ고辟草萊任土地者ㅣ次之니라 (辟與闢同)

故로善히戰ᄒᆞᄂᆞᆫ者ᄂᆞᆫ上刑을服ᄒᆞ고諸侯를連ᄒᆞᄂᆞᆫ者ㅣ次ᄒᆞ고草萊를辟ᄒᆞ야土地를任ᄒᆞᄂᆞᆫ者ㅣ次ᄒᆞ니라

●善戰、如孫臏(音牝齊威王臣)吳起(衛人爲魏文侯將)之徒、連結諸侯、如蘇秦(洛陽人)張儀(魏人)之類、辟、開墾

口本反也、任土地、謂分土授民、使任耕稼之責、如李悝、枯回反盡地力、商鞅、以兩反開阡陌之類也、前漢食貨志戰國時李悝爲魏文侯作盡地力之敎以爲地方百里提封九萬頃除山澤邑居參分去一爲田六百萬畮治勤謹則畮益三升服虔曰與之三升也臣瓚曰當言三斗謂治田勤則畮加三斗也不勤則損亦如之地方百里之增減輒爲粟百八十萬石矣又曰糴甚貴傷民謂士工商也甚賤傷農民傷則離散農傷則國貧故甚貴與甚賤其傷一也善爲國者使民無傷而農益勸今一夫挾五口治田百畮歲收畮一石半爲粟百五十石除十一之稅十五石餘百三十五石食人月一石半五人終歲爲粟九十石餘有四十五石石三十爲錢千三百五十除社閭嘗新春秋之祠用錢三百餘千五十衣人率用錢三百五人終歲用千五百不足四百五十不幸疾病死喪之費及上賦斂又未與此此農夫所以常困有不勸耕之心而令糴至於甚貴者也善平糴者必謹觀歲上中下熟大熟則上糴三而舍一中熟則糴二下熟則糴一使民適足價平而止小饑則發小熟之所藏中饑則發中熟之所藏上饑則發上熟之所藏雖遇饑饉水旱糴不貴而民不散○通鑑周顯王十九年秦孝公十二年也秦商鞅令民父子兄弟同室內息者爲禁并諸小鄕聚集爲一縣縣置令丞廢井田開阡陌路南北曰阡東西曰陌平斗斛權衡丈尺○問如李悝盡地力不過亦敎民而已孟子何以謂任土地者亦次於刑朱子曰只爲他是欲富國不是欲爲民但强占地開墾將去欲爲己物耳皆爲君聚歛之徒也○阡陌便是井田一横一直如遂上有涂這便是陌洫上有路這便是阡自阡陌之外有地則只閑在那裏先王所以如此者乃是要正經界恐人相侵占今商鞅却破開了遇可做田處便做更不要整齊這開字非開創之開乃開闢之開蔡澤傳曰破壞井田決裂阡陌觀此可見○南軒張氏曰自當時言之孰不以爲大功而先王以爲大戮治世之所誅而時君之所賞孟子之言及此蓋正誼明道以遏人欲之横流也○慶源輔氏曰戰國之時人君之所求與士之所以自任者不過有此三等故孟子因列之而言其罪以遏其流雖是救時之言然士而以此三者得名則世德之衰可知矣【備旨】夫强戰之罪大如此因罪定刑而可以知所不赦矣故善戰者當服最上極刑以正其賊君殘民之罪至於縱横遊說連結諸侯與兵搆怨以禍民者即次之變亂井田開闢草萊以其土地分授於民使任耕稼爲聚歛計以害民者又即次之有王者起按法以誅所必然者乃今之諸侯不以爲罪而反以爲功何哉毋惑乎禍亂之相尋而不已也

○孟子ㅣ曰存乎人者ㅣ莫良於眸子ᄒᆞ니라 眸子ㅣ不能掩其惡ᄒᆞᄂᆞ니 胷中이正則眸子ㅣ瞭焉ᄒᆞ고 胷中이不正則眸子ㅣ眊焉이니라 眸音牟瞭音了眊音耄

孟子ㅣ골ᄋᆞ샤ᄃᆡ人의게 存ᄒᆞᆫ거시眸子만良ᄒᆞ니업스니 眸子ㅣ能히 그惡을掩티몯ᄒᆞᄂᆞ니胷中이正ᄒᆞ면眸子ㅣ瞭ᄒᆞ고胷中이正티아니ᄒᆞ면眸子ㅣ眊ᄒᆞᄂᆞ니라

● 良、善也、眸子、目瞳子也、瞭、明也、眊者、蒙蒙、目不明之貌、蓋人與物接之時、其神、在目故、胷中、正則神精而明、不正則神散而昏、慶源輔氏曰心正則安裕完固故其神之見於目者精聚而明白心不正則驚惕掩覆故神之見於目者渙散而昏暗此其所謂不能掩者也○自體察之可見神若不在則目雖見物猶無見也都不能有所識別矣[備旨]孟子論觀人之法曰今之觀人者類以其言而已以予觀之存乎人者莫良於司視之眸子何也人之善惡生心心之精神見於目意念一起即形於瞻視之間故眸子不能爲人掩其心之惡也如胸中正則神精而明眸子瞭焉如胸中不正則神散而昏眸子眊焉眸子之不能掩其惡如此然則存乎人者果孰有良於眸子哉

聽其言也ㅣ오觀其眸子ㅣ면人焉廋哉리오 焉於虔反 廋音搜

그言을聽ᄒᆞ고그眸子를觀ᄒᆞ면人이엇디廋ᄒᆞ리오

● 廋、匿也、言、亦心之所發故、幷此以觀、則人之邪正、不可匿矣、然、言、猶可以僞爲、眸子則有不容僞者、南軒張氏曰聽其言而又參之以眸子則無所遁矣此言與孔子人焉廋哉之言同而爲說則異夫子之言爲旋觀其人說孟子之言一見而欲識其大綱也若夫睟面盎背施於四體四體不言而喩者則望而知其爲德人有不待考察者矣學者讀此非獨可得觀人之法又當知撿身之要私心邪氣其可頃刻而有邪一萌諸中而昭昭然不可掩矣可不懼哉○西山眞氏曰目者精神之所發而言者心術之所形故審其言之邪正驗其目之明昧而人之賢否不可掩焉此觀人之一法也○勿軒熊氏曰孔子之觀人是觀乎其內孟子是觀乎其外二章互看君子小人之情狀不可逃矣○新安陳氏曰趙氏註目爲神候精之所在存而察之善惡不隱蓋以在察解存乎人之存字然以易繫辭存乎其人存乎德行之類觀之只輕輕說過不必訓爲察也[備旨]誠使觀人者既聽其言以審其心之邪正也又觀其眸子以驗其目之明昧則其人胸中之正而爲言之善者吾得於眸子之瞭知之矣其人胸中之不正而飾爲言之善者吾又得眸於子之眊知之矣蓋能僞於言而不能僞於眸子能掩於聽而不能掩於觀人焉得而廋哉然則觀人者固當求於聽言之外而修己者亦當反觀於胸中矣

○孟子ㅣ曰恭者는不侮人ᄒᆞ고儉者는不奪人ᄒᆞᄂᆞ니侮奪人之君은惟恐不順焉이어니惡得爲恭儉이리오恭儉은豈可以聲音笑貌爲哉리오 惡平聲

孟子ㅣ ᄀᆞᆯᄋᆞ샤ᄃᆡ 恭ᄒᆞᆫ者ᄂᆞᆫ 人을 侮티 아니ᄒᆞ고 儉ᄒᆞᆫ者ᄂᆞᆫ 人을 奪티 아니ᄒᆞᄂᆞ니 人을 侮ᄒᆞ야 奪ᄒᆞᄂᆞᆫ 君은 오직 順티 아니ᄒᆞᆯ까 恐ᄒᆞ거니 엇디 시러곰 恭ᄒᆞ며 儉ᄒᆞ리오 恭과 儉은 엇디 可히 聲音과 笑貌로ᄡᅥ ᄒᆞ리오

●惟恐不順은言恐人之不順已、聲音笑貌、僞爲於外也、雙峰饒氏曰孟子就侮人奪人上說見得非泛言恭儉亦是爲國君言之當時國君必有名爲恭儉者但無故而加兵於他人之國便是侮人無故而取人之土便是奪人安得謂之恭儉○雲峰胡氏曰孟子嘗言賢君必恭儉禮下取於民有制蓋惟恭者必禮下而不侮人儉者必取民有制而不奪人不侮者恭之驗不奪者儉之驗否則惟恐人不順己驕侈之欲耳書曰恭儉惟德無載爾僞不侮不奪者恭儉之實事不以聲音笑貌爲者恭儉之實德有是實德則有是實事無恭儉之實德則聲音笑貌載爾僞耳天理人欲之分誠實虛僞之判也其亦擴天理而遏人欲與【備旨】孟子爲時君竊恭儉之名者發也曰恭儉之德不容僞爲故君之恭者則用上敬下而不侮人君之儉者則取民有制而不奪人若侮奪人之君惟恐人不順其侮奪焉雖名爲恭儉惡得爲恭儉然則所謂恭儉者特聲音笑貌僞爲於外耳夫恭儉美德豈可以聲音笑貌爲哉

○淳于髡이曰男女ㅣ授受不親이禮與잇가孟子ㅣ曰禮也ㅣ니라曰嫂溺則援之以手乎잇가曰嫂溺不援이면是는豺狼也ㅣ니男女ㅣ授受不親은禮也ㅣ오嫂溺이어든援之以手者는權也ㅣ니라

淳于髡이글오ᄃᆡ男과女ㅣ授ᄒᆞ며受ᄒᆞ욤을親이아니홈이禮잇가 孟子ㅣ글ᄋᆞ샤ᄃᆡ禮니라글오ᄃᆡ嫂ㅣ溺ᄒᆞ거든援호ᄃᆡ手로ᄡᅥᄒᆞ리잇가 글ᄋᆞ샤ᄃᆡ嫂ㅣ溺ᄒᆞ거든援티아니면이는豺狼이니男과女ㅣ授ᄒᆞ며受ᄒᆞ욤ᄋᆞᆯ親히아니홈은禮오嫂ㅣ溺ᄒᆞ거든援호ᄃᆡ手로ᄡᅥ홈은權이니라

● 淳于、姓、髡、名、齊之辯士、授、與也、受、取也、古禮、男女、不親授受、以遠去聲別必列反也、禮之經也○禮記內則男不言內女不言外非祭非喪不相授器其相授則女受以篚其無篚則皆坐奠之而后取之 援、救之也、權、稱去聲錘直垂反也、稱物輕重而往來、以取中者也、此釋權字之意 權而得中、是乃禮也、朱子曰事有緩急理有大小此等處皆須以權稱之○北溪陳氏曰權字乃就稱錘上取義稱錘之爲物能權輕重以取平故名曰權權變也在衡有星兩之不齊權便移來移去隨物以取平亦猶人之用權度揆度事物以取其中相似又曰知中然後能權由權然後得中中者理所當然而無過不及者也權者所以度事理而取其當然使無過不及者也○慶源輔氏曰若是經禮更何須權惟是那經禮有行不得處故須用權以取中權而得中是乃禮也若權而不得中則陷乎漢儒權變權術之域矣豈可謂之權乎○新安陳氏曰此乃禮之權而不背乎經者也 備旨 淳于髡因孟子不見諸侯乃設言而問曰男女授受不親果古之禮與孟子答曰此別嫌明微之禮也髡又問曰設或遇嫂之溺於水則將救援之以手乎抑守授受不親之禮而不救援之乎孟子答曰嫂溺不以手援是忍心害理豺狼所爲也男女授受不親者一定之禮也嫂溺援之以手者一時之權也禮行於時之常固不得而越權通於時之變則又有不可得而拘者也

曰今天下ㅣ溺矣어늘夫子之不援은何也잇고

글오ᄃᆡ이제天下ㅣ溺ᄒᆞ얏거늘夫子의援티아니ᄒᆞ심은엇디잇고

● 言今天下大亂、民遭陷溺、亦當從權以援之、不可守先王之正道也、備旨 髡又問曰今天下生民之困如溺於水矣夫子之抱道自重而不肯從權以救援之何權可於行援嫂者而不可行於天下也

曰天下ㅣ溺이어든 援之以道ㅣ오 嫂溺이어든 援之以手ㅣ니 子欲手援天下乎아

ᄀᆞᆯᄋᆞ샤ᄃᆡ天下ㅣ溺ᄒᆞ거든援호ᄃᆡ道로ᄡᅥᄒᆞ고嫂ㅣ溺ᄒᆞ거든援호ᄃᆡ手로ᄡᅥᄒᆞᄂᆞ니子ㅣ手로天下ᄅᆞᆯ援콰뎌ᄒᆞᄂᆞ냐

● 言天下溺、惟道、可以捄(與救同)之、非若嫂溺、可手援也、今子、欲援天下、乃欲使我、枉道求合、則先失其所以援之之具矣、是、欲使我、以手援天下乎○此章、言直己守道、所以濟時、枉道徇人、徒爲失己、朱子曰古人所以捄世以有道也既自放倒矣天下豈一手可援哉○南軒張氏曰不授受固禮之經嫂溺則遭變矣援以手者遭變而處之之道當然也不援則失道而陷於禽獸然則其權也豈非所以爲不失其經也與髡因言孟子在今日似當少貶其道用權以救世孟子謂天下之溺當援以道若道先枉則將何以援之孟子之不少貶以求濟是乃援溺之本天下之大經也 備旨 孟子答之曰援嫂與援天下其具不同也天下溺必要援之以道嫂溺不過援之以手耳今子欲我枉道以求合己失其援之之具其將使我徒手以援天下乎子不知守道亦何可言行權哉

○公孫丑ㅣ曰君子之不敎子는 何也ㅣ잇고

公孫丑ㅣᄀᆞᆯ오ᄃᆡ君子의子ᄅᆞᆯ敎티아니ᄒᆞ욤은엇디잇고

● 不親敎也、備旨 公孫丑問曰父之愛子天性也敎之宜無所不至乃君子之不親敎其子何也

孟子ㅣ曰勢不行也ㅣ니라 敎者는 必以正이니 以正不行이어든 繼之以怒ᄒᆞ고 繼之以怒則反夷矣니 夫子ㅣ敎我以正ᄒᆞ샤ᄃᆡ 夫子도 未出於

正也ㅣ라호면 則是父子相夷也니 父子相夷則惡矣니라

孟子ㅣ ᄀᆞᆯᄋᆞ샤ᄃᆡ 勢ㅣ 行티몯 홈이니라 敎ᄒᆞ욤은 반ᄃᆞ시 正으로 ᄡᅥ ᄒᆞᄂᆞ니 正으로 ᄡᅥ ᄒᆞᄃᆡ 行티아니ᄒᆞ거든 繼ᄒᆞᄃᆡ 怒로ᄡᅥ ᄒᆞ고 繼ᄒᆞᄃᆡ 怒로ᄡᅥ ᄒᆞ면 도ᄅᆞ혀 夷ᄒᆞᄂᆞ니 夫子ㅣ 나ᄅᆞᆯ 敎ᄒᆞ심을 正으로ᄡᅥ ᄒᆞ샤ᄃᆡ 夫子도 正에 出티몯ᄒᆞ다 ᄒᆞ면 이 父子ㅣ 서르 夷홈이니 父子ㅣ 서르 夷ᄒᆞ면 惡ᄒᆞᄂᆞ니라

●夷、傷也、敎子者、本爲去聲愛其子也、繼之以怒、則反傷其子矣、父既傷其子、子之心、又責其父曰夫子、敎我以正道、而夫子之身、未必自行正道、則是子又傷其父也、備旨孟子告之曰非理不當敎也乃勢不得行也蓋敎子者必敎之以正道而使弗納於邪也如以正道而其子不行則必繼之以怒夫敎子者本爲愛其子也至繼之以怒則反夷傷其子矣父既傷其子子之心又責其父曰夫子敎我以正道而夫子之身未必盡出於正道也則是子又傷其父而父子之間交相夷也夫子相夷則害天性之恩而惡矣此之謂勢不行也

古者애 易子而敎之ᄒᆞ니라

녜 子ᄅᆞᆯ 易ᄒᆞ야 敎ᄒᆞ니라

●易子而敎、所以全父子之恩、而亦不失其爲敎、朱子曰易子而敎考之孔子亦然若孔子自敎其子則鯉所未學必有以知之又奚問焉陳亢稱君子遠其子亦可見矣備旨夫親敎有所不行不敎有所不可古者之人有見於此乃轉易其子而敎之庶乎正道可行而賊恩之禍可免也

父子之間은 不責善이라 責善則離ᄒᆞᄂᆞ니 離則不祥이 莫大焉이니라

父子ㅅ ᄉᆞ이ᄂᆞᆫ 善으로 責디아니ᄒᆞᄂᆞ니 善으로 責ᄒᆞ면 離ᄒᆞᄂᆞ니 離ᄒᆞ면 祥티아니홈

이이만큰이업ᄉᆞ니라

[註]責善、朋友之道也、龜山楊氏曰父子之間雖不責善豈不欲其爲善然必親敎之其勢必至於責善○南軒張氏曰養恩於父子之際而以責善望之師仁之篤而義之行也○新安陳氏曰父子主恩朋友責善當主恩而行責善則傷恩而易至於離矣 ○王氏、曰父有爭去聲下同子、何也、所謂爭者、非責善也、當不義、則爭之而已矣、父之於子也、如何、曰當不義、則亦戒之而已矣、慶源輔氏曰王氏最得孟子之正意責善謂責之使必爲善也責之使必爲善則便有使之捐其所能去其所劣之意故必至於相傷至其所爲或悖理而害義則豈可坐視而不管故在子則當爭在父則亦當戒切之也○雙峰饒氏曰王荆公所謂爭則下氣怡聲和悅以爭之所謂戒亦訓敕之而已○新安陳氏曰父之於子正身率之以責善望師友固也然遇不賢之子不得已亦當自敎戒之若懼傷恩而全不敎戒及其不肖徒諉曰其子之賢不肖皆天也此所謂慈而敗子矣孟子之言經也此所云權也權而濟經非反乎經也[備旨]然所以易子而敎者何也盖以父子之間所主者恩而不相責以善苟相責以善則必至於相夷而情意乖離以至親而至於相離則人之不祥莫大於此焉此古人易子而敎所以善處父子之間而遠不祥之禍與

○孟子ㅣ曰事孰爲大오事親이爲大ᄒᆞ니라守孰爲大오守身이爲大ᄒᆞ니라不失其身而能事其親者를吾聞之矣오失其身而能事其親者를吾未之聞也ㅣ로라

孟子ㅣ갈ᄋᆞ샤ᄃᆡ事홈이무서시大ᄒᆞ뇨親事홈이大ᄒᆞ니라守홈이무서시大ᄒᆞ뇨身守홈이大ᄒᆞ니라그身을失티아니ᄒᆞ고能히그親事ᄒᆞᄂᆞᆫ者를내듣고그身을失ᄒᆞ고能히그親事ᄒᆞᄂᆞᆫ者를내듣디못ᄒᆞ얀노라

[註]守身、持守其身、使不陷於不義也、一失其身、則虧體辱親、雖日用三牲之養、去聲

亦不足以爲孝矣、新安陳氏曰初言事君事長皆事也事親爲事之大守國守官皆守也守身爲守之大二者分開平說繼言不失身則能事親二貫爲一分重輕說不失其身即是守身能守身方能事親此與前章悅親在於誠身同意【備旨】孟子示人守身以事親也曰凡人分有所屬而祗承之者之謂事事孰爲大事親爲大聚百順以奉二人非細故也責有所屬而謹持之者之謂守守孰爲大守身爲大萃萬善而歸一己此宏圖也然欲事親必本於守身焉盖不失其身則無忝所生而能事其親者吾嘗聞之矣失其身則虧體辱親而能事其親者吾未之聞也信乎守身尤爲大也欲事親者當自守身始矣

孰不爲事ㅣ리오마는 事親이 事之本也ㅣ오 孰不爲守ㅣ리오마는 守身이 守之本也ㅣ니라

므서시 事ㅣ 아니리오마는 親事홈이 事의 本이오 므서시 守ㅣ 아니리오마는 身守홈이 守의 本이니라

●事親孝、則忠可移於君、順可移於長、上聲○新安陳氏曰此事親所以爲事之本 身正、則家齊國治去聲而天下平、新安陳氏曰此守身所以爲守之本○事之本守之本照應章首四句分二者平說惟其爲本所以見其爲大【備旨】夫事親何以爲大也凡事君事長孰不爲事而敎孝爲百行之原惟事親則推之事君事長皆取之於此實爲事之本也修身何以爲大也凡守國守官孰不爲守而躬修萬化之原惟守身則推之守國守官皆原之於此實爲守之本也惟其爲本所以見其爲大也

曾子ㅣ 養曾晳호ᄃᆡ 必有酒肉이러시니 將徹홀ᄊᆡ 必請所與ᄒᆞ시며 問有餘ㅣ어든 必曰有ㅣ라ᄒᆞ더시다 曾晳이 死커늘 曾元이 養曾子호ᄃᆡ 必有酒肉ᄒᆞ더니 將徹홀ᄊᆡ 不請所與ᄒᆞ며 問有餘ㅣ어시든 曰亡矣라ᄒᆞ니 將以復進也ㅣ라 此ㅣ 所謂養口

體者也ㅣ니 若曾子則可謂養志也ㅣ니라 養去聲復扶又反

曾子ㅣ 曾晳을 養호ᄃᆡ 반ᄃᆞ시 酒肉을 둣더시니 쟝ᄎᆺ 徹홀ᄊᆡ 반ᄃᆞ시 與홀ᄇᆞ를 請ᄒᆞ시며 나믄 이 이숌을 묻거든 반ᄃᆞ시 골ᄋᆞ샤ᄃᆡ 잇다 ᄒᆞ더시다 曾晳이 死커놀 曾元이 曾子를 養호ᄃᆡ 반ᄃᆞ시 酒肉을 둣더니 쟝ᄎᆺ 徹홀ᄊᆡ 與홀ᄇᆞ를 請티 아니ᄒᆞ며 나믄 이 이숌을 묻거시든 골오ᄃᆡ 업다 ᄒᆞ니 쟝ᄎᆺ ᄡᅥ 다시 進ᄒᆞ려 홈이라 닐온 밧 口體를 養ᄒᆞᄂᆞᆫ 者ㅣ니 曾子 ᄀᆞᄐᆞᆫ 이ᄂᆞᆫ 可히 志를 養ᄒᆞ다 닐을이니라

●此、承上文事親言之、曾晳、名點、曾子父也、曾元、曾子子也、曾子、養其父、每食、必有酒肉、食畢、將徹去、必請於父曰此餘者、與誰、或父問此物、尙有餘否、必曰有、恐親意、更欲與人也、曾元、不請所與、雖有、言無、其意、將以復進於親、不欲其與人也、此、但能養父母之口體而已、曾子則能承順父母之志、而不忍傷之也、

南軒張氏曰守身所以事親也身失其道將何以事親反復言之欲人以守身爲事親之本也若曾子者可謂能盡守身事親之道者矣故擧其養志之事以爲人子之法○慶源輔氏曰養父母之口體者其事淺承順父母之心志者其思深夫子之於父異體同氣至親至密故事之者常先意承事必能聽於無聲視於無形然後爲至若必待其言而後從固已不可況於先立其意以拂其親之欲惟口體是養而不恤其心志之虧乎○雙峰饒氏曰曾子養志是承順他好底意思曾晳不私其口體之奉常有及物之心這便是好底意思曾子便能承順他蓋緣曾子意思亦是如此曾元便不然矣孟子擧必有酒肉以爲養親之法凡有好底意思皆要承順而推廣之若是不好底意思則不當承順要喩之使合於道方謂之孝孟子擧曾子曾元作兩箇例頭是事親者須是養志若養口體末也○新安陳氏曰此章前以守身爲事親之本所以論其理及後實之以事則惟擧曾子之事親而守身不及焉雖曾子之戰兢臨履得正而斃尤善守身而辭未之及集註於此一節只曰此承上文事親言之然觀曾子養志如此惟恐一毫咈其親之志欲子之不失其身尤父之志之大者一飮食間尙體承親志如此則立身行己間所謂身也者親之枝也行父母之遺體敢不敬

乎其能謹守此身以承親志不言可知矣南軒謂曾子能盡守身事親之道故擧其養志之事者最爲得之云【備旨】事親爲事之大如此事親之道何如觀之曾子可見矣曾子養其父曾晳每食必有酒肉及將徹之時曾子必請於親曰此餘者與誰及親問有餘曾子必對曰有恐親意更欲與人也曾晳死曾子之子曾元養曾子每食亦必有酒肉及將徹之時不請所與及問有餘曾元應之曰亡矣其意將以復進於親不欲以與人也此所謂甘旨爲供徒以養口體者也若曾子迎親意於未形之前而又稱親意於已形之後則可謂養親之志而不忍傷之也

事親을若曾子者ㅣ可也ㅣ니라

親을事홈을曾子ᄀᆞᆮᄒᆞᆫ者ㅣ可ᄒᆞ니라

【註】言當如曾子之養志、不可如曾元、但養口體、程子、曰子之身所能爲者、皆所當爲、無過分去聲之事也、故、事親、若曾子、可謂至矣、而孟子、止曰可也、豈以曾子之孝、爲有餘哉、程子曰孟子云事親若曾子可也吾以爲事君若周公可也蓋子之事父臣之事君聞有自知其不足者矣未嘗聞其以爲有餘也周公之功固大矣然臣子之分所當爲也安得獨用天子之禮乎又曰子之事父其孝雖過於曾子畢竟是以父母之身做出來豈是分外事若曾子者僅可以免責耳臣之於君猶子之於父也假如功業大於周公亦是以君之人民勢位做出來而謂人臣所不能爲可乎○慶源輔氏曰孟子只平說去曰事親若曾子可也至程子方看得可也二字有深意以此知讀書不可不熟讀玩味○新安陳氏曰此章前言守身爲事親之本後言養志爲養親之本【備旨】夫養志則精神意念常與親志流通眞至微也而惟曾子能之然則事親若曾子之養志者方可謂孝也人子可不知所法乎

○孟子ㅣ曰人不足與適也ㅣ며政不足間也ㅣ라惟大人이아爲能格君心之非니君仁이면莫不仁이오君義면莫不義오君正이면莫不正이니一正君而國이定矣니라

適音謫 間去聲

孟子ㅣ ᄀᆞᆯᄋᆞ샤ᄃᆡ 人을足히더브러適디아닐꺼시며政을足히더브러間티아닐꺼시라오직大人이아能히君心의非를格ᄒᆞᄂᆞ니君이仁ᄒᆞ면仁티아니리업고君이義ᄒᆞ면義티아니리업고君이正ᄒᆞ면正티아니리업ᄂᆞ니ᄒᆞᆫ번君을正홈애國이定ᄒᆞᄂᆞ니라(間字上有與字)

●趙氏、曰適、過也、間、非也、格、正也、徐氏、(名度字孝節睢陽人)曰格者、物之所取正也、書、曰格其非心、(朱子曰格如合格之格謂使之歸于正○蔡氏曰非心非僻之心也)愚、謂間字上、亦當有與字、言人君用人之非、不足過適、(與謫同)行政之失、不足非間、惟有大人之德、則能格君心之不正、以歸于正、而國無不治(去聲下同)矣、(新安陳氏曰仁體義用正包仁義言之集註所以不提仁義)大人者、大德之人、正己而物正者也、(朱子曰大人格君心之非此是精神意氣自有感格處然亦須有箇開導底道理不但默默而已伊川解遇主于巷云至誠以感動之盡力以扶持之明理義以致其知杜蔽惑以誠其意正此意也)○程子、曰天下之治亂、繫乎人君之仁與不仁耳、心之非、卽害於政、不待乎發之於外也、昔者、孟子、三見齊王、而不言事、門人、疑之、孟子、曰我、先攻其邪心、(荀子大略篇孟子三見齊王而不言事門人曰曷爲三遇齊王而不言事孟子曰我先攻其邪心)心既正而後、天下之事、可從而理也、夫(音扶)政事之失、用人之非、知(去聲)者、能更(平聲下同)之、直者、能諫之、然、非心存焉、則事事而更之、後復(扶又反下同)有其事、將不勝(平聲下同)其更矣、人人而去(上聲下同)之、後復用其人、將不勝其去矣、是以、輔相(去聲)之職、必在乎格君心之非然後、無所不正、而欲格君心之非者、非有大人之德、則亦莫之能也、朱子曰孔子不能格定哀孟子不能格齊宣要之有此理在我而在人者不可必○南軒張氏曰後世道學不明論治者不過及於人才政事而已孰知其本在於君心又孰知格君之本乃在於吾身乎○慶源輔氏曰集註解得格字義分曉所謂大人者道全德備譽望足以彊其邪心容色足以消其逸志非但取辦於頰舌之間諫爭之際而已也然無大人之德與學而有言責者則又不可以是藉口○雙峯饒氏曰大人是伊周之徒他人當不得

[備旨]孟子示人臣正君之要也曰今之論治者率以用人行政爲急忠智之士見人君於此二者一有過失即從而適之閒之適之亦是也而抑知人不足與適也閒之亦是也而抑知政不足閒也蓋用人行政之失由於君心之非惟盛德大人以道事君爲能格君心之非以歸於仁義之正君心仁則用人行政皆無私而莫不仁君心義則用人行政皆得宜而莫不義君心正則用人行政皆無私枉偏僻而莫不正大人一以仁義正其君而國自定而就理矣何勞屑屑然事事而更之人人而去之哉

○孟子ㅣ曰有不虞之譽ᄒᆞ며有求全之毁라ᄒᆞ니

孟子ㅣᄀᆞᆯᄋᆞ샤ᄃᆡ虞티아니던譽ㅣ이시며全을求ᄒᆞ던毁ㅣ인ᄂᆞ니라

●虞、度徒洛反也、呂氏、曰行去聲不足以致譽、而偶得譽、是謂不虞之譽、求免於毁、而反致毁、是謂求全之毁、言毁譽之言、未必皆實、脩己者、不可以是、遽爲憂喜、觀人者、不可以是、輕爲進退、○慶源輔氏曰集註旣得孟子本意又續以此二言於人己兩有所益○雙峰饒氏曰我去聲譽他人之譽平聲得此譽於他人去聲譽本是美人之好處但對毁字說則二者皆有不得其眞之意○雲峯胡氏曰毁譽自是非眞況脩己而遽以是爲憂喜必至於失己觀人而輕以是爲進退必至於失人[備旨]孟子爲毁譽失眞者發也曰人貴問其在己世莫輕於徇人而況乎毁譽之間也如行修而致譽者理之常也有行不足以致譽而偶得譽是謂不虞之譽行虧而致毁者亦理之常也有素行無咎本以求免於毁而反致毁是謂求全之毁然則修己者當自盡觀人者當責實矣

○孟子ㅣ曰人之易其言也는無責耳矣니라 易去聲

孟子ㅣᄀᆞᆯᄋᆞ샤ᄃᆡ人의그言을易히홈은責이업ᄉᆞᆷ이니라

●人之所以輕易其言者ᄂ、以其未遭失言之責故耳、蓋常人之情、無所懲於前、則無所警於後、非以爲君子之學、必俟有責而後、不敢易其言也、然、此豈亦有爲去聲而言之與、音余○慶源輔氏曰謹言語自是君子之庸行何待於有責而後然 備旨 孟子戒人當謹言也曰常人之所以輕易其言也以其無遭失言之責而懲創未深耳使有所責豈敢輕易其言或此在常情則然若君子謹言之學則不待有所責而自無易其言也

○孟子ㅣ曰人之患이在好爲人師ㅣ니라 好去聲

孟子ㅣᄀᆞᆯᄋᆞ샤ᄃᆡ人의患이人의師되욤을好홈애인ᄂᆞ니라

●王勉曰學問有餘、人資於己、不得已而應之、可也、若好爲人師、則自足、而不復扶又反有進矣、此、人之大患也、新安陳氏曰不得已者不自知其有餘無意於爲人師而人自師之好云者自見其有餘有意於人師而人未必心悅誠服以師之○雲峯胡氏曰通上章兩人字爲泛然之衆人而言也與大學正心脩身兩章之人字不異 備旨 孟子戒人自滿意曰古之學者必有師師豈不可爲哉然必學問充足始無負其爲人師也若稍有所得侈然自尊便好爲人師必不能虛以受益矣豈非人之大患哉學者自審所至而益求其進也

○樂正子ㅣ從於子敖ᄒᆞ야之齊러니

樂正子ㅣ子敖의게從ᄒᆞ야齊에갓더니

●子敖、王驩字、敖音遨 備旨 齊有子敖者孟子之所不與言者也樂正子從於子敖之齊此其失身之罪六矣

樂正子ㅣ見孟子ᄒᆞᆫ대孟子ㅣ曰子亦來見我乎아 曰先生은何爲出此言也ㅣ시니잇고 曰子來幾日矣오 曰昔者ㅣ니이다 曰昔者則我出此

言也ㅣ不亦宜乎아 曰舍館을 未定이라이다 曰子ㅣ聞之也아 舍館을 定然後에 求見長者乎아 長上聲

樂正子ㅣ孟子를뵈ᄋᆞ온대 孟子ㅣᄀᆞᆯᄋᆞ샤ᄃᆡ 子ㅣᄯᅩ나ᄅᆞᆯ와 見ᄒᆞᄂᆞ냐 ᄀᆞᆯ오ᄃᆡ 先生은 엇디이言을出ᄒᆞ시ᄂᆞ니잇고 ᄀᆞᆯᄋᆞ샤ᄃᆡ 子ㅣ來ᄒᆞ얀디 몃날오 ᄀᆞᆯ오ᄃᆡ 昔者ㅣ니이다 ᄀᆞᆯᄋᆞ샤ᄃᆡ 昔者ㅣ면 내이言을出홈이 ᄯᅩ맛당티아니냐 ᄀᆞᆯ오ᄃᆡ 舍ᄒᆞᆯ館을定티몯ᄒᆞ얏다이다 ᄀᆞᆯᄋᆞ샤ᄃᆡ 子ㅣ 드런ᄂᆞ냐 舍ᄒᆞᆯ館을定ᄒᆞᆫ후에 長者見홈을求ᄒᆞᄂᆞ냐

●昔者、前日也、館、客舍也、王驩、孟子所不與言者則其人、可知矣、樂正子、乃從之行、其失身之罪、大矣、又不早見長者、則其罪、又有甚焉者故、孟子 姑以此責之、新安陳氏曰從小人爲失身一罪也不早見長者又一罪也孟子且以後一罪責之 備旨時孟子在齊樂正子來見孟子孟子責之曰子亦來見我乎蓋示其不滿之意也正子不知其罪乃曰弟子見師禮所當然先生何爲出此言以相拒也孟子姑以遲慢之罪責之曰子之來齊有幾日矣正子曰昔者意其來齊之非久也孟子正言以責之曰既來自昔者而見我於今日則我出此言也不亦宜乎正子又飾辭對曰因舍館未定故來遲耳孟子又責之曰子聞之也 弟子必舍館既定先爲安身之謀然後可以求見長者乎是見長者不若舍館之爲切也

曰克이 有罪니이다

ᄀᆞᆯ오ᄃᆡ 克이 罪이쇼이다

●陳氏、曰樂正子、固不能無罪矣、然、其勇於受責、如此、非好去聲善而篤信之、其能若是乎 世有强辯飾非、聞諫愈甚者、又樂正子之罪人也。新安陳氏曰樂正子善人也信人也所以能好善而篤信之惟好善

篤信所以勇於服義自以爲罪亦可尙也【備旨】於是樂正子自知其罪乃曰克不早見夫子誠有不敬之罪矣獨惜其未知所從之失耳

○孟子ㅣ謂樂正子曰子之從於子敖來ᄂᆞᆫ 徒餔啜也ㅣ로다 我ㅣ不意子ㅣ學古之道而以餔啜也ㅣ호라 餔博孤反 啜昌悅反

孟子ㅣ樂正子ᄃᆞ려 닐어 ᄀᆞᆯᄋᆞ샤ᄃᆡ 子의 子敖의게 從ᄒᆞ야 來홈은 ᄒᆞᆫ갓 餔啜홈이로다 내 子ㅣ 녯道ᄅᆞᆯ 學ᄒᆞ고 餔啜로ᄡᅥ ᄒᆞᆯ주ᄅᆞᆯ 너기디 아니호라

●徒、但也、餔、食也、啜、飮也、言其不擇所從、但求食耳、此乃正其罪而切責之、

朱子曰王驩齊幸臣盖欲自託於孟子以攱重使滕王以爲介孟子未嘗與言吊公行子又不與言絕之深矣樂正子不察輕身從之意特藉其資糧輿馬以見孟子而已故以餔啜罪之若孟子所以去齊其詳雖不可考疑驩以是積憾而遂去也○南軒張氏曰克旣館於子敖則未免制於子敖故舍館定始得見其師觀此二章則知君子之處己不可以不嚴而所與不可不謹也○雙峰饒氏曰此二章只一件事樂正子方來孟子不欲便責之後却正其罪所以分作兩章樂正子初意只欲來齊見孟子依王驩來省糧食之費視爲無緊要事殊不知一失身從之便是因失其親將來王驩或薦引之則那時去就愈難處孟子所以切責之○趙氏曰樂正子能勇於受責然後孟子正其罪而切責之所謂可與言而後與之言者也【備旨】孟子因樂正子未悟所從之非乃明責之曰子之從於子敖而來齊也不過徒爲餔啜計耳我不意子學古人之道以聖賢自期而反以哺啜爲也然則吾子之罪豈止於不早見而已哉

○孟子ㅣ曰不孝有三ᄒᆞ니 無後爲大ᄒᆞ니라

孟子ㅣ ᄀᆞᆯᄋᆞ샤ᄃᆡ 不孝ㅣ 三이 이시니 後업ᄉᆞᆷ이 큰이라

●趙氏、曰於禮、有不孝者三事、謂阿意曲從、陷親不義、一也、家貧親老、不爲祿仕、二也、不娶無子、絕先祖祀、三也、三者之中、無後、爲大、慶源輔氏曰此必見於古傳記趙氏時其書尙存故引之今則不復存矣阿意

曲從陷親不義者懦也家貧親老不爲祿仕者惰也不娶無子絕先祖祀則因循苟且亂常咈理不仁之甚也故於三者之中最爲不孝之大者○雙峯饒氏曰此三者不是尋常不孝底事奉順孝也但阿意曲從陷親於不義則不可非其道不仕孝也家貧親老而不祿仕則不可告而後娶孝也但告則不得娶以至無子絕祀則不可趙氏以意度說自好所以朱子不破其說【備旨】孟子表舜行權以全孝也曰禮所稱不孝者有三事一是柔順事親而陷親不義一是廉潔守身而不爲祿仕一是不得乎親及家之貧而不娶無子三者之中惟無後爲不孝之大蓋彼二者止於不能成親養親而此則關宗祀之大計也

舜이**不告而娶**는**爲無後也**ㅣ시니 **君子**ㅣ**以爲猶告也**ㅣ라ᄒᆞ니라 爲無之爲去聲

舜이告티아니ᄒᆞ고娶ᄒᆞ심은後ㅣ업숨을爲ᄒᆞᆷ이시니 君子ㅣ뻐告ᄒᆞᆷ과ᄀᆞᆮ다ᄒᆞ니라

●舜、告焉則不得娶、而終於無後矣、告者、禮也、不告者、權也、新安陳氏曰告者禮之正也經也不告者禮之變也權也 猶告、言與告同也、蓋權而得中、則不離去聲於正矣、○范氏曰天下之道、有正有權、正者、萬世之常、權者、一時之用、常道、人皆可守、權、非體道者、不能用也、新安陳氏曰體道謂全體此道於身與道爲一者也 蓋權 出於不得已者也、若父非瞽瞍、子非大舜、而欲不告而娶則天下之罪人也、程子曰舜不告而娶堯得以命瞽瞍使舜娶舜雖不告堯告之也以君詔之而已○朱子曰以事理度之意其未及告而受堯之命耳其後固不容不告而遂娶以歸也○新安倪氏曰人之大倫君親爲重湯放桀武王伐紂而孟子謂聞誅一夫未聞弒君此處君臣之變而不失其正者也舜不告而娶而孟子謂君子以爲猶告此處父子之變而不失其正者也然惟聖人體道之至乃能權而得中若未能然而欲引而藉口則誠得罪於天下萬世矣故集註於前章曰惟在下者有湯武之仁在上者有桀紂之暴則可不然是未免於簒弒之罪也於此章曰若父非瞽瞍子非大舜而欲不告而娶則天下之罪人也皆所以補孟子未足之意嚴萬世之大戒而扶植君臣父子之綱集註之有功於世敎也大矣【備旨】昔舜不告於父母而娶堯之二女者正爲告則不得娶而終於無後也夫告而娶孝也不告而娶以無絕其先祖亦同歸於孝也君子以爲舜之不告猶夫告也舜眞善盡事親之道者哉

○孟子ㅣ曰仁之實은事親이是也ㅣ오義之實은從兄이是也ㅣ니라

孟子ㅣ골ᄋᆞ샤ᄃᆡ仁의實은親을事홈이이오義의實은兄을從홈이이니다

●仁主於愛而愛莫切於事親、義主於敬而敬莫先於從兄、故仁義之道其用至廣而其實不越於事親從兄之間、蓋良心之發、最爲切近而精實者、有子以孝弟爲爲仁之本、其意亦猶此也、朱子曰實字有對名而言者謂名實之實有對理而言者謂事實之實有對華而言者謂華實之實今這實字正是華實之實仁之實本只是事親推廣之愛人利物無非是仁義之實本只是從兄推廣之弟長忠君無非是義事親從兄便是仁義之實推廣出去者乃是仁義之華采○實對華而言凡仁義之見於日用者惟此爲本根精實之所在必先立乎此而後其光華枝葉有以發見於事業之間焉且如愛親仁民愛物無非仁也但是愛親乃是切近而眞實者乃是仁最先發處義之實亦然○覺軒蔡氏曰有子以孝弟爲爲仁之本孟子乃以事親屬之仁從兄屬之義若不同矣朱子乃以爲其意亦猶此何耶蓋有子言仁專言之仁也孟子言仁義偏言之仁也事親主乎愛而已義則愛之宜者也合而言之推其事親者以從兄此孝弟所以爲爲仁之本分而言之則事親而孝從兄而弟所以爲仁義之實也○西山眞氏曰仁義之道大矣而其切實處只在事親從兄蓋二者人之良知良能天性之眞於焉發見欲爲仁義者惟先體認踐行於此而充廣之則其道生生而不窮否則悠悠然泛泛然非可據之實地矣○勿軒熊氏曰此實字之訓當如果核之實○新安陳氏曰洙泗言仁孟氏始每言仁義言仁渾淪言之言其理一者也故總言孝弟以明親親見親親爲仁民愛物之本也言仁義分別言之言理一中之分殊者也故以事親爲仁之實從兄爲義之實也集註謂有子之意亦猶此者以本立於孝弟而仁道自此而生與仁義之實盡於事親從兄而仁義之道其華采亦皆自此而生此意有相似者耳[備旨]孟子示人務孝弟意曰世之言道者求其枝葉而不反之切實之地是以愈難而愈遠豈知道莫大於仁義而其實亦不外於孝弟之間乎夫仁主乎愛凡濟人利物皆愛之所施然非其實也乃其實則在於事親能事親則所以盡天下之愛者自此而推之矣是事親爲仁之實也義主於敬凡事君尊賢皆敬之所施然非其實也乃其實則在於從兄能從兄則所以盡天下之敬者自此而推之矣是從兄爲義之實也

智之實은知斯二者ᄒᆞ야弗去ㅣ是也ㅣ오禮之實은節文斯二者ㅣ是

也오 樂之實은 樂斯二者ㅣ니 樂則生矣니 生則惡可已也ㅣ리오 惡可已則不知足之蹈之ᄒᆞ며 手之舞之니라 樂斯樂則之樂音洛惡平聲

智의實은이二者를아라去티아니홈이이오 禮의實은이二者를節文홈이이오 樂의實은이二者를樂홈이니 樂ᄒᆞ면生ᄒᆞᄂᆞ니 生ᄒᆞ면엇디可히己ᄒᆞ리오엇디可히己ᄒᆞ리오ᄒᆞ면足의蹈ᄒᆞ며手의舞홈을아디몯ᄒᆞᄂᆞ니라

●斯二者、指事親從兄而言、知而弗去、則見之明而守之固矣、節文、謂品節文章、樂則生矣、謂和順從容七容反、無所勉强上聲、事親從兄之意、油然自生、如草木之有生意也、既有生意、則其暢茂條達、自有不可遏者、所謂惡可已也、其又盛、則至於手舞足蹈、而不自知矣、新安陳氏曰手舞足蹈天理之眞樂形見於動容之間而不自知者也 ○此章、言事親從兄 良心眞切、天下之道、皆原於此、然、必知之明、而守之固然後、節之密而樂之深也、朱子曰此一段緊要在五箇實字上如仁是親親仁民愛物義是長長貴貴尊賢然在家時未便到仁民愛物未事君時未到貴貴未從師友時未到尊賢且須先從事親從兄上做將去這箇便是仁義之實仁民愛物貴貴尊賢便是仁義之英華若理會得這箇便知得其他那分明見得而守定不移便是智之實行得恰好便是禮之實由中而出無所勉强便是樂之實大凡一段中必有緊要處這一段便是這箇實字緊要○問樂則生矣生則惡可已也曰如今恁地勉强安排如何得樂到得常常做得熟自然浹洽通快周流不息油然而生不能自已只是要到樂處實是難在若只恁地把捉安排纔志記又斷了這如何得樂如何得生○節者等級也文是裝裹得好如升降揖遜之類也○蔡氏曰既曰知斯二者又曰弗去者易曰貞固足以幹事貞固二字朱子云知正之所在而固守之所謂知而弗去是也體仁嘉會利物皆一意而貞固獨有二字意貞則知之眞固則守之固蓋萬物之成始而成終所以爲貞也惻隱羞惡辭遜皆是一面道理而是非獨有兩面則智之

爲二可知矣又推之凡屬北方者皆有二如五行水土俱旺於子五藏心肝脾肺皆一而腎獨二四方靑龍朱雀白虎
皆一而玄武獨二造化之妙莫不皆然此貞之所以成終而作始智之所以知之而又弗去也但孟子此章只以仁義
爲本而又以事親從兄爲行仁義之本盖事親從兄乃良心之發最爲切近而精實者也智則吾心虛靈知覺之妙經
緯乎其中者也終之以禮樂又所以節之樂之使良心之發油然生生而不能自已者也若智之知而弗去與禮之節
文猶是守之也到得樂則生而不知手舞足蹈則化之矣此學問之極功也○慶源輔氏曰知旣明則自然弗去如人
知水火之不可蹈則自然不蹈也人旣知親之當愛兄之當敬孰肯舍其親而不愛舍其兄而不敬者其有不愛不敬
者盖其智爲物昏而知之不明非智矣事親自有事親之節文從兄亦然粗言之如溫凊定省徐行後長之類各有品
節文理便是禮之實不知手舞足蹈此聖人之作樂所以必有舞也樂之之意至於充盛之極則不假言說心意自然
形見血脈自然動盪手舞足蹈皆自然而然不待心使之然故不自知也○和順從容不待勉强事親從兄之意油然
而生如草木之有生意是樂之實○草木旣有生意則日長月茂無一息之停孰能遏而止之哉事親從兄之意油然
自生則亦如草木之有生意自然日日暢滿茂盛條理通達自無一息之停又烏得而遏之哉○事親從兄是良心之
眞切仁與義是斯道之統會若便活地說過亦只是說話須是以人體之方可謂必知之明而守之固然後節之密而
樂之深者此正如魚之飲水冷暖自知非言語之能盡也○雙峯饒氏曰事如果實包得許多生意在其中萌芽枝葉
皆由此生初焉五者只在事親從兄兩件內如兩箇果實然少焉知得這箇節文這箇樂這箇到生而惡可已皆此實
內萠芽發甲到枝葉蕃茂處此章與論語本立而道生相似前面事親從兄是爲人之本後面智禮樂是道生但有子
說得偏孟子說得全○節是限節文是文章如及階是節揖是文親親之殺尊賢之等此節文也就親親中而言則又
有親疏遠邇到仁民愛物上亦是節文纔到節文處功用便廣了天理之節文作靜字看節文斯二者作動字看此章
說得皆活亦當活看○禮樂合精粗本末而言到樂處則道理自然生○此章不言信者實則信在其中○此章有經
緯仁義是經禮樂智是緯○莆田黃氏曰前四箇是也字都是說用工處到樂處便不說是也字了這處最要看所以
樂所以生者如何生字與實字相應實是箇生生種子這種子只在人腔殼子裏驗之吾身事親從兄是從源頭發見
處說知弗去是就體認操存處說節文是就纖悉微密處說樂是就成熟結果處說生惡可已如碩果不食善端萌櫱
更無歇時足蹈手舞只是形容枝幹暢茂花萼敷榮可玩可悅處○張氏彭老曰孟子所謂實即有子所謂本本立而
道生與樂則生矣此兩生字最可觀譬之果木有根本而后生枝葉有荄蘗而後生萌芽生則惡可已也果木之生惡
可已則不知其枝之繁葉之茂也人心天理之生惡可已則不知其足之蹈手之舞也○雲峰胡氏曰前兩實字是就
人本心上說下三實字是就工夫上說○新安陳氏曰味必字與然後字集註實歸重於智而弗去之智智配貞貞者
正而固也果能於事親從兄知之旣明守之又固然後節之密樂之深始可言耳密與文理密察之密同禮之節文不

厭其密樂至於生生惡可已舞蹈而不自知斯可以謂之深矣〇然良心眞切之地乃百行從出之原不但仁義之實在於事親從兄二者推之卽智禮樂莫不皆然夫智之實亦非他也惟其知斯二者守之而不去以不失其良知是也禮之實亦非他也惟其節斯二者勿過文斯二者勿不及使品式儀度適於隆殺之宜以克護其良能是也樂之實亦非他也在樂斯孝弟二者從容安適之意無勉强矯拂之爲而樂以行之是卽樂之實也旣至於樂則事親從兄之意不待擴充之而油然自生矣生則日新月盛而事親從兄之意雖欲遏之而惡可以自已也惡可已則心與道安身與道忘不知足之蹈之手之舞之一皆孝弟之發越也非樂之實而何哉可見孝弟爲五常之首百行之原吾性中之仁義莫切於此而知此之謂智履此之謂禮和此之謂樂天下之道無一不統於斯二者人亦於其實而勉盡其道哉

○孟子ㅣ曰天下ㅣ大悅而將歸己어든視天下悅而歸己호ᄃᆡ猶草芥也는惟舜이爲然ᄒᆞ시니不得乎親이란不可以爲人이오不順乎親이란不可以爲子ㅣ러시다

孟子ㅣ ᄀᆞᆯᄋᆞ샤ᄃᆡ 天下ㅣ ᄏᆡ 悅ᄒᆞ야 쟝ᄎᆞᆺ 己예 歸ᄒᆞ거든 天下ㅣ 悅ᄒᆞ야 己예 歸ᄒᆞᆷ을 視호ᄃᆡ 草芥ᄀᆞᆮ티 홈은 오직 舜이 그러ᄒᆞ시니 親에 得디 몯ᄒᆞ야란 可히 ᄡᅥ 人ㅣ 되디 몯ᄒᆞ리라 ᄒᆞ시고 親에 順티 몯ᄒᆞ야란 可히 ᄡᅥ 子ㅣ 되디 몯ᄒᆞ리라 ᄒᆞ더시다

●言、舜視天下之歸己、如草芥、而惟欲得其親而順之也、得者、曲爲承順、以得其心之悅而已、順則有以諭之於道、心與之一而未始有違、尤人所難也、爲人、蓋泛言之、爲子、則愈密矣、朱子曰人字只大綱說子字却說得重固有人承順顔色看父母做事不問是非一向不逆其志這是得親之心然猶是淺事惟順乎親則親之心皆順乎理必如此而後可以爲子此所以爲尤難也○雙峰饒氏曰順親者父母所爲合乎道子所爲亦合乎道彼此無違逆之謂非順從之順也問如何可以諭之於道曰所謂先意承志諭父母於道父母之意未發我便做道理承順其志而諭之於道爲人子不特得父母之心又能諭父母於道方謂之孝【備旨】孟子贊舜孝之大曰凡人以勢分役情聖人從性分立極如擧天下之人心皆大悅而將歸己此富貴之極也乃視天下悅而歸己如草芥之輕略不動心者惟古帝舜爲然盖舜之心以爲人之所以爲人者在能得親苟不能得親心之悅則人道有虧不可以爲人子之所以爲子者在能順親苟不能諭親於道則子道未盡不可以爲子此舜之心惟期得親順親耳又惡知天下歸己之可悅哉

舜이盡事親之道而瞽瞍ㅣ底豫ᄒᆞ니瞽瞍ㅣ底豫而天下ㅣ化ᄒᆞ며瞽瞍ㅣ底豫而天下之爲父子者ㅣ定ᄒᆞ니此之謂大孝ㅣ니라

舜이親事ᄒᆞᄂᆞᆫ道ᄅᆞᆯ盡ᄒᆞ심애瞽瞍ㅣ豫예底ᄒᆞ니瞽瞍ㅣ豫예底ᄒᆞ욤애天下ㅣ化ᄒᆞ며瞽瞍ㅣ豫예底ᄒᆞ욤애天下읫父子되ᄋᆞᆫ者ㅣ定ᄒᆞ니이ᄅᆞᆯ닐온大孝ㅣ니라

●瞽瞍舜父名、底致也、豫、樂音洛也、瞽瞍、至頑、嘗欲殺舜舜、至是而底豫焉、書所謂不格姦、亦允若、是也、書舜典瞽子父頑母嚚象傲克諧以孝烝烝乂不格姦言舜乃瞽瞍之子不幸遭父頑母嚚及其異母弟名象者亦驕傲而能和以孝使之進進以善自治而不至於大爲姦惡也○大禹謨祇載見瞍瞽夔夔齊慄瞽瞍亦允若言舜敬其子之職事以見瞽瞍夔夔然莊敬戰慄雖瞽瞍愚頑亦且信而順之也 蓋舜、至此而有以順乎親矣、是以、天下之爲子者、知天下、無不可事之親 顧吾所以事之者、未若舜耳、於是、莫不勉而爲孝、至於其親、亦底豫焉、則天下之爲父者、亦莫不慈、所謂化也、子孝父慈、各止其所、而無不安其位之意、所謂定也、新安陳氏曰化以心言定以分言爲法於天下、可傳於後世、非止一身一家之孝而已、此所以爲大孝也、南軒張氏曰事親之道人人具於性中他人不能盡而舜能盡之亦非有所加益於其間也盡事親之道而瞽瞍底豫惟天下之至誠有以感通故耳又曰舜爲法於天下豈特天下之爲父子者定可傳於後世萬世之爲人父子者亦莫不定矣嗟夫爲人子者苟以大舜爲不可跂及而不取法於舜是自誣其天性也欲取法於舜如之何亦曰反身而誠而已矣○雙峯饒氏曰聖人遇此人倫之變却能回變爲常返逆爲順所以可爲法於天下而傳萬世也○李氏、曰名侗字愿中延平人舜之所以能使瞽瞍底豫者、盡事親之道、共音恭爲子職、不見父母之非而已、昔、羅仲素、語此云只爲去聲天下無不是底父母、了翁、聞而善之曰唯如此而後、天下之爲父子者、定、彼臣弑其君、子弑其父者、常始於見其有不是處耳、仲素名從彥豫章人後居延平了翁姓陳名瓘字瑩中延平人○慶源輔氏曰孝子之心與親爲一凡親之過皆己之過舜之所以負罪引慝者此也故孝子自不見父母有不是處羅氏之語約而盡質而當萬世不可易凡父母之不是皆己之不是也己旣是父母豈有不是者哉陳氏則又推其極而言之亦事理之實也○西山眞氏曰舜所値者至難事之親也然積誠感動不以父母爲不是而自引以爲己之慝惟見自己之不是而已世縱有難事之親豈得有如瞽瞍者故瞽瞍底豫而天下之爲人子者皆知無不可事之親惟患爲子者未盡事親之道耳孰有不勉於爲孝者哉是故罪己而不非其親者仁人孝子之心也怨親而不反諸己者亂臣賊子之志也後之或遇難事之親者其必以舜爲法【備旨】夫舜之心旣在於順親則凡承顏諭志無所不用其至舜所以能盡事親之道不惟有以得親且有以順親而瞽瞍底豫夫以瞽瞍之頑而底豫於是天下之爲子者知無不可事之親莫不勉而爲孝天下之爲父者因其子之孝亦莫不慈蓋擧天下之大而皆化矣以瞽瞍底豫子化於孝則子止其所而天下之爲子者定父化爲慈則父止其所而天下之爲父者定是舜不以一身一家爲孝而直合天下後世以爲孝此謂之大孝事親者當以舜之盡道爲法也

原本備旨孟子集註卷之七終

原本備旨 孟子集註 (上)

初 版 發 行 ●1983年 2月 15日
重 版 發 行 ●2022年 2月 28日

校 閱●金 赫 濟

發行者●金 東 求

發行處●明 文 堂(1923. 10. 1 창립)
서울시 종로구 윤보선길61(안국동)
우체국 010579-01-000682
전화 (영) 733-3039, 734-4798
(편) 733-4748
FAX 734-9209
Homepage www.myungmundang.net
E-mail mmdbook1@hanmail.net
등록 1977. 11. 19. 제1～148호

값 15,000원
ISBN 978-89-7270-262-5 93140